Ernst Kobau
Die Wiener Symphoniker

Stichwort Musikwissenschaft

Ernst Kobau

DIE WIENER SYMPHONIKER

Eine sozialgeschichtliche Studie

BÖHLAU VERLAG WIEN · KÖLN · WEIMAR

Gedruckt mit Unterstützung durch
den Fonds zur Förderung der wissenschaftlichen Forschung

Die Deutsche Bibliothek — CIP-Einheitsaufnahme

Kobau, Ernst:
Die Wiener Symphoniker : eine sozialgeschichtliche Studie /
Ernst Kobau. — Wien ; Köln ; Weimar : Böhlau, 1991
(Stichwort Musikwissenschaft)
ISBN 3-205-05418-0

ISBN 3-205-05418-0

Satz: Ch. Weismayer, A-1080 Wien
Druck: Rema*print,* A-1160 Wien

Inhalt

Vorwort

Publikationen über die Wiener Symphoniker erschienen bisher zumeist in Form von Jubliäums-Schriften, die vom Orchester in Auftrag gegeben worden waren: Die damit fast zwangsläufig verbundene reklameartige Selbstdarstellung diente vor allem der Imagepflege und war als sozialgeschichtliches Dokument von zweifelhaftem Wert. Zwar zeichnete sie die abwechslungsreiche Entwicklungsgeschichte und Organisationsform des Orchesters in den wesentlichen Umrissen nach, legte brauchbare Übersichten bezüglich Reisetätigkeit oder Programmstruktur vor und gab Hinweise auf historisch und soziologisch bedingte Wandlungsprozesse bezüglich der Finanzierung des Konzertbetriebs, vernachlässigte aber weitgehend die Tatsache, daß ein Orchester nicht nur aus einem Dirigenten und hinreißend musizierenden Klaviervirtuosen, sondern daneben auch aus Orchestermusikern besteht, über deren Lebens- und Arbeitsbedingungen die Chronik beglückender Aufführungen unter Karajan oder Furtwängler keine hinreichende Auskunft bietet. Orchestergeschichte, geschrieben als Reigen großer Dirigenten, ist die in den ästhetischen Bereich transferierte dynastische Hofberichterstattung, der jener Knopf im Taschentuch des Königs in Büchners „Leonce und Lena" mangelt, mittels dessen der schwachsinnige Monarch der Existenz seines Volkes eingedenk bleiben will.

Die Anregung zur vorliegenden Arbeit entsprang dem Studium der löblichen Ausnahmen im Bereich der greifbaren Literatur über die Wiener Symphoniker: der Studie „Streß und Kunst" von 1970, die erstmals auf der Basis organisations-soziologischer Fragestellungen operierte und die aus den strukturellen Komponenten des Orchesterbetriebes erwachsenden psycho-physischen Belastungen der Musiker untersuchte; weiters den Arbeiten Ronald Barazons, der die Problematik der spezifischen Organisationsstruktur als Produkt historischer Entwicklung ins Blickfeld rückte. Dadurch war wohl der Rahmen gegeben — es fehlte aber weiterhin das Bild: die aus einem ausführlichen Studium des vorhandenen Materials zu erstellende sozialgeschichtliche Konkretion, die gleichwohl soziologische Kriterien im Blick behält und die spezifische Orchestergeschichte als Baustein zu einer umfassenderen allgemeinen im Sinne der „Theorie einer Kulturform" versteht, wie sie H. W. Heister bis ca. 1900 zu formulieren versucht hat.

Das offizielle, mit einiger symbolischer Signifikanz im Konzerthaus-Keller unterhalb des Niveaus des Eislaufvereins-Platzes befindliche, wenige Quadratmeter große Symphoniker-Archiv bietet mit seinen nur einige Jahre zurückreichenden Schriftstücken kaum Gelegenheit, die Geschichte des Orchesters aus sozialhistorischer Perspektive zu untersuchen. Der wertvolle Hinweis eines Orchesterwartes lenkte indes die Aufmerksamkeit des Autors auf eine unscheinbare, niedrige Tür in der verkommenen Chorgarderobe des Konzerthauses, hinter der in einer dunklen Rumpelkammer, die auf den ersten Blick eher für Höhlenforscher denn für Sozialgeschichtler ergiebig schien, in baufälligen Stellagen Aktenordner und packpapierumhüllte Konvolute lagerten. Die darauf befind-

lichen dicken Staubschichten gaben den ersten Hinweis auf Alter und geringen historischen Aufarbeitungsgrad dieser Quellen, die sich nach erster mühevoller Grobreinigung
als lückenlos erhaltene Korrespondenz des Orchesters mit der Gemeinde Wien, den
Konzertveranstaltern, diversen Mietern und Privatpersonen aus der Zeit ab 1945 erwiesen, aber auch wertvolles Material über Budget, Orchesterverträge, Personalstand, Gagen, betriebsrätliche Arbeit sowie alte Dienstverträge, die in die frühen zwanziger Jahre
zurückreichen, enthielten. Das beinahe einjährige Studium dieser Funde in solch skurri-
lem Ambiente verstärkte dann die Bereitschaft, den Lagerort quasi als physischen
Ausdruck des Inhalts der Quellen ernst zu nehmen: die rußgeschwärzte Höhle als
Doderisches Symbol eines kollektiven Unbewußten, das gleichwohl den Umgang mit
der eigenen Geschichte und die Art der Orchesteridentität prägt. Während in Gängen,
Foyers, Aufenthalts- und Garderoberäumen großer europäischer Konzerthäuser Bild- und
Schriftdokumente aus der Vergangenheit des jeweils dort ansässigen Orchesters sorgfältig
affichiert sind und solcherart die Kontinuität des Klangkörpers dokumentieren, lagern Bilder
zur Geschichte der Wiener Symphoniker in alten Schuhschachteln, Briefe von Furtwängler,
Krauss und Karajan in lichtlosen Gewölben zwischen altem Gerümpel. Dies als grobe
Fahrlässigkeit oder archivarisches Desinteresse einzustufen wäre aber verfehlt: eher ist es
ein Zeichen dafür, daß sich die Wiener Symphoniker kaum jemals als Subjekt im Sinne
eigenverantwortlichen Handelns erleben konnten, das erst Beziehung zur eigenen Geschichte
konstituiert — denn als Mietorchester ohne eigene Heimstätte hatten sie schon aus räumlichen Gründen keine Möglichkeit, ihre Geschichte identitätsstiftend zu bebildern.

Auf diese Weise hat wesentlich der Fundort der Quellen die Fragestellung vorgege-
ben: die Bedingungen seiner Möglichkeit zu untersuchen. Da weiters Quellenmaterial
ähnlicher Art und Quantität für die Zeit bis 1945 nicht mehr existiert (vermutlich wurde
es bei der Neuorganisation des Orchesters nach dem Anschluß 1938 vernichtet), lag es
nahe, dem nunmehr gut dokumentierbaren Nachkriegsjahrzehnt 1945 — 55 einen zentralen Platz in der vorliegenden Arbeit einzuräumen, vor allem auch weil sich herausstellte, daß diese Phase für den weiteren Verlauf der Orchestergeschichte von ebenso
fundamentaler Bedeutung war wie die Jahre nach dem ersten Weltkrieg — stand doch
zur Diskussion, die Konstruktion der zwanziger Jahre in der Reorganisationsphase nach
1945 zugunsten anderer Organisationsmodelle zu stornieren: Chancen, Hoffnungen und
Enttäuschungen im Zuge des Neubeginns, die Kristallisation jenes Modells, das in der
Hauptsache auch heute noch Gültigkeit hat, dies zu zeigen ist Ziel dieser Arbeit. Sie ist
zeitgeschichtlich mit starken aktuellen Bezügen, die sich erst im Verlauf der Arbeit selbst
deutlich manifestierten — dies betrifft die Stellung des Orchesters zwischen der Gemeinde als Subventionsgeber und den Konzertinstituten als Veranstalter, den Finanzierungs-
modus des Wiener Konzertlebens, die daraus resultierenden Fragen des Status der
Musiker, der Orchester-Identität, der Mitspracherechte etc. Im Hinblick auf die historisch bedingte Eigenart der Organisationsstruktur des Orchesters, größtenteils nicht
selbst Veranstalter seiner Konzerte zu sein, schrieb Ronald Barazon 1970: „Die letzten
Jahre haben im Verband der Wiener Symphoniker das Streben zu größerer Eigenständig-
keit reifen lassen. Eine künstlerische Gemeinschaft, die den Rückhalt der Gemeinde
Wien genießt und auch vom Bund unterstützt wird, ein Orchester, das sich einen
internationalen Ruf erobert hat, kommt notgedrungen in einer Zeit des allgemeinen
Strebens nach Mitbestimmung und Streuung der Entscheidungsgewalt zu dem Wunsch,
seiner Bedeutung gemäß berücksichtigt zu werden. Wenn auch das Orchester in keiner
Weise die außerordentlichen Erfolge in Frage stellt, die es als Mietorchester erlebt, so

geht doch das Streben zur selbständigen Gestaltung der Veranstaltungen. Die Musiker wollen heute — sei es nun als Orchestergemeinschaft, sei es über ihren Trägerverein oder mit Hilfe einer vollständig neuen Konstruktion — auf das Geschehen rund um sie Einfluß nehmen." Die Patronanz der Gemeinde ließe naturgemäß die Frage aufkommen, „wieso nicht mit der Finanzierung und der Ausführung die Gestaltung verbunden werden kann. Letztlich aber reiht sich hier der Ruf nach einem eigenen Organisationsplatz organisch an, sodaß die Wiener Symphoniker heute in einer umfassenden Diskussion die Frage aufwerfen, ob nicht die vom Wiener Concert-Verein in den ersten Jahren des Orchesters vorgelebte Einheit von Veranstaltern, Ausführenden und Konzertsaal wieder hergestellt werden sollte." („Die Symphoniker — Spiegelbild der Sozialgeschichte")

Die hier geschilderte Organisationsweise ist als Normalzustand europäischer Orchesterverwaltung zu bezeichnen, den auch die Wiener Symphoniker nach dem zweiten Weltkrieg anstrebten, jedoch aufgrund der institutionellen Schwergewichte und der Haltbarkeit österreichischer Provisorien nicht erreichten. Da die Vereinsführung in zahlreichen Memoranden die enge Beziehung von organisatorischen und künstlerischen Problemen betonte, mußte auch die vorliegende Arbeit, um nicht in einer äußeren Organisationsgeschichte steckenzubleiben, dieser Frage großen Stellenwert einräumen: inwieweit Niveau und objektive Stellung eines Orchesters, welche sich im Marktwert und Bekanntheitsgrad (in seiner Präsenz auf dem Mediensektor) bemessen, nicht nur aus der jeweiligen kulturellen Situation der Stadt, in der es tätig ist, ableitbar, sondern auch als Resultante aus der spezifischen Organisationsstruktur anzusehen sind, welche ihrerseits wiederum mit sozialpsychologischen Kategorien zu vermitteln ist, wie sie die Verhaltensweisen der Musiker in der Eigenart des Orchesterkollektivs prägen. Dabei scheint der wohl allzu naheliegenden These, ein hohes Maß an Mitspracherechten bzw. autonomen Gestaltungsmöglichkeiten bedinge größere Motivation und engagierteren künstlerischen Einsatz (eine Annahme, die durch das Selbstverwaltungsmodell der Wiener Philharmoniker gestützt und gleichzeitig den lange Zeit bei den Wiener Symphonikern herrschenden Fatalismus erklären würde) die Entwicklung der letzten Jahre zu widersprechen: unleugbar hat das Orchester an eigenem Profil gewonnen, haben sich ernsthafte Ansätze zu einer Identifikation der Musiker mit dem Orchester gebildet, ist das internationale Renommee gestiegen. Einige Faktoren spielen dabei eine Rolle: ein Generationswechsel, der zahlreiche junge und hochmotivierte Musiker ins Orchester brachte, bessere Kommunikation der Konzertveranstalter untereinander und mit der Orchesterführung — insgesamt eine rationellere Verwaltungsstruktur, die anstelle des „kalten Krieges" der Kulturinstitute getreten ist und solcherart eine reibungslose Abwicklung der Alltagsgeschäfte gewährleistet; freundliches bis enthusiastisches Presse-Echo auf die Zusammenarbeit mit Georges Prêtre. Bemerkenswert in diesem Zusammenhang erscheint das nahezu völlige Versiegen der Abwanderung in Richtung Philharmoniker: hier dürften auch geänderte Wert-Prioritäten und Lebensentwürfe eine Rolle spielen — bietet die doch im Vergleich zu den Philharmonikern moderatere Quantität beruflicher Verpflichtung (bei freilich weniger Einkommen) die Möglichkeit zu alternativer Freizeitnutzung in verschiedenste Richtungen (nicht zuletzt natürlich auch zum Musizieren in anderen Formationen), ganz abgesehen davon, daß der Alltag im Symphonie-Orchester von den Musikern befriedigender erlebt wird als die enervierende Opernroutine des erstarrten Repertoirebetriebs.

Mit anderen Worten: bei im Grunde unveränderter Organisationsstruktur hat sich gleichwohl das künstlerische und administrative Klima verbessert. Haben diese beiden

Bereiche doch weniger miteinander zu tun, als (auch in dieser Arbeit) behauptet wird, oder erscheint die gegenwärtige günstige Situation bloß als Produkt zufällig günstiger individueller Konstellationen, die eine nach wie vor problematische Organisationform und konstante Macht- bzw. Entscheidungsbefugnisse durch den inzwischen üblichen „kommunikativen Jargon" verdecken? Darauf werden wohl die nächsten Drehungen im nomadischen Wanderzirkus des Intendanten- und Dirigentenkarussels Antwort geben. Die Musiker selbst scheinen jedenfalls in ihrem künstlerischen Einsatz gegenwärtig wenig berührt durch die Tatsache, daß sie über keine institutionell abgesicherten Organe (z.B. in Form eines künstlerischen Beirats) verfügen, die (wie immer geartete) Mitspracherechte in den Führungsgremien der Konzertinstitute, welche nach wie vor die wichtigsten „künstlerischen Dienstgeber" des Orchesters sind, besäßen.

Die Tatsache, daß jede historische Arbeit einem spezifischen aktuellen Erkenntnisinteresse entspringt und meist künftige Entwicklungen beeinflussen will, verlangt nach einer Klärung der Position des Autors, die im vorliegenden Fall ihren Reiz daraus bezieht, daß letzterer seit 15 Jahren selbst Mitglied des Orchesters (oder um die aus dem Organisationsstatus erwachsende Spannung aufrecht zu erhalten: Angestellter des Vereins Wiener Symphoniker) ist. Einerseits ist dadurch eine Kenntnis der internen Struktur gegeben, die ein von außen an die Sache herangehender Historiker nicht so ohne weiteres erwerben könnte, andererseits ermangelt es naturgemäß des „neutralen" Blicks, den etwa eine Untersuchung der Genese der NÖ. Landwirtschaftskammer wohl eher garaniert hätte. Dem Vorwurf der Parteilichkeit aus der Interessenlage der Musiker heraus ist wohl nur zu entgehen, wenn man sie a priori teilweise einbekennt und in Kauf nimmt, dem Weber'schen Postulat einer strikten Trennung von Sachdarstellung und Werturteil nicht durchwegs entsprechen zu können. Das scheint der unvermeidliche Preis, der zu bezahlen ist, wenn man über jene Institution schreibt, der man beruflich verbunden ist. Die zum Zwecke sozialhistorischer Forschung nötige Distanz zum Erkenntnisobjekt wird allerdings in dieser Situation leichter konstituiert und aufrechterhalten, wenn die nicht mehr bruchlose Identifikation mit dem eigenen (musikalischen) Tun der eigentliche Motor des Erkenntnisinteresses ist: dabei verstärkt der unvermeidlich „böse Blick" der Soziologie auf die Organisationseinheit „Orchester" und jener der Sozialgeschichte, die fragt, für wen das Orchester eigentlich spielt(e), die Bereitschaft, seine Existenz nicht als unhinterfragbare, allgemeingültige und zeitlose Kulturtatsache hinzunehmen; da sie zumeist als solche angesehen wird und speziell in Österreich geradezu national-integrativen Stellenwert besitzt, ist der ideologische Schleier, der sie umgibt, besonders dicht und reizt dadurch zur Demontage — in diesem Sinn möge das vorliegende Buch auch als kleines Gegengewicht (vor allem in seinem sozialpsychologischen Abschnitt) zu den zahllos vorhandenen Panegyriken verstanden sein, die die großen Orchester umranken. Während die meisten Institutionen gegen eine kritische Sicht ihrer eigenen Geschichte von innen her durch den Mechanismus der Aufstiegschancen, Karrieresprünge etc. gut gesichert sind, verweist die Möglichkeit, aus dem Orchester heraus relativ unbefangen dessen strukturelle Probleme beschreiben zu können, auf die spezifische Stellung des Orchestermusikers und seine Berufslaufbahn: in jahrzehntelang unverrückbar festgelegten Positionen eröffnen sich keine über den status quo hinausreichenden sozialen und ökonomischen Gratifikationen, deren Verlust zu befürchten wäre. Solcherart aus soziologischer Sicht frühzeitig sozial gealtert, ist der Musiker andererseits frei, den eigenen Standort bzw. die soziale Rolle innerhalb der Institution kritisch zu reflektieren — und nur durch Kritik hindurch ist die Möglichkeit zu Identifikationsbildung intellektuell überhaupt vertretbar.

1. TEIL
Zur Organisationsgeschichte 1900 — 1945
Anmerkungen zu einigen Stationen der Orchestergeschichte

I. Die Gründungsphase: 1900

„Die soziale Lage der Berufsmusiker in der Spätzeit der franzisko-josephinischen Ära ist noch weitgehend unerforscht"[1] ... „eine eingehende Darstellung des Wiener Konzertlebens um 1900 ... fehlt bisher"[2] ... „der ganze Komplex des musikalischen Vereinswesens in Österreich ist noch viel zu wenig erforscht"[3] ... „die Programme der Arbeiter-Symphonie-Konzerte wurden bislang noch nie zur Gänze zusammen gestellt"[4] ... „die Darstellung des ‚Musikerelends' (Schlagwort der Zeit!), besonders des Konkurrenzkampfes zwischen Zivil- und Militärmusiken — ein bislang für Österreich noch ganz unbearbeitetes Thema der Sozialgeschichte"[5] ... die Statistik des Wiener Musiklebens dieser Zeit bietet ein Material, „das im einzelnen noch gar nicht erarbeitet ist und dessen Reichtum einer ebensolchen Fülle wissenschaftlicher Erschließung harrt"[6].

Diese respektable Liste des Nichtwissens inmitten einer hypertrophen Jahrhundertwendenforschung, -literatur und -rezeption mag überraschen, dokumentiert aber, wie schwierig es gerade im Bereich des Musiklebens ist, von der traditionell werk- und persönlichkeitsorientierten Geschichtsschreibung, dem zäh sich behauptenden anekdotischen Feuilletonismus diverser „Johann Strauß"- und „Wiener Oper"-Bücher zur Erfassung struktureller Komponenten musikalischer Praxis überzuwechseln. Es kann weder Ziel dieses Einleitungskapitels sein, solche Lücken zu füllen, noch bezüglich der spezifischen Orchestergeschichte jene Fakten bloß zu wieder holen, die anderwärts schon präsentiert wurden.[7] Da es vielmehr hier darauf ankommt, die Stellung des Orchesters im Musikleben nach 1945, seine Organisationsstruktur und die soziale Lage der Musiker aus der historischen Entwicklung heraus zu erklären, soll — ohne eine Erweiterung des lückenhaften Wissensstandes bieten zu können — die Gründungsphase der „Vorläufer"-Organisation (des Concertvereins) im Hinblick auf diese thematischen Schwerpunkte dargestellt werden.

„Wie behauptete sich ein Symphonie-Orchester in der Zeit der wahrscheinlich größten gesellschaftlichen Umwälzungen der Geschichte?" fragt R. Barazon, was auf die Frage hinausläuft: was waren die Gründe für die sich langsamer vollziehenden kulturellen Wandlungen, die es der Organisation „Orchester" ermöglichten, inmitten völlig

---

1 F. C. Heller, Das Wiener Konzerthaus, 1983, S. 24.
2 Ebda.
3 Ebda., S. 23.
4 Ebda., S. 26.
5 F. C. Heller, Jenseits von Mahler, in „Wien vor 1900 — Aufbruch in die Moderne", Wien 1986, S. 137.
6 F. C. Heller, Die Auseinandersetzung mit der Tradition, in Flotzinger/Gruber, Musikgeschichte Österreichs, Bd. II, S. 394.
7 Am präzisesten bei Barazon, Die Wiener Symphoniker, in Verbindung mit der Geschichte des Konzerthauses bei F. C. Heller/Revers, sowie in den diversen Festschriften zu den Symphoniker-Jubiläen.

geänderter gesellschaftlicher Bedingungen zu überdauern, bzw. inwieweit ermöglichte ein Strukturwandel der Organisation selbst und — damit zusammenhängend — kultur-politischer Vorstellungen und Zielsetzungen eine Anpassung an geänderte Verhältnisse? Der innerhalb von 40 Jahren vollzogene Wandel ist allerdings beträchtlich: während sich 1900 „patriarchalische" finanzielle Trägerschaft durch individuelle Mäzene mit explizit egalitärer, „kunstdemokratischer" Zielsetzung verband, war nach 1945 auf der Basis der Förderung durch demokratische Institutionen der kulturpolitische Gehalt weitgehend neutralisiert. Orchestermusik — 1900 legitimer Ausdruck bürgerlichen musikalisch-kul-turellen Selbstverständnisses und zugleich Transzendierung des Alltags in Form des Festes „als regelmäßige Wiederkehr des Einmaligen"[8] — verliert nach 1945 in der durch die Massenmedien vermittelten Inflation verschiedenster Musikrichtungen und -stile (und wohl auch infolge ihrer eigenen inflationären Verbreitung) zunehmend den Charak-ter unumschränkter musikalischer Leitbildfunktion. Im Wien der Jahrhundertwende ging es allerdings erst einmal darum, abseits von allen Amateur- und Dilettantenvereinigun-gen professionelle Grundlagen zu schaffen, die die regelmäßige Wiederkehr des Einma-ligen nicht nur für die privilegierten Hörer der philharmonischen Konzerte zu einem akzeptablen Vergnügen machen sollte.

1. Der Zeitpunkt der Gründung

Wie die allgemeine Geschichte des Konzertwesens belegt, vollzieht sich die Ablö-sung der musizierenden Liebhabervereinigungen durch professionelle Ensembles in der ersten Hälfte des 19. Jahrhunderts, und spätestens seit 1848 kann man von einem voll entfalteten Konzertwesen sprechen, von einem kapitalistisch organisierten Musikbe-trieb, „der gar nicht mehr auf die seelische Verfassung der Menschen Rücksicht nimmt, sondern die Produktion steigert, bis eine katastrophale Überproduktion und eine bekla-genswerte Übersättigung der Menschen erreicht ist",[9] und den Wagner und Berlioz als „Industrialismus der Kunst" scharf angreifen. Was die Professionalität solcher Produk-tionen betrifft, war Wien gegen Ende des Vormärz beinahe provinziell zu nennen, geprägt von der „wachsenden Indolenz unserer Dilettantenvereine"[10], die den Anschluß an die aktuelle Musikentwicklung zu verlieren im Begriffe waren, einem programmatischen Pragmatismus huldigten und interpretatorischen Standards nicht mehr genügten. Hans-lick spricht vom künstlerischen Bankrott der Gesellschaft der Musikfreunde (und der Dilettantenkonzerte überhaupt), deren Darbietungen auch bezüglich des Orchesters den Charakter von Liebhaberkonzerten hatten — war es doch bis zu diesem Zeitpunkt nicht einmal üblich, daß die im Konservatorium tätigen Professoren bei Gesellschaftskonzer-ten mitwirkten. Nach der künstlerischen Sensation der ersten philharmonischen Saisonen geriet diese neue, vielversprechende Unternehmung nach Nicolais Abgang 1847 in eine Stagnation — die erste professionelle Vereinigung Wiens konsolidierte sich erst in den sechziger Jahren, und auch der Standard der Gesellschaftskonzerte der GdM erhöhte sich in der nachmärzlichen Zeit infolge des freiwilligen Rückzuges der Dilettanten aus dem

---

8 H. W. Heister, Das Konzert, Theorie einer Kulturform, Bd. I, S. 338.
9 E. Preußner, Die bürgerliche Musikkultur, S. 200.
10 E. Hanslick, Geschichte des Concertwesens in Wien I, S. 293.

Gesellschaftsorchester[11], das gleichwohl keine stabile Vereinigung war (vgl. dazu S. 263). Virtuosenkonzerte, bei denen die Orchesterbegleitung als bloße Staffage fungierte, können ebenso außer Betracht bleiben wie die zahlreichen Wohltätigkeitsveranstaltungen (vor denen angesichts des guten Zwecks „die Kritik" ihre Waffen zu strecken hat"[12]) und die beiden stereotyp die Haydn-Oratorien im akustisch miserablen alten Burgtheater reproduzierenden Konzerte der Tonkünstler-Societät. Grob geschätzt ergeben die von Hanslick genannten Zahlen im Durchschnitt etwa drei Konzerte pro Monat im Winterhalbjahr, die professionellen Standards einigermaßen entsprachen. In Paris fanden etwa doppelt soviele große Orchesterkonzerte statt — allerdings bei einer auch doppelt so großen Wohnbevölkerung. Das lenkt den Blick auf die für die Beurteilung von Art und Quantität des Konzertlebens einer bestimmten historischen Epoche wesentliche Frage nach der sozialen Struktur der Bevölkerung (und insbesondere jener der sozialen Trägerschicht des Konzertwesens), sowie — in Verbindung damit — dem jeweiligen Entwicklungsstand bürgerlicher Öffentlichkeit bzw. der Möglichkeit, sie überhaupt zu konstituieren. Die Tatsache, daß sowohl die Gründung der GdM im Jahr 1812 eine außerordentlich späte Konstituierung eines Liebhabervereins darstellte als auch der Übergang von der „Assoziation der Dilettanten" zu jener der Künstler sich erst spät vollzog, wird im Hinblick auf die Stellung Wiens und seine Sozialstruktur im frühen 19. Jahrhundert verständlich:

— Wie schon bei Hanslick vermerkt, machte in der Reichshaupt- und Residenzstadt Wien das „starke Kontingent an öffentlicher Musik (Oper, Kirche, Tonkünstler-Societät) und die enorme Zahl häuslicher Concerte ... die Concentration von Dilettantenkräften zu förmlichen ‚Liebhaber-Concerten' nicht so dringend"[13] — es waren also Einrichtungen, die man Spätformen höfisch-repräsentativer Öffentlichkeit zurechnen kann, dem (bürgerlichen) Publikum zugänglich („Repräsentation ist immer noch auf eine Umgebung angewiesen, vor der sie sich entfaltet"[14]), aber auch zu Soireen in adeligen Häusern (also Veranstaltungen, die man als repräsentativ und privat gleichzeitig bezeichnen könnte) hatten — freilich weit selektiver — Mitglieder der zweiten Gesellschaft (auch Repräsentanten der Intelligenz) Zutritt[15].

— Die ansatzweise sich vollziehende Formierung einer bürgerlichen Öffentlichkeit im Habermas'schen Sinne (als räsonierendes Publikum von Privatleuten) blieb eine Episode im Josephinismus und konnte unter den repressiven politischen Verhältnissen des Vormärz keine institutionalisierten Formen schaffen — nichts ist bezeichnender, als daß die Initiative zur Gründung der GdM eine Reaktion auf die schwindende Finanzkraft adeliger Mäzene war, die eine Auflösung der meisten Privatkapellen und damit ein Versiegen musikalischer Aktivität zur Folge gehabt hatte — das Auftreten einer bürgerlichen Konzertgesellschaft war also kein Akt selbstbewußter bürgerlich-kultureller Ansprüche in Opposition zu feudaler kultureller Praxis, sondern die Antwort auf eine spezielle Notlage des Musiklebens; beinahe bis zur Hochblüte des Liberalismus in Österreich (bis 1864) fungierten Adelige als Präsidenten der GdM. Die Einrichtung einer genuin bürgerlichen Musizierpraxis im Vorfeld politischer Emanzipation war zudem in Wien erschwert, weil — im Gegen-

---

11 Die Statutenänderung vom 5. 2. 1851 ermöglichte ab diesem Zeitpunkt das Engagement von Berufsmusikern (vgl. „Hundert Jahre Goldener Saal").
12 Hanslick, S. 409.
13 Ebda., S. 68/69
14 Habermas, Strukturwandel der Öffentlichkeit, S. 23.
15 Hanslick, S. 50 f.

satz zu Bürgerstädten wie Hamburg oder Leipzig — der Adel auf eine lange Tradition musikalischer Aktivität und Kompetenz jenseits bloßer Repräsentativfunktion zurückblicken konnte.

— Der wirtschaftliche Bedeutungsverlust des Adels wurde im Vormärz noch nicht durch den Aufstieg einer breiteren großbürgerlichen Schicht kompensiert, die imstande gewesen wäre, ein professionelles Konzertwesen zu tragen: industrielles Großunternehmertum war nur ansatzweise vorhanden, und das Finanzkapital gewann erst in der Hochgründerzeit eine entscheidende Rolle in der wirtschaftlichen (und wohl auch kulturellen) Führungsschichte Wiens — der kleingewerblichen Wiener Wirtschaftsstruktur mit ihren rund 20.000 Gewerbebetrieben konnte kein konsolidiertes Konzertwesen entspringen; stellt man zudem in Rechnung, daß 1840 von den ca. 100.000 männlichen Heimatberechtigten nur 5.453 zu den Beamten und Honoratioren (also dem potentiellen Konzertpublikum) zählten, während 70% der Bevölkerung den Unterschichten angehörten[16], wird auch verständlich, daß von der Nachfrageseite her mit den Konzerten der GdM, der Tonkünstler-Societät etc, das Auslangen gefunden wurde. Die jährliche Anzahl einigermaßen repräsentativer Konzerte verringert sich allerdings nochmals, wenn man bedenkt, daß nur die beiden a.o. Konzerte der GdM unbeschränkt öffentlich zugänglich waren, während die vier bis sechs ordentlichen Konzerte den „Selbstbetrieb und Selbstgenuß der Musik" zum Zweck hatten und nur für Mitglieder der Gesellschaft bestimmt waren.[17]

— Die in deutschen Städten bereits gegen 1800 lebhaft diskutierte Idee kommunaler Musikpflege (als Orchestererhaltung, Konservatoriumsbetrieb etc.) auf der Basis einer zunftfreien, erweiterten Korporation ehemaliger Rats- und Stadtmusikanten[18] blieb für Wien jenseits der Denkbarkeit, weil die traditionellen Formen bürgerlich-städtischer Musikorganisation nicht oder nur rudimentär ausgebildet waren: die einzigen ständisch-zunftmäßig organisierten Musikervereinigungen waren die geistlichen Bruderschaften bei St. Michael und St. Stephan, die — wie Hanslick sarkastisch vermerkt — „auch die Andacht zunftmäßig betrieben"[19] (sie wurden durch Joseph II., aufgehoben), Musikpflege jenseits des Hofes blieb Sache privaten Vereinswesens — und deshalb ist es nicht verwunderlich, daß bei Gründung des Concertvereins die Idee der Allgemeinzugänglichkeit von Konzertmusik (im Sinne des Allgemeininteresses an dieser Einrichtung doch eher in kommunale Kompetenz fallend) von Privatleuten formuliert (und finanziert) wurde.

In der zweiten Jahrhunderthälfte blieb die äußere Organisationsform des Wiener Konzertwesens im Grunde unverändert, während sich der Professionalitätsgrad deutlich steigerte: die Trennung von ausübenden Berufsmusikern und kulturkonsumierendem Publikum im Bereich der Orchestermusik vollzog sich in diesen Jahrzehnten. „Trotz der außerordentlich angewachsenen Population ist doch die absolute Zahl der Concerte in Wien ... nicht größer geworden ... Allein die Zahl der *guten* Concerte, der großen, werthvollen Productionen hat sich ungemein vermehrt", schreibt Hanslick 1869[20]. Zu diesem Zeitpunkt hatte sich die Bevölkerungszahl gegenüber 1840 beinahe verdoppelt, die Sozialstruktur wesentlich gewandelt: die heterogen zusammengesetzte bürgerliche

---

16 Vgl. dazu E. Bruckmüller, Sozialgeschichte Österreichs, S. 302ff.
17 Statuten der GdM 1814, § 64 (in Perger, Geschichte der K.K. Gesellschaft der Musikfreunde in Wien, Zusatzband, S. 211).
18 Preußner, S. 172.
19 Hanslick, S. 11/12.
20 Hanslick, S. 425.

Oberschicht (nobilitierte Großbürger aus Finanz, Handel und Großindustrie, hohe Beamte, Freiberufler, Gelehrte) und der Mittelstand (Rentiers, das expandierende Beamtentum) waren zwar weiterhin schmal, in absoluten Zahlen jedoch ergaben sie ein potentielles Publikum, dessen Nachfrage durch die vorhandenen Kapazitäten immer schwieriger zu befriedigen war, In diesem Zusammenhang von einer „vollständigen Demokratisierung" der Kunst zu sprechen, wie dies Hanslick tut[21], ist zweifellos eine grobe Fehleinschätzung, die formal demokratisiertes Zugangskriterium und objektive Realisierungschance gleichsetzt und im Hinblick auf die ökonomisch-kulturelle Situation der quantitativ dominierenden Unterschichten geradezu zynisch wirkt — „auch die bürgerliche Musik ist keine allgemeine Musik, sondern ebenfalls die Kunst einer herrschenden Klasse"[22]. Die musikalische Entwicklung des späten 19. Jahrhunderts mit ihrer Polarisierung von ernster und populärer Musik kann im Gegenteil als Ent-Demokratisierung interpretiert werden, die auch noch den Schein klassenloser Musik tilgt, wie er in der alle Bevölkerungsschichten in gleicher Weise erfassenden Begeisterung für den Walzer zutage trat.

Kunsttempel und Volksgartenkonzert, Schranken von Besitz und Bildung versus anspruchsloses Amusement — das war die Szenerie, in der das neugegründete Concertvereins-Orchester seine Tätigkeit entfaltete; daß dabei Bildungsanspruch und Urteilskraft neuen Entwicklungen gegenüber nicht konvergierten, beweist das fundamentale Unverständnis, mit dem das Wiener Publikum jeder neuen Erscheinung entgegentrat — ob es sich um Bruckner, Mahler oder Schönberg und seinen Kreis handelte. Hanslick bezog seine Kritik an dem „stark verspäteten Charakter des Concertwesens in Wien"[23] auch — und vorwiegend sogar — auf seine inhaltlichen Aspekte: auf die völlige Ignorierung Mendelssohns und Schumanns in den vierziger Jahren, jene Wagners in den fünfziger Jahren, auf die Unterlassungssünden im Bereich der Oratorienmusik und die novitätenfeindliche Programmkonzeption der philharmonischen Konzerte (als „Hort strenger musikalischer Orthodoxie"[24]). Der Tendenz nach ist diese Entwicklung freilich kein Wiener Spezifikum, wenn sie auch hier besonders ausgeprägt sein mag — Krenek weist darauf hin, daß „die massive, grundsätzliche und erbitterte Renitenz gegen neue Kunst eine Begleiterscheinung des Liberalismus ist. Die ungeheure theoretische Fundierung des Apparates, der heute von Antiliberalisten der verschiedensten Art gegen die ‚fortschrittliche‘ Kunst in Bewegung gesetzt wird, ist den großen kritischen Köpfen der liberalen Presse zu verdanken."[25] Der musikalische Historismus dieser Zeit (dessen Ursprünge freilich schon ins späte 18. Jahrhundert zurückreichen), von Hanslick als zunehmende Differenzierung musikalischer Rezeption und kritische Aufarbeitung der „großen Erbschaft früherer Epochen"[26] begrüßt, ist Produkt der kulturkonservativen Gesinnung eines wirtschaftlich-politisch progressiven Bürgertums. Gleichzeitig eröffnete die bürgerliche Lebenspraxis den Künstlern erstmals die Möglichkeit relativer künstlerischer Autonomie ohne Bindung an mäzenatischen Auftrag — so kam es dazu, „daß sich am Orte eines scheinbar besonders ausgesprochenen Konservativismus die radikalsten künstlerischen Tendenzen entwickelten."[27] Deren ausdrücklicher Sachwalter

21 Ebda., S. XIII.
22 H. Eisler, Musik und Politik, S. 148.
23 Hanslick, S. 390.
24 Ebda.
25 Krenek, Fortschritt und Reaktion, in Musikkonzepte 39/40, S. 5.
26 Hanslick, S. 426.
27 Krenek, ebda., S. 10.

Stifter, Gründer und unterstützende Mitglieder.

a) Stifter.

*Bohler Friedrich	K	2000.—
Dobner v. Dobenau Friedrich, k. k. Truchsess .	»	2000.—
*Faber Arthur	»	2000.—
*Hämmerle Theodor, k. k. Commerzialrath .	»	2000.—
Krupp Arthur, Mitglied des Herrenhauses . .	»	2000.—
*Kuffner Wilhelm	»	2000.—
Rothschild Nathaniel, Baron von	»	2000.—
*Schoeller, Philipp Ritter von	»	2000.—
*Thonet Jakob	»	2000.—
Wiesner Robert	»	2000.—
*Wittgenstein Carl	»	4000.—

Die mit * bezeichneten Stifter haben die Stifterrechte durch Beiträge zu Zwecken des Neuen philharmonischen Orchesters gemäss § 5 der Statuten erworben.

Vereins-Vorstand.

a) Von der General-Versammmlung gewählt:

Präsident:
Arthur Faber.

Vice-Präsidenten:
Jakob Thonet
Dr. Erich Ritter von Hornbostel.

Vorstandsmitglieder:

Josef Adensamer.	Max Kalbeck.
Carl August Artaria.	Ludwig Koch.
Dr. Gustav Bloch.	Theodor Köchert (Schriftführer).
Theodor Hämmerle (Cassier).	Wilhelm Kuffner.
Dr. Paul Hammerschlag.	Dr. Eusebius Mandyczewski.
Bernhard Herzmansky.	Dr. Alexander Spitzmüller.
Richard Heuberger.	Dr. Robert Steinhauser.
Dr. Robert Hirschfeld.	

b) Vom hohen k. k. Ministerium für Cultus und Unterricht delegiert:
Dr. Carl R. von Wiener, k. k. Ministerialrath.

c) Von der Gesellschaft der Musikfreunde delegiert:
Ludwig Bösendorfer.   Rudolf Hofmann.

Revisoren:

Gustav Schur.
Dr. Theodor Reisch.   Otto Seybel.

Vereins-Secretär:

Dr. Hugo Botstiber.

Kanzlist: Carl Bixner.

zu werden, war dem neuen Concertvereinsorchester zumindest in der Gründungsurkunde noch nicht explizit aufgegeben: während bezüglich der Zugänglichkeit zu den Konzerten die „demokratische Perspektive" zu den Grundsätzen der Neugründung zählte, war die Formulierung der inhaltlichen Zielsetzung — „gute Musik in möglichst guter Aufführung"[28] zu bieten — eher neutral gehalten. Immerhin verwies aber der beabsichtigte „Ausschluß jeder Parteitendenz" hinsichtlich der Kunstrichtung darauf, daß hier ein Forum geschaffen werden sollte, das neuen musikalischen Entwicklungen offen stand und es als eine seiner Aufgaben betrachtete, sie zur Diskussion zu stellen.

2. Die Trägerschicht: Bürgerliches Mäzenatentum und seine Kulturmission

Bei Erlag von 2.000 Kronen konnte man Stifter-Ehren erwerben, 200 Kronen sicherten einen Platz als Gründer, um jährlich 10 Kronen wurde man unterstützendes Mitglied: die Verdienste der zumeist industriell-großbürgerlichen Schicht um die Gründung des Concertvereines werden in allen Publikationen entsprechend gewürdigt. 11 Stifter, 126 Gründer und ca. 1.000 unterstützende Mitglieder schufen nicht nur die nötige finanzielle Basis, sondern sicherten auch den Kundenstock der ersten Jahre — um ihre Vorbezugsrechte für die Konzerte nicht zu gefährden, mußte bei diesem Stand eine Sperre der Mitgliederaufnahme verhängt werden: der offizielle Konzertzyklus war also in hohem Maß einer geschlossenen Gesellschaft vorbehalten, die ihre Sitze allerdings ungeachtet ihres Stifter-Status käuflich erwerben mußte; dadurch unterschied sich diese Konstruktion von jener der GdM, die zur Jahrhundertwende in finanzielle Schwierigkeiten kam, weil in den alten Statuten den Stiftern und Gründern das vererbbare Recht auf den unentgeltlichen Besuch jedes Konzertes eingeräumt war, was zur grotesken Situation führte, daß ungeachtet des nicht wahrgenommenen Rechts der Sitzplatz nicht verkauft werden konnte.[29] „Die Unternehmer und Großgrundbesitzer finanzierten das Orchester und nahmen es gleichsam für sich in Anspruch. Das investierte Kapital brachte zwar keine Dividende, doch kamen die Zinsen in Form von künstlerischen Glanzleistungen den Investoren zugute"[30] — und dadurch in Form kulturellen Prestiges. Die von den Stiftern erlegte Summe entsprach ca. 14 — 18 Monatsgehältern der Musiker, wobei das Ausmaß des mäzenatischen Engagements allerdings in Beziehung zu setzen wäre zum Umsatz und Gewinn der Rothschild, Thonet, Wittgenstein, Hämmerle, Krupp, Kuffner, Faber, Böhler etc. In der Folge blieb es freilich nicht bei der einmaligen Zahlung: schon in der Saison 1904/05 zeichneten die Förderer einen Garantiefonds von 6.000 Kronen, um das defizitäre Unternehmen zu stützen, dem in der Folge immer wieder einzelne Zusatzspenden, testamentarisch vermachte Gelder (Hermine Wittgenstein, Philipp Gomperz etc.) und die Zinsen aus dem Stammfonds zuflossen.[31] Nach dem Subsidiaritätsprinzip genehmigte das Ministerium für Cultus und Unterricht in rasch wachsendem Ausmaß Subventionen (1900/01: 2.000 Kronen, 1912/13: 23.000 Kronen), ein wesentlicher

28 Jahresbericht Concertverein 1900/01.

29 Die Enkelgeneration der ehemaligen Honoratioren verteidigte dieses Recht so zäh, daß es noch in den neuen Statuten von 1909 für die bisherigen Stifter und Gründer erhalten blieb, „insofern sie nicht hierauf verzichtet haben oder noch verzichten werden" (§ 8, 1) vgl. dazu auch Hirschfeld, S. 239f.

30 Barazon, die Symphoniker — Spiegelbild der Sozialgeschichte, undatierter Aufsatz im Archiv der Wiener Symphoniker.

31 Vgl. dazu die Jahresberichte des Concertvereins 1904 — 1913.

Anteil an der Orchestererhaltung verblieb jedoch in den Händen der privaten Mäzene. Bezüglich der „Hauptkonzerte" fällt es schwer, die vielfach propagierten kunstdemokratischen Tendenzen wahrzunehmen — hier fand vorwiegend der „Selbstgenuß" der Stifter und Gründer statt; beinahe die dreifache Konzertanzahl entfiel aber auf die „populären Orchesterkonzerte", die abwechselnd im Volksgarten und im Musikvereinssaal stattfanden — an ihrem Funktionswandel ist die Veränderung wie auch Durchsetzung bürgerlicher Geschmacksnormen besonders gut ablesbar:

a) „Populär" hießen die Konzerte wegen der angesprochenen Zielgruppe und der Rücksichtnahme auf deren Geschmack — aufgrund ihres bunten Gemischs künstlerisch heterogenster Stücke vom „klassischen" Symphoniesatz bis zum Potpourri ohne Anspruch auf reflektierende Haltung. Eben diese Programmstruktur kennzeichnete jedoch die avancierten „Gesellschaftskonzerte" bis weit ins 19. Jahrhundert, in denen häufig einzelne Symphoniesätze gespielt bzw. Gesangsstücke interpoliert wurden. Hanslicks Bemerkung, hier gingen „edles und richtiges Streben noch immer mit den süßen Gewohnheiten des Dilettantismus Hand in Hand"[32] enthält, in ihre Bestandteile zerlegt und auf das gewandelte Verständnis legitimer Rezeptionsweise angewendet, das Material für die Kennzeichnung der Situation vor 1900: entsprechend der unversöhnlich zutage getretenen Polarisierung von „hoher" und „niederer" Kunst hatten sich auch die Anforderungen an das Hörverhalten getrennt — hier der Anspruch geistiger Konzentriertheit und Versenkung auf in sich einheitliche Programmfolgen (also zumindest der Intention nach eine Disziplinierung und Professionalisierung der Rezeptionsweise), dort die ökonomisch und psychologisch erleichterte Zugangsmöglichkeit zum Konzert in Form der Tradierung „früher Formen als sozial und ästhetisch ,abgesunkene', niedrige Schicht des Konzertwesens"[33]. Was der zunehmenden geschmacklichen Differenziertheit der „Kenner" obsolet geworden schien, war dem populären Geschmack (in jeder Beziehung) billig.

b) Populärkonzerte in kompletter Orchesterbesetzung hatte es schon im Verlauf des 19. Jahrhunderts gegeben: man denke nur an die Programme der Johann Strauß-Kapelle, die Werke von Mozart bis Weber, bei Strauß Sohn bis Berlioz und Wagner im Repertoire hatte und deren „Verdienst, gute Musik unter das große Publicum gebracht zu haben", Hanslick rühmend hervorhebt.[34] Ebenso zählten dazu die beliebten Konzerte der Militärkapellen — „es gibt keinen Kunstgenuß, der in so hohem Grade demokratisch heissen kann, als das Spiel der Regimentsbanden. Da darf ein jeder theilnehmen, ohne Eintrittsgeld und Salontoilette — haben doch Tausende von Musikbedürftigen, die weder das eine noch das andere besitzen, sich oft glücklich gefühlt, ihr Concert unter freiem Himmel zu finden"[35]. Dabei interessieren hier weniger die militärischen Harmoniemusiken, bei denen neben den üblichen Märschen auch italienische Opernmelodien von den „markdurchdringenden Tönen des Flügelhorns, Euphonions oder der Pistontrompete" geblasen wurden[36], sondern die vollständigen Orchesterformationen der Regimentsmusiken in größeren Garnisonsstädten, die gerade aufgrund der „militärischen Subordination" und genügender Probenzeit schafften, was die Leistungsfähigkeit zusammenge-

---

32 Hanslick, S. 152.

33 Heister, Bd. 2, S. 437, vgl. auch Habermas, S. 200.

34 Hanslick, Aus dem Concertsaal 1870, darin „Johann Strauß — Nekrolog" 1849.

35 Ebda., „Österreichische Militärmusik".

36 Hanslick spottet über den „geheimen mystischen Zusammenhang Verdis mit dem Flügelhorn", dem bevorzugten Melodieinstrument der Militärmusik — daher sei auch „das Vorherrschen Verdi'scher Opernsachen in den Programms der Militärmusiken eine naturgesetzliche Consequenz" (ebda., S. 54).

würfelter Zivilkapellen überstieg: selbst technisch anspruchsvolle Werke zufriedenstellend zu meistern. Wesentlich im hier interessierenden Zusammenhang ist dabei die Dezentralisierung des Populär-Konzertwesens und die relative Profanheit der Aufführungsorte: von Dommayers Casino bis zu Prater-Kaffeehäusern, vom Sophienbad-Saal bis zu Weigls Katharinenhalle. Art und Intensität des Zuhörens konnten hier vom einzelnen Konsumenten noch weitgehend selbst bestimmt werden — ein interessantes Exempel bilden hier die „Promenadenkonzerte", welche Johann Strauß in England kennengelernt hatte und die er in Wien erstmals 1868 in den Blumensälen der Gartenbaugesellschaft durchführte: „Wer intensiv dem Konzert folgen wollte, konnte Sitzplätze in der Nähe des Orchesters finden, wer mehr beiläufig zuhören wollte, hatte die Möglichkeit, bei Musik zu flanieren und zu promenieren"[37] — ein Versuch also, verschiedene Rezeptionsgewohnheiten und damit Sozialstandards gleichzeitig zu befriedigen, wie er sich auch in den Strauß'schen Mischprogrammen dokumentiert.

In beiden erwähnten Bereichen — Art des Programms und daraus resultierende Rezeptionsanforderungen sowie Konzertlokalitäten — setzt nun nach dem Jahrhundertbeginn allmählich ein Wandel ein: Schon kurze Zeit nach Einführung der vom Concertverein gespielten Populärkonzerte stellen die Veranstalter mit unverhohlener Befriedigung fest, daß zunehmend seriösere Programme (mit kompletten Symphonien und einheitlichem Programmniveau) nicht nur möglich sind, sondern vom Publikum ausdrücklich verlangt werden. Gleichzeitig halten regelmäßig durchgeführte Populärkonzerte dieser Art Einzug in den Kunsttempel des Musikvereinssaales — das Flanieren hat hier unwiderruflich sein Ende. Freilich besteht die Fülle diverser Konzertveranstaltungen dessen ungeachtet weiter fort (bis in die Zwischenkriegszeit, in der das nunmehrige „Wiener Sinfonieorchester" wesentliche Anteile seiner Existenzmöglichkeit noch immer im Burggarten erarbeitet), aber die historische Entwicklungstendenz (um diesen umstrittenen Terminus einmal zu gebrauchen) zielt wohl auf die Annäherung der Formen des Populärkonzerts an jene des „seriösen" — somit auf Übernahme der künstlerischen Wertvorstellungen und Geschmackspräferenzen des gehobenen Bürgertums durch die rangniedrigeren Gesellschaftsschichten. Daß dabei die Arbeiter-Symphoniekonzerte ein besonders gutes Demonstrationsobjekt für diese Tendenz abgeben, wurde schon mehrfach betont[38], wobei im Rahmen der „Verbürgerlichungs"-Diskussion (innerhalb der Sozialdemokratie) allerdings nicht immer klar herausgearbeitet wird, wie schmal in der Arbeiterklasse wiederum jene Schicht war, die bürgerlich missionierbar erschien, und wie kulturell inhomogen die Arbeiterschaft Wiens insgesamt. Von den vier Grundtypen von Arbeiterfamilien, wie sie R. Sieder unterschied[39], kam wohl nur die „respektable Arbeiterfamilie" mit ihrer an „bürgerlichen Familien orientierten Erziehungsleistung" als potentielles Konzertpublikum ernsthaft in Betracht — die „Arbeiter-Aristokratie" qualifizierter Facharbeiter, deren Leben nicht mehr zur Gänze vom „Kampf um Nahrung, um Kleidung, um Brennstoff und — nicht zuletzt — um die Wohnung"[40] bestimmt wurde, die politisch organisiert und bildungshungrig waren. Das durch verschiedene Lebenswelten und Alltagspraxis bedingte kulturelle Gefälle vom Groß- zum Klein(st)bürgertum wiederholte sich also innerhalb der Arbeiterklasse in ähnlicher

---

37 Peter Kemp, Die Familie Strauß, 1987, S. 120.
38 Vgl. etwa: W. Jank, Arbeitermusik zwischen Kunst, Kampf und Geselligkeit in der 1. Republik, Diss. 1982; R. Kannonier, zwischen Beethoven und Eisler (Zur Arbeitermusikbewegung in Österreich) 1981.
39 In „Glücklich ist, wer vergißt ...? Das andere Wien um 1900", S. 45f.
40 Ebda., S. 47.

Weise, wenn es auch mitunter die Erfahrung extremer Not und Ohnmacht war, die z.B. innerhalb der sozialistischen Arbeiterjugend zur emanzipatorischen Beschäftigung mit klassischer Literatur und Musik führte[41] — der „revolutionäre Charakter der großen Musik", wie ihn D. J. Bach beschwor, um die Übernahme bürgerlicher Kunstformen zu legitimieren, dürfte von diesen Jugendlichen vielleicht am ehesten erkannt worden sein. Der AZ-Bericht vom ersten Arbeiter-Symphoniekonzert am 29. 12. 1905 allerdings schildert ein Publikum, das weniger den revolutionären Elan von Beethovens Eroica mitvollzog als vielmehr vor ihrer Autorität als berühmtem Musikwerk kapitulierte: „Das erste Symphoniekonzert bewies, daß die organisierte Wiener Arbeiterschaft, die sich reif erwiesen hat zum Kämpfen um die höchsten Kulturgüter, auch reif ist zum Genießen dieser kostbaren Schätze, daß sie das monotone Einerlei des Lebens der arbeitenden Massen durch weihevolle Stunden edelsten Genusses durchbrochen wissen will ... Bis aufs letzte Plätzchen war der Riesensaal von einer Zuhörerschaft erfüllt, die, andächtig lauschend, auch dort jede, selbst die geringste Störung ängstlich vermied, wo bei manchem die Vorschulung des Gehöres nicht zum Erfassen der ganzen Schönheit, die sich in üppiger Fülle in den Saal ergoß, ausgereicht haben mag, wo nur ab und zu Töne das Ohr erreichten, die voll erfaßt wurden. Da war es dann die Ehrfurcht vor dem Kunstwerk, der Gedanke vielleicht, daß wir vor Großem stehen, das zu genießen nur Wenigen gegönnt ist, in dessen Geist und Schönheit einzudringen aber jedem möglich werden kann."[42]

Besser kann wohl die Einsicht nicht formuliert werden, daß Ehrfurcht und Andacht mangelndes Verständnis substituierten und der Weg vom formal eröffneten Zugang zur Kunst bis zu ihrer vollen Erkenntnis ein weiter ist, besser auch nicht das unfreiwillige Eingeständnis, daß gerade die vom Großbürgertum forcierte Demokratisierung der Kunst dessen kulturellen Hegemonieanspruch untermauerte — ja mehr noch: im Genuß weihevoller Stunden drohte die Ursache des monotonen Einerleis aus dem Blick zu kommen. „Es wechselte nur mehr atemloses Lauschen mit höchster Beifallsekstase"[43]: dies ist nun eben nicht jene ästhetische Einstellung des Kenners, die „eine Dimension eines objektiven, Sicherheit und Abstand voraussetzenden, distanzierten und selbstsicheren Verhaltens zur Welt" bildet und damit „den distinktiven Ausdruck einer privilegierten Stellung innerhalb des Sozialraums" darstellt.[44] Die Popularisierung vormals seltener Kulturgüter bewirkt zweierlei: einmal werden sie dadurch in ihrem Distinktionswert für die vormals Privilegierten relativ entwertet, zum anderen verschiebt sich dieser in die Formen legitimer Rezeption — dies bekennt der obige Text ein. Die kulturelle Aufholjagd sozialdemokratischer Kulturpolitik hatte zwei Phasen: an die Objekte bürgerlicher Kultur heranzukommen und danach durch pädagogische Bemühung zu angemessenem Verständnis zu führen, was impliziert, „daß alle beteiligten Gruppen in dieselbe Richtung rennen ... und die etablierte Ordnung zu einem gegebenen Zeitpunkt zugleich und untrennbar damit eine Zeitordnung darstellt, eine Erb- und Nachfolgeordnung. Jede Gruppe hat so ihre Vergangenheit in der direkt unter ihr, und ihre Zukunft in der direkt über ihr stehenden Gruppe vorliegen."[45] Bourdieu hat gegen die Verbürgerlichungsdiskussion eingewandt, daß sie die in dieser Zeitordnung sich manifestierende Reproduktion

---

41 Vgl. Alfons Petzold, Das rauhe Leben.
42 AZ vom 31. 12. 1905.
43 Ebda.
44 P. Bourdieu, Die feinen Unterschiede (Kritik der gesellschaftlichen Urteilskraft), S. 104.
45 Ebda., S. 270.

der Sozialstruktur, die Verewigung der „Differenz der Soziallagen" durch einen Konkurrenzkampf nicht erkennt, „dem die Angehörigen der beherrschten Klassen dann aufsit-
zen, wenn sie die von den Herrschenden vorgegebenen Einsätze akzeptieren. Als inte-
grativer und infolge des anfänglichen handicap als reproduktiver Kampf erweist sich
dieser nicht zuletzt deshalb, weil die, die bei dieser Art Verfolgungsrennen an den Start
gehen — als vorweg Geschlagene, wie die unveränderten Abstände bezeugen — ,
implizit durch ihre bloße Teilnahme am Rennen die Legitimität der Ziele der von ihnen
Verfolgten anerkennen."[46]

Der Einsatz der Honoratioren war also kein selbstloser, zumal die Gewährung
kultureller Partizipation wohl entsprechende Forderungen im politischen und wirtschaftlichen Bereich hintanhalten sollte. Gemeinhin wird die Orchestergründung als Akt
hochherziger Männer beschrieben, die dem großen Bedürfnis breiter Volksschichten
Rechnung getragen und eine Kulturinstitution erhalten und geschaffen hätten. Diese
Interpretation bedarf nach beiden Richtungen gewisser Einschränkungen — oder zumindest einer genaueren Untersuchung, wie sich dieses Bedürfnis öffentlich artikuliert hatte.
Noch ein Jahrzehnt vor der Orchestergründung schrieb der Vorsitzende des Musikerbundes in der „Musikalischen Rundschau" anläßlich eines miserabel begleiteten Virtuosen-
konzertes: „Die Concerte mit Orchester, in welchen eine solche Misere an den Tag tritt,
sind eben zu selten, als daß die Wiener die Abschaffung des Übels als eine brennende
Frage betrachten sollten. Ebensowenig hat die nicht wegzuleugnende Tatsache, daß die
klassische Orchestermusik in Wien, nicht nur im Vergleich mit den anderen Großstädten,
sondern selbst im Hinblick auf viele kleine deutsche Städte, nur in bescheidenem Maße
gepflegt wird, etwa eine Bewegung in der Bevölkerung hervorgerufen, die sich zum Ziele
gesetzt hätte, diesem bedauerlichen Zustand ein Ende zu machen. Die große Menge fühlt
eben nicht das Bedürfnis nach edler Musik; der Wiener ist leichtlebig, und man tritt seiner
Reputation gewiß nicht zu nahe, wenn man behauptet, daß er in seinen Mußestunden
mehr Belustigung als Erhebung sucht und die sinnlichen Genüsse den geistigen vorzieht."[47] Während der Musikerbund die Konzertmisere durch ein im Volkscharakter
verankertes Desinteresse hinreichend begründet sah, war für die Baronesse Falke die
Teilnahmslosigkeit Produkt sozialer Prozesse: „Immer höher wurden die Schranken
aufgerichtet, immer unerschwinglicher der Obolus, der den Einlaß zu den Unsterblichen
erkaufen konnte, und schließlich hatten sie es erreicht und die hohe Musik in goldstar-
rende Paläste eingesperrt, zu denen nur Gold und wieder Gold die Thüren öffnete."[48] Die
solcherart apostrophierte GdM hätte denn auch nach Vorstellung des Musikbundes mit
Hilfe von kommunalen Subventionen die Patronanz über ein neuzugründendes Orchester
übernehmen sollen: „Es bedürfte dann nur einer verhältnismäßig geringen Subvention,
um im Vereine mit der GdM ein solches Orchester zu erhalten, und Wien hätte, wie so
viele deutsche Städte, die einen Stolz in die Leistungsfähigkeit ihrer Capellen setzen, ein
stabiles *Stadtorchester*."[49] Ausdrücklich wird hier nur im Falle des Scheiterns dieser
Bemühungen die Hilfestellung privater Mäzene in Betracht gezogen — ihre Leistungen
substituierten dann tatsächlich die mangelnde kommunale Unterstützung. Die Verbindung der Klage über Desinteresse an Orchestermusik mit Plänen zu einer Orchestergrün-

---

46 Ebda., S. 273.
47 Musikalische Rundschau, 1. 3. 1890 „Die Wiener Orchesterfrage".
48 Fremdenblatt 31. 1. 1900.
49 Musikalische Rundschau, 1. 3. 1890 „Die Wiener Orchesterfrage".

dung mag widersprüchlich erscheinen: dem Musikerbund ging es um zusätzliche Beschäftigungsmöglichkeit für seine Mitglieder[50], und vielleicht spekulierte er auch damit, daß ein konkretes Angebot die diffuse Nachfrage heben würde — diese Rechnung ist dann auch aufgegangen.

3. Zur sozialen Lage der Musiker

„Brauchten die Verhältnisse der Musiker — bei aller Anerkennung so vieler in den Zeitverhältnissen liegenden, durch den Verein nicht zu beseitigenden Schwierigkeiten — so furchtbar trostlos zu sein, als sie es in der That sind?"[51] fragte der Wiener Musikerbund, und gab zur Antwort: die Lage sei wenigstens teilweise selbstverschuldet durch die beklagenswerte Unfähigkeit der Musiker, sich im Interesse der Verbesserung ihrer sozialen Situation zu organisieren: die wenigen gesicherten seien interesselos, die stellenlosen mutlos. Sie bildeten kein amtlich registriertes Gewerbe, zählten sich aber auch nicht zur Arbeiterklasse — ihrer Selbsteinschätzung nach künstlerische Individualitäten, waren sie doch in der großen Mehrzahl proletarisiert: ein Musterbeispiel falschen Bewußtseins ihrer objektiven Lage. Inmitten eines sich herausbildenden Klassenbewußtseins der Arbeiterschaft und der Polarisierung der Gesellschaft in Lager gehörten sie deshalb nirgends wirklich dazu, ihr ausgeprägtes Konkurrenzdenken und die Atomisierung bedingten bzw. förderten ihre Bereitschaft, einander zu unterbieten — Agenten und Theaterdirektoren hatten mit ihnen ein leichtes Spiel. Der 1872 gegründete Wiener Musikerbund war der erste Versuch, zwecks „Wahrung der geistigen und materiellen Interessen seiner Mitglieder" eine Organisation zu schaffen, die eine einheitliche Tarifordnung erarbeiten, unentgeltliche Stellenvermittlungen und den behördlichen Schriftverkehr durchführen, Gesuche und Klagen einbringen, ein Vereinsorchester und eine Bibliothek unterhalten, einen Krankenunterstützungsfonds aufbauen und die Errichtung überlokaler gesetzlich gestatteter Verbände ähnlicher Tendenz anstreben sollte.[52] Nach Anfangserfolgen machten die Wirtschaftskrise 1873 und die Konfiszierung des Vereinsvermögens (wegen „Überschreitung des statutengemäßen Wirkungskreises") alle Bemühungen wieder zunichte. Die Nachfolge-Organisation des „Wiener Musiker-Vereines" kam nicht mehr annähernd auf die ursprüngliche Mitgliederzahl — die Schließung etlicher Theater hatte eine Abwanderung von Musikern bewirkt, und die vielen arbeitslosen Musiker waren weder gewillt noch vielfach in der Lage, die Mitgliedsbeiträge aufzubringen. Noch 1894 war die Mehrzahl der Musiker so vollständig verelendet, daß die 1891 als Musikerbörse gegründete „Genossenschaft der Musiker Wiens" aufgelöst werden mußte, weil die Beiträge der 250 Mitglieder auch nicht auf dem Pfändungsweg einbringbar waren. Zum Zwanzigjahr-Jubiläum 1892 zählte der Wiener Musikerbund 246 Mitglieder und beklagte die „beispiellose Gleichgültigkeit der Musiker für ihre Interessen und den Rangunterschieds-Dünkel" — es hatte sich nicht viel geändert. Immerhin gelang 1896 die Statutenerstellung des „Österreichisch-Ungarischen Musiker-

---

50 Die „Oesterreichisch-Ungarische Musikerzeitung" schrieb am 16. 12. 1899, die Gründung des „Neuen Philharmonischen Orchesters" diene nicht bloß der Befriedigung öffentlichen Interesses, sondern sei mehr noch der Versuch, zur „Lösung der Existenzfrage der Wiener Berufsmusiker durch Inanspruchnahme der Kunstkreise und des öffentlichen Musikinteresses" beizutragen.

51 Ausschußbericht des Wiener Musikerbundes 1878.

52 Statuten des Vereins „Wiener Musikerbund" 1872.

verbandes" als Dachverband für die zahlreichen lokalen Musikervereine der Monarchie, der ein zentrales Stellenvermittlungsbüro errichten, Rechtsschutz gewähren, eine einheitliche Tarifordnung erstellen und überwachen sowie eine Zeitung herausgeben sollte. 1895 stellte der Musikerbund die Errichtung eines vereinseigenen Orchesters in Aussicht, das Volkskonzerte mit klassischer Musiker spielen sollte — ein Vorhaben, das schon in den Statuten von 1872 verankert gewesen war. Die Haupttätigkeit des Musikerbundes bestand aber in der Vermittlung der Musiker für Gelegenheits- und Saisongeschäfte: für Konzert- und Ballmusiken ebenso wie für Hochzeiten und Familienfestlichkeiten (in Privathäusern oder Hotels), für Musikdarbietungen auf Eis- und Rennbahnen, bei Regatten, Schwimmfesten, Trauer-und Grabmusiken, für Ständchen und alle Gelegenheitsmusiken für Streich- und Blasmusik. Das von Richard Heuberger redigierte „Musikbuch aus Österreich" bietet einen guten Überblick bezüglich der ungeheuren Vielfalt des Musiklebens der Jahrhundertwende: allein unter dem Stichwort „Zivilkapellen" sind für 1904 im Register 200 Namen angeführt — bis zur kleinsten Wirtshauspartie in den Vororten. Die von Eduard Strauß geleitete Kapelle zählte 45 Musiker, gleich daneben spielte die Kapelle „Wiener Radfahrer" in der selben Stärke (Josefstädterstraße 53). Ebenfalls 45 Mitglieder hatte die Kapelle des Musikdirektors J. Müller (Gumpendorferstraße 95) — also mehr als die Orchester des K. K. Priv. Theaters an der Wien und des Carltheaters (je 42). Deutlich kleiner waren die Orchester des Hofburgtheaters (27), des Deutschen Volkstheaters (26) und des Theaters in der Josefstadt (25).[53] Die Fülle an Beschäftigungsmöglichkeiten darf allerdings nicht darüber hinwegtäuschen, wie wenig dabei zu verdienen war, denn von zwei Seiten her waren die zivilen Berufsmusiker dem ruinösen Wettbewerb eines ungeregelten freien Marktes ausgesetzt:

a) Vom preisdrückenden Pfusch, dem durch eine die Musiker nicht inkludierende Gewerbeordnung in diesem Berufszweig kein Einhalt geboten werden konnte. Die Gewerbeordnung schloß explizit in die „schönen Künste" fallende Beschäftigungen als nicht zu ihrem Wirkungsbereich gehörend aus, womit auch der Erbringung eines Befähigungsnachweises (wie sie in der Revision der Gewerbeordnung 1883 zur Berufsausübung vorgeschrieben worden war) nur formaler Charakter zukam: „... seitens der Behörden wurde die öffentliche Ausübung der Musik als belangloser Gegenstand behandelt. Das Einzige, was behördlicherseits geschah, war, daß man die zivile Ausübung der Musik so weit als möglich der Besteuerung unterzog und von der Erlangung irgendeines Erlaubnisscheines abhängig machte, wozu jedoch schon das Privatzeugnis von irgend Jemandem, der sich Musikdirector, Capellmeister etc. nennt, als genügend angesehen wird, daher solche Erlaubnisscheine auch nicht selten in ganz unberufene Hände gelangen und zu Mißbrauch Anlaß geben."[54] Der Musikerbund verwahrte sich einerseits gegen Versuche der Behörde, unterschiedslos alle Musiker (vom Philharmoniker bis zum Heurigensänger) einer verbindlichen genossenschaftlichen Organisationsform zu unterwerfen, war aber andererseits bestrebt, mittels einer Differenzierung in hohe und niedere Art der Musikausübung Teile der Musikerschaft dennoch dem Schutz der Gewerbeordnung zu überantworten: demnach sollte die Darbietung von Musik, welche „nur untergeordneten Zwecken dient, wie sie in Gasthäusern und beim Tanz ausgeübt wird" (oder gar als „Nebenfactor auftritt, wie es bei Aufzügen, bei Leichbegängnissen usw. der Fall ist") unter „Gewerbeausübung" subsumiert werden, während „möglichst vollkommene

---

53 Vgl. dazu „Musikbuch aus Österreich", Wien 1904, „Frommes Kalender für die Musikalische Welt" 1876 — 1900, sowie Flotzinger/Gruber, Musikgeschichte Österreichs, 17. Kap.
54 Eingabe des Musikerbundes an die K. K. NÖ-Statthalterei vom 28. 11. 1888.

Aufführungen musikalischer Kunstwerke in Concerten und Operninstituten" sowie „Musik in Operettentheatern und in den Zwischenacten der Schauspielhäuser" dem Kunstbegriff zugeordnet werden sollten. Als Basis für diese Polarisierung von „Kunst" und „Gewerbe" dienen hier also die Kategorien von „autonomer" und „funktionaler" Musik — so ist im Bereich des Problems sozialer Zuordnung der vollzogene ästhetische Wertwandel ablesbar, wiederholt sich in der Differenzierung der Musikerschaft die Spaltung von „hoher" und „populärer" Kunst: letztere kennzeichnet sich schon durch den Ort ihrer Präsentation: „Musikalische Aufführungen an Orten, wo gegessen, getrunken und geraucht wird, können ... nicht als ‚schöne Kunst' betrachtet werden ... Alle Ausübung von Musik, die keinen ästhetischen Zweck hat, oder welcher die Weihe des Ortes fehlt, also die gewöhnliche Unterhaltungs-, Tanz-, Promenade- und Platzmusik, alle Gast- und Kaffeehaus-, Garten- und Straßenmusik ist als Gewerbe anzusehen."[55] Die Ausdehnung der Gewerbeordnung-Kompetenz auf die Bereiche „funktionaler" Musikausübung sollte die zahlenmäßig starke Gruppe mittelmäßig qualifizierter Berufsmusiker schützen — sie waren zur Bestreitung ihres Lebensunterhalts auf jene Bereiche angewiesen, in denen ambitionierte Dilettanten, die im „Nebenerwerb" ihre Leistung zu günstigeren Preisen anbieten konnten, immer noch eine starke Konkurrenz bildeten.[56] Die Handels- und Gewerbekammer lehnte allerdings das Ersuchen der kurzlebigen Musiker-Genossenschaft um Einreihung des Musikerberufes unter die konzessionierten Gewerbe ab.

b) Von seiten der Militärkapellen — sie waren ungeachtet aller übrigen Schwierigkeiten das zentrale Problem der zivilen Musiker, und ihre Aktivitäten konnten sich in diesem Ausmaß nur im Hinblick auf das unter Punkt a) Gesagte entfalten. Offiziell war der Tätigkeitsbereich der Militärkapellen durch ein kaiserliches Handschreiben vom April 1851 und eine kriegsministerielle Circular-Verordnung vom Juli 1886 genau bezeichnet und eingeschränkt — danach hatten sie die Funktion, „die Marschtüchtigkeit der Truppen im Felde zu erhöhen und den militärischen Geist zu beleben". Die Komplettierung durch Streichinstrumente in den fünfziger Jahren hatte aber zur Folge, daß jedes der Infanterieregimenter über ein Ensemble in der Stärke des Hofopernorchesters verfügte, das in Vergnügungsetablissements aller Art eingesetzt werden konnte. Da in Wien acht Regimenter stationiert waren und die in der Verordnung bestimmten Teilungsziffern folgenlos unterschritten wurden, konnten an einem Abend allein etwa 60 aus Militärmusikern gebildete Kapellen in Restaurationsbetrieben aufspielen. Die Deckung existentieller Bedürfnisse der Militärmusiker (Kleidung, Essen, Wohnen) waren von Staats wegen garantiert — diese flossen daher nicht in die Preiskalkulation ein, das Engagement von Militärkapellen unterlag keiner Besteuerung: Bedingungen, mit denen kein Zivilmusiker konkurrieren konnte. Deren ohnehin schwache Interessenvertretung sah sich der Koalition einer übermächtigen Gegnerschaft konfrontiert: die stillschweigende staatliche Duldung der Übergriffe militärmusikalischer Aktivitäten in zivile Bereiche legt in Verbindung mit der Wichtigkeit und Präsenz des militärischen Komplexes in der Mon-

---

55 Ebda.

56 Dasselbe — aus der Gewerbefreiheit bedingte — Problem stellte sich übrigens noch ein halbes Jahrhundert später und führte zum (von der Gewerkschaft forcierten) Projekt einer eigenen Kammer-Organisation für Musiker, die unbefugte Berufsausübung durch strenge Reglementierungen und Zulassungskriterien unterbinden sollte. Der „Künstlerkammer-Konflikt", in dem die unversöhnliche Polarisierung „bürgerlicher" und „proletarischer" Musiker zutage trat, erreichte 1948/49 die Dimension eines Kulturkampfes, als Philharmoniker und Symphoniker geschlossen aus der Gewerkschaft austraten und schließlich das Projekt erfolgreich zu Fall brachten.

archie den Schluß nahe, daß die Militärmusik als wesentlicher staatlicher Repräsentationsfaktor galt, der konkret-bunte Erlebbarkeit und damit Identifikationsmöglichkeiten
mit einer Darstellung der Notwendigkeit von disziplinierter Unterwerfung verband —
als Integrationsmittel inmitten zentrifugaler Tendenzen. Gleichzeitig war nicht zu leugnen, „daß das große Publikum in dieser Frage vollkommen auf Seite der Militärkapellen
steht. Es ist dies begreiflich. Die Militärkapellen versorgen Wien mit guter und sehr
billiger Musik ... Das Publikum und besonders die Restaurateure haben ... den Nutzen
von diesen Verhältnissen und finden dieselben daher ganz selbstverständlich".[57] Als nach
etlichen Memoranden und Bittschriften 1892 eine kriegsministerielle Verordnung ergangen war, die eine Reduktion der Größe von Militärkapellen auf 43 Mann zum Inhalt hatte,
erwirkte eine Deputation der Gastwirte kurz darauf beim Kriegsminister den Widerruf
dieser Maßnahme. Der Musikerbund hatte schon zuvor erfolglos versucht, durch Petitionen an das Abgeordnetenhaus, die vom Reichsrats-Abgeordneten Nikolaus Dumba
übermittelt wurden, die Situation für die Zivilmusiker zu verbessern — Ziel dieser
Bemühungen war es gewesen, gesetzlich die geschäftliche, nicht militärischen Zwecken
dienende Tätigkeit der Militärmusikkapelle einzustellen bzw. wenigstens die Verwendung von Streichinstrumenten und das Unterbieten der Zivilmusiker zu untersagen.

Der folgende Text eines Memorandums des Österreichisch-Ungarischen Musikerverbandes vom Jänner 1897 dokumentiert die Ergebnislosigkeit des bereits 25 Jahre
währenden Kampfes gegen die Militärmusik, die Not der Zivilmusiker und die aus dieser
Situation resultierenden Schwierigkeiten, welche einer Symphonie-Orchester-Gründung
im Wege standen:

---

57 Zuschrift des Musikerbundes an das „Fremdenblatt", veröffentlicht am 22. 7. 1888.

Präsidium des Oesterr.-ungar. Musikerverbandes.

Wien, XII. Meidlinger Hauptstraße 1.

Die gewerbliche Thätigkeit der Militärcapellen und deren Folgen für die Civil-Musiker.

„Schutz den wirthschaftlich Schwachen", „Hebung des Kleingewerbes", „Aufbesserung der Beamtengehalte", „Altersversicherung der Arbeiter" rc., so lauten die Schlagworte, die heute laut erschallen und welche die immer größer werdende Schaar der wirthschaftlich Gedrückten und daher Unzufriedenen beruhigen sollen. Und in der That bemüht sich jede politische Partei mit mehr oder minderer Aufrichtigkeit, den immer dringender gestellten Wünschen der besitzlosen Hand- und Kopfarbeiter nachzukommen. Nur eine Classe von Staatsbürgern gibt es in Oesterreich, für deren Wünsche bisher Niemand ein Ohr hatte und deren Klagen und Beschwerden mit kühlem Achselzucken beantwortet werden. Es sind dies die Musiker. Und doch sollte man meinen, daß in dem musik- und liederfrohen Oesterreich der drohende Untergang der Civil-Berufsmusiker nicht gleichgiltig lassen könnte, und daß der unerhörte Druck, den der Staat vermittelst der Militärcapellen auf einen immerhin beträchtlichen und wichtigen Theil seiner Bürger ausübt, das allgemeine Gerechtigkeitsgefühl wachrufen müßte. Vielleicht sind aber die Mißstände, die durch die unbefugte, ungesetzliche und durchaus ungehörige gewerbliche Thätigkeit der Militärcapellen entstanden, zu wenig bekannt, vielleicht weiß das große Publikum noch nicht, wie durch diese Thätigkeit nicht nur die Civilmusiker in ihren berechtigten Lebensinteressen geschädigt, sondern auch die Militärmusiker ausgebeutet und der musikalische Geschmack, der Sinn für gute Musik untergraben wird? Das Präsidium des Oesterreichisch-ungarischen Musikerverbandes hält es daher für seine Pflicht, möglichst weite Kreise mit diesen Mißständen bekannt zu machen, um sie vielleicht dadurch abzuschaffen.

Die Ausübung der gewerblichen, d. h. auf Gewinn berechneten Thätigkeit mittelst Streichinstrumenten von Seite der Militärcapellen ist verhältnißmäßig jungen Datums und besteht erst seit ungefähr 50 Jahren. Die außerordentlichen Erfolge der Capellen Strauß und Lanner ließen den damaligen Militärcapellmeister Fahrbach nicht ruhen. Er setzte es durch, daß ihm sein Regimentscommandant den Gebrauch von Streichinstrumenten erlaubte. Wenn auch der Erfolg anfangs nur ein mäßiger war und die geigenden Militärmusiker mit erstaunten Augen betrachtet wurden, so griff diese Neuerung doch bald um sich. Ein Regiment nach dem anderen schaffte sich Streichinstrumente an, und heute ist bei jeder Regimentsmusik die Streichmusik die Hauptsache, da sie das ganze Jahr hindurch verwendet werden kann und für die Regimentskasse und den Capellmeister das meiste Geld trägt. Das Publicum hat sich seitdem nicht nur an die geigenden, sondern auch an die singenden, pfeifenden und sonstigen musikalischen Ulk treiben-den Militärmusiker gewöhnt. In der Sucht, möglichst viele Geschäfte zu machen und populär zu werden, kamen die Militärcapellmeister der niedrigsten Geschmacksrichtung, besonders des Sonntagspublikums, immer mehr entgegen und stehen die Militärcapellen heute schon auf einem Standpunkte, der alles Künstlerische abgestreift hat. Die Civil-Berufsmusiker ließen anfangs mit der ihnen eigenen Gutmüthigkeit und Sorglosigkeit die Militärcapellen ruhig gewähren, bald aber mußten sie einsehen, daß diese immer mehr um sich greifende Thätigkeit der Militärmusiken für sie den Ruin bedeutet, und heute sehen sie sich gezwungen, einen Kampf mit ihnen auszufechten, der um so erbitterter sein muß, als es sich für die Civilmusiker um die Erhaltung der Existenz handelt und der um so schwieriger ist, als dabei auch gegen die Gleichgiltigkeit, ja Voreingenommenheit des großen Publikums gestritten werden muß. Eine Militärcapelle mag so schlecht spielen, als sie will, wenn sie nur einen schneidigen Marsch hören läßt, und das ist doch keine Kunst, ist das Publikum darüber einig, daß nur eine Militärcapelle gute Musik machen kann. Es ist begreiflich, daß, so lange solche bedauerliche Verhältnisse herrschen, ein ehrliches, künstlerisches Streben keine Beachtung findet und daß der z. B. in Wien schon oft gemachte Versuch, eine ständige Concertcapelle zu errichten, die den breiteren Volksschichten den Genuß der classischen und modernen Meisterwerke ermöglichen sollte, immer fehlschlagen mußte. Die Thatsache, daß in der Reichshaupt- und Residenzstadt Wien, in der Musikstadt par excellence, außer den Philharmonikern, die aber für den allergrößten Theil der Bevölkerung nicht in Betracht kommen, kein ständiges Orchester für Symphonieconcerte besteht, sollte für jeden Wiener, für jeden Oesterreicher tief beschämend sein. Zeigt sich aber die gewerbliche Thätigkeit der Militärcapellen als für die Kunst höchst verderblich, so hat sie auf die materiellen Verhältnisse der Civilmusiker geradezu vernichtend gewirkt. In Wien besteht nicht nur keine ständige Symphoniecapelle, es besteht überhaupt kein einziges ständiges Orchester mehr. Die Capelle Strauß kann, so widersprechend dies auch klingt, nicht zu den Wiener Capellen gerechnet werden, da sie eben den größten Theil des Jahres nicht in Wien ist, und überhaupt nur dadurch bestehen kann, daß sie Concertreisen in das Ausland unternimmt. Ein paar Orchester finden zwar noch ziemlich regelmäßige, aber durchaus nicht ausreichende Beschäftigung, sie müssen aber fürchten, daß über kurz oder lang die Hochfluth der ärarischen Musik auch über sie zusammenschlägt. Die übrigen Orchester müssen zufrieden sein, wenn sie ab und zu, wenn es gut geht, jeden Sonntag, Beschäftigung finden.

Wie groß das Elend z. B. unter von Wiener Musikern durch die Concurrenz der Militärcapellen geworden ist, geht aus der Thatsache hervor, daß von den 500 Mitgliedern der bestandenen Genossenschaft der Musiker in Wien der größte Theil nicht im Stande war, die Genossenschaftsumlagen zu bezahlen; ja, bei 250 Mitgliedern, also der Hälfte der Genossenschaftsmitglieder, waren diese Umlagen auch nicht im Wege der Execution, mangels aller pfändbaren Objecte, einzubringen. Welche Summe von Elend spricht aus diesen Ziffern! Auf die Behörden freilich machten diese Thatsachen keinen Eindruck, und mußte selbst die Auflösung der Genossenschaft, die unter solchen Umständen unmöglich bestehen konnte, durch fortgesetzte Weigerung der Mitglieder, Wahlen für die Genossenschaftsleitung vorzunehmen und Umlagen zu bestimmen, erzwungen werden. In vielen Provinzstädten liegen die Verhältnisse auch nicht besser. In einer ganzen Reihe von Städten sitzen in den Theaterorchestern Militärmusiker. Mehrere städtische und andere Capellen mußten sich daher in jüngster Zeit wegen Mangel an Beschäftigung auflösen und wo noch solche bestehen, wird ihre Thätigkeit durch die schrankenlose Concurrenz der Militärcapellen immer mehr eingeengt.

Haben denn aber die Militärcapellen das Recht zu solch' intensiver geschäftlicher Thätigkeit, die zu einer Vernichtung einer ganzen Classe von Staatsbürgern führen muß? Gewiß nicht! Die außerdienstliche Thätigkeit der Militärcapellen ist vielmehr durch ein Befehlschreiben Seiner Majestät des Kaisers und durch eine darauf sich gründende kriegsministerielle Verordnung, die in letzter Zeit wiederholt neu zur Kenntniß gebracht wurde, in ganz bestimmter und klarer Weise geregelt. Diese Verordnungen werden aber leider durchaus mißachtet, wie in Folgendem gezeigt werden wird. Das kaiserliche Befehlschreiben, enthalten im k. k. Armee-Verordnungsblatt Nr. 53 vom 11. April 1851, welches erlassen wurde, „um dem Musikwesen in der Armee eine feste Grundlage zu geben und allen Unregelmäßigkeiten in Stand und Verwendung der Musikbanden für die Zukunft vorzubeugen", bestimmt in Punkt 1, daß eine Regimentsmusik nicht stärker als 48 Köpfe sein darf. Es ist aber bekannt, daß in Wien und anderen größeren Städten die Militärcapellen oft 80 und noch mehr Mann zählen. Punkt 6 des kaiserlichen Befehlschreibens lautet:

„Obschon die Verwendung der Musikbanden zu Privatzwecken im Allgemeinen der Einsicht und dem richtigen Takt der betreffenden Commandanten überlassen bleibt, so ist es doch Mein Wille, daß die Verwendung der Musikbanden in öffentlichen Gasthäusern nur ausnahmsweise unter Aufsicht gestattet, und den Musikbanden unter allen Verhältnissen der Charakter einer militärischen Institution gewahrt werde.

Die inspicirenden Generale und insbesondere die Truppen-Brigadiere sind dafür verantwortlich, daß diese von Mir genehmigte Systemisirung der Militär-Musikbanden, mit deren Ausführung Mein Kriegsminister beauftragt ist, als bindende Norm genau befolgt werde."

Wie kommen aber die Militärcapellen diesem ausdrücklichen und unzweideutigen Befehle nach? Statt ausnahmsweise zu spielen, nehmen sie in Wien und anderswo oft bis zu fünf Geschäften in fünf verschiedenen Localen an einem Tage an. Wenn man die Placate oder den Vergnügungsanzeiger der Zeitungen liest, wird man finden, daß die Militärcapellen, statt nur ausnahmsweise zu spielen, fast sämmtliche musikalischen Geschäfte an sich gerissen haben. Punkt 1 der kriegsministeriellen Circular-Verordnung vom 6. Juli 1886 bestimmt gleichfalls, daß die außerdienstliche Verwendung der Militärmusiken an öffentlichen Orten nur unter der Bedingung gestattet ist, daß denselben unter allen Umständen der Charakter einer militärischen Institution gewahrt bleibe. Wo bleibt aber dieser Charakter, wenn die Militärmusiker des Geschäftes wegen dem Publikum à la Schrammel vorsingen und vorpfeifen, wenn sie in Maskencostume, ja sogar in die Uniform der „Pompes funèbres" gesteckt werden? Es kommt auch vor, daß, wenn für die vielen Geschäfte die Militärmusiker nicht mehr ausreichen, Civilmusiker engagirt und in die betreffende Uniform gekleidet werden. Ja, bei großem Bedarf geschieht es auch, daß unmusikalische Personen, Regiments-Köche, Schuster und Schneider, als „Statisten" verwendet werden. So geschehen bei der Capelle des Regimentes Nr. 81, wie Abgeordneter Pernerstorfer gelegentlich der Einbringung einer Interpellation an den Landesvertheidigungsminister unwidersprochen berichtete. Punkt 6 der kriegsministeriellen Verordnung bestimmt, daß an öffentlichen Orten kein geringerer Theil als ein Drittel des organisationsmäßigen Standes der Regimentsmusik verwendet werden darf. Sehr häufig spielen aber Militärmusiker auch in kleineren Abtheilungen bis zu vier Mann. Im selben Punkte wird die Dirigirung von Militärmusiken durch Civilpersonen verboten. Trotzdem werden in Wien und in den Provinzstädten bei den Liedertafeln der Gesangvereine, welche leider häufig Militärcapellen bevorzugen, diese letzteren gelegentlich der Chorbegleitung von Civildirigenten, nämlich den betreffenden Chormeistern, dirigirt. In den Theatern, wo das Orchester von Militärmusikern besetzt ist, geschieht dies natürlich ebenfalls; um aber den Schein zu wahren, zieht sich der Theater-Capellmeister eine Militärblouse an. Doch wir wollen nicht ermüden. Genug, es gibt fast keine der für die Militärcapellen erlassenen Bestimmungen, die nicht fortwährend und in gröblichster Weise verletzt wird.

Wie ist es aber möglich, daß kaiserliche und kriegsministerielle Befehle von einer militärischen Institution in so auffälliger Weise mißachtet werden dürfen? Wie kommt es, daß eine solche beispiellose Auflehnung gegen die militärische Disciplin geduldet wird? Wir haben darüber nur Vermuthungen, die wir aber aus preßgesetzlichen Gründen verhindert sind, auszusprechen. Soviel ist sicher: Die Militärcapellen können ihre außerordentliche geschäftliche Thätigkeit nur dadurch entfalten, indem sie die bezüglichen Verordnungen als nicht vorhanden betrachten. An der gewerblichen Thätigkeit der Militärcapellen sind auch die betreffenden Regimentscommanden, respective Officierscorps, lebhaft interessirt: Es gibt Regimentsmusikkassen, die ein Vermögen von 100 000 fl. und mehr besitzen. In welcher Weise diese enormen Vermögen verwendet werden, bleibt für die Oeffentlichkeit ein Geheimniß.

Die gewerbliche Thätigkeit der Militärcapellen ist überhaupt eine echt österreichische Specialität. Während in England, Frankreich und anderen Staaten die Militärcapellen niemals gegen Entgelt spielen dürfen und in Deutschland das Spielen in öffentlichen Localen nicht als ein militärischer Dienst betrachtet wird und daher die betreffenden Capellen nur selten die Erlaubniß erhalten, in Uniform spielen zu dürfen, und der Capellmeister sich selbstverständlich einen Gewerbeschein lösen und Steuer zahlen muß, wird in

Oesterreich das Spielen der Militärcapellen, oft in den obscursten Localen, wie bei Fünf Kreuzer-Tänzen und die Execution von Potpourris, in welchen gesungen, gepfiffen, geschrieen ꝛc. wird, als kaiserlicher Dienst betrachtet. Während in Wien jeder Musikunternehmer, und spielt er auch nur mit drei Mann beim Heurigen oder auch als Clavierspieler allein in einem Gasthaus, sich den Bestimmungen der Gewerbe-Ordnung unterwerfen und eine beträchtliche Steuer zahlen muß, zahlt der Militärcapellmeister oder das Regimentscommando für die umfangreiche gewerbliche Thätigkeit der Militärcapellen keinen Kreuzer Steuer und findet die Gewerbe-Ordnung auf die Militärcapellen nicht die geringste Anwendung.

Wenn aber die außerdienstliche Thätigkeit der Militärcapellen die Berufsmusiker ruinirt, beutet sie die Militärmusiker in horrender Weise aus. Die ersten Kräfte einer Capelle müssen wohl verhältnißmäßig gut bezahlt werden; der größte Theil der Militärmusiker erhält aber nur eine ganz geringfügige Bezahlung, Infanteristen oft nur 6 kr. bis 10 kr. für ein Concert oder einen Ball. Die sogenannten „Eleven", arme Jungen von 14 bis 17 Jahren, müssen sich noch Geld mitnehmen, um sich Brot zum Nachtmahl kaufen zu können. Die Ausrückung der Regimentscapellen zur Burgwache in Wien wird bei 3 Grad Kälte eingestellt, dieselben Capellen spielen aber auch bei strengster Kälte auf den Eislaufplätzen. Während der Soldat bei der Compagnie nach jedem Dienst eine angemessene Ruhepause erhält, muß der Regimentsmusiker vom Eislaufplatz, wo er oft von 2 Uhr Nachmittags bis 7 Uhr Abends gespielt hat, in den Ballsaal, um bis 4 Uhr Früh zum Tanze zu spielen.

Das ganze System der gewerblichen Thätigkeit der Militärcapellen nützt also eigentlich nur den Militärmusikkassen und den Militärcapellmeistern, während es andererseits einen ganzen Stand vernichtet und berechtigte Kunstbestrebungen unmöglich macht. Sollen und dürfen solche Zustände in einem Rechtsstaate noch länger aufrecht erhalten bleiben? Die Musiker haben alle ihnen zu Gebote stehenden Mittel zur Bekämpfung des ihnen zugefügten Unrechts erschöpft, ohne den geringsten Erfolg zu verzeichnen. Anzeigen an die Gewerbe- und an die Militärbehörden blieben resultatlos. In dankenswerther Weise haben sich Reichsrathsabgeordnete verschiedener Parteirichtungen der Aufgabe unterzogen, diese Angelegenheit im Reichsrath und in der österreichischen Delegation zur Sprache zu bringen, leider gleichfalls ohne allen Erfolg. Die letzte der eingebrachten Petitionen wurde wohl der Regierung „zur Würdigung" abgetreten, es ist aber seitdem kein einziger der Mißstände abgeschafft worden. Und um was petitionirten die Berufsmusiker? Obwohl sie das Recht hätten, zu verlangen, daß die gesammte gewerbliche Thätigkeit der Militärcapellen eingestellt werde, baten sie nur mehr gestattet werde, daß die Befehle Sr. Majestät des Kaisers und die Verordnungen Sr. Excellenz des Herrn Kriegsministers übertreten werden dürfen. Gewiß eine bescheidene Bitte. Daß diese Bitte vergebens gestellt wurde, gibt ein

Maß der Rechte, die den österreichischen Berufsmusikern zustehen und ein Maß der Unterdrückung, unter der sie zu leiden haben.

In dieser Bedrängniß wendet sich nun das unterzeichnete Präsidium des „Oesterreichisch-ungarischen Musikerverbandes" an die österreichische Bevölkerung selbst. Es hofft zuversichtlich, der Sinn für Gerechtigkeit ist in ihr nicht ausgestorben, so wenig wie die Liebe zur vollsthümlichsten aller Künste, der Musik. Sollte es denn möglich sein, daß in einem Lande, in dem Musik ein leidenschaftliches Bedürfniß für alle Kreise und alle Stände ist, die Interpreten dieser Kunst theilnahmslos dem Elend, ja dem Untergange preisgegeben werden? Und entstammen denn nicht die Großmeister unserer Kunst, von Haydn bis Bruckner, sowie die vollsthümlichen Musiker, wie Strauß, Lanner ꝛc. dem österreichischen Volke, dem österreichischen Musikerstande? Hat man je gehört, daß ein Meister unserer Kunst der Kaserne entstammt? Wie wäre dies auch möglich, wie könnte je dem Militarismus oder dem Drill Kunst entstammen? Mit welchem Rechte maßt sich also der Militarismus die fast ausschließliche Ausübung unserer Kunst an? So weit er ihrer bedarf, möge er sie für seine Zwecke verwenden: am Marsche, bei Paraden und militärischen Festlichkeiten mögen die Militärmusiken am Platze sein, in das Theater, in den Concert- und Ballsaal aber gehört der bürgerliche Berufsmusiker. Bei Platzmusiken mögen sie ihre Leistungen unentgeltlich zum Besten geben, wie es in Frankreich und England Sitte ist; das geschäftliche Musiciren sollen sie aber den Civilmusikern überlassen, die damit Brot für sich und ihre Kinder und die Steuern zur Erhaltung des Staates und der Militärmusiken erwerben müssen.

Wir wenden uns an das lebendige Gerechtigkeitsgefühl des österreichischen Volkes, weil unseren Bitten um Einschränkung der geschäftlichen Thätigkeit auf jenes Maß, welches durch kaiserliche und kriegsministerielle Befehle festgesetzt wurde, von den Machtfactoren in Oesterreich kein Gehör geschenkt wird, weil uns der Staat nicht einmal so viel Bewegungsfreiheit zugestehen will, um mit den Militärcapellen concurriren zu können.

Wir wenden uns an die Bevölkerung Oesterreichs, weil sie in dieser Angelegenheit das entscheidendste Wort zu reden hat: Wenn in den öffentlichen Localen nicht mehr Militärmusiken verlangt und bejubelt, wenn die verschiedenen Vereine nicht mehr Militärmusiken, sondern ihre Mitbürger, die Civil-Berufsmusiker, vorziehen werden, dann mögen die bezüglichen Verordnungen befolgt werden oder nicht, die geschäftliche Thätigkeit der Militärcapellen wird sich von selbst einschränken.

Im Namen der Humanität, der Gerechtigkeit und nicht zuletzt im Namen der Kunst, richtet daher das unterzeichnete Präsidium an alle Bevölkerungskreise die dringende Bitte, durch Beschäftigung von Civilcapellen und Civil-Berufsmusikern die weitere Verelendung, ja den drohenden Untergang eines ganzen Standes aufzuhalten. Ein neues, reicheres Erblühen unserer Kunst wird der Lohn dafür sein.

Wien, im Jänner 1897.

Der Schriftführer: Der Präsident:

Franz Frank.   Johann Wörth.

Verlag von Johann Wörth. — Erste Wiener Vereins-Buchdruckerei. 96—97.

Diese soziale Lage der Musikerschaft ist im Blick zu behalten, wenn man die Arbeitsbedingungen der im neuen Symphonieorchester engagierten Musiker untersucht: a) Entlohnung: in ihr spiegelt sich der durch den Wettbewerb gedrückte Preis für die Leistung ebenso wider wie die soziale Einstufung der Musiker. Die Mindestgage betrug im Jahr 1900 110 Kronen pro Monat und war damit dem Monatslohn eines im Kleingewerbe tätigen Arbeiters mittlerer Qualifikation vergleichbar.[58]

Wochenlöhne in einer Bäckerei:	22 — 30 Kronen
Uniformschneiderei:	24 — 32 Kronen
Faßbinderei:	20 — 26 Kronen
Werkzeugmacherei:	23 — 35 Kronen

Die Spitzenverdienste von hochqualifizierten Arbeitern lagen in einer Maschinenfabrik bei 60 Kronen, in einer Kupferdruckerei bei 50 Kronen pro Woche. Zieht man Vergleichswerte innerhalb der nicht-manuellen bürgerlichen Berufe heran, so waren z.B. Primgeiger mit 130 Kronen pro Monat etwa gleich besoldet wie ein Unterlehrer an einer Volksschule in der niedrigsten Gehaltsstufe, gleichzeitig aber sozialrechtlich weit schlechter gestellt. Die Gage der Solobläser lag bei 140 Kronen, jene des Solocellisten bei 160 Kronen (Lehrer an allgemeinen Volksschulen verdienten inkl. eines in die Pensionsbezüge einrechenbaren Quartiergeldes in der niedrigsten Gehaltsstufe 180 Kronen.) Da das Orchester mit 66 Musikern über eine Minimalbesetzung verfügte, gab es keine Differenzierung im Bereich der Dienstlimite, die zu unterschiedlicher Dienstvergütung geführt hätte. Bei Bedarf konnte das Orchester um knapp ein Drittel seiner Größe mit Pauschalsubstituten aufgestockt werden. Der Spezialisierungsgrad der Musiker war wesentlich geringer, was wiederum Rückschlüsse auf den für erforderlich erachteten Grad technischer Perfektion zuläßt — die Möglichkeit einer Mehrfachverwendung wurde entsprechend honoriert: so verdiente ein „Harfenspieler, wenn dieser auch Geiger ist", 200 Kronen, „ohne Geige" 160 Kr. (also immer noch gleichviel wie der Solocellist).[59] Bei der Anstellung lagen die Chancen zudem höher: „Secundgeiger und Bratscher, welche als Nebeninstrument Trompete, Clarinette oder Oboe handhaben, erhalten Vorzug."[60] Die Anstellung beim Concertverein garantierte diese Monatslöhne allerdings nur für das Winterhalbjahr (von November bis April), war also im Grunde Saisonarbeit — Konzertsaison-Arbeit. Dadurch ergaben sich durchschnittliche Jahreseinkommen aus dieser Tätigkeit von 800 — 1000 Kr. — Beträge am Existenzminimum, die Gelegenheitsarbeit in den Sommermonaten unbedingt erforderlich machten.[61] Vierzig Musiker fanden ab 1903 eine vom Concertverein vermittelte und finanziell gestützte Sommerbeschäftigung in der Badener Kurkapelle, später in jener von Bad Kissingen. Ab 1905 spielten dort 49 Musiker, die restlichen waren auf den „freien Markt" angewiesen.

---

58 Die täglichen Arbeitszeiten in diesen Branchen differierten allerdings bis zu 2 Stunden, wodurch sich unterschiedliche Stundenlöhne ergeben. Zusätzlich erschwert wird ein direkter Vergleich aufgrund der Schwierigkeit, daß bei der Tätigkeit eines Musikers nominelle und reale Arbeitszeit differieren. Die Zahlen sind dem statistischen Jahrbuch der Gemeinde Wien für 1900 entnommen.
59 Österreichisch-Ungarische Musikerzeitung 16. 6. 1900.
60 Ebda.
61 Vgl. dazu Desirée Schuschitz: 80 Jahre Wiener Symphoniker, S. 16 — 15, die dort gemachten Angaben basieren (ohne Quellenangabe) auf einem Maschinschrift-Manuskript von Desider Hajas, „Die ersten Jahre", Archiv Wiener Symphoniker.

Betrachtet man diese statistischen Daten, so erscheint die mäzenatische Tat unter anderem Licht — als geschäftlich kalkulierte Unternehmung, die mittels eines Investitionsminimums einen einigermaßen konkurrenzfähigen Kulturbetrieb schaffen bzw. erhalten und dabei maximales kulturelles Prestige abwerfen sollte. Immerhin bemühte sich die Leitung des Concertvereins in der Folge, die Gagen so weit zu erhöhen, daß sie nicht bloß am „Existenzminimum, sondern am Durchschnittsniveau der Bezüge bei ähnlichen Unternehmungen"[62] liegen sollten — aber auch dies war, wie die Mäzene selbst eingestanden, vor allem eine Maßnahme, um die Konkurrenzfähigkeit zu wahren, da anders gutqualifizierte Musiker auf Dauer nicht gehalten werden konnten.

Arbeitsbedingungen

Die engagierten Musiker waren vertraglich verpflichtet, „bei allen vom Wiener Concertverein veranstalteten Productionen, bei allen Concerten anderer Concertgeber, ... ferner an jedem ‚Werktage bei einer Probe in der Dauer von zweieinhalb Stunden und bei Nachmittags-Proben mitzuwirken".[63] Nachmittagsproben wurden mit zwei Kronen separat honoriert (galten also als dritter Dienst), bei zwei Konzerten an einem Tag betrug das Zusatzhonorar vier Kronen. In der ersten Saison, also von November 1900 bis inkl. April 1901, spielte das Orchester 83 Konzerte, in den folgenden Jahren stieg die Konzertanzahl bis auf 114 in der Saison 1904/05. Der Jahresbericht dieser Saison weist 63 ständig engagierte Musiker auf, während zu den großen Symphoniekonzerten zusätzlich 24 Substituten herangezogen werden konnten. Es ist interessant, unter Zugrundelegung der o.a. Vertragsbedingungen und der im Jahresbericht genannten Konzerte (bestehend aus 2 x 6 Zykluskonzerten, den Gesellschaftskonzerten der GdM, Populärkonzerten, Mitwirkungen bei Konzerten diverser Veranstalter) die Rekonstruktion eines Monatsdienstplans zu versuchen. Demnach könnte der März 1905 etwa so ausgesehen haben:

1	Pbe. Pop.-Kzt.		Pbe. 3.o. Ges. Kzt.
2	Pbe. 1. Beeth.-Abd.	Pop.-Kzt. VG	
3	Pbe. 1. Beeth.-Abd.		Pbe. 3. o. Ges. Kzt.
4.	Pbe. Pop.-Kzt.		Pbe. Akad. Gesangsver.
5		Kzt. Akad. Ges. Ver.	
6		Pop.-Kzt. MV	Kzt. 1. Beeth.-Abd.
			3. o. Ges. Kzt.
7			Pbe. Wr. Männer-Ges. Ver.
8	Pbe. Pop.-Kzt.		Kzt. Wr. Männer-Ges. Ver.
9	Pbe. 2. Beeth.-Abd.	Pop.-Kzt. VG	
10	Pbe. 2. Beeth.-Abd.	Pbe. 2. Beeth.-Abd.	
11	Pbe. Pop.-Kzt.		
12		Pop.-Kzt. MV	Kzt. 2. Beeth.-Abd.
13	Pbe. Niederberger		
14	Pbe. 6. Symph.-Kzt.		Kzt. Niederberger
15	Pbe. 6. Symph.-Kzt.		6. Kzt. Mittwoch-Zyklus
16	Pbe. Pop.-Kzt.	Pop.-Kzt. VG	Pbe. Gesangsver. Österr. Eisenbahnbeamter

---

62 Jahresbericht Concertverein 1904/05.
63 Punkt 2 des Vertrages.

17	Pbe. van Dyk	Pbe. Haidekind	Kzt. van Dyk
18	Pbe. Pop.-Kzt.	Kzt. Haidekind	Kzt. Ges. Ver. Eisenb.-B.
19		Pop.-Kzt. MV	
20	Pbe. Schiller-Feier		Pbe. Schiller-Feier
21	Pbe. Schiller-Feier		Pbe. Schiller-Feier
22			Kzt. Schiller-Feier
23	Pbe. Pop.-Kzt.	Pop.-Kzt. VG	
24	Pbe. Pop.-Kzt.		Pbe. Schubertbund
25		Kzt. Schubertbund	
26		Pop.-Kzt. MV	
27	Pbe. 6. Symph.-Kzt.		Pbe. Sängerbund
28	Pbe. 6. Symph.-Kzt.		6. Kzt. Dienstag-Zyklus
29	Pbe. Pop.-Kzt.		Pbe. Sängerbd. 13 Linden
30	Pbe. Horak-Schule	Pop.-Kzt. VG	Kzt. Horak-Schule
31	Pbe. 4. o. Ges.-Kzt.		Pbe. 4. o. Ges.-Kzt.

Konkrete Hinweise auf die Probenanzahl pro Konzert geben die dichten Konzertab-
folgen am Beginn, in der Mitte und am Ende des Monats: da ein Minimum individueller
Vorbereitungszeit eingerechnet werden muß, ist anzunehmen, daß für die Populärkonzerte und für die Mitwirkung bei Virtuosenkonzerten generell nur eine Probe aufgewendet wurde, während für die großen Orchesterkonzerte kaum mehr als zwei (in Ausnahms-
fällen drei) Proben vorgesehen gewesen sein dürften: galt es doch, zusätzlich zu hono-
rierende Nachmittagsproben nach Möglichkeit zu vermeiden, da die Vereinsfinanzen
angespannt waren. Das Verhältnis von Probenanzahl und Aufführungen bestimmte sich
nach dem Grundsatz wirtschaftlicher Effizienz: mit geringstmöglichem Probenaufwand
ein Maximum an Produktionen herauszubringen — also in diesem Fall 24 Konzerte
innerhalb eines Monats mit ca. 33 — 35 Proben. Was dies für die nervliche Belastung
der Musiker und die Qualität der einzelnen Darbietungen bedeutete, muß nicht näher
ausgeführt werden. Allerdings war der März ein besonders dichter Konzertmonat — bei
Erstellung des gesamten Saisonprogramms (nach obigen Grundsätzen) wird deutlich,
daß die einzelnen Monate entsprechend dem Kirchenjahr unterschiedlich frequentiert
wurden — so fielen etwa die Monate Dezember und April deutlich ab. Legt man den hier
verwendeten Berechnungsmodus für die ganze Saison zugrunde, ergeben sich statt der
bisher stets angenommenen 300 — 350 Gesamtdienste „nur" etwa 270 oder im Durchschnitt 45 Monatsdienste für die Mitglieder des Stammorchesters.

Sozialrechtliche Bestimmungen

Gegenüber den vagabundierenden Gelegenheitsmusikern hatten die Mitglieder des Concertvereins-Orchesters eine „feste" Anstellung, die jedoch keineswegs soziale Sicherheit
gewährte: der Vertrag war in der Mehrzahl der Fälle für eine Saison befristet (für die
nicht ins Kurorchester verpflichteten Musiker gab es nur Halbjahresverträge), der Verein
behielt sich eine Verlängerung vor und machte von diesem Recht auch Gebrauch: schon
im zweiten Bestandsjahr war ein Viertel der Musiker ausgetauscht, nach dem ersten
Jahrzehnt spielten nur mehr elf Gründungsmitglieder. Nicht nur der harte künstlerische
Konkurrenzkampf war dabei ausschlaggebend — das Fernbleiben von einer Aufführung
ohne nachweisbare Erkrankung etwa war ebenso ein Kündigungsgrund wie ein Verstoß

gegen die Dienstordnung trotz vorheriger Ermahnung oder die Mitwirkung in anderen
Orchestern ohne ausdrückliche Bewilligung durch den Verein. Auch längere Krankheit
konnte sich ein Musiker nicht leisten: zwei Wochen wurde die volle Gage ausbezahlt, in
der dritten Woche die halbe, bei mehr als drei Wochen andauernder Krankheit war der
Concertverein berechtigt, vom Vertrag abzugehen.

Im Jahr 1903 wurde ein „Pensionsinstitut des Wiener Concertvereins" errichtet mit
dem Zweck der „Versicherung von Pensionen für seine Mitglieder und von Abfertigun-
gen für die Witwen verstorbener Mitglieder" (§ 2), dem alle ganzjährig verpflichteten
Musiker beitreten konnten (halbjährig verpflichtete mußten einen extra Beitrittsantrag
stellen). Die finanziellen Mittel des Vereins stammten aus einem jährlich stattfindenden
Benefizkonzert, dessen Reinerträgnis der Concertverein dem Pensionsinstitut überwies,
weiters aus Mitgliedsbeiträgen der Musiker in der Höhe von 4% ihres Jahresgehalts, aus
Spenden und Strafgeldern (§ 4). Nach zehn Jahren ununterbrochener Zugehörigkeit zum
Pensionsinstitut erlangte ein Mitglied einen Pensionsanspruch von 30% des Gehalts zum
Zeitpunkt der Pensionierung, jedes weitere Jahr erhöhte sich dieser Anspruch um 2,8%.
Ein freiwilliger Austritt aus dem Orchester oder eine fristlose Entlassung hatten den
Verlust des Pensionsanspruches zur Folge. In seiner kurzen Zeit des Bestehens zählte das
Institut nie mehr als 50 Mitglieder; als am 1. 1. 1909 die gesetzliche Verpflichtung zur
staatlichen Pensionsversicherung der Privatangestellten in Kraft trat und das Pensions-
institut des Concertvereins „den gesetzlichen Anforderungen nicht entsprach, um als
Ersatzinstitut bestehen zu können"[64], wurde seine Auflösung beschlossen.

Überblickt man das erste Jahrzehnt der Tätigkeit des Concertvereins, so sind folgende für die weitere Entwicklung wesentliche Punkte festzuhalten:

Im künstlerischen Bereich hatte das neue Orchester einen unumstrittenen Platz im
Wiener Musikleben erobert. Dabei ist der Argumentation D. Hajas' zuzustimmen, die
dafür weder die künstlerische Qualität noch die „solide organisatorische Fundierung des
Vereins" allein als hinreichend erachtet, sondern in der „demokratisierenden Dynamik,
der vor allem er in dem ersten Dezennium seine tiefe gesellschaftliche Verankerung
verdankt, die seine Weiterexistenz sicherte"[65], den eigentlichen Grund des Erfolges
erblickt.

Bezüglich der Finanzierung zeichnete sich die Problematik des individuell-mäzena-
tischen Modells mit staatlich-subsidiärer Unterstützung deutlich ab: die Erkenntnis, „daß
sich ein Kunstinstitut vom Range des Wiener Concertvereins, welches seinen Musikern
eine halbwegs gesicherte Existenz bieten will ..., unmöglich aus eigenen Mitteln erhalten
kann"[66], signalisierte Ansprüche an die Mäzene, denen sie auf Dauer nicht gewachsen
waren: von ersten Bewegern zu Dauer-Subventionierern zu werden. Das Problem der
prinzipiellen Subventionsbedürftigkeit des Konzertbetriebs begleitete das Orchester von
nun an ständig, und nur die Art, es zu lösen, wechselte: daß unter den Auspizien einer
Demokratisierung der Kultur auch Rufe nach der Sozialisierung ihrer finanziellen Verluste laut wurden, ist begreiflich. Im organisatorischen Bereich zeichnete sich mit dem
Konzerthaus-Projekt eine Lösung ab, die dem Orchester eine eigene Spielstätte und
damit teilweise autonome Entfaltungsmöglichkeiten bieten sollte: die weitgehende Personalunion zwischen der Konzerthausgesellschaft, die für Bau und Verwaltung des
Hauses verantwortlich war, und dem für das Konzertmanagement und die Orchesterer-

---

64 Liquidierungsbericht des Pensions-Ausschusses per 30. 6. 1909.
65 D. Hajas, Die ersten zehn Jahre, S. 4.
66 Protokoll der Generalversammlung des Concertvereins 1909.

haltung zuständigen Concertverein gewährleistete eine sinnvoll koordinierte künstlerische und organisatorische Praxis: Veranstalter, Orchester und eigene Konzertlokalität
bildeten eine Einheit — eine Situation, die bedeutende europäische Orchester heute für
selbstverständlich erachten, weil in eigens für sie konzipierten Häusern jene organisato-
risch-infrastrukturellen Grundlagen (von ausreichend großen Garderoben über Aufent-
halts-, Proben- und Übungsräume bis zur Kantine) vorhanden sind, die eine optimale
künstlerische Entfaltungsmöglichkeit erst gewährleisten. In Wien ging die Entwicklung
einen anderen Weg.

II. Das Wiener Sinfonie-Orchester 1922 — 1932

1. Konzertkrise und Neugründung des Vereins

In der Nachkriegszeit sah sich das Orchester vor einer grundlegend gewandelten kulturellen Situation und Organisationsstruktur des Musiklebens — die Versuche, im Interesse der eigenen Existenzsicherung sich den neuen Verhältnissen anzupassen, führten zu organisatorischen Maßnahmen, die, der Not entsprungen, eines jener in Österreich zahlreichen und anscheinend irreversiblen Provisorien installierten, welche die sozialen Umstände ihrer Entstehungszeit weit überdauern. Mehr noch als nach 1945 wurde nach 1922 die Entwicklung des Orchesters für viele Jahrzehnte nachhaltig geprägt, und in den wesentlichen Belangen der Organisationsform ist die heutige Situation der Wiener Symphoniker direkt auf jene Entscheidungen der zwanziger Jahre rückführbar. Um die wesentlichen Veränderungen zu markieren, scheint es angebracht, die am Ende des vorigen Abschnitts angeführten Schwerpunkte (künstlerischer Bereich, Finanzierungs- und Organisationsmodus) krebsgängig für die Zeit nach 1922 zu referieren:

a) organisatorischer Bereich

Bereits zu Beginn der Saison 1914/15 war es, bedingt durch die zahlreichen Einberufungen, zu einer Fusionierung der Orchester des Wiener Concertvereins und des Vereines Wiener Tonkünstler-Orchester gekommen, um mit einem ausreichend großen Orchester, das 75 Mann stark war (35 Mitglieder des Concertvereins, 40 des Tonkünstler-Orchesters),[67] weiterarbeiten zu können. Die beiden Vereine planten allerdings weiterhin autonom ihre Veranstaltungen, beschäftigten aber ein und dasselbe Orchester unter wechselndem Namen, das bloß die Sitzordnung je nach Veranstalter änderte: bei Konzerten des Concertvereins saßen die von ihm engagierten Streicher an den Pulten rechts außen, überließen hingegen den Tonkünstler-Kollegen bei Veranstaltungen des Vereins Wiener Tonkünstler-Orchester diese Plätze.[68] Die Populärkonzerte in kleinerer Besetzung wurden weiterhin getrennt durchgeführt (das Tonkünstler-Orchester spielte unter Konrath und Hummer im Musikverein und in Hietzing, das Concertvereins-Orchester unter Spörr im Konzerthaus und im Volksgarten[69]). Wesentlich ist nun, daß dieses kriegsbedingte Provisorium nach Kriegsende nicht mehr rückgängig gemacht werden konnte, weil durch den Ausfall der mäzenatischen Unterstützung dem Orchester die

---

67 Ernst Dörfler, 25 Jahre Wiener Sinfonie-Orchester (in „Österr. Musikerzeitung, Februar 1933, S. 8/9).
68 E. Dörfler, Autobiographie XXV.
69 Ebda., S. 176.

finanzielle Basis entzogen war. Die schwerwiegende Folge dieser Entwicklung bestand im Zerfall der nach Fertigstellung des Konzerthauses 1913 erreichten Einheit von Konzertveranstalter, Spielort und Ausführenden: da das Orchester mangels ökonomischer Fundierung zunehmend Schwierigkeiten hatte, Eigenveranstaltungen durchzuführen, war es wieder auf fremde Konzertveranstalter angewiesen. Die Praxis ab 1913 hatte auf einem Mischsystem basiert: Autonomie der Planung im Konzerthaus, Vermietung an die GdM für deren Gesellschaftskonzerte — dadurch war das Orchester in beiden Häusern gleichzeitig (wenn auch in unterschiedlichem Status) präsent, ohne seine Planungskompetenz ganz zu verlieren und dadurch völlig in Abhängigkeit von der Bereitwilligkeit der Konzertveranstalter zu kommen, es auch wirklich zu engagieren.[70]

In diesem Zusammenhang ist darauf zu verweisen, daß die ökonomische Krise der zwanziger Jahre und die plötzliche Notwendigkeit, die finanzielle Basis des Orchesters anders als durch private, mäzenatische Initiative sicherzustellen, zahlreiche europäische Orchester in Bedrängnis brachte und eine grundlegende Änderung der Organisationsstruktur bewirkte — in irgendeiner Weise kamen dabei kommunale bzw. gemeinnützige Organisationsformen ins Spiel. So organisierte sich etwa die Dresdner Philharmonie 1923 im Rahmen des gemeinnützigen „Bühnenvolksverbunds" und gründete 1924 die Genossenschaft „Dresdner Philharmonie EV", die als Einheit von Arbeitgeber und Arbeitnehmer konzipiert war.[71] Die Münchner Philharmoniker wiederum waren 1923 gezwungen, das Orchester an die Konzertdirektion Bauer zu vermieten, ehe 1924 im Rahmen eines Abkommens zwischen dem bayrischen Kultusministerium und der Münchner Stadtgemeinde letztere faktisch Orchestererhalter wurde und die Aufwendungen vom Zuschuß an das Münchner Staatstheater in Abzug bringen konnte; 1928 wurden die Musiker der staatlichen Besoldungsordnung unterstellt, hatten eine gesicherte Altersversorgung und denselben finanziellen Status wie die Mitglieder des Staatsorchesters.[72] Ein solcher Schritt wurde im Wien der unmittelbaren Nachkriegszeit, das zweifellos aufgrund der überaus schwierigen politischen und wirtschaftlichen Situation im neuen Rumpfstaat Österreich vor noch gravierenderen Problemen stand als die deutschen Großstädte, nicht gesetzt: die mangelnde kommunale Unterstützung zwang das Orchester in die Abhängigkeit von privaten Institutionen und beraubte es seines autonomen Spielraums. Die Stärke der Konzertveranstalter war Folge der Schwäche kommunaler Hilfestellung.

Drei Texte zur Konzertkrise 1919 mögen die Ausgangssituation des Orchesters nach Kriegsende illustrieren:

---

70 Das heute gängige Argument, eine Wiederherstellung dieses Zustands würde das Orchester auf die Tätigkeit im Konzerthaus beschränken, erweist sich im Hinblick auf die — wenn auch kurze — historische Praxis als haltlos.

71 Dieter Härtwig, Die Dresdner Philharmonie, S. 34ff.

72 „Die Münchner Philharmoniker", S. 74. Die traditionelle Handels- und Bürgerstadt Leipzig hingegen hatte das Gewandhaus-Orchester schon 1840 unter ihre Obhut genommen, wobei sich Theater, Gewandhaus und Kirche an der Finanzierung beteiligten — aber auch hier erfolgte die endgültige Kommunalisierung erst in den zwanziger Jahren (vgl. Fritz Hennenberg, Das Leipziger Gewandhaus-Orchester, S. 17).

1. Österreichische Musikerzeitung 2. 8. 1919, S. 64
„Wir sind an einer schweren Krise in den beiden Wiener Konzertorchestern hart vorüber. Bald wäre es schief gegangen und es ist nur bedauerlich, daß die schöne Idee der Sozialisierung bei dieser Sache einen schweren Stoß gegen ihre Reputationsseite davontrug. Kurz erzählt: Eines Tages wurde seitens eines Herrn der Leitung dieser beiden Orchester (Wiener Concertvereins- u. Wiener Tonkünstler-Orchester) den Mitgliedern das Angebot gemacht, ob sie sich denn nicht sozialisieren, d.h. in diesem Fall mit den Orchestern ganz auf eigene Füße (und Risiko) stellen möchten. Verblüffung. Als man näher hinsah, merkte man, daß es weniger der sozialistische Eifer, sondern ein Defizit von Hunderttausenden war, das den Musikern diesen Antrag bescherte. Es ist begreiflich, daß gegen einen solchen Sozialisierungsplan sich die aufgeklärten Sozialisten idealistischer und materialistischer Spielart am heftigsten wehrten, bis es endlich doch zu einem Ausgleich kam, der vor allem durch eine etwas kaufmännischere Einstellung des ganzen Kunstgeschäftes (das es ja doch leider sein muß) unterstützt wurde. Vorläufig auf 7 Monate. Was dann geschieht, soll noch in dieser Wintersaison überlegt werden. Unbegreiflich ist nur, daß die Leitung beider Konzertinstitute sich immer noch gegen wirkliche, nicht bloß scheinbare, Mitarbeit von Orchestervertretern an der Verwaltung der beiden Unternehmungen wehrt. An geeigneten Personen würde es nicht mangeln. Immer und immer dieser so unzeitgemäße Brotgeber- und Herrenstandpunkt!"

2. Versammlung der Österreichischen Musikerkammer im Musikvereinssaal, 4. 11. 1919
„Die heute im großen Musikvereinssaal versammelten Musiker und Musikfreunde Wiens erheben in banger Sorge um die Zukunft Wiens als Musikstadt ihren warnenden Ruf. Sorglosigkeit, Mangel an kunstpolitischer Voraussicht und Geringschätzung drohen unserem Musikleben von jener Seite, welche Kraft ihres öffentlichen Amtes dazu berufen wäre, diesen bedeutendsten, jedenfalls aber anerkanntesten Wertfaktor unserer heimischen Kultur und Volkswirtschaft zu behüten und zu fördern. Die Versammlung fordert, daß durch die Annahme des Musikkammergesetzentwurfes im Nationalrate, Begründung autorisierter Musikkammern und Schaffung eines Kunstamtes den Tonkünstlern selbst Gelegenheit gegeben werde, jene Obsorge zu treffen, die unser Musikleben seitens der Behörden bisher nicht genoß. Insbesondere aber — um den aktuellsten Fall des Niederganges zu verhindern — ruft die Versammlung alle Musikfreunde Wiens und die in diesem Belange gleichfalls verpflichteten öffentlichen Vertreter Wiens auf, alles zu unternehmen, um die Existenz des einzigen ständig verfügbaren Wiener Sinfonie-Orchesters zu retten, eingedenk des Umstandes, daß es für die selbst in Regierungsprogrammen stolz so genannte Musikstadt Wien eine wahre Schande wäre, unter die musikalischen Möglichkeiten kleinster deutscher Provinzstädte herabzusinken, nicht bloß aus Not, sondern aus Gleichgültigkeit."[73]

3. Zum selben Zeitpunkt veröffentlichte der Orchestervorstand des Concertvereins-Orchesters und spätere Obmann der „Vereinigung Wiener Musiker" (des Verbandsvereins Nr. 1 innerhalb des Österreichischen Musikerverbandes), Friedrich Wedl, im Selbstverlag eine kleine Broschüre unter dem Titel „Die Krise der Wiener Konzert-Orchester"; da es sich hier um eines der seltenen und bisher völlig unbeachtet gebliebenen bzw. unbekannten[74] Dokumente handelt, die einen unmittelbar Betroffenen zum Autor hat, scheinen ausführliche Zitate gerechtfertigt.

---

73 Österr. Musikerzeitung, 8. 11. 1919, S. 91.
74 Die Wiener Stadt- und Landesbibliothek ist im Besitz eines Exemplars.

Wedl sieht den Weiterbestand des Orchesters akut bedroht und beklagt in diesem Zusammenhang das Desinteresse der Gemeinde, die im Gegensatz zum Bund jahrelang keinerlei Unterstützung gewährt und erstmals 1917/18 3.000 Kronen Subvention (12,5% der Bundessubventions-Höhe) bewilligt habe: „Betont muß noch werden, daß die Vertretung der Stadt Wien für die Orchester ... kein Verständnis aufbrachte, die Existenz derselben bloß als Geschäft auffaßte und nicht als Kultur- und Erziehungsfaktor ..." Wedl kolportiert die Antwort Luegers auf die Bitte einer Orchesterdelegation um Subvention: „Die Juden sollen sich ihre Konzerte selber zahlen." Immerhin war es im Sommer 1919 erstmals gelungen, das Orchester zusammenzuhalten. Der Konzertunternehmer Hugo Heller engagierte es für Sommerkonzerte und Musikfeste und verzichtete zugunsten des Orchesters auf den Reingewinn von 24.500 Kronen, die Gemeinde unterstützte diese Veranstaltungsreihe zusätzlich mit 50.000 Kronen. Dennoch änderte dies nichts an den Grundproblemen des Orchesters: entsprechende Bezahlung und angemessene Beschäftigungsdauer zu erreichen. „Es ist ja auch in der Zukunft — selbst bei rationellster Ausnützung aller vorhandenen Mittel — nicht möglich, daß ein Konzertorchester, das nur vom eigenen Erwerb leben soll, der Arbeitsleistung entsprechende Gagen zahlen kann ... der Idealismus, welcher notwendig ist, um bei einem Wiener Konzertorchester zu sein, grenzt schon — gelinde ausgedrückt — an Fanatismus."

Wedl fordert als erste Maßnahmen die Einführung von Dienstalterszulagen (ein Gründungsmitglied des Concertvereins verdiente 1919 gleichviel wie neu engagierte Musiker!) und ganzjährigen Engagements und beschreibt dann das tägliche Arbeitspensum eines Mitglieds des Orchesters: „Vormittags Probe, dann rasches Mittagmahl, noch eine Stunde geben, mit knapper Not kommt man noch zur Nachmittagsprobe, anschließend daran das Abendkonzert, nachher noch Stunden, Kammermusik oder Mitwirkung in einem Nachtlokal, um dies jämmerliche Dasein fristen zu können. Es ist ausgeschlossen, einige Minuten Ruhe zu finden, und wer sie hätte, dem fehlt es an Geld." Im organisatorischen Bereich kritisiert Wedl mangelnde Kooperation zwischen Concertverein und Konzerthausgesellschaft — obgleich zwischen den beiden Vereinen weitgehend Personalunion herrsche, verfolge die Konzerthausgesellschaft ihre Partialinteressen, indem sie das Concertvereins-Orchester zu Tiefstpreisen für ihre Konzertbüro-Veranstaltungen heranziehe (Wedl nennt eine Orchestergage von 1.350 Kronen bei ca. 2.000 Kronen Selbstkosten pro Tag und Solistengagen bis 15.000 Kronen), die Säle für lukrative Veranstaltungen diverser Mieter blockiere und zusätzlich vom Concertverein Saalmiete für dessen Eigenveranstaltungen verlange. Der künstlerische Bereich sei von Einfallslosigkeit und Stagnation gekennzeichnet. „Die Vereine begnügten sich mit ihren ständigen Dirigenten und zeigten kein Interesse daran, selbst Konzerte mit Gastdirigenten in größerem Maßstab zu veranstalten, aus Furcht vor einer Verringerung der ständigen Besucher ihrer zyklischen Konzerte. Sie betrieben gewissermaßen musikalische Inzucht." Wiederum war es die Konzertdirektion Heller, die hier neue Entwicklungen initiierte: sie veranstaltete in der Saison 1918/19 acht Konzerte mit Walter und Furtwängler — „der neue Zyklus durfte auch erst angekündigt werden nach erfolgreichem Abschluß der Abonnements für die eigenen Zyklen der beiden Orchester". Der große Erfolg dieses Unternehmens führte zu einer dauernden Verpflichtung Furtwänglers in Wien, die Vereinsleitungen des Orchesters zogen sich aber wegen „Überlastung" zurück (Wedl spricht von „kleinlicher Eifersucht") und vermieteten das Orchester nur mehr für fünf Abende an Heller (jedoch für zusätzliche 5 Konzerte an das Konzerthausbüro).

Wedl bringt einen Vergleich verschiedener Engagement-Bedingungen, um das besonders ungünstige Verhältnis von Gage und Arbeitsintensität im Sinfonie-Orchester zu dokumentieren:

	Gage	Arbeitsbedingungen
Operettentheater	570 — 650 Kr.	1 Auff. pro Tag, 8 unbezahlte Proben pro Premiere, sonst kaum Proben
Varieté-Theater	50 Kr. mehr	
Salon-Kapellen	750 Kr.	probenlos 1 — 3 Stunden, tagsüber frei
Kinos	450 — 720 Kr.	probenlos 4 Stunden
Volksoper	687 — 750 Kr.	2-stündige Proben (max. 1 pro Tag, wöchentlich freie Tage von Proben und Aufführungen)
Sinfonie-Orchester	440 — 500 Kr.	in der Regel 3 Dienste täglich 2. Sonntagsdienst 10 Kr. Honorar dritte Dienste 4 Kr.

„Geringe Bezahlung, Arbeitsüberlastung, keine Altersversorgung! das sind wahrlich keine Anziehungsfaktoren für erstklassige Musiker. Die Orchester sind aber auch immer nur ein Übergangsstadium für die Staatsoper, Volksoper in Wien, für Deutschland und das Ausland gewesen." Starke Fluktuation, körperliche und psychische Schäden bei den Musikern seien die Folge der schlecht honorierten, anstrengenden Arbeit.

Die möglichen Auswege aus dieser Situation sieht Wedl in Form einer Selbstverwaltung bei gleichzeitiger enger Bindung an die Gemeinde: Kunst und ihre Pflege müßten unter städtische und staatliche Kontrolle gelangen. „Es ist nicht ausgeschlossen, daß künstlerische Institutionen direkt in die Verwaltung übergehen. Die gegenwärtigen Verhältnisse lassen es aber der Gemeinde Wien nicht ratsam erscheinen, das Orchester vollkommen in städtische Verwaltung zu übernehmen. Hingegen müßte sich die Stadt Wien an der Erhaltung des Orchesters durch Gewährung einer namhaften Subvention beteiligen ... Das Staatsamt für Unterricht und die Landesregierung für Niederösterreich sollten sich auch bemüßigt sehen, hier fördernd einzugreifen."

Mögliche Formen der Selbstverwaltung bzw. Mitspracherecht der Musiker in der Verwaltungstätigkeit werden nicht näher erläutert: Wedl meint nur, daß die beiden Vereine auch weiterhin statutengemäß ein Orchester erhalten bzw. subventionieren sollten. Ebenso fehlen detailliertere Konzepte für eine Neugestaltung der Vertragsbedingungen in arbeits- und sozialrechtlicher Hinsicht. Dennoch ist das kleine Bändchen ein wertvolles Dokument aus der krisenhaften Zeit des Vakuums zwischen verschiedenen Modi der Finanzierung und Organisation des Orchesterbetriebs.

Die beiden Träger-Vereine des Orchesters waren jedenfalls am Ende der Saison 1921/22 nicht mehr in der Lage, von sich aus die Musiker weiter zu halten: „Eines Tages[75] erhielten wir von den uns erhaltenden Direktionen ... die Entlassung, einfach 14tägig gekündigt. Die Bemühungen, über Sommer eine Beschäftigung des Orchesters zu finden, waren vergebens, die Kurorte Baden und Kissingen wurden Selbstversorger, ein Versuch in Franzensbad blieb einmalig, ebenso die Freilichtaufführungen im Oberen Belvedere-Garten. Ich verweise nur auf das Konzertieren im Varieté vor dem Konzerthaus, das ich als den Tiefstand des Orchesters bezeichnen muß; mit einem Wort, wir standen: vis-à-vis-de rien!"[76] „Da ersann Kapellmeister Spörr ein System (er sprach natürlich pro domo), wodurch erstens der Verein Wiener Sinfonie-Orchester erstand. Dadurch wurde

75 Im Mai 1922.
76 Ernst Dörfler, 25 Jahre Wiener Sinfonie-Orchester, a.a.O.

der Ballast von zwei Kanzleien entfernt und auch die vier Dirigenten der zwei Vereine und wir wurden ein Mietobjekt und warteten auf die, die uns brauchte: also Gesellschaft der Musikfreunde, die Konzerthausgesellschaft, die verschiedenen Konzertdirektionen Heller, Benno Lie usw. Wir selbst machten keine eigenen Konzerte (um nicht Konkurrenz zu treiben), hatten ja auch keinen Dirigenten, denn Spörr war administrativer Leiter und sprang nur erforderlicherweise ein."[77] Auch die früheren Dienstgebervereine (Concertverein und Verein Wiener Tonkünstler-Orchester) fungierten nun (ebenso wie diverse Chor- und Gesangsvereine und Kunststellen) als Konzertveranstalter und mieteten ihre vormaligen Angestellten, wobei zwischen Konzertverein und Konzerthausgesellschaft auch weiterhin faktisch Personalunion herrschte, sodaß die Auflösung des Concertvereins im Jahr 1938 nur die Liquidierung einer überflüssig gewordenen Konstruktion bedeutete. Das durch den Ausfall der Kurorchester-Tätigkeit entstandene Vakuum während der Sommermonate konnte Spörr auffüllen, indem er gemeinsam mit dem Präsidenten des Musikerverbandes, C. M. Haslbrunner und dem Gutsbesitzer Leopold Klein die Burggarten-Veranstaltungen initiierte[78], die abwechselnd Opern, Operetten, Singspiele, Kunsttanzabende, Symphoniekonzerte und bunte Abende brachten und von der Stadtverwaltung gefördert wurden.[79] 14 Musiker des Orchesters spielten zudem im Kurorchester Badgastein. Der „Verein Wiener Sinfonie-Orchester", „der sich auf keine künstlerischen Spekulationen einläßt, sondern lediglich das Orchester an die Konzertveranstalter vermietet"[80] und in dessen Leitung je ein Vertreter der GdM, der KH-Ges., des Concertvereins, des Vereins Wiener Tonkünstler-Orchester, des Musikerverbandes, der Vereinigung der Wiener Musiker sowie (später) der Ravag saß, bildete von nun an die administrative und wirtschaftliche Grundlage des Orchesters, das inklusive der ständigen Substituten knapp 100 Mann zählte.

2. Vertragsbestimmungen

Im folgenden seien einige wesentliche Passagen der „Allgemeinen Bestimmungen für die Anstellung der Mitglieder des Wiener Sinfonie-Orchesters" zitiert, die im Hinblick auf frühere und spätere Vertragsvarianten von Interesse sind.[81]

Eine wesentliche Neuerung stellte die Gewährung des Definitivums bereits nach zwei Dienstjahren dar, danach konnte von Dienstgeberseite der Vertrag nur „wegen gröblicher Disziplinarvergehen, Übertretungen der ‚Allgemeinen Bestimmungen' und der ‚Dienstordnung', bei denen das Kündigungsrecht vorgesehen ist, und bei Auflösung des Vereines Wiener Sinfonie-Orchester gelöst werden" — der letztere Punkt gewann 1933 unerwartete Aktualität. Ungewöhnlich stark differenziert war das Gehaltsschema und damit die künstlerische Hierarchie: es gab eine Vorzugsklasse, der nur der erste Konzertmeister und der erste Solocellist angehörten, und weitere sechs Klassen, wobei

---

77 E. Dörfler, Autobiographie, S. 76.
78 Österr. Musikerzeitung, August 1933, S. 4.
79 Neues Wiener Journal, 23. 5. 1926. Laut Neuem Wiener Journal vom 13. 3. 1931 hatte die Konzertdirektion Vindobona seit 1922 alle Vertragsrechte, Konzessionen und Lizenzen auf diese Veranstaltungen; 1933 wurde die Burggartenkonzert Ges.m.b.H. zum Zweck der Finanzierung der Burggartenveranstaltungen gegründet.
80 Neues Wiener Journal, 23. 5. 1926.
81 Zitiert nach einem im Archiv der Wr. Symphoniker erhaltenen Dienstvertrag vom 22. 8. 1922.

die ersten Bläser in der ersten, die zweiten in der dritten, die dritten in der zweiten und die vierten in der vierten Klasse rangierten. Bei den Streichern erstreckte sich die Gliederung bis in die einzelnen Tuttipulte hinein — es gehörten zur

1. Klasse:	2. und 3. Konzertmeister, 1. Solobratscher, 2. Solocellist
2. Klasse:	2 I. Violinisten, 1. Sekundstimmführer, 2. Solobratscher, 3. Solocellist, 1. Kontrabaßstimmführer
3. Klasse:	3 I. Violinisten, 2. Sekundführer, 1 Bratscher, 2 Cellisten, 2. Kontrabaßstimmführer
4. Klasse:	3 I. Violinisten, 3. II. Violinisten, 2 Bratscher, 1 Cellist, 1 Kontrabassist
5. Klasse:	2 I. Violinisten, ab den II. Violinisten wie Klasse 4
6. Klasse:	alle übrigen Streicher

„Bei Austritt eines Streichers rücken alle anderen stufenweise vor. Vorrücken an Konzertmeister-, Solobratscher- und Solocellistenstellen, sowie an Stimmführerstellen und zum 2. Pult der I. Violinen bedingt ein vorheriges Probespiel." Die automatische Vorrückung nach dem Dienstalterprinzip bewirkte dabei zweifellos, daß Musiker mit (physisch bedingt) sinkender Leistungsfähigkeit die vorderen Pulte besetzten und dadurch die Wahrscheinlichkeit gruppeninterner Spannungen noch weiter stieg.

Die Einordnung in die verschiedenen Gehaltsklassen war bestimmend für die Höhe der Funktionszulagen zum allen gemeinsamen Grundgehalt von 100.000 Kronen (Stand 1922): Mitglieder der Klassen 1 — 5 bezogen jeweils 10%, 5%, 3%, 2% und 1% Zulage, jene der Vorzugsklasse regelte sich nach Übereinkommen, während die 6. Klasse keine Funktionszulage erhielt. Vom dritten bis zum 35. Dienstjahr gab es eine jährliche Dienstalterszulage in der Höhe eines halben Prozents des Grundgehaltes.

Diese differenzierte Gagengestaltung war die Folge der ungeachtet der Leistungsklasse einheitlichen Dienstverpflichtung. Dabei bemaß sich diese nicht nach einem monatlichen Dienstlimit, sondern nach täglicher Arbeitsstundenzahl: fünfstündige Dienstleistung an Wochentagen, „in 1 oder 2 Dienste geteilt, gleichviel ob Proben oder Konzerte", vierstündige für Konzerte an Sonn- und Feiertagen (Proben an diesen Tagen wurden extra honoriert). Für jede halbe Überstunde (bis 22 Uhr) erhielten die Musiker bis inkl. 2. Klasse 550 Kronen, jene der 3. und 4. 500 Kr., jene der 5. und 6. Klasse 450 Kronen. Zwischen 22 und 24 Uhr erhöhte sich dieses Überstundenentgelt um jeweils 50%, nach 24 Uhr um 100%. Die genannten Bezüge waren an die Bewegung der Indexziffer (nach beiden Richtungen) gebunden. Nicht generell geregelt waren die Höhe der Diäten bei Konzertreisen und die Saiten- bzw. Rohrgelder — sie wurden „im Einvernehmen mit den Vertrauensmännern (Betriebsräten) des Orchesters von Fall zu Fall festgelegt."

Im Erkrankungsfall gebührten den Musikern innerhalb der ersten drei Jahre der Orchesterzugehörigkeit zwei Monate die vollen und weitere zwei Monate die halben Bezüge, nach dem dritten Jahr verlängerte sich diese Frist auf jeweils drei Monate. Danach verblieb der Erkrankte zwar unbefristet im Orchesterverband, erhielt aber keine Bezüge mehr. Vom Krankheitsbeginn an entfiel der Anspruch auf Saiten- bzw. Rohrgeld. Der Verein verpflichtete sich, die Musiker bei der örtlichen Krankenkasse und beim Pensionsinstitut für Bühnen- und Orchesterangehörige versichert zu halten und die Gesamtprämie für das Pensionsinstitut aus eigenem zu bezahlen.

Nach einjähriger Dienstzeit bestand ein Urlaubsanspruch von sechs Wochen (im ganzen oder in zwei Teilen), außerhalb dieser Zeit gewährte Einzelurlaube konnten von der vertraglichen Urlaubszeit abgezogen werden.

Mit Vertragsunterzeichnung verpflichtete sich der Musiker zum Eintritt in den „Bruckner Fonds" und in die „Vereinigung Wiener Musiker" (die gewerkschaftliche Interessenvertretung) sowie zur Einhaltung der „Dienstordnung", die den Anhang des Vertragstextes bildete und eine Disziplinarordnung darstellte, welche das Verhalten gegenüber Kollegen („es steht keinem Musiker zu, die Kunstfehler seiner Kollegen zu rügen oder zu bekritteln", „bei Proben und Konzerten, sowie im Versammlungszimmer ist jeder Streit untersagt"), jenes am Podium („das Kartenspiel in den Konzerthäusern sowie das Lesen von Zeitungen und Büchern während der Proben oder Aufführungen ist verboten"), im Erkrankungsfall etc. regelte.

Wie die erhaltenen Dienstzettel vom Beginn der dreißiger Jahre zeigen, unterlagen die o.a. Vertragsbestimmungen allerdings bald einer grundlegenden Revision: das Definitivum erhielt ein Musiker erst nach zehnjähriger ununterbrochener Dienstleistung, und es gab vier Arten von Verträgen: die „definitiv ganzjährige", die „definitiv unterganzjährige", die „nicht definitiv ganzjährige" und die „nicht definitiv unterganzjährige" Anstellung mit unterschiedlichen Bestimmungen für die Lohnfortzahlung im Erkrankungsfall und für die Urlaubsdauer. Bei Neubesetzung einer Definitivstelle erhielten die unterganzjährig definitiv angestellten Musiker den Vorzug. Die Einteilung der Musiker erfolgte nach einem einfacheren Schema zu Lasten der bislang privilegierten vorderen Tuttipulte:

Solistenklasse: 1. Konzertmeister und Solocellist
Vorzugsklasse: 2. und 3. Konzertmeister bzw. Solocellist, 1. Solobratscher und Kontrabaßführer, alle 1. Bläser (inkl. Tuba), 1. Pauker und Harfenist
I. Klasse: 1. Sekundführer, 2. Solobratscher, 2. Kontrabaßführer, alle 3. Bläser, 2. Harfenist
II. Klasse: alle Primgeiger, 2. Sekundführer, 3. Solobratscher, alle 2. Bläser, 2. Pauker
III. Klasse: alle übrigen Orchestermitglieder

Die Höhe der jeweiligen Funktionszulage ist im Vertrag nicht extra ausgewiesen, dagegen waren fixe Diätensätze bei Konzertreisen vorgesehen. Die erste Dienstalterszulage von 20,— Schilling wurde erst nach fünf Jahren gewährt, jede weitere in jeweils fünfjährigem Abstand. Der Verein verpflichtete sich zur Zahlung einer Zusatzrente (allerdings ohne klagbaren Anspruch seitens des Dienstnehmers), die nach zehn Jahren 20,— Schilling monatlich und jeweils 2,— Schilling für jedes weitere vollendete Dienstjahr betrug.

Die Arbeitszeit betrug nun auch an Sonn- und Feiertagen fünf Stunden — insgesamt hatten sich die Vertragsbedingungen also gegenüber 1922 verschlechtert.

3. Finanzieller und künstlerischer Bereich

„Wartet man gerade in der Kunstpflege auf private Initiative der nicht mehr vorhandenen Mäzene, oder gar ausländischer Gönner?" schrieb Paul Stefan anläßlich des Ansuchens eines „Komitees freiwilliger Helfer" an Richard Strauss, ein Benefizkonzert zugunsten des Wiener Sinfonie-Orchesters zu dirigieren[82], und meinte, die Gemeinde Wien werde „auf die Dauer um diese Art der Kunstförderung nicht herumkommen." Unter dem Titel

---

82 „Die Stunde", 1. 3. 1929.

„Die verarmte Musikstadt Wien" resümierte das „Neue Wiener Tagblatt" die Entwicklung der zwanziger Jahre: „Heute ist das Bürger-Sein ein Titel ohne Mittel geworden,
der bürgerliche Enthusiasmus wird vom Ahnenkult genährt und seine Zahlungskraft muß
sich auf ein paar Modekonzerte, im übrigen auf das Radio beschränken. Davon kann ein
großer Orchesterkörper nicht leben ... In einer Zeit, wo die alte Musikstadt ebensogut
eine Sport-, eine Weekend- oder Badestadt genannt werden kann, wird ein voraussichtlich aussichtsreicher Rettungsweg der Gang zur ‚Ravag' sein ..."[83] Der Klage über den
Verfall bürgerlich-mäzenatischer Aktivitäten komplementär war die Kritik an einer
finanziell unzureichend dotierten und inhaltlich orientierungslosen Kunst- und Kulturpolitik der Gemeinde, welche nicht in der Lage war, den Ausfall privater Unterstützung
zu kompensieren: „Während man produzierende und reproduzierende Begabungen
leichtmütig an das Ausland abgibt, schützen tausendfältige Beziehungen die Halbbega-
bung. Und entscheidend ist es, daß man eine Kunstpolitik vermissen läßt, die Ziele hätte
und dafür die Mittel bereitzustellen wüßte."[84]
      Paradoxerweise finden sich jedoch in offiziellen Aussendungen der Gemeinde For-
mulierungen, die als Ziel sozialdemokratischer Kunstpolitik ihren Rückzug und die
Reprivatisierung der Förderung angeben: durch Heranziehung einer kunstverständigen
Generation sollte erreicht werden, daß „mit der in solcher Weise erzogenen Jugend in
späterer Zeit auch die privaten Konsumenten der Kunst heranwachsen, die die materielle
Unterstützung der Künstler ihrer Epoche bewerkstelligen sollen und werden."[85] Die
Praxis der Subventionsvergabe durch die Gemeinde Wien richtete sich nach den 1921
erstellten Richtlinien, die jedoch auf keinem kulturpolitischen Konzept basierten, sondern bloß die Freiheit von parteipolitischen Präferenzen und das Prinzip der Diversifi-
kation betonten. Die Subventionsbeträge bildeten keine eigenen Posten im ordentlichen
Budget — sie wurden dem Kreditposten „Unvorhergesehene Ausgaben" entnommen
und zumeist den von diversen Künstlergenossenschaften geschaffenen Wohlfahrtsein-
richtungen in Form von „Ehrenpreisen" (bei Einzelpersonen: „Ehrenpensionen") als
soziale Fürsorge überwiesen, „die sonst die Gemeindeverwaltung besorgen müßte."[86]
An das Wiener Sinfonie-Orchester vergab die Gemeinde Wien in unregelmäßigen
Abständen Subventionen, deren Höhe in Korrelation zu den Musikergehältern einigen
Stellenwert gewinnt: so belief sich die Subvention für 1921 auf 500.000 Kronen, während
der Grundgehalt im neuen Wiener Sinfonie-Orchester im Jahr 1922 100.000 Kronen
betrug — die Jahressubvention entsprach also gerade fünf Monatsgehältern ohne Zulagen. Im Jahr 1931 verdiente ein Tuttist 300 Schilling als Grundgehalt, die Subvention
betrug 10.000 Schilling, also nunmehr etwa 33 Monatsgehälter.[87] Neben diesen direkten
gab es noch zwei weitere Förderungswege: die Veranstaltung von Festwochen (das
Theater- und Musikfest 1924, das Sängerbundfest 1928 usw.), bei denen das Wiener
Sinfonie-Orchester tätig war, sowie die Subventionierung der Kunststellen (der sozialdemokratischen Partei, jener für christliche Volksbildung, für öffentliche Angestellte),

---

83 Neues Wiener Tagblatt, 26. 4. 1931.
84 Die Stunde, 1. 3. 1929.
85 „Das Neue Wien" (Wien 1926 — 28, herausgegeben unter offizieller Mitwirkung der Gemeinde Wien) Bd.
   2, S. 151, zit. bei Brigitte Ott, Die Kulturpolitik der Gemeinde Wien 1919 — 34, Diss. 1968, S. 7.
86 „Verwaltung der Bundeshauptstadt 1929 — 1931", S. 179, zit. bei Ott, S. 123.
87 Die Zahlen sind den Jahrbüchern der Gemeinde Wien bzw. im Archiv der Wiener Symphoniker befindlichen Dienstzetteln entnommen. Andere künstlerische Vereinigungen waren allerdings noch mäßiger
   dotiert: so erhielt die Secession 1921 50.000 Kronen Jahressubvention (also ein halbes monatliches
   Musikergehalt), 1931 waren es 7.000 Schilling.

die ihrerseits Konzerte veranstalteten und dafür das Wiener Sinfonie-Orchester engagierten. Die Aufteilung der Geldmittel erfolgte dabei proportional zu den Mitgliederzahlen der einzelnen Kunststellen, von 1926 bis 1931 standen insgesamt 75.000 Schilling pro Jahr zur Verfügung.[88] Die Veranstaltung dieser öffentlich unterstützten Aufführungen für Arbeiter, Angestellte und Schüler war somit Sache von Partei-Unterorganisationen — die Tätigkeit der sozialdemokratischen Kunststelle unter der Leitung von D. J. Bach ist bereits in etlichen Publikationen gewürdigt worden.[89] Weniger oft erwähnt wird, daß die Kunststellen ihre Gründung indirekt der am 1. 7. 1919 eingeführten Lustbarkeitssteuer verdanken, die das Ergebnis eines Grundsatzes der neuen Steuerpolitik war: „Die Bevölkerung soweit als möglich nicht bei ihren lebenswichtigen Aufwendungen zu besteuern, sondern vor allem dann zu Leistungen für das Gemeinwesen heranzuziehen, wenn sie über das Maß des unbedingt Notwendigen hinausgehen.“[90] Gemäß der neuen Verordnung betrug die Lustbarkeitssteuer bei Orchesterkonzerten 10% des Ertrages (ab 1. 1. 1926 nur mehr 7%, per Gesetz vom 20. 12. 1929 konnte die Landesregierung den Steuersatz auf 4% senken.) Bei Einführung der Lustbarkeitssteuer wurde ein Komitee eingesetzt, das über die Verwendung der hereinfließenden Gelder entscheiden sollte — in diesem Zusammenhang entstanden die autonomen Kunststellen, denen insgesamt 10% der Abgaben zum Zwecke von Theater- und Musikaufführungen für Arbeiter und Angestellte überwiesen wurden (ab 1920 wurde dieser Satz geteilt: 6% für Kunst-, 4% für Sportförderung). Der österreichische Musikerverband und Teile der Presse polemisierten heftig gegen diese neue Steuer und argumentieren, sie verschärfe nur noch die Not der Künstler, ruiniere das Kulturleben und dokumentiere die völlig falsche Einschätzung seiner Bedeutung für eine humane Lebensgestaltung. Es sei zudem absurd, unter der Devise „zuerst ruinieren, dann subventionieren“ Kulturpolitik zu betreiben.

Tatsächlich scheint das Pathos D. J. Bachs, der die Kunst als „wichtiges, ja unerläßliches Mittel zur Befreiung des Proletariats, zur Befreiung der Menschheit“ bezeichnete, in den Arbeiter-Symphoniekonzerten „ein Stück des allgemeinen Kampfes der Arbeiterklasse um ihren Aufstieg“[91] sah und in umfassender Volksbildung „den Sinn für die große musikalische Kunst aufzuschließen“[92] gedachte, in denkbar scharfem Kontrast zur gleichzeitigen amtlichen Definition von Konzertveranstaltungen als abgabepflichtige „Lustbarkeit“ zu stehen — es sei denn, man bedenkt Bachs Wort von der „Beerbung der Bourgeoisie“ durch die Arbeiterklasse im Hinblick auf die legitime Rezeptionsweise großer Musik (wie ja analog dazu einst das aufsteigende Bürgertum dem leichtfertigen adeligen Umgang mit der Kunst seinen gewissenhaften Ernst entgegengesetzt hatte).

Die Subventionspraxis ging im Verlauf der zwanziger Jahre von den präliminierten Verteilungssätzen zugusten einer überproportionalen Sportförderung ab: 1930 etwa erbrachte die Lustbarkeitssteuer 10 Millionen Schilling, davon entfielen 80.000 Schilling auf die Förderung von Theater- und Musikaufführungen für Arbeiter und Angestellte, 92.000 Schilling auf die allgemeine Kunstförderung (Ankäufe, Kunstpreise etc.), aber 3,3 Millionen Schilling auf die Sportförderung.[93] Aus den sozialistischen Reihen selbst

---

88 Die Gesamthöhe der vergebenen Subventionen betrug in diesen Jahren durchschnittlich 570.000 Schilling.
89 Vgl. dazu die Arbeiten von Jank, Kannonier, Kotlan-Werner, Moldenhauer.
90 „Das Neue Wien“ Bd. 1, S. 180, zit. bei Ott, S. 32.
91 „Kunst und Volk“ April 1926, zit. bei Jank, Arbeitermusik zwischen Kampf und Geselligkeit in der ersten Republik, Diss. 1982.
92 Bach 1911, zit. bei Jank, S. 569.
93 Jahrbuch der Gemeinde Wien 1931.

kam Kritik an dieser Entwicklung — Oskar Pollack schreibt 1929: „Der Vorsprung, den heute in Österreich der Arbeitersport vor den Arbeiterkunstbestrebungen gewonnen hat, geht weit über das hinaus, was durch den allgemeinen Zug der Zeit bedingt ist"[94], wirft der sozialdemokratischen Kunststelle vor, die Chancen des Aufbruchs der zwanziger Jahre zur breiten Mobilisierung des Kunstinteresses ungenügend genützt zu haben, und nennt zwei Ursachen für die Versäumnisse im Bereich der sozialistischen Kulturpolitik: das allgemeine Desinteresse innerhalb der Partei und die daraus resultierende „traditionelle Zurückstellung der ‚Bildungssachen' in die dritte oder vierte Reihe" sowie — im Bereich der Gemeinde Wien — die „berechtigte Scheu, ja die materielle Unmöglichkeit, größere Mittel für Kunstzwecke aufzuwenden, solange man jeden Groschen für Wohnbau und Fürsorge braucht", wodurch aber dennoch nicht gerechtfertigt sei, „daß die Gemeinde Wien ... sich so jedem Einfluß und jeder Verbindung entziehen konnte".[95] Aber nicht nur die mangelhafte finanzielle Dotierung, auch die fehlende Abgrenzung gegenüber bürgerlicher Kulturpraxis und die nicht erkennbare Entwicklung eigenständiger proletarischer Formen und Inhalte in diesem Bereich sind Gegenstand der Kritik Pollacks: „Die sozialdemokratische Kunstpolitik, die Kunstpolitik für Arbeiter, bleibt in Wien erst zu leisten."

Die Arbeiter-Symphoniekonzerte wurden ab der Mitte der zwanziger Jahre zunehmend ein Forum für Intellektuelle und Fachleute, die hier jene Werke der Avantgarde hören konnte, denen sich die bürgerlichen Konzertveranstalter zumeist verschlossen: wie Jank feststellt, habe die enge Verflechtung und teilweise Personalunion im Bereich von Partei, sozialdemokratischer Presse, Leitung der Arbeiter-Symphoniekonzerte und der IGNM Aufführungen neuer Musik ermöglicht, „die in den Konzerten der Wiener Sektion der IGNM ... nicht hätten finanziert werden können, an denen aber die IGNM großes Interesse hatte."[96] Hier konnte immerhin geboten werden, was anderwärts nicht nur am mangelnden Interesse der Veranstalter und des Publikums, sondern auch an der prekären finanziellen Situation des Konzertbetriebs scheiterte und zu konservativen Programmstrukturen führte, die sich an einem Probenminimum orientierten. Dabei wurden — für heutige Vorstellungen von Authentizität — abenteuerliche Wege zur Kosteneinsparung beschritten: „Infolge der zeitlichen Überlastung unserer großen Orchestervereinigungen und auch wegen der hohen Kosten ist es im allgemeinen unmöglich, für Begleitkonzerte genügend zu probieren ... Jetzt wird in der Regel eine einzige Probe für ein Begleitkonzert abgehalten, in der kaum die groben Umrisse und das Zusammenspiel erreicht werden. Arnold Schönberg versucht, diesem Übelstand abzuhelfen, indem er Orchesterbegleitungen zu Konzerten für ein Kammerorchester bearbeitet: Streichquintett, einige wichtige Bläser, Klavier und Harmonium. Zehn Musiker können unter Anwendung von geringen Geldmitteln zu zahlreichen Proben herangezogen werden, und so kann die musikalische Durcharbeitung der Werke gründlich erfolgen. Rudolf Kolisch spielte die Violinkonzerte von Beethoven und Reger in solcher Bearbeitung".[97]

Die ökonomisch begründete Programmerstellung brachte das Neue Wiener Tagblatt klar zum Ausdruck, als es schrieb, im neuen Konzertvereins-Prospekt seien „aus finanziell-kalkulatorischen Gründen Abonnements nur mit Musik des 18. und 19. Jahrhun-

---

94 „Warum haben wir keine sozialdemokratische Kunstpolitik?" in „Der Kampf" Februar 1929, S. 84.
95 Ebda.
96 Jank, S. 671.
97 Arbeiterzeitung, 30. 6. 1922, S. 6.

derts" angeboten.[98] Unvermeidlich hatte die labile finanzielle Situation Auswirkungen im künstlerischen Bereich: da das Wiener Sinfonie-Orchester gezwungen war, sich größtenteils selbst zu erhalten, mußte die Konzertanzahl pro Monat möglichst hoch, die Probenanzahl dagegen möglichst gering sein — „an 30 Tagen des Monats ebensoviele Konzerte, für jedes Konzert nur eine Probe", sagte Clemens Krauss in einem Interview und fügte hinzu: „Zwar zur 9. Symphonie von Beethoven gab es im Vorjahr etwa 27 Proben — jedoch zu ebensoviel öffentlichen Aufführungen unter fast gleich viel Dirigenten ... Da sollte eben ein Orchester imstande sein, fortlaufend ein planmäßiges Novitätenstudium auf sich zu nehmen? Psychisch ist diese Körperschaft als müde zu bezeichnen, zumindest als innerlich ohne die entsprechende Festigung. Es ist aber auch einfach ausgeschlossen, daß ein Orchester ein und dasselbe Werk ... in einem Monat in sechs verschiedenen Aufführungen spielen muß! Kaum denkbar, daß ein solches Orchester dazu kommt, sich künstlerisch auf sich selbst zu besinnen!"[99] Krauss gibt für den Konservativismus der Programmgestaltung weiters einen Grund an, der bald danach — wenige Monate später begann das Zeitalter des Rundfunkwesens — schon anachronistisch sein sollte: „Die abonnieren ihre ‚Eroica' und ihre ‚Fünfte', aber doch nicht eine noch nicht gehörte Suite von Strawinsky! Von der gibt es noch keine vierhändigen Klavierauszüge ... Die vierhändigen Klavierauszüge sind's, die ein Orchesterwerk aufführungsfähig machen ..."[100]

Von einer ruhigen Kontinuität der Entwicklung des neuen Orchesters konnte also zu diesem Zeitpunkt noch keine Rede sein: ohne finanzielle Garantien seitens einer öffentlichen Körperschaft war es von den privaten Auftraggebern abhängig, die ihrerseits der starken Nachfrageschwankung ausgesetzt waren. Trotz der vergleichsweise hohen Einspielergebnisse konnte der Verein nicht ausgeglichen bilanzieren: „Wir sind auch nicht in der Lage, uns ohne Subventionen von Bund und Stadt aus uns selbst zu erhalten, so daß wir es unter allen Umständen vermeiden müssen, bei irgendeiner der politischen Parteien in Ungnade zu fallen, was sich existenzbedrohend für das Sinfonie-Orchester auswirken könnte."[101]

Die Frage der Kostendeckung blieb insgesamt stets in Schwebe — „die unsicheren wirtschaftlichen Verhältnisse der Zwischenkriegszeit haben hier keine klare Konzeption in den Vordergrund gestellt, da die Veranstalter wie das Orchester von einem Honorar zum anderen, von einer Subvention zur anderen lebten"[102]. Oder künstlerisch ausgedrückt: von einer 9. Beethoven zur nächsten.

---

98 Neues Wiener Tagblatt, 26. 4. 1931, „Die verarmte Musikstadt Wien". Erich Leinsdorf analysierte den gegenwärtigen amerikanischen Musikmarkt jüngst in einer Symphonikerprobe in ähnlicher Weise, wobei er selbst im Bereich der „klassischen" Musik weiter differenzierte: „Bei uns in Amerika wird immer geklagt, so wenig Haydn! Warum? Weil bei ihm die ersten Geiger immer die Primadonnen sind und der Aufwand, ein solches Stück einzustudieren, in keinem Verhältnis zur Aufführungszeit liegt. Man kann nicht X-Proben für 20 Minuten Musik investieren — das ist allein eine Frage rationellen Zeitaufwandes". Mit anderen Worten: nicht die objektive Qualität eines Stückes, sondern das Verhältnis von notwendiger Probendauer zu Aufführungszeit bestimmt seine Realisierungschancen auf dem freien Markt, dessen ökonomisch rationelle Kriterien die außerordentliche Verarmung des Konzertrepertoires zumindest mitverursachen.

99 Neues Wiener Journal, 4. 12. 1923.

100 Ebda.

101 Komm.-Rat Leopold Hlawatsch (Präsident des Wiener Sinfonie-Orchesters) im „Neuen Wiener Journal", 9. 1. 1930.

102 Ronald Barazon, Die Symphoniker — Spiegelbild der Sozialgeschichte.

III. Das Jahr 1933

1. Die Musikprogramme der Ravag

Durchblättert man die Radiozeitschriften der frühen dreißiger Jahre, so werden die Unsicherheiten, die diese Pionierzeit des neuen Mediums bezüglich der Erstellung eines wirkungsvollen Programms kennzeichnen, auch ohne ausführliche Analyse augenscheinlich. Der rasante technische Ausbau (so nahm etwa 1933 der Großsender Bisamberg seinen Betrieb auf) und die sprunghaft ansteigenden Hörerzahlen machten innerhalb weniger Jahre den Rundfunk zu einem Massenmedium, das Diener verschiedenster Herren — und noch dazu auf einem einzigen Kanal — werden sollte: galt es doch die Aporie zu lösen, gleichzeitig einen Bildungsauftrag zu erfüllen und den populären Geschmack zu befriedigen. Die relativ stark schwankenden Anteile verschiedener Musiksparten in zwei aufeinanderfolgenden Saisonen verdeutlichen die Fluktuation zwischen den Polen „E"- und „U-Musik": so fiel der Anteil der Unterhaltungsmusik von 47,4% im Jahr 1931 auf 39% im Jahr 1932, während die Sendezeit für Opernfragmente und Orchesterkonzerte von 10,9% auf 16% stieg[103], obwohl Symphoniekonzerte bei einer Publikumsbefragung Ende 1932 mit dem Koeffizienten —49 (bei +100 bis —100) unter „weniger beliebte Programmpunkte" fielen. Bei der Programmerstellung mußten die Verantwortlichen zudem erst lernen, sich den durch das Medium selbst hervorgerufenen Wandlungen der Rezeptionsgewohnheiten anzupassen — so wurde die Dauer der selbst produzierten Konzertprogramme, die anfänglich analog zur Konzertsaalaufführung zwei Stunden betragen hatte, ab 1931 auf eine Stunde verkürzt, was eine wesentliche Veränderung bestehender Orchesterverträge bedingte: die Ravag hatte aus den Hörerreaktionen ersehen, daß die grundlegend anderen Bedingungen des Musikhörens, wie sie durch die im Vergleich zum Konzertsaal sozial isolierte Situation entstehen, selbst bei Identität des Inhalts unterschiedliche Zeitstrukturierung erforderlich machten. Dies hatte etwa bezüglich des sonntäglichen Einsatzes des Wiener Sinfonie-Orchesters zur Folge, daß der aus 90 Mann bestehende Klangkörper in zwei Sektionen gespalten wurde, wovon die erste den einstündigen seriösen Programmteil absolvierte, während die aus 30 bis 40 Musikern bestehende zweite Sektion den anschließenden Unterhaltungsmusik-Teil besorgte[104] — es ist interessant zu sehen, wie im Grunde aus einer Reaktion auf Hörerwünsche und statistische Erhebungen über das Rezeptionsverhalten der Konsumenten jene Lösung vorweggenommen wurde, die nach 1933 Ravag und Wiener Symphoniker verankerten. Zugleich ist hier im Binnenbereich der Orchestermusik jene Dreiteilung in hohen, mittleren und populären Geschmack festgeschrieben, der die Musiksparten ins-

---

103 Programmstatistiken von Radio Wien, 3. 6. 1932 und 1933.
104 Radio Wien, 12. 2. 1932.

gesamt voneinander trennte (und heute verschiedenen Kanälen zugeordnet wird) —
anläßlich der Absichtserklärung der Ravag im Jahr 1931, das Wiener Sinfonie-Orchester
stärker an sich zu binden, wurden dreierlei Arten seines Einsatzes in Aussicht genommen:
aus dem dafür eigens zum Studio umgebauten Mittleren Konzerthaussaal sollten große
Symphoniekonzerte mit mindestens 70 Mann Besetzung übertragen, in Orchesterkonzerten „wertvolle Werke leichteren Genres (Suiten, Tänze, Serenaden) gespielt werden,
während für die Unterhaltungskonzerte Walzer und Melodien aus klassischen Operetten
vorgesehen waren. Entsprechend den prognostizierten Einschaltziffern wurden letztere
im Hauptabendprogramm angesetzt, wobei die Ravag Wert auf die Feststellung legte,
daß die volle Orchesterbesetzung (mindestens 36 Musiker) eine deutliche klangliche
Qualitätsverbesserung zur Folge haben würde.[105] Aber auch in diesem Bereich wurden
gemäß dem Bildungsauftrag pädagogische Zielvorstellungen formuliert: das inhaltliche
Niveau der Unterhaltungskonzerte sollte insgesamt gehoben werden, weil auf diesem
Weg am ehesten eine positive Beeinflussung des Massengeschmacks erzielbar schien;
ein Mittel dazu war die Einbeziehung der „wertvollen Unterhaltungsmusik unserer
großen Meister in die volkstümlichen Programme"[106] — also die Legitimierung der
Unterhaltungsmusik als Nebenprodukt der und Propädeutik zur seriösen Musik.

Die Gestaltung der Programmzeitschrift „Radio Wien" dokumentiert dabei die
Bemühungen, der ernsten Musik auch im Wort Publizität zu sichern: begleitend zu den
Höhepunkten der jeweiligen Programmwoche waren einführende Artikel von anerkannten Musikwissenschaftern abgedruckt. Die Programmstatistik für 1932 führt 190 Eigensendungen von Symphonie-, Orchester- und Unterhaltungskonzerten sowie 51 Übertragungen fremder Veranstaltungen an. Auf dem Konzertsektor übertrug die Ravag die
Gesellschaftskonzerte der GdM, einige Konzerte der Philharmoniker und übernahm
Programme ausländischer Sendestationen, gestaltete jedoch auch in Eigenregie — abseits von den Studioproduktionen, die selbstverständlich noch direkt gesendet wurde —
und in Zusammenarbeit mit der GdM und dem Konzerthaus Zyklen ernster und leichter
Musik in den beiden großen Konzertsälen: „im Hinblick auf die weitgehende Verarmung
eines Großteils der musikliebenden Bevölkerung"[107] galten für diese Konzerte Sozialta-
rife von 80 Groschen bis 4 Schilling. Diese demonstrativ caritative Geste ist vor dem
Hintergrund der schweren Wirtschaftskrise, die große Teile der Bevölkerung zum Rund-
funkgerät als Substitutionsmittel für zu teuer gewordene Eintrittskarten greifen ließ, zu
sehen, war aber ebenso Teil einer defensiven Strategie der Ravag, die im Kreuzfeuer
gewerkschaftlicher Kritik ihr soziales Engagement dokumentieren und beweisen mußte,
daß sie Teile ihrer Finanzkraft darauf verwendete, das durch ihre Tätigkeit bedrohte
Kulturleben vor dem Ruin zu bewahren. Die Konzertveranstalter sahen den Grund für
den dramatischen Rückgang des Publikumsinteresses sowohl in der allgemeinen Wirtschaftslage als auch in der „Richtung, die das Kulturleben unserer Zeit in den letzten
Jahren genommen"[108] hatte: „Es ist zweifellos zu erkennen, daß ein Teil des Publikums
auf den persönlichen Kontakt mit den Ausübenden weniger Gewicht legt, sondern an den
gewiß ausgezeichneten Rundfunkübertragungen sein Genügen findet ... Gegen den
Zeitgeist ankämpfen zu wollen, wäre wohl vergebliche Bemühung."[109] Diese Feststel-

---

105 Radio Wien, 2. 10. 1931.
106 Radio Wien, 8. 9. 1933.
107 Radio Wien, 7. 10. 1932.
108 Jahresbericht Konzerthaus 1931/32.
109 Jahresbericht Konzerthaus 1935/36.

lung galt auch für die finanziell bedrängten Bundestheater, aus denen die Ravag in regelmäßigen Abständen Übertragungen brachte. Das Unterrichtsministerium forderte von dem wirtschaftlich expandierenden Unternehmen quasi als Ausgleichszahlung für verursachte Schäden einen finanziellen Beitrag „zur Unterstützung notleidender Kunstinstitute" (womit Bundes- und Landestheater gemeint waren)[110], was die Ravag mit Hinweis auf die Priorität des Senderausbaues und der Programmqualität zunächst verweigerte. Nach längeren Verhandlungen stellte sie schließlich dem Ministerium für die Bundestheater, die Theater in den Bundesländern und für sonstige Kunstpflege 410.000 Schilling zur Verfügung, sicherte sich aber gleichzeitig das Recht auf weitere fünf Opernübertragungen und fünf Sprechstücke aus dem Akademietheater[111]. Ein halbes Jahr zuvor hatte sie die Konzertstunden im Programm verdoppelt, um „nicht in festen Engagements stehende Künstler"[112] zu unterstützen — die Kritiker wiesen darauf hin, daß eine weit größere Zahl von Künstlern indirekt durch die Ravag zuvor ihre Engagements eingebüßt hatte, als nun durch solche Maßnahmen beschäftigt werden konnte. Anfangs der dreißiger Jahre jedenfalls spielte — wie erwähnt — noch jene Vielzahl von Unterhaltungskapellen, die dann der Neuordnung des Musikprogramms im Zuge des Abkommens mit den neukonstituierten Wiener Symphonikern zum Opfer fiel. Damit vollzog sich zwangsläufig jener Selektionsprozeß, der dazu führte, daß immer weniger Ensembles die Programmfolge — soweit sie nicht ohnehin aus Schallplattensendungen bestand — gestalteten. Im Dilemma zwischen sozialen und qualitativen Gesichtspunkten konnte sich die Ravag relativ leicht auf die Erwartungen ihrer Kunden berufen; die Tatsache, daß ein Großteil der damaligen Unterhaltungsmusik (mit Ausnahme der Darbietungen von Jazz-Kapellen) von ausgebildeten Orchestermusikern gespielt werden konnte, machte den zahlreichen halb-dilettantischen kleinen Musikkapellen vollends den Garaus: „Die Ravag bricht mit dem bisherigen System der Beschäftigung einer großen Zahl von (meist nur ad hoc zusammengestellten) Kapellen und Orchestern und verpflichtet zur Durchführung nahezu der gesamten Unterhaltungsmusik eine vom Verein Sinfonie-Orchester aufgestellte Funkkapelle."[113] Andere Ensembles wurden demnach nur mehr zur Auffüllung des Musikprogramms herangezogen: „Da die Funkkapelle auch die großen Veranstaltungen heiteren Charakters (Operetten, Funkpotpourris, bunte Abende) zu bestreiten hat, wird es notwendig sein, für einzelne Konzerte andere Klangkörper heranzuziehen. Hiefür kommen neben den Blaskapellen in Hinkunft nur solche Orchester in Betracht, die durch die großen Musikerverbände aus derzeit stellenlosen Berufsmusikern von Qualität unter der Leitung bewährter Kapellmeister gebildet werden."[114] Das neue Programmschema sah vor, die 32 Mann starke neue Funkkapelle zweimal täglich für Direktsendungen einzusetzen: mittags von 12 bis 14 Uhr (mit 10minütiger Unterbrechung für die 13-Uhr-Nachrichten) und abends von 19 bis 20,30 Uhr (gelegentlich auch erst von 20,30 bis 22 Uhr). Insgesamt standen die Musiker täglich sechs Stunden zur Verfügung[115], und ihr normaler Tagesablauf ist aus diesen Arbeitsbedingungen einigermaßen rekonstruierbar:

110 Radio Wien, 20. 1. 1933.
111 Radio Wien, 24. 3. 1933.
112 Radio Wien 7. 10. 1932.
113 Oswald Kabasta, „Bedeutsame Neuerungen im Musikprogramm" in Radio Wien, 14. 4. 1933.
114 Ebda.
115 Kabasta, „Die Neuordnung des musikalischen Programms" in Radio Wien, 23. 6. 1933.

10 h — 11,30 h	Verständigungsprobe für das Mittagskonzert (wie pensionierte Musiker berichten, wurden dabei die Stücke angespielt und Wiederholungen festgelegt)
12 h — 14 h	Mittagskonzert
17,30 h — 18,30 h	Verständigungsprobe für das Abendkonzert
19 h — 20,30 h	Abendkonzert

Am 1. 7. 1933 fand um 12 Uhr das erste Konzert der Funkkapelle statt: im erste Teil gelangten Stücke von Dietrich, Hellmesberger, Oskar Strauß, Lehár, Kálmán, Eisler und Schrammel zur Aufführung, ab 13,10 Uhr erklang Musik von Suppée, Hieß, Morena, Engel, Leopoldi und Hruby. Diese Namensfülle allein bestätigt Aussagen alter Musiker: die Arbeit in der Funkkapelle sei eine ungeheure „Notenfresserei" quasi prima vista gewesen, da die Probendauer gerade nur ausgereicht hätte, um die gröbste Koordination zu gewährleisten. Von Knochenmühle und Strafkompanie ist die Rede, und unbotmäßigen Musikern des großen Sinfonie-Orchesters sei mit der Versetzung in die Funkkapelle gedroht worden. Immerhin: die Musiker hatten Arbeit und der Bestand des Sinfonie-Orchesters insgesamt war gesichert. Noch ein Jahr zuvor war die Ravag der Auffassung gewesen, „daß man es dem Wiener Sinfonie-Orchester selbst überlassen müßte, den Kreis der Freunde und Förderer dieses Orchesters möglichst zu erweitern, um dadurch auch die finanzielle Basis des Unternehmens zu stärken."[116] Im April 1933 dagegen buchte die Ravag den Fortbestand des Orchesters als ihr Verdienst: „Der neue Vertrag mit dem Verein Wiener Sinfonie-Orchester, der nunmehr zwei vollständig getrennte Orchester (die Funkkapelle und das Große Orchester) beschäftigt, sichert endlich dieser für die Musikpflege Wiens so wichtigen und verdienten Körperschaft eine gesicherte Existenz."[117] Dieser Vertrag — sein Abschluß verzögerte sich bis Juni 1933 — betraf allerdings nicht mehr den Verein Wiener Sinfonie-Orchester.

2. Die „Wiener Symphoniker"

Der Vertragsabschluß mit dem neuen Verein „Wiener Symphoniker" erfolgte in einer Phase massiver Politisierung der Ravag, die zunehmend zum Propagandainstrument des Ständestaates wurde — Schuschnigg hatte die neue Funktion des Rundfunks unmißverständlich klargestellt: „Mit der Ausschaltung des Parteienwesens darf und muß auch der Rundfunk vom Staate zu seinen Zwecken in erhöhtem Maß herangezogen werden. Ein so geleiteter Staat muß sich des Rundfunks bedienen."[118] Im März 1933 erfolgte die Gründung des „Kuratoriums für den Heimatdienst" für politisch-vaterländische Reportagen, am 11. 5. bestellte der Ministerrat den neuen Bundeskommissar für Propaganda und Landesführer der Tiroler Heimwehren, Dr. Steidle, zum Vizepräsidenten der Ravag — er sollte (laut Heimwehr-Morgenblatt) „im österreichischen Rundfunk nunmehr endlich den ständigen Versuchen der Austromarxisten, die Ravag für ihre zersetzenden Absichten zu mißbrauchen, Einhalt bieten"[119]. Radiobeirat und Aufsichtsrat der Ravag wurden im Herbst 1933 ausgeschaltet, die Nachrichtensendungen zensuriert bzw. von

---

116 Radio Wien 24. 6. 1932.
117 Radio Wien 14. 4. 1933, a.a.O.
118 Zit. in Viktor Ergert, 50 Jahre Rundfunk in Österreich, Bd. 1, S. 133.
119 Zit. in „Der Abend", 11. 5. 1933, S. 3.

der amtlichen Nachrichtenstelle gestaltet und neue Sendereihen eingeführt (vaterländische Gedenkstunde, Stunde des Heimatdienstes, Zeitfunk mit Reden von Regierungspolitikern)[120]. Als daraufhin 13% der Radioteilnehmer ihre Lizenzen stornierten, versuchte die Ravag durch intensivere Pflege des musikalischen Programms verlorenes Terrain wieder zu gewinnen — Ergert bringt den Abschluß des Symphoniker-Vertrages damit in Zusammenhang. Die Vorgänge rund um die Vertragserrichtung entfachten eine öffentliche Diskussion über Nachweisbarkeit bzw. Art und Grad politischer Einflußnahme auf die Verhandlungen sowie über die Hintergründe der Konstitution des Vereins Wiener Symphoniker. Folgende Fakten sind dazu von Interesse:

In den Ankündigungen der Ravag vom April 1933 (Radio Wien, 14. 4.) wird mit keinem Wort eine beabsichtigte Neuorganisation des Vereins Wiener Sinfonie-Orchester bzw. seine Umbenennung in „Wiener Symphoniker" erwähnt, außerdem schien der Vertragsabschluß unmittelbar bevorzustehen (wie aus der definitiven Formulierung der Neuerungen hervorgeht). Am selben Tag verabschiedete die a.o. Delegiertenversammlung des österreichischen Musikerverbandes eine Resolution, in der sie „auf das schärfste gegen die Art, wie der Vertrag zwischen dem Verein Wiener Sinfonie-Orchester und der Ravag zustande gebracht wird", protestierte, die „geflissentliche Übergehung des österreichischen Musikerverbandes bei den Vertragsverhandlungen" verurteilte und seine Beiziehung verlangte.[121] Ob diese Resolution die nun eintretende Unterbrechung der Vertragsverhandlungen, welche die beabsichtigte Installierung der Funkkapelle ab 1. 5. unmöglich machte, bewirkte, ist nicht mehr eindeutig feststellbar; die „Neue Freie Presse" schrieb, die Verhandlungen seien unterbrochen worden, „weil von gewissen Seiten geltend gemacht wurde, die Musiker des Sinfonie-Orchesters seien einseitig politisiert"[122] — was sich möglicherweise auf die Zugehörigkeit zum Musikerverband bezog. Im selben Artikel wird der geschäftsführende Direktor des Wiener Sinfonie-Orchesters, Komm.-Rat Hlawatsch, zitiert, der erklärte: „Ohne einen Vertrag mit der Ravag, bzw. ohne die Fortdauer der jetzigen Beschäftigung des Sinfonie-Orchesters durch die Ravag ist dieses Orchester unter keinen Umständen lebensfähig. Die Konzerte im Konzertverein, in der Konzerthausgesellschaft und die gemeinsam von den Musikfreunden und der Ravag veranstalteten Konzerte können allein die Existenz des Orchesterkörpers nicht verbürgen."

Angesichts der raschen Ausbreitung des Rundfunks wagte zudem niemand eine Prognose bezüglich der weiteren Entwicklung des Konzertbetriebs. Aber auch die Ravag selbst hatte Anteil an der zunehmenden Verschuldung des Wiener Sinfonie-Orchesters: da sie die zum Bau des Großsenders Bisamberg nötigen Geldmittel aus den Eigeneinnahmen aufbringen mußte, hatte sie 1932 im Zuge von Einsparungsmaßnahmen mit dem Orchester einen Tarifvertrag abgeschlossen, dessen Sätze weit unter den Orchesterselbstkosten lagen und sich auch geweigert, die Honorare für 1933 zu erhöhen.[123] Zusätzlich waren dem Orchester aus seinem Konzessionärstatus bei der Burggartenbühne, deren Spielbetrieb infolge der wechselhaften Witterung Defizite erbrachte, beträchtliche Schulden erwachsen — es bedarf keiner weiteren Erläuterungen, von welcher Verhandlungsposition aus das Orchester der Ravag gegenüber agieren mußte, die solcherart

120 Vgl. Ergert, S. 133 — 141.
121 Österr. Musikerzeitung, Mai 1933, S. II.
122 Neue Freie Presse, 22. 5. 1933.
123 Österreichische Musikerzeitung, November 1932, S. II.

genügend Machtmittel in der Hand hatte, um sowohl politisch (und wie die sozialistische Presse argwöhnte: auch rassisch) unzuverlässige Elemente aus dem neuen Orchesterverband zu entfernen[124] als auch die Vertragsbestimmungen zu diktieren — allerdings unter der Voraussetzung, daß die alte Organisationsform, der gegenüber die Musiker vertraglich zugesicherte Rechte hatten, liquidiert werden konnte.

Am 11. 5. wurde der christlich-soziale Nationalrat Dr. Hryntschak in einer Vorstandssitzung zum Präsidenten des Vereines Wiener Sinfonie-Orchester gewählt — auf Vermittlung der Gräfin Hartenau und mit dem Ziel, „die unpolitische Einstellung dieser Körperschaft auch nach außenhin zu dokumentieren und die Verhandlungen mit der Ravag neuerlich in Fluß zu bringen"[125]. Diese Dokumentation der unpolitischen (das heißt wohl richtigen politischen) Einstellung hatte denn auch eine rasche Wiederaufnahme der Verhandlungen zur Folge, bei denen eine Verbindung von organisatorischer Neugestaltung und Hebung des künstlerischen Niveaus angestrebt wurde, da „der Österreichischen Radio-Verkehrsges. unter den gegebenen Verhältnissen eine Grundlage für eine erfolgreiche künstlerische Tätigkeit des Orchesters nicht gegeben erschien."[126] Die „gegebenen Verhältnisse" bezogen sich allerdings in erster Linie auf jenen vertragsrechtlichen Passus, der den Musikern des Wiener Sinfonie-Orchesters nach erfolgreich bestandener Probezeit eine Definitivstelle zuerkannte. Diese Bindung wollte die Ravag nicht akzeptieren und schob zur Begründung künstlerische Kriterien vor: „ Die Ravag habe ... darauf bestanden, daß sie einen Vertrag nur mit einem Orchesterkörper abschließen könne, dessen Mitglieder nicht lebenslängliche Verträge haben ... Die Bedenken bezüglich des lebenslänglichen Vertrages sind nur im Hinblick auf die künstlerische Leistungsfähigkeit der Mitglieder des Orchesters erhoben worden."[127] Die Ravag nahm also in ihrer Eigenschaft als Mieter des Wiener Sinfonie-Orchesters massiv Einfluß auf den dienstrechtlichen Status der vom Verein Wiener Sinfonie-Orchester angestellten Musiker. Aus dem verfügbaren Material geht zweifelsfrei hervor, daß die Gründung des Vereins Wiener Symphoniker Produkt eines Ravag-Ultimatums war und den Zweck hatte, die eingegangenen Verpflichtungen bezüglich der Definitivposten, die ja nur innerhalb der Vereinskonstruktion „Wiener Sinfonie-Orchester" Gültigkeit hatten, lösen zu können. Die deutliche Verschlechterung der neuen Anstellungsbestimmungen gegenüber den alten wurde mit dem Hinweis auf deren zweifelhaften Wert relativiert: „Die Orchester-Mitglieder hatten in diesem früheren Verein lebenslängliche Verträge erhalten, deren materieller Wert aber höchst problematisch war, da der Verein keinerlei Aktiven aufzuweisen hatte, wohl aber ziemlich bedeutende Schulden angehäuft hatte."[128] Genau

---

124 Der „Abend" brachte am 19. 6. 1933 einen Artikel: „Gleichschaltung des Symphonie-Orchesters?" mit dem Untertitel: „Will die Ravag künftig Rassenpolitik betreiben?", in dem zu lesen war: „Was sich die Leiter des Orchesters von der Aktion erhoffen — anstelle des alten Orchesters soll bekanntlich ein neuer Verein unter dem Namen ‚Wiener Symphoniker' entstehen — ist zweierlei: Erstens will man offenbar ... die ziemlich zahlreichen Schulden des Vereins auf eine, wie man sagen muß, etwas naive Art loswerden ... Weiters: warum ist die Ravag angeblich bereit, mit dem neuen Orchester einen Vertrag zu schließen und mit dem Sinfonie-Orchester nicht? Bloß weil man einige wenige Musiker, die der neuen Leitung der Rasse oder politischen Einstellung nach nicht passen, ausschließen will? Sollte das am Ende der neue österreichische Kurs sein?"

125 Neue Freie Presse, 22. 5. 1933.

126 Neues Wiener Journal, 20. 6. 1933 „Wie es um das Wiener Sinfonie-Orchester steht" — authentische Darstellung von Nat.-Rat Dr. Alexander Hryntschak.

127 Radio Wien, 7. 7. 1933, Gen.-Dir. Czeija und Oswald Kabasta in Beantwortung einer Anfrage des Arbeiterkammerfunktionärs J. Novotny.

128 Neues Wiener Journal, 20. 6. 1933.

diese prekäre finanzielle Situation sollte nun durch den Ravagvertrag geändert werden, denn „dank dem ganz außerordentlichen Entgegenkommen und Verständnis der Ravag ist eine sichere materielle Grundlage für das neue Orchester geschaffen worden „[129] — die wohl auch nicht nur auf dem Papier bestehende Definitivanstellungen ermöglicht hätte. Offiziell bestand die Ravag auf jährlich kündbaren Verträgen, weil „durch Neu-verpflichtungen dem Orchesterkörper frisches Blut zugeführt werden könne.“[130] Aus dem alten Orchesterverband sollten 21 Musiker in die Funkkapelle übernommen und neun Neuengagements getätigt werden, das Große Orchester sollte zunächst aus 52 Planposten bestehen (wobei 43 Musiker aus dem Wiener Sinfonie-Orchester übernom-men wurden), im Herbst 1933 auf 65 Mann erweitert werden — das neue Orchester bestand dann also zu 65% aus ehemaligen Mitgliedern des Wiener Sinfonie-Orche-sters.[131] „Einige wenige Mitglieder, deren künstlerische Leistungen nicht mehr voll entsprechen, werden in Form einer Pensionierung eine materielle Sicherstellung finden. Hiebei muß erwähnt werden, daß die Ravag durch namhafte Beitragsleistungen diese Fürsorge für altverdiente Musiker ermöglicht hat.“[132] Die „Arbeiter Zeitung“ vermutete allerdings, daß sowohl bei den Neueinstellungen wie auch bei den vorzeitigen Pensio-nierungen weit weniger künstlerische als vielmehr politische Motive eine ausschlagge-bende Rolle spielten: „Es hat ... ein Probespiel neu aufzunehmender Musiker unter recht merkwürdigen Umständen stattgefunden. Die einen Bewerber entsprachen zwar künst-lerisch, aber nicht den rassischen Anforderungen eines Preisrichters, andere wieder taugten zwar künstlerisch nichts und wurden von der Kommission auch abgelehnt, aber das paßte wiederum ihrem Protektor nicht, der einfach das ganze Probespiel für ungültig erklärte, wenn seine Protektionskinder nicht akzeptiert würden.“[133] Und ein Monat später interpretiert die Arbeiter-Zeitung die Ereignisse rund um die Reorganisation des Orche-sters: „Beim Probespiel der neu zu engagierenden Mitglieder war die unabhängige, d.h. gelbe Gewerkschaft sehr eifrig. Als sich aber herausstellte, daß es doch zuwenig gelbe Musiker gibt, die brauchbar wären, wurde das Probespiel abgebrochen, und mit einem Male machte die Ravag Schwierigkeiten. Jetzt entdeckte sie, daß sie nicht alle Verträge des Vereines Sinfonie-Orchester übernehmen könne, d.h. nicht alle Mitglieder des Orchesters; Juden scheinen nicht erwünscht zu sein, noch weniger aber treue Mitglieder der freien Gewerkschaft der Musiker, die wahrlich unpolitisch genug ist und die Ange-hörige aller politischen Parteien zu ihren Mitgliedern zählt. Dies eben ist der Kern der Sache. Die Musiker sollen gepreßt werden, aus ihrer Gewerkschaft auszutreten und sich den Gelben anzuschließen; der Bruch der gewerkschaftlichen Solidarität ist die Forde-rung des Neopatriotismus. Darum mußte Herr Hryntschak zum Obmann gewählt werden, und darum ziehen sich die Verhandlungen mit der Ravag in die Länge. Gibt man den Gelben nach, so ist die Ravag bereit, oder verspricht es wenigstens, das Orchester zu übernehmen, dieselbe Ravag, bei der man noch vor wenigen Monaten nicht den Bettel von 3.000 Schilling für das ganze Jahr durchsetzen konnte, um die Orchesterhonorare ein bißchen zu erhöhen. Nun ergeben sich allerhand Schwierigkeiten wegen der Gültig-keit der laufenden Verträge mit den Musikern des Sinfonie-Orchesters. Nach dem Muster anderer Konkursanten droht jetzt der unter so unpolitischer Führung stehende Verein sich

129 Wiener Zeitung, 13. 6. 1933.
130 Neue Freie Presse, 22. 5. 1933.
131 Wiener Zeitung, 5. 6. 1933.
132 Neues Wiener Journal, 20. 6. 1933.
133 Arbeiter Zeitung, 22. 5. 1933.

aufzulösen, wodurch angeblich alle Verträge hinfällig würden, und sofort unter der neuen Firma „Wiener Symphoniker" aufzuerstehen, gegen den die geprellten Musiker keinen Rechtsanspruch mehr hätten. Man sieht, wohin die ‚Entpolitisierung' zu politischen Zwecken führt. Ob dieses Vorgehen rechtlich zulässig ist, werden die Gerichte entscheiden. Daß es moralisch und künstlerisch verwerflich ist, dies zu erkennen, muß man nicht erst den Spruch der Gerichte abwarten."[134]

Es dürfte nicht schwierig gewesen sein, die Musiker davon zu überzeugen, daß in der Zeit einer großen Wirtschaftskrise und horrender Arbeitslosigkeit unter der Kollegenschaft die Akzeptanz ungünstigerer Arbeitsbedingungen immer noch das geringere Übel sei als die drohende Auflösung des Orchesters. Am Erscheinungstag des oben zitierten Arbeiter-Zeitungs-Artikels meldete die Neue Freie Presse: „Auf die lebenslänglichen Verträge, die sämtliche Mitglieder des Orchesters besaßen, haben alle mit zwei Ausnahmen freiwillig verzichtet und so den Weg zu einer künstlerischen Reorganisation frei gemacht. Man wird dafür sorgen, daß sich die Auflösung des alten Vereines in Ordnung vollzieht."[135] Dies geschah bei der Generalversammlung des Vereines Wiener Sinfonie-Orchester am 26. 6. 1933, nachdem das Abkommen mit der Ravag und die Konstituierung des Vereins Wiener Symphoniker am 13. 6. erfolgt war. Hryntschak betonte, es habe sich als zweckmäßig erwiesen, „nun auch nach außenhin die Neugestaltung des Orchesters zu dokumentieren und einen neuen Verein ‚Wiener Symphoniker' zu gründen"[136] und wies jede andere Interpretation zurück: „Der Vorwurf, der von gewisser Seite erhoben wurde, als ob mit der Reorganisation politische Zwecke verfolgt würden, ist natürlich ganz haltlos, außer wenn man den Entschluß der meisten Musiker, der Vaterländischen Front beizutreten, als ein Politikum ansehen würde. Im Gegenteil, es bedeutet die Umwandlung geradezu eine Entpolitisierung des Vereines."[137] Auch der Betriebsrat des Orchesters wies die „Version, daß der Umstellung politische Motive zugrunde liegen, zurück und gibt der Überzeugung Ausdruck, daß nunmehr die Grundlage für eine ruhige Entwicklung gegeben ist, zumal der neue Präsident Dr. Hryntschak neben der künstlerischen Seite auch die materielle Sicherstellung der Mitglieder ins Auge gefaßt hat."[138] Wie auch schon beim Wiener Sinfonie-Orchester war die Ravag durch einen Delegierten in der Leitung des neuen Vereins Wiener Symphoniker vertreten: diese Konstruktion ermöglichte es der Ravag, für die Orchesterproduktionen einen fixen Vertragspartner zu haben, ohne doch jene Dienstgeber-Verpflichtungen sozialrechtlicher Art übernehmen zu müssen, die aus der Beschäftigung eines rundfunkeigenen Orchesters erwachsen wären. Außerdem hatte sich die Ravag jede Ausstiegsmöglichkeit offengehalten, war doch der Vertrag mit den Wiener Symphonikern analog des Vereins mit den Musikern jeweils für ein Jahr befristet. Die zwischen 1933 und 1938 abgeschlossenen Jahresverträge mit den Musikern enthielten übrigens ausdrücklich den Vorbehalt ihrer Gültigkeit nur für den Fall, daß der laufende Radio-Vertrag des Orchesters auch für die nächste Saison verlängert würde. Schon hier zeigten sich alle jene Nachteile des Mietstatus, mit denen das Orchester dann in der Nachkriegszeit, als sich die Ravag aus dem Vertrag zurückzuziehen begann, in aller Schärfe konfrontiert war.

---

134 Arbeiter-Zeitung, 20. 6. 1933 „Das Wiener Sinfonie-Orchester wird politisiert."
135 Neue Freie Presse, 20. 6. 1933.
136 Neues Wiener Journal, 20. 6. 1933.
137 Ebda.
138 Neue Freie Presse, 20. 6. 1933.

Für die Musiker brachte der ab 1. 7. 1933 gültige neue Vertrag eine Reihe von Verschlechterungen gegenüber den bislang geltenden Bestimmungen.[139] Er war nun von beiden Vertragsteilen mit Ende jedes Monats bei dreimonatiger Frist kündbar (nach 10 Dienstjahren verlängerte sich diese Frist auf 4, nach 25 Dienstjahren auf 5 Monate). Konnten Musiker bisher nach zehnjähriger Zugehörigkeit zum Orchester das Definitivum erlangen, so hatten sie nun nach Ablauf dieser Zeit im Falle der Kündigung („ohne daß die Grundlagen für seine Pensionierung durch die Pensionsanstalt infolge Alters oder Invalidität gegeben sind") bis zur Erreichung der „Pensions- bzw. Invaliditätsfähigkeit" Anspruch auf einen monatlichen Dienstgeberbeitrag, „dessen Höhe sich nach der seiner Dienstzeit entsprechenden Rente richtet, wie sie ihm im Falle der Invalidität durch die Pensionsanstalt zukommen würde." Das mögliche Ende der täglichen Dienstzeit wurde von 22,30 Uhr auf 23 Uhr verlegt, die Diäten bei Konzertreisen von 15 auf 10 Schilling reduziert. Im Krankheitsfall war früher drei Monate das volle und weitere drei Monate das halbe Entgelt gezahlt worden, nun waren die Zeiträume nach Dienstjahren gestaffelt:

	volles Entgelt	halbes Entgelt
1. — 5. Dienstjahr	2	2
6. — 10. Dienstjahr	3	2
ab 10. Dienstjahr	3	3 Monate

Neu war weiters die Bestimmung, daß bei neuerlicher Erkrankung innerhalb von sechs Monaten nach Wiederantritt des Dienstes nur die Hälfte des entsprechenden Entgelts ausgezahlt wurde. Überstieg die Krankheitsdauer ein halbes Jahr, verblieb der Musiker nur noch drei Monate bei Entfall aller Bezüge im Orchesterverband, während im alten Vertrag diesbezüglich keine Frist gesetzt war. Der zuvor je nach Dienststatus von zwei bis sechs Wochen gestaffelte Urlaubsanspruch betrug nun zwei, ab dem sechsten Dienstjahr vier Wochen. Die Änderung in den Bestimmungen bezüglich der freien Tage brachte einen Verlust von zehn dienstfreien Tagen pro Jahr. Die Musiker des Funkorchesters hatten eine neun Stunden höhere Arbeitszeit pro Woche als das große Orchester, wöchentlich nur einen halben freien Tag und konnten bis 24 Uhr verpflichtet werden. Im Juli 1934 verschlechterten sich die Vertragsbestimmungen nochmals: es gab nun auch keine Abgeltung für Sonn- und Feiertagsproben, die Funktionszulage für Bläser, die mehrere Instrumente spielen mußten, entfiel, und die höhere Überstundenabgeltung für Nachtarbeit, die zuvor ab 22,30 Uhr gezahlt worden war, kam erst ab 24 Uhr zur Anwendung — in Zusammenhang mit der einheitlichen Festsetzung dieser Stunde als tägliche Arbeitsgrenze für beide Orchester.

Wie der Dienstzettel des Jahres 1938 erweist, zahlte der Dienstgeber zu diesem Zeitpunkt die Beiträge zur Angestelltenversicherung nur mehr für jene Musiker, die schon vor dem 1. 7. 1933 beim Wiener Sinfonie-Orchester engagiert waren; die erste Dienstalterszulage gab es erst nach sieben Jahren, zu eigenen Veranstaltungen konnte der Verein die Musiker ohne Überstunden- oder Drittdienstabgeltung heranziehen, eine Überstunde begann erst nach zusätzlicher 15minütiger Spieldauer, und Rohrgeld für Bläser wurde im Krankheitsfall nur mehr zwei statt vier Wochen weitergezahlt. Allerdings gab es zu diesem Zeitpunkt wieder längerfristige (5-Jahres-)Verträge, eine Abgel-

---

139 Die folgenden Angaben basieren auf den in alten Dienstverträgen enthaltenen Bestimmungen.

tung für nichtgehabte freie Halbtage und ein höheres Entgelt für orchesterfremde Instrumente (15 Schilling pro Konzert, bei Ravag-Konzerten jedoch nur 10 Schilling).

Diese Verschlechterungen der Anstellungsbestimmungen allein der Ravag und ihrem Einfluß auf die Vertragsgestaltung anzulasten, wäre indes unzulässig. Vielmehr ist sie im Kontext der katastrophalen Wirtschaftslage und des allgemeinen Sozialabbaus in der Ära Dollfuß zu sehen — im letzten Jahr seines Bestehens befaßte sich der Musikerverband mit möglichen Maßnahmen gegen die drohende (und schließlich via Notverordnung durchgeführte) Verschlechterung des gesetzlichen Arbeiter- und Angestelltenschutzes im Bereich der Krankenversicherung, des Pensionsrechts, des Arbeitslosen-Versicherungsgesetzes, des Urlaubsrechts, des Betriebsrätegesetzes etc. Angesichts des Heeres umhertingelnder Gelegenheitsarbeiter bot eine Stelle im Sinfonie-Orchester noch immer relative Sicherheit — die dort engagierten Musiker repräsentierten im insgesamt proletarisierten Stand gleichsam die Arbeiteraristokratie.

EXKURS:
Auswirkungen des Strukturwandels der Musikproduktion auf den Musikerberuf in der Zwischenkriegszeit.

Die spezifische Orchestergeschichte der Wiener Symphoniker erhält ihre Plastizität nur vor dem Hintergrund der allgemeinen Sozialgeschichte des Musikerberufes in der ersten Hälfte des 20. Jahrhunderts. Sowenig hier eine umfassende Darstellung der allgemeinen Entwicklung gegeben werden kann[140], scheint es doch angebracht, in Umrissen die Situation nachzuzeichnen, mit der die Musiker in der Zwischenkriegszeit konfrontiert waren.

Grob gesprochen sahen sie sich doppeltem Unheil gegenüber: fiel doch die allgemeine Wirtschaftskrise, die zur Schließung zahlreicher Theater- und Konzertbetriebe führte, mit dem gewaltigen Rationalisierungsschub zusammen, der seine Ursache im Aufkommen der Reproduktionstechnologien (Schallplatte, Tonfilm) und des Rundfunks bzw. der Lautsprecher hatte. Die rasante Ausbreitung der neuen Medien und ihre Faszinationskraft führten auf dem Arbeitsmarkt für Musiker innerhalb weniger Jahre zu einer auch in den schlechtesten Zeiten des Berufsstandes nie gekannten Massenarbeitslosigkeit: daß diese dramatische Entwicklung zu panikartigen Reaktionen der Betroffenen führte, nimmt nicht wunder, und was retrospektiv als unvermeidlicher Strukturwandel des Musiklebens im Gefolge technischer Revolutionierung im Bereich der Vermittlung analysierbar ist, rief damals apokalyptische Visionen vom Untergang zumindest des musikalischen Abendlandes hervor: „Das Kino hat die Theater ruiniert und das Radio ertötet, langsam aber sicher, das Musikleben überhaupt."[141] Die Extrapolierung statistisch belegter Trends bezüglich steigender Radiohörer-Zahlen und sinkender Konzertbesuchsfrequenzen in einem linearen Modell, das die dem Musikleben gerade durch die Medien erwachsenden Chancen quantitativer wie auch qualitativer Art nicht in den Blick

---

140 Eine detaillierte Untersuchung etwa der Entwicklung des Österreichischen Musikverbandes und seiner Arbeit steht noch aus und wird zweifellos durch den Verlust wichtiger Quellen erschwert (so ist z.B. die Österreichische Musikerzeitung von 1922 bis 1931 in keiner öffentlichen Bibliothek mehr erhalten — auch nicht mehr in der Sektion „Kunst, Medien, freie Berufe" der Gewerkschaft).

141 Österreichisches Kapellmeister-Journal 15. 10. 1930, S. 6.

bekam, ließ die Befürchtung aufkommen, daß sich innerhalb weniger Jahre eine kleine Gruppe hochspezialisierter Musiker bilden würde, die ausreichend sein werde, die atomisierte Masse einsamer Radiohörer mit mechanischer Musik (sei es vom Studio aus oder in Form von Platteneinspielungen) zu versehen. Tatsächlich schien der „Mechanisierung des Musiklebens" kaum eine Grenze gesetzt — so fand etwa im November 1930 ein Schallplattenkonzert mit Sakralmusik in der Klosterneuburger Stiftskirche statt, in der Dresdner Frauenkirche gab es ähnliche Veranstaltungen, und in Berlin empfahl eine neugegründete „Christschallgesellschaft zur Förderung christlicher Musikkultur" gar katholische Musik, religiöse Vorträge und Predigte in Schallplattenform[142]: es schien nur eine Frage der Zeit, bis auch die musikalische Liturgie-Umrahmung vollends mechanisiert sein würde.

In der Polarisierung der Begriffe „lebende Musik" und „mechanische Musik", wie sie alle Publikationen der diversen Musikerverbände in dieser Zeit kennzeichnet, schwingt — so sehr es den Interessenverbänden vor allem um die Sicherung der beruflichen Existenz ihrer Mitglieder zu tun war und so wenig sie die Veränderungen rezipierten, die sich durch die technischen Medien am musikalischen Werk selbst, am Hörverhalten, am Charakter (von der Dienstleistung zur Warenproduktion) und Art (von der zeitlichen und räumlichen Einheit von Ausführung und Rezeption zu deren Trennung) der musikalischen Darbietung ergaben — dennoch das Wissen mit, daß — wie es Bernhard Winzheimer 1930 formulierte — „das musikalische Kunstwerk einem Lautsprecher entströmend, aus vielerlei Gründen nicht mehr dasselbe ist, wie es unter den Händen des Künstlers entstand und daß eine reinliche Scheidung geboten ist zwischen Musik als Kunst und jener Übertragungsmusik, die unter ganz anderen Gegebenheiten und Zielsetzungen ihren Hörerkreis sucht und findet."[143] Allerorten bildeten sich Vereinigungen für die Unterstützung der „lebenden Musik", Ligen gegen die Mechanisierung des Musiklebens[144] und die „Musikmaschine", wurden Bürgerinitiativen gegen die Belästigung durch Lautsprechermusik auf offener Straße ins Leben gerufen (etwa in London und New York) und „Tage der Musikpflege" abgehalten (z.B. in Wien am 28. 4. 1935) bzw. „Kampfnummern für die lebende Musik" veröffentlicht[145] und Flugblätter verteilt, um die Bevölkerung auf die verzweifelte Situation der Musiker aufmerksam zu machen (siehe umseitig).

War der „seriöse" Bereich des Musiklebens durch Schließung einiger Theater, ungeregelte Subventionspraxis etc. in einer Krise, so drohte die traditionelle Musiziersphäre für Unterhaltungsmusiker durch die neuen technischen Entwicklungen vollends dem Untergang preisgegeben zu sein: „Im Wiener Prater, dieser einzigartigen Vergnügungsstätte, konnten viele Hunderte Musiker regelmäßig beschäftigt werden und Verdienst finden. Beinahe in allen Musikbetrieben des Wiener Praters, wo lebende Musik zu Gehör gebracht wurde, kreischen jetzt Lautsprecher und die Hunderte der dort beschäftigt gewesenen Musiker liegen am Pflaster. In vielen Wiener Cafés fand eine große Anzahl Kapellen Beschäftigung und Verdienst. Nunmehr werden mit Ausnahme von ganz wenigen Betrieben Schallplatten heruntergeleiert oder man dreht einfach das

---

142 Ebda.

143 Das musikalische Kunstwerk in elektrischer Fernübertragung, zit. in Blaukopf, Musik im Wandel der Gesellschaft, S. 245.

144 Die vom Vorsitzenden des amerikanischen Musikerverbandes gegründete Liga zählte bald 1 Million Mitglieder (Österreichisches Kapellmeister-Journal 15. 9. 1930, S. 6).

145 Der österreichische Musiker, Mai — Juni 1935.

Unser Flugblatt zum „Osterr. Tag der Musikpflege".

Musikfreunde, Österreicher!

Soll Österreich das Land der schönen Künste, Wien Musik- und Theater-
stadt bleiben?

Dann müß dafür Sorge getragen werden, daß nicht fast ausschließlich Konservenmusik die Musikbedürfnisse unseres Volkes decken darf!

Dann müß verhindert werden, daß der musikalische und künstlerische Nachwuchs
unseres Vaterlandes infolge der Aussichtslosigkeit einer ferneren beruflichen Tätigkeit zugleich mit jenen, die ihn lehren, ausstirbt!

Dann müß alles vorgekehrt werden, damit nicht die weltberühmten österreichischen
Theater und Musikbetriebe ganz zugrunde gehen!

Dann müß getrachtet werden, Österreichs musikalische und künstlerische Weltgeltung,
welche nur der bodenständigen lebendigen Musik und Kunst zu ver-
danken und nur durch diese zu erhalten ist, unter allen Umständen zu
wahren!

Dann müß in Zukunft der Unternehmer, welcher Musiker und Bühnenkünstler aller
Art in seinen Betrieben beschäftigt, von drückenden Abgaben, welche
bis zu einem gewissen Grad auch Kultursteuern sind, befreit werden!

Dann müß die meist reinen Gewinnzwecken dienende Verwertung der mechanischen
Musik zur Sicherstellung der Mittel für die Erhaltung der Musikbetriebe
und derartiger Kulturstätten herangezogen werden!

*Der „Tag der Musikpflege 1935" soll der Beginn unseres Kampfes um die
Erhaltung der österreichischen lebenden Musik sein!*

Musikliebende Österreicher! Es geht um alles, helft uns in unserem Kampfe für die lebendige Musik!

Gewerkschaftsbund der öst. Arbeiter und Angestellten	Ring der ausübenden Musiker Oesterreichs	Genossenschaft der Musik-instrumentenerzeuger
Gewerkschaft der Musiker	Kapellmeister-Union Österreichs	Österreichischer Direktorenverband
Gewerkschaft der Ange-stellten der Privatbühnen	Ring der Bühnenkünstler	
Gewerkschaft der Artisten	Österreichische Musik-lehrerschaft	Welt-Musik- und Sangesbund
Gewerkschaft für das Bühnen-, Kino- und Film-personal	Verband österreichischer Theaterdirektoren	Gremium der Musikschulen

Radio auf und läßt — um mit Hofrat Marx zu sprechen — die Konservenmusik laufen wie die Wasserleitung. Die Musiker aber liegen am Pflaster."[146]

Durch Einführung der Tonfilmkinos verloren innerhalb eines Jahrzehnts (1925 — 1935) 1.100 Musiker ihre Arbeit; 13 von 19 Wiener Privattheatern wurden aufgelöst, was den Verlust von weiteren 387 Arbeitsplätzen bedeutete, die Zahl der Wiener Konzertlokale verringerte sich von zwölf auf zwei — 208 Musiker wurden entlassen.

Die Gewerkschaft zählte 1935 1.700 arbeitslose unterstützte und 3.800 ausgesteuerte Musiker — das waren 80% der registrierten Berufsmusiker.

Hauptangriffsziel und Objekt permanenter Empörung war in dieser Situation die Ravag: die Hoffnungen, arbeitslose Musiker bzw. Ensembles würden bei Radioproduktionen Beschäftigung finden, erwiesen sich als trügerisch, weil die Ravag zunehmend selbst auf Schallplattenmusik auswich — solcherart potenzierten sich die aus beiden Medien resultierenden Schäden durch deren Kombination: „Nicht genug, da das Radio durch die Massenverbreitung der musikalischen Sendungen den Musikern größten Schaden brachte, hatte man im Laufe der Zeit auch noch den traurigen Mut, auch Sendungen von lebender Musik auf ein Mindestmaß zu reduzieren und der Schallplatte einen fast dominierenden Platz einzuräumen, so daß die Musiker sich einer *gleichzeitig* wirkenden doppelten mechanischen Konkurrenz gegenübersehen."[147]

Die Schwierigkeit für die gewerkschaftliche Interessenvertretung bestand in dieser Situation nicht zuletzt darin, in ihrer militanten Haltung gegenüber den neuen Technologien nicht Assoziationen an die Ohnmacht maschinenstürmerischer Aktivitäten zu wecken — so setzte sich allmählich jene Anschauung durch, die die Ausbreitung der mechanischen Musik als unaufhaltsame Folgeerscheinung der technischen Entwicklung ansah und weniger den „Kampf gegen die mechanische Musik" als vielmehr jenen für die „Erhaltung und Förderung der lebenden Musik" ins Zentrum der Bemühungen stellte: damit war die Verantwortung der Öffentlichkeit angesprochen, den Folgeerscheinungen eines wildwüchsig privatwirtschaftlich organisierten Musikbetriebs durch gezielte kulturpolitische Maßnahmen gegenzusteuern — nicht nur durch staatliche oder kommunale Förderung des Musiklebens und der Musikerausbildung, sondern auch durch gesetzliche Reglementierungen innerhalb der Sphäre seiner medialen Verwertung: „Zwischen den verschiedenen Einrichtungen der im gleichen Sinne wirkenden Kunstbetätigung muß neben der tatsächlich bestehenden sachlichen, auch eine innere finanzielle Verbindung hergestellt werden. Ohne ausübende Künstler, ohne deren Schulung in Theaterbetrieben und Orchestern würde es kein entsprechendes Rundfunkprogramm, keine Filme und keine Schallplattenproduktion geben. Es wäre nur recht und billig, wenn jene Einrichtungen, die durch den technischen Fortschritt und durch günstigere organisatorische Vorbedingungen einen wesentlichen Nutzen aus dem Bestehen der lebendigen Musik ziehen, zu deren Erhaltung in irgend einer Form beitragen."[148]

Diese Formulierung findet sich auch in einer die Konferenzbeschlüsse zusammenfassenden Eingabe an Bundeskanzler Schuschnigg anläßlich des „Tages der Musikpflege" — wohl mit dem Ziel, die seinerzeit von Schuschnigg selbst forcierte Idee eines „Künstlerfonds", die über das Stadium eines Gesetzesentwurfes nicht hinausgekommen

146 Der österreichische Musiker Juli — August 1935 „Mechanische Musik", S. 112/13.
147 Der österreichische Musiker, April 1935 „Lebende Musik oder Tonkonserve? — vom Leidensweg eines Berufsstandes", S. 58.
148 Der österreichische Musiker, Mai/Juni 1935, Protokollauszug über die Konferenz „Wir und die mechanische Musik" am 19. 4. 1935 in der Arbeiterkammer Wien.

war, in Erinnerung zu bringen: demnach sollte der Fonds aus Subventionen der öffentlich-rechtlichen Körperschaften, einer entsprechenden Beitragsleistung der Ravag sowie
durch Besteuerung des Verkaufs von Schallplatten, der Produktion und Einfuhr von
Tonfilmen und der Schallplatten- bzw. Rundfunkvorführungen in öffentlichen Lokalen
gespeist und vorwiegend zur Arbeitsbeschaffung (in Form der Errichtung bzw. Erhaltung
ständiger Orchester, der Subventionierung von Privatbühnen etc.) verwendet werden.[149]
Im Schuschnigg-Entwurf sollte zudem die Bildung des Stammvermögens durch Überweisung des in seiner ehemaligen Zweckbestimmung gegenstandslos gewordenen Stadt-
erweiterungsfonds gewährleistet werden. Der Inhalt dieses Entwurfs (eine Art Verursa-
cherprinzip-Regelung, die — in Schuschniggs Diktion, die sich die Gewerkschaft in
dieser Form nicht zu eigen machte — dem Umstand Rechnung trug, daß eine Rettung
des Musiklebens durch früher praktizierte Formen mäzenatischer Unterstützung ebensowenig in Betracht kam „als etwa ein Verweisen auf öffentliche Mittel angängig wäre"[150])
entsprach zum Zeitpunkt, als ihn die Gewerkschaft aktualisierte, allerdings nicht mehr
dem Stand der Diskussion, da inzwischen Lösungen des Problems eher von der steuer-
technischen und urheberrechtlichen Seite her anvisiert wurden: demnach sollte eine in
diesem Bereich grundlegend reformierte Steuergesetzgebung nicht nur restriktive Maßnahmen gegenüber der mechanischen Musik ergreifen, sondern umgekehrt durch Senkung bzw. Streichung diverser Steuern auch zu einer Entlastung der „lebenden Musik"
führen, denn diese war in jedem Fall durch Lizenzgebühr, Lustbarkeits- und Musik-
schutzabgabe (für die „schaffenden Künstler") mitunter zusätzlich auch durch Sperr-
stundenüberschreitungs- und Tanzgebühren belastet, wodurch die Summe der Abgaben
bisweilen die Lohnsumme für die engagierte Musikkapelle überstieg und deren Substitution durch mechanische Musik geradezu erzwang.[151] An die Ravag erging die Forderung, durch „Einschränkung der Schallplattensendungen ... auf jene, die nicht durch
lebende Musik ersetzt werden könne",[152] der lebenden Musik breiteren Raum zu gebe —
vom rigorosen Verlangen, im Rundfunk überhaupt nur Live-Musik zu senden, war die
Gewerkschaft ebenso abgegangen wie vom intendierten Verbot der Aufstellung von
Lautsprechern in öffentlichen Gaststätten.[153]
    Besonders deutlich wird die Rasanz der technischen Entwicklung und der dadurch
bedingten neuen Problemstellungen im gesellschaftlich-juristischen Bereich durch die
Unangepaßtheit urheberrechtsgesetzlicher Bestimmungen an die Praxis der Verbreitung
von Musik auf mechanischem Wege: einerseits stammte das 1895 verabschiedete und
1920 novellierte österreichische Urheberrechtsgesetz aus einer Zeit, in der zum Bereich
mechanischer Musikwiedergabe vorwiegend Drehorgeln und mechanische Klaviere
zählten (weshalb laut Gesetz „die Verwendung rechtmäßig verbreiteter Vorrichtungen,
die zur mechanischen Wiedergabe für das Gehör dienen, zu öffentlichen Aufführungen
nicht als Eingriff in das Urheberrecht anzusehen" sei[154]), andererseits war es mühsam,
der Internationalität des neuen Mediums durch eine Internationalisierung des Urheber-

---

149 Resolution „Mechanische Musik", verabschiedet bei der ersten Gemeinschaftstagung der Gewerkschaft
    der Musiker und des Ringes der ausübenden Musiker (7. — 10. 4. 1936), in „Der österreichische Musiker"
    Mai/Juni 1936, S. 76.
150 Zit. in Der österreichische Musiker, Mai/Juni 1935 (F. Maultaschl, Das Problem der öffentlichen Wieder-
    gabe künstlerischer Leistungen durch Schallträger auf mechanischem Wege als Rechtsfrage), S. 84.
151 Der österreichische Musiker, Mai/Juni 1937, S. 59.
152 Resolution „Mechanische Musik", w.o.
153 Diese Forderungen waren noch 1935 erhoben worden (Der österr. Musiker, April 1935, S. 60).
154 Artikel F. Maultaschl, s.o.

rechts zu entsprechen bzw. die Divergenzen zwischen nationalen Bestimmungen und internationalen Abkommen, die ihrerseits ständig novellierungsbedürftig waren, zu beseitigen. Der internationale Urheberrechtsschutz war im 1886 abgeschlossenen und 1908 bzw. 1928 revidierten Berner Abkommen verankert (Österreich war 1920 beigetreten), zusätzlich jedoch hatten zwischen 1920 und 1930 13 europäische Staaten eigene nationale Urhebergesetze geschaffen. Die allgemeine Rechtsauffassung anfangs der dreißiger Jahre billigte dabei nur den schaffenden Künstlern urheberrechtlichen Schutz ihrer Werke zu und anerkannte für die reproduzierenden Künstler bloß ein Leistungsschutzrecht, das im wesentlichen die Aufnahme künstlerischer Darbietungen bzw. die Vervielfältigung dieser Aufnahmen ohne Wissen und Einverständnis des Künstlers sowie öffentliche Sendungen unautorisierter Aufnahmen verhindern sollte. Diese Differenzierung nach „Urheberrecht" und „Leistungsschutz" war gegenüber früheren Gesetzestexten insofern ein Fortschritt, als sie die prinzipielle Schutzwürdigkeit reproduzierender künstlerischer Tätigkeit im Hinblick auf mechanische Verwertung anerkannte, aber während Urhebern von Werken der Literatur und Kunst das ausschließliche Recht zukam, die „öffentliche Mitteilung" ihrer Werke zu gestatten, erachtete es der Gesetzgeber als zu weit gehend, „dem ausübenden Künstler auch ein Aufführungsrecht in dem Sinne einzuräumen, daß die mit seiner Einwilligung hergestellten und verbreiteten Vorrichtungen nur mit seiner Einwilligung zur öffentlichen Wiedergabe seiner Leistungen verwendet werden dürfen"[155]. Urheberrechtliche Ansprüche hatte der reproduzierende Künstler dementsprechend nur insofern, als er „an der Herstellung von mechanischen Musikmitteln und an Rundfunksendungen beteiligt ist"[156] — er bezog also nur für die Urproduktion Tantiemen, während er im weiten Anwendungsgebiet der öffentlichen Auswertung seiner Leistung durch Rundfunk und Schallplatte keinerlei Schutz genoß bzw. finanziell Nutzen ziehen konnte.

Exkurs im Exkurs

Als „Werk" eines schaffenden Künstlers galt im Gesetzesentwurf zum neuen Urheberrecht von 1936 das „Ergebnis einer schöpferischen Geistestätigkeit, das seine Eigenheit aus der Persönlichkeit seines Schöpfers empfangen hat". Indem der reproduzierenden künstlerischen Tätigkeit diese Charakteristika offensichtlich nicht zugesprochen wurden, spiegelt der juristische Sachverhalt solcherart den Sozialstatus des Reproduzierenden: zwar war er mit ästhetischen Produkten befaßt, aber nur in Form ihrer dominant (kunst)handwerklichen Realisierung — und „Handarbeit ... gilt zwar im Rahmen der realen Produktionsweise wie das Leistungsethos als durchaus unverächtlich, aber doch als niedrig, jedenfalls soweit sie als ausschließlicher Beruf betrieben wird" (Heister, S. 220). Heister verweist in diesem Zusammenhang auf den antiken Begriff des „Banausen" und leitet die „begriffsferne Praxis" vieler Musiker aus der Verselbständigung von Produktion und Reproduktion und dem daraus resultierenden Gegensatz von Hand- und Kopfarbeit ab: „Je ausschließlicher der Musiker nur ausübender Musiker ist, desto größer die Gefahr, daß ihm die geistigen Potenzen der musikalischen Produktion entfremdet werden." (ebda.). Wesentlich ist hier auch Schleunings Hinweis auf die Notwendigkeit der Normierung und möglichst exakten Notation eines Werks im Gefolge der Komposition für den anonymen Markt, wodurch der ursprünglich hohe schöpferische Anteil des Spielers (in Form der improvisatorischen Praxis) entscheidend eingeengt bzw. völlig unterbunden wurde (vgl. Schleuning, Das 18. Jahrhundert — Der Bürger erhebt sich,

---

155 Ebda.
156 Österreichische Musiker-Zeitung, November 1932 (darin C. M. Haslbrunner, Das neue Urheberrechts-Gesetz und die ausübenden Tonkünstler), S. 6.

S. 459ff.). Man könnte also den Versuch der gewerkschaftlichen Interessenvertretung, für die reproduzierenden Künstler denselben urheberrechtlichen Status zu erreichen wie für die schaffenden, auch dahingehend interpretieren, daß sie im juristischen Bereich jene Position der Ausübenden wieder erringen wollte, die sie im 18. Jahrhundert gegenüber den „Schaffenden" (soweit eine Trennung überhaupt schon vollzogen war) inne gehabt hatten. Der relative soziale Aufstieg der reproduzierenden Künstler (wohlgemerkt ist hier von den Orchestermusikern und nicht vom „Sonderfall" des Dirigenten und des Virtuosen die Rede) vollzog sich dann gerade im Gefolge der technischen Reproduktion von Musik, die sowohl Anforderung an technisches und künstlerisches Niveau wie auch — damit verbunden — soziale Gratifikation deutlich erhöhte, ohne freilich den grundlegenden sozialpsychologischen Tatbestand — relativ und in unterschiedlichem Maß entfremdete und untergeordnete Arbeit vollbringen zu müssen — im geringsten zu verändern.

Paradoxerweise stand die Schallplattenindustrie gegenüber der Verwertung ihrer Produkte im Rundfunk — zumindest bezüglich des österreichischen Urheberrechtsgesetzes der frühen dreißiger Jahre — vor demselben Problem wie die Musiker gegenüber den mechanischen Technologien insgesamt: daraus erklärt sich die seltsame Koalition zwischen den sonstigen Kontrahenten in ihrem Kampf gegen die Schallplattensendungen im Rundfunk. In mehreren Eingaben an das Bundesministerium für Handel und Verkehr protestierte der Verband der Schallplattenindustrie gegen die abgeltungslose Sendung von Schallplatten durch die Ravag: „Sie wickelt Programme ab, bei welchen sie, wollte sie die Künstler und Musiker in persona heranziehen, Tausende von Schillingen auslegen müßte; durch Benützung von Schallplatten schafft sie sich das Programm für wenige Groschen. Die Ravag bereichert sich an unseren Erzeugnissen, die Musiker und Künstler kommen um ihren Verdienst, das Publikum wird übersättigt, der Absatz an Schallplatten geht zurück, Neuaufnahmen können nicht gemacht werden, die kulturelle und den Nachwuchs fördernde Tätigkeit der Schallplattenindustrie muß auf ein Minimum eingeschränkt werden ... Es wäre Aufgabe der Ravag, eines halbstaatlichen Unternehmens, insbesondere lebende Künstler und Musiker zu beschäftigen, und nicht aus Gründen der Regieersparnis darauf auszugehen, die Zeit der Schallplattensendungen immer mehr auszudehnen und dadurch die Beschäftigung leben der Künstler und Musiker immer mehr zu verringern."[157]
Die Tatsache, daß in zahlreichen anderen Ländern bereits gesetzliche Regelungen zum Schutz der Schallplattenerzeuger hinsichtlich der öffentlichen Wiedergabe ihrer Erzeugnisse bestanden und von den Rundfunkanstalten Pauschalgebühren bei gleichzeitiger Sendezeitbeschränkung zu zahlen waren, erweist nicht nur den Mangel an international standardisierter Rechtsprechung auf einem Gebiet, das aufgrund seiner Strukturierung solcher internationaler Regelungen dringend bedurfte, sondern auch die relative Zurückgebliebenheit der österreichischen Rechtsbestimmungen: „Die gegenwärtig in Geltung stehenden gesetzlichen Bestimmungen, welche die Ordnung der im Zusammenhang mit dem Problem der Wiedergabe künstlerischer Leistungen durch mechanische Schallträger auftauchenden Rechtsfragen zum Gegenstande haben, genügen in keiner Weise den kulturellen, wirtschaftlichen und sozialen Forderungen unserer Zeit."[158] Unzweifelbar wurde allerdings durch diese Diskrepanz von realer Situation und Rechtslage die Schallplattenindustrie weniger hart getroffen als die Musikerschaft.
Der große Problemkreis „mechanische Musik" war im Verlauf der zwanziger Jahre jäh aufgebrochen. Dessen ungeachtet bestanden alte Strukturprobleme des Musiklebens

---

157 Der österreichische Musiker, Mai/Juni 1937, S. 66.
158 Der österreichische Musiker, Mai/Juni 1935, a.a.O., S. 83.

zunächst unvermindert fort und wurden in ihrer Wirkung durch die Mechanisierung sogar teilweise verstärkt — vor allem im Bereich der Konkurrenzierung der Berufsmusiker durch halbprofessionelle Ensembles oder Nebenerwerbsmusiker: diese Praxis war schon deshalb schwer in den Griff zu bekommen, weil nach wie vor keine gesetzlichen Bestimmungen existierten, die die Ausübung des Musikerberufes an Konzessionen gebunden bzw. klar geregelt hätten. Das alte Problem unzureichenden Berufsschutzes verschärfte sich unter den wirtschaftlichen Bedingungen der Zwischenkriegszeit — zunächst hatte es den Anschein, als würde die Kombination von neuen Medien und Nebenerwerbsmusikern den Zivilmusikerstand endgültig ruinieren. Es war damals noch nicht absehbar, daß gerade die durch die neuen Technologien allmählich sich verändernden Reproduktionsstandards und Hörgewohnheiten längerfristig Dilettantenvereinigungen aller Art aus dem Rennen werfen und somit die Frage des Berufsschutzes sekundär bzw. gegenstandslos machen würden. In den frühen dreißiger Jahren jedenfalls lesen sich Memoranden und Proklamationen des Musikerverbandes wie Neuauflagen von Streitschriften der Jahrhundertwende: nach wie vor galt der Kampf der zivilen Musiker dem außerdienstlichen Spiel der Militärkapellen, das von der Heeresverwaltung gedeckt wurde: wie der zuständige Minister erklärte, sei dieses Nebenerwerbsspiel zur Erhaltung der Militärkapellen notwendig, „weil der Bundesschatz für die sachlichen Erfordernisse der Militärmusiken keinerlei Zuschüsse leistet. Für die Kosten der Nachschaffung an Instrumenten, Noten und Gerätschaften, der notwendig werdenden Reparaturen u.dgl. muß bei jedem Truppenkörper, bei dem eine Militärmusik aufgestellt worden ist, ein Fonds — der Musikfonds — aufkommen, dem zu diesem Zweck ein Teil des Ertägnisses jeder entgeltlichen musikalischen Darbietung der Militärmusiken zufließt."[159] Zwar untersagte das Ministerium Tarifunterbietungen, de facto aber konnte ein Unternehmer die Militärmusiken zu günstigeren Konditionen engagieren, weil er sich alle sozialen Abgaben sowie etwaige Instrumentenleihgebühren und Transportkosten ersparte. Zivilkapellen hatten daher häufig nur Chance auf ein Engagement, wenn sie unter den von ihrer Interessenvertretung festgesetzten Tarifen spielten und solcherart zum Preisverfall ihrer Leistung beitrugen. In Gasthaus- und Kaffeehausgärten erklang in steigendem Ausmaß Musik von Militärkapellen (wenn die Betriebsinhaber nicht ohnehin schon zu Lautsprechermusik übergegangen waren), und die Wiener Zivilmusiker konnten auch nicht in diverse Kurorte im Bundesgebiet ausweichen, weil die einzelnen Bundesländer darauf bedacht waren, Musiker des eigenen Landes zu beschäftigen.[160]

Aber nicht nur die Militärmusiken, sondern auch die zahlreichen zivilen Dilettantenkapellen gefährdeten die Arbeitsmöglichkeit zahlreicher Berufsmusiker: eine Statistik des Zentral-Arbeitsnachweises des Musikerverbandes führte für das Jahr 1932 etwa 80 vereinsmäßig organisierte und erwerbsmäßig tätige Dilettantenkapellen an (acht Fabriks-, drei Straßenbahner-, zwei Bundesbahnkapellen, zwei Kapellen der Post- und Telegraphenangestellten, je eine Kapelle von Elektrizitäts- und Gaswerk der Gemeinde Wien, eine Feuerwehrkapelle, 18 Kapellen des Katholischen Jünglingsvereines, elf des Republikanischen Schutzbundes und 33 Kapellen verschiedener Veteranen-, Leichen- und Kameradschaftsvereine) — sie alle spielten nicht nur bei eigenen Vereinsveranstaltungen, sondern regelmäßig bei Sportfesten, Tanzunterhaltungen etc.[161]

159 Erlaß des BM für Heerwesen an den Landeshauptmann von Kärnten, Z 16862/1932, abgedruckt in Österreichische Musiker-Zeitung, Oktober 1932, S. 1.
160 Der österreichische Musiker, Heft 7/8 1935, S. 116.
161 Österreichische Musiker-Zeitung, Juni 1933, S. 1.

Ein weiteres Problem bildete das Engagement ausländischer Kapellen. Laut Inland-arbeiterschutzgesetz vom 19. 12. 1925 bestand zwar für jeden Unternehmer die Ver-pflichtung, beim (dem Bundeskanzleramt unterstehenden) Wanderungsamt bzw. beim Ausländersenat der Industriellen Bezirkskommission um Erteilung der Arbeitsbewilli-gung anzusuchen: in der Praxis jedoch wurde diese Bestimmung häufig dadurch umgan-gen, daß verspätet um Arbeitsbewilligung eingereicht und ein ablehnender Bescheid beim Wanderungsamt angefochten wurde — beim Einlangen eines endgültigen Be-scheids war dann das befristete Engagement der illegal spielenden Kapelle meist schon zu Ende. Der Musikerverband protestierte vor allem gegen die laxe behördliche Hand-habung des strengen Gesetzes: es wurden kaum Strafen verhängt bzw. eine einmalige Geldstrafe stillschweigend als Einkauf in das Recht der Arbeitsbewilligung (auch im Wiederholungsfall) akzeptiert und nicht darauf geachtet, daß dem ersten ablehnenden Bescheid keinerlei aufschiebende Wirkung für den Unternehmer zukam. Häufig wurden ausländische Musiker auch in Betrieben beschäftigt, die ihrerseits keine Arbeitsbewilli-gung hatten.

Schließlich führte die harte interne Konkurrenzierung im Existenzkampf der Musi-ker zur Entsolidarisierung und dem weitgehenden Verlust jenes „Standesbewußtseins", das ohnehin nie sehr ausgeprägt gewesen war: die Musikergewerkschaft sprach vom „zermürbenden Kampf aller gegen alle, wenn sich einmal die Aussicht auf eine Arbeits-möglichkeit eröffnet. Ein schrankenloses gegenseitiges Unterbieten in den Ansprüchen im Wettlauf um Arbeit und Brot zerstört die letzte Aussicht auf ein standesgemäßes Einkommen des einzelnen sowie der Gesamtheit"[162].

Diesen desolaten Verhältnissen versuchte die Regierung des Ständestaats durch den Erlaß einer Kapellmeister- und Musikerverordnung vom 28. 1 .1933, der die Regelung der Erwerbsverhältnisse im Musikerberuf zum Ziel hatte, entgegenzuwirken: demnach war ab 1. 7. 1934 die erwerbsmäßige Tätigkeit als Instrumentalmusiker (sei es in einem Orchester, in einer Salon- oder Jazzkapelle, als Schrammelmusiker etc.) an den Besitz eines Berechtigungsscheines gebunden, der vom neugeschaffenen „Ring der ausübenden Musiker Österreichs" ausgestellt wurde, wobei der Musiker seine Qualifikation entweder durch Zeugnisse, Diplome etc., durch Nachweis eines mindestens dreijährigen absolvier-ten Engagements oder durch ein Probespiel vor der „Prüfungskommission für die Befähigung als ausübender Musiker" nachweisen mußte. Auf die Schwierigkeiten, die sich allein aus dem Problem ergaben, ländliche Musiziertraditionen durch starre Zunft-schranken nicht zu gefährden, kann hier nicht eingegangen werden — das Ziel eines umfassenden Berufsschutzes wurde durch diese Verordnung jedenfalls verfehlt: machte sie doch keinen Unterschied zwischen Haupt- und Nebenerwerbsmusikern bezüglich der erwerbsmäßigen Tätigkeit („es ist für die Beurteilung der Erwerbsmäßigkeit nicht notwendig, daß diese Tätigkeit eine regelmäßige ist. Die Erwerbsmäßigkeit ist auch dann gegeben, wenn die Tätigkeit nicht die einzige oder nicht die Haupteinnahmsquelle des ausübenden Musikers ist"[163]. Da es dank entgegenkommender Übergangsbestimmun-gen ziemlich einfach war, in den Besitz eines Berechtigungsscheines zu kommen und alle Ring-Mitglieder („mag es sich nun um einen Künstler und Virtuose ersten Ranges

162 Der österreichische Musiker, Oktober 1934, S. 11.
163 Durchführungsbestimmungen zu Art. II § 10 der Kapellmeister- und Musikerverordnung, abgedruckt in
   Der österreichische Musiker, Dezember 1934, S. 66.

oder um einen Stümper handeln"[164]) dieselben Rechte hatten, war der status quo ante wieder hergestellt, vermehrt bloß um zwei bürokratisch aufwendige Apparate (den „Ring" und die „Kapellmeisterunion"), die zudem die Musikerschaft spalteten und einander befehdeten. Hilfe für die Berufsmusiker sei nur, so resümiert der oben zitierte Autor, „von einer gesetzlichen Regelung zu erwarten, die dem Berufsmusiker in einer jeden Zweifel ausschließenden Weise vor allen übrigen Musikern in Anspruch auf eine freie Stelle, auf Engagement oder Beschäftigung den Vorrang gibt"[165]. Der Präsident der Kapellmeisterunion begründete die fehlende Differenzierung zwischen Haupt- und Nebenerwerbsmusikern mit eben jener Verelendung des Musikerstandes, den zu beseitigen die Verordnung zum Ziel gehabt hatte: „Selbst in den großen Städten, Wien nicht ausgenommen, kann vielfach die Musik nur als Nebenerwerb in Betracht kommen, von ihr allein zu leben und womöglich eine Familie zu erhalten, wäre glatt unmöglich. Man mußte sich also entschließen, den Unterschied zwischen Berufs- und Nichtberufsmusiker fallen zu lassen und das Gesetz auf eine Grundlage zu stellen, die geeignet erscheint, einen möglichst weitgezogenen Kreis aller künstlerischen Leiter und ausübenden Musiker zu erfassen und dabei gerade durch Einbeziehung auch des Nichtberufs-Kapellmeisters und -musikers dem hauptberuflich Tätigen Schutz zu sichern."[166]

Die Standesvertretung beharrte dagegen auf dem Projekt einer Musikerkammer, das — ungeachtet der praktischen Umsetzbarkeit — das Autonomiestreben des Standes und seine Orientierung an Organisationsmodellen von Vertretungsinstanzen der freien Berufe dokumentiert (wurde doch die Kompetenz der Arbeiterkammer als unzureichend verworfen). Die ins Auge gefaßte Selbstverwaltung in einer berufsständischen Vertretung zielte dabei zweifellos ebensosehr auf die Aufwertung des Berufsprestiges wie sie die Strategie verfolgte, „professionelle Autonomie mit staatlich-rechtlichem Schutz vor den Auswirkungen des offenen Wettbewerbs zu verbinden"[167].

Zuletzt sei die Unsicherheit des dienstrechtlichen und sozialen Status der Musiker kurz an divergierenden behördlichen Entscheidungen aufgezeigt: einerseits war es nach etlichen Prozessen gelungen, daß die Bestimmungen des Arbeiter- und Angestelltenversicherungsgesetzes auch auf die Musiker Anwendung fanden, denn ein Judikat des Obersten Gerichtshofes war zuletzt zu dem Erkenntnis gelangt, „daß die Musiker höhere geistige Arbeit leisten und daher auch die Rechte dementsprechend zu beanspruchen haben"[168]. Dagegen sah die Hauptanstalt der Angestelltenversicherung ambulant tätige, Gelegenheitsarbeit verrichtende Musiker ohne feste Anstellung als „selbständig erwerbstätig" an und verrechnete den solcherart als Unternehmer eingestuften bei freiwilliger Fortsetzung der Pensionsversicherung den höchsten Beitragssatz von 12% der Beitragsgrundlage.[169] Das Bundesministerium für soziale Verwaltung wiederum stellte in einem Bescheid fest, daß ambulante Musiker seitens der Unternehmer keiner Versicherungspflicht unterlägen, weil die Ausnützung einer Verdienstmöglichkeit kein Angestelltenverhältnis begründe[170]; und dasselbe Ministerium lehnte die Versicherungspflicht für

---

164 Der Österreichische Musiker, März/April 1935, „Musik, Volk und Staat (Vortrag von Friedrich Hartmann), S. 39/40.
165 Ebda.
166 Der österreichische Musiker, März/April 1937, „Ist die Musikausbildung noch ein Beruf?", S. 41.
167 Konrad J. Jarausch, Die unfreien Professionen (in „Bürgertum im 19. Jahrhundert", Bd. 2, S. 126).
168 Österreichische Musiker-Zeitung, Mai 1933, S. II.
169 Österreichische Musiker-Zeitung, Februar 1933, S. I.
170 Ebda.

Gasthausmusiker ab, weil diese Art von Musik nicht unter die Ausübung der freien Künste gemäß den Bestimmungen des Angestelltenversicherungsgesetzes falle. Gleichzeitig stellte der Gesetzgeber fest: „Auf die Ausübung der Musik in jeder Form finden die Bestimmungen der Gewerbeordnung keine Anwendung"[171]. Zählte also die Mehrzahl der Musiker zu den arbeitslosen (bzw. ausgesteuerten) ambulanten Unternehmern?

Eines wird aus diesem kurzen Überblick deutlich: die für das 19. Jahrhundert reklamierte Scheidung von Berufsmusikern und Dilettanten hat bestenfalls für den Bereich der großen symphonischen Orchestermusik und der Oper Geltung. Diese „bürgerliche Schicht" der Musiker bildete jedoch bei weitem die Minderheit: im großen Feld der verschiedenen Unterhaltungsmusiksparten war es auch noch in der ersten Hälfte des 20. Jahrhunderts einigermaßen qualifizierten Nebenerwerbsmusikern durchaus möglich, den hauptberuflich tätigen Kollegen Konkurrenz zu machen. Die hektischen Bemühungen um die Errichtung einer Künstlerkammer nach dem Zweiten Weltkrieg zeigen, daß auch damals noch einem wirkungsvollen Berufsschutz in den Augen der Musiker (bzw. zumindest ihrer Vertreter) höchste Priorität zukam. Erst die Magnetophon- und Langspielplattentechnologie vollendete jenen Selektionsprozeß, der sich im sinkenden Bedarf an „lebender Musik" schon in den dreißiger Jahren angekündigt hatte: indem sich die Spitzenmusiker bzw. -ensembles jeder Musiksphäre im selben Maß perfektionierten wie die technischen Medien, mit denen sie sich verbündeten, erreichten sie einen Leistungsstandard, der per se den besten Berufsschutz abgab. Nicht zufällig hatten die beiden großen Wiener Orchester bedeutenden Anteil daran, daß das Künstlerkammerprojekt 1949 schließlich scheiterte: für sie hatte der projektierte Berufsschutz keinerlei Bedeutung mehr. Die im Orchester „Wiener Symphoniker" beschäftigten Musiker hatten sich überdies schon eineinhalb Jahrzehnte zuvor unter die Obhut des „Klassenfeindes" begeben, um ihre Haut zu retten — oder vielmehr: durch diesen Akt konstituierten sie sich erst als „Wiener Symphoniker."

Überleitung: Kriegszeit und Neubeginn

I

Hauptanliegen dieser Arbeit ist es, die Orchestergeschichte unter dem Aspekt der Vereinsorganisation, die ihrerseits aus der spezifischen Situation des Wiener Kulturlebens im Österreich der ersten und vor allem der beginnenden zweiten Republik resultiert, zu beleuchten und die Auswirkungen des Organisationsmodus auf den künstlerischen Bereich und die Arbeitsbedingungen der Musiker zu untersuchen: In diese Aufgabenstellung paßt eine detaillierte Darstellung der Geschicke des „Stadtorchesters Wiener Symphoniker" zwischen 1938 und 1945 nicht hinein — denn die Spezifika der Wiener Situation wurden dadurch beeinträchtigt, daß dieses Orchester eben nun (zumindest verwaltungstechnisch) ein reichsdeutsches war und der zentralistischen Lenkung durch Reichskultur- (bzw. Reichsmusik)kammer und der ihr untergeordneten Stellen (Landeskulturwalter) unterlag. Die sozial- und arbeitsrechtlichen Belange waren einheitlich nach der „Tarifordnung für die deutschen Kulturorchester" geregelt, wobei die Höhe der Musikerbezüge je nach der amtlich festgelegten Einstufung des jeweiligen Orchesters in eine der fünf Vergütungsgruppen (abgesehen von Funktionszulagen und Dienstalter)

---

171 Art. III § 16 d. Verordnung vom 28. 12. 1933 w.o.

differierte (das „Stadtorchester Wiener Symphoniker" rangierte ab 1. 10. 1939 in der I. Tarifklasse). Im November 1938 war der Verein Wiener Symphoniker unter Ausschluß der Liquidation aufgelöst worden, der neue „Verein Wiener Stadtorchester" trat nicht die Rechtsnachfolge an.[172] Bereits ab 1939 wurde das zunächst 81 Mann starke Orchester durch Einrückungen dezimiert, 1943 zählte es nur noch 61 Musiker, wobei zwölf Substituten zusätzlich mit Kriegsaushilfeverträgen eingestellt wurden. Das Schwergewicht der Orchestertätigkeit lag während der Kriegszeit auf Diensten für den Reichsrundfunk (ca. 220 pro Saison) und der Konzerttätigkeit in Musikverein und Konzerthaus (in der Saison 1943/44 etwa, der letzten des Orchesterbestandes, waren es 82 öffentliche Konzerte), daneben gab es Truppenbetreuungs- und Werkskonzerte, Konzerte für die Reichsstatthalterei, H.J., K.d.F. und Kulturamt — die Gesamtdienstanzahl lag bei etwa 550 pro Saison. Per 1. 9. 1944 wurde das Orchester „stillgelegt", die Musiker für Militärdienst- oder Werksarbeitzwecke karenziert (sie behielten also den Anspruch auf Weiterengagement nach Kriegsende).

Was die „alte" Ravag-Funkkapelle betraf, so wurde sie zunächst vom Reichsrundfunk unter dem Namen „Großes Unterhaltungsorchester des Reichssenders Wien" übernommen, die Musiker verblieben weiterhin im Verband der Wiener Symphoniker. Im Jahr 1941 trat ein vertragsloser Zustand zwischen Reichssender und Stadtorchester ein, der zur Folge hatte, daß am 1. 10. 1941 die Trennung des Funkorchesters vom Stadtorchester Wiener Symphoniker erfolgte: es wurde vom Reichssender Wien „in der Weise übernommen, daß alle Rechte und Pflichten aus den bisherigen Angestelltenverhältnissen der Orchestermitglieder bei den Wiener Symphonikern in Dienstverhältnisse zwischen dem Reichssender und den einzelnen Musikern übergeführt wurden"[173]. Nun gab es zwei Kategorien von Funkorchestermusikern: die erste — bestehend aus sechs Leuten — war schon vor der Konstituierung des Ravag-Unterhaltungsorchesters (am 1. 7. 1933) Mitglied der Vorläuferorganisation der Wiener Symphoniker gewesen (also beim Wiener Sinfonie-Orchester bzw. noch beim Concertvereins-Orchester). Die zweite bestand aus anläßlich der Funkorchestergründung neuengagierten oder später beigetretenen Kräften. Diese Unterscheidung war nach der Auflösung des Funkorchesters im Frühjahr 1945, als sich die Frage stellte, welche Institution für die Abgeltung der Ansprüche, die die entlassenen Musiker aufgrund ihrer Dienstleistungen nach dem Angestelltengesetz erworben hatten, aufkommen müßte, wichtig. Der Reichssender hatte die Musiker der ersten Kategorie mit allen ihren bei den Wiener Symphonikern erworbenen Ansprüchen übernommen und im Falle, daß die Ravag die Rechtsnachfolge des Reichssenders angetreten hätte, wäre sie verpflichtet gewesen, Abfertigungsansprüche zu befriedigen. Am 10. 5. 1945 fand zwischen der Ravag und Vertretern der Wiener Symphoniker eine Besprechung statt, die bezüglich der Funkorchesterfrage zu folgenden Übereinkommen führte:

1. Die Wiener Symphoniker werden so rasch als möglich spielfähig aufgestellt und übernehmen den Dienst in der Ravag; zum selben Zeitpunkt stellt das bisherige Funkorchester seine Tätigkeit ein.
2. Die Ravag wird ein eigenes Funkorchester engagieren, das keine Verbindung zu den Wiener Symphonikern hat.

---

172 Schreiben des Stadtorchesters Wiener Symphoniker an die Gemeindeverwaltung des Reichsgaues Wien vom 22. 5. 1940.
173 Brief Wiener Symphoniker — Ravag vom 20. 8. 1945.

3. Bis zu dieser Konstituierung (geplant bis spätestens Oktober 1945) übernehmen die
    Wiener Symphoniker zusätzlich die Dienste des Unterhaltungsorchesters.
4. „Jene Mitglieder des Funkorchesters, die Mitglieder der Symphoniker sind, sind
    automatisch wieder Mitglieder der Wiener Symphoniker geworden."[174] Darüberhin-
    aus werden hinlänglich qualifizierte Musiker von den Wiener Symphonikern über-
    nommen (insgesamt 13 Musiker), der Rest wird nach Möglichkeit an andere Dienst-
    stellen vermittelt. Den noch eingerückten Symphonikern bleiben ihre Dienstplätze
    reserviert, vorübergehend werden sie durch Substituten vertreten, die zum Teil aus
    den Reihen der ehemaligen Funkorchestermusiker kamen.

Der Punkt 4. bedarf eines näheren Kommentars, um verständlich zu machen, in
welch schwierige Situation einige Musiker durch die Personalrochaden und Rechtsstand-
punkte der verschiedenen Dienstgeber gebracht wurden: die Ravag erklärte im Mai 1945,
daß sie keinerlei Haftung für die Dienstverträge des Funkorchesters des Reichssenders
übernehmen könne — daher die Vereinbarung mit den Symphonikern, diese sollen gut
qualifizierte Musiker in ihren Verband aufnehmen. Anläßlich der Neugründung des
Funkorchesters im Herbst 1945 übernahm dann die Ravag hinsichtlich dieses Personalstandes (der zum Teil jener des alten Reichssender-Funkorchesters war) die Vertragsver-
pflichtungen des Reichssenders, wobei sie aber ausdrücklich eine generelle Anerkennung der Vertragsrechte jener ehemaligen Funkorchestermitglieder, die dem neuen
Verband nicht mehr angehörten, ausschloß. Jene Musiker also, die nach 1945 weder von
den Wiener Symphonikern noch von der Ravag engagiert wurden und 1941 beispielsweise als alte Mitglieder der Symphoniker vom Reichssender mit allen ihren bei den WS
erworbenen Ansprüchen übernommen worden waren (ab diesem Zeitpunkt also nicht
mehr als WS galten), fanden keine Institution, die — zumindest freiwillig — ihre aus
den alten Verträgen erwachsenen Ansprüche anzuerkennen bereit war. Zwei dieser sechs
Nicht-mehr-Symphoniker fanden nach 1945 im Orchester allerdings wieder Beschäftigung, die übrigen wurden mit der vagen Absichtserklärung seitens der Ravag abgefun-
den, „daß sie jene Mitglieder des Funkorchesters, die in keinen neue Dienstplatz über-
führt werden und für ihre Leistungen im Funkorchester nicht entschädigt worden sind,
nach Menschenmöglichkeit in irgendeiner Form entschädigen wird; jedoch ohne Verbindlichkeit"[175].

II

„An alle Mitglieder des Stadtorchesters Wiener Symphoniker: Wie mir berichtet wurde,
wurde von verschiedenen Seiten das Gerücht verbreitet, die Auflösung des Orchesters
sei bereits erfolgt oder stehe zumindest sicher bevor. Das Kulturamt des Rathauses hat
mich beauftragt, diesen Gerüchten auf das schärfste entgegenzutreten und zu erklären,
daß von einer Auflösung des Orchesters nicht die Rede sei, vielmehr der Dienstbetrieb

---

174 Dieses kuriose Satzgebilde wird in einem ergänzenden Brief der Symphoniker an die Ravag vom 18. 10.
    1945 erläutert: „Um einen Irrtum zu vermeiden, ist ... zu bemerken, daß das am 1. Oktober 1941 vom
    Reichssender übernommene Funkorchester nach der Stillegung der Wiener Symphoniker im September
    1944 durch Mitglieder der WS verstärkt wurde. Die ... erwähnten ,Mitglieder des Funkorchesters, die
    Mitglieder der WS sind und automatisch wieder Mitglieder der WS werden', sind daher nicht jene
    ehemaligen Mitglieder der WS, die mit dem Funkorchester am 1. Okt. 1941 vom Reichssender übernommen
    wurden und damit damals aus dem Verband des Orchesters der WS endgültig ausgeschieden sind, sondern
    jene, die im September 1944 als Verstärkung Dienst beim Reichssender gemacht haben, jedoch im Stande
    der WS weitergeführt und von den WS bezahlt wurden."
175 Brief Ravag — Wiener Symphoniker vom 10. 5. 1945.

sofort nach Erreichung der Spielfähigkeit aufgenommen werden würde. Ich fordere daher alle Orchestermitglieder, welche sich bisher noch nicht gemeldet haben, auf, dies unverzüglich nachzuholen."

Dies ist der Text der ersten Verlautbarung, die am 28. 4. 1945 für die Orchestermitglieder erfolgte, um möglichst bald aus den in alle Winde verstreuten Musikern ein einsatzfähiges Ensemble erstellen zu können.

„So 24. Gestern war erste Probe (beim Wimberger) mit einem Orchester mit Resten des Gau-Symphonie-Orchesters. Costa dirigierte, dort 7 von uns, doch gab es gleich Schwierigkeiten, da der Saal zur Einquartierung von Militär gebraucht wird", verzeichnet das Tagebuch Ernst Dörflers. „Wir waren bei Präs. Hryntschak ... um ihn zu bitten, bei uns wieder Vorstand zu sein, was er strikt ablehnte, jedoch als provisorischer Leiter der Musikfreunde uns jede Hilfe zusagte ... Auch Wanausek hat sich schon gekümmert, um für das (ehemalige) Funkorchester bei uns wieder Unterschlupf zu finden."

Am 25. 4. meldete die Direktion an das Kulturamt, es „dürften ca. 52 Orchestermitglieder in Wien sein, von denen sich bis jetzt 26 gemeldet haben. Diese 52 Orchestermitglieder verteilen sich so, daß mit Ausnahme der 2. Posaune alle Stimmen besetzt sind, wenn auch, und dieses speziell bei den Streichern, etwas dürftig. Meinem Ermessen nach ließe sich dieses Manko durch Leute des Opernhaus-Orchesters sowie durch Neuaufnahmen — es haben sich bereits einige Kräfte bei mir gemeldet — beheben".

Am 6. 5. notiert Dörfler: „Nun haben sich schon 50 Mitglieder gemeldet, aber es rührt sich nichts". Intendant Pehm wurde seines Postens enthoben („Costa brachte die Sache Pehm in konzilianter Form in Ordnung — ‚auf Krankenurlaub'"), am 9. 5. erging die zweite Verlautbarung — alle Orchestermitglieder hätten am 11. 5. im Konzerthaus zu einer Probe zu erscheinen. Am 10. 5. erschien eine entsprechende Einschaltung im „Neuen Österreich". Am 14. 5. nahm das Orchester seine Tätigkeit in der Ravag wieder auf und mußte daher einem Ansuchen der Volksoper, Aushilfen zu stellen, abschlägigen Bescheid geben.[176] Der Orchesterstand hatte im August immerhin 88 Musiker erreicht; monatlich kamen einige Musiker, die sich von ihrem letzten Einsatzort nach Wien durchgeschlagen hatten, ins Orchester zurück (in einem Fall ist ein 500 km-Fußmarsch von Nürnberg nach Wien belegt). Der Spielbetrieb wurde im Sommer mit Hilfe einer gestaffelten Urlaubsordnung durchgehend aufrecht erhalten, war aber infolge der miserablen Verkehrsverhältnisse immer wieder beeinträchtigt. Die Geschäftsführung sah sich genötigt, zwecks Aufrechterhaltung des Orchesterbetriebs folgende Anordnung zu treffen: „Erfahrungsgemäß entsteht beim Verlassen des Wiener Stadtgebietes keine Gewähr für eine rechtzeitige Rückkehr. Die Geschäftsführung sieht sich daher veranlaßt, den Mitgliedern des Orchesters für die Dauer der derzeitigen Verhältnisse das Verlassen des Wiener Stadtgebietes über die mit den normalen städtischen Verkehrsmitteln erreichbaren Stadtteile hinausgehend zu untersagen ..." Aber auch ohne das Stadtgebiet verlassen zu haben, war für den zu Fuß zum Dienst gehenden Musiker das Eintreffen am Dienstort in der Argentinierstraße vom glücklichen Umstand abhängig, nicht einem russischen Trupp in die Arme zu laufen, der Passanten kurzerhand zum Kohlenschaufeln abkommandierte.

Da den altgedienten und noch nicht in Wien eingetroffenen Musikern wie erwähnt ihre Stellen reserviert blieben und interimistisch von Aushilfsmusikern besetzt wurden, die nach der Heimkehr der ordentlichen Mitglieder größtenteils wieder ausschieden, andererseits einige ältere Musiker nicht mehr ins Orchester zurückkehrten, ergab sich in

---

176 Brief Wiener Symphoniker an Intendant Pruscha vom 12. 5. 1945.

der ersten Nachkriegszeit eine ungewöhnlich hohe Fluktuation. Der Orchesterstand konnte zwar bis zum Ende der Saison 1945/46 auf ca. 120 Musiker aufgestockt werden, aber nur 57 Musiker waren Alt-Symphoniker; 13 waren aufgrund eines Übereinkommens zwischen Kulturamt und Ravag aus dem ehemaligen Funkorchester des Reichssenders übernommen, 37 seit Mai 1945 neu engagiert worden, und weitere 13 dienten noch Ende 1946 als vorübergehend beschäftigte Aushilfskräfte.[177] Ihre Qualifikation war nicht hinreichend, um in einem Ensemble bestehen zu können, das Anspruch auf Einstufung als erstklassiges Orchester erhob und gestaltete sich noch jahrelang zum Problem für die Symphoniker, die mangels ausreichenden Angebots zur Bewältigung des jährlichen Arbeitspensums diese Musiker auch weiterhin als Pauschalsubstituten anstellen mußten. Aber auch unter den Neuengagierten befanden sich junge Musiker, die ohne jede Orchestererfahrung und nach kürzester Lernzeit (etwa drei Jahre) zum Teil solistische Stellen übernahmen und bei aller Begabung zweifellos Jahre brauchten, um künstlerisch vollwertige Leistungen bieten zu können. Bei einem zur guten Hälfte neu besetzten Orchester kann man ohne Übertreibung von einem neuen Klangkörper reden, der aus den qualitativ heterogensten Elementen bestand und erst in jahrelanger Tätigkeit erarbeiten mußte, was ein erstklassiges Ensemble kennzeichnet: vergleichbares künstlerisches Niveau aller Mitglieder und Kontinuität der Besetzung. Bezüglich letzterer waren zumindest in Hinsicht auf die Altersstruktur des neuen Orchesters die Voraussetzungen relativ günstig: 1946 waren 51 Mitglieder im vierten Lebensjahrzehnt, 29 im fünften, 23 im sechsten. Zwölf Mitglieder waren jünger als 30 Jahre, drei älter als 60. Das Durchschnittsalter lag bei 42 Jahren.

Für den Verein ergaben sich im Hinblick auf die Struktur des Personalstandes Probleme, die teilweise kurzfristig aktuell waren und tagespolitischen Erfordernissen entsprangen (die Entnazifizierung, Invalideneinstellungsgesetz, Ausländer-Problematik), teilweise aber nur durch längerfristige Konzeptionen befriedigend lösbar schienen. Zu letzteren zählte die Verhinderung weiterer starker Fluktuation (also vor allem Abwanderung zu den Wiener Philharmonikern) durch geeignete Dienst- und sozialrechtliche Maßnahmen, die den Verbleib im Orchester attraktiver gestalten sollten — dazu zählen alle Bemühungen um Kommunalisierung, Definitivstellen, Gehaltsverbesserungen, Pensionsstatut etc., die im folgenden Hauptteil der Arbeit behandelt werden.

---

177 Informationsblatt Dezember 1946.

Orchester des Wiener Concert-Vereines mit seinem Dirigenten Ferdinand Löwe.

Badener Kurorchester des Wiener Concert-Vereines 1903.

Wiener Sinfonie-Orchester im Burggarten. Dirigent: Martin Spörr, um 1923.

Wiener Sinfonie-Orchester in den zwanziger Jahren.

2. TEIL
Die Situation des Orchesters im Nachkriegsjahrzehnt
1945 — 1955

„Auf jeder Stufe, auf die Sie steigen werden, liegt
eine Seife, und unter jeder Tür, durch die Sie gehen,
wird Ihnen ein Ziegelstein auf den Kopf fallen."

(Rudolf Gamsjäger zum neuernannten Direktor der
Wiener Symphoniker, Ernst Bartholomey/Memor-
andum 66 — 69, Archiv Wiener Symphoniker)

I. Orchester und Gemeinde Wien —
die Probleme von Organisationsmodus und Finanzierung

Suchte man im öffentlichen Bereich eine Analogie zu jener Form privater Beziehung, in der ein Partner den anderen finanziell aushält, sich dabei aber hartnäckig weigert, mit ihm eine (im juristischen Sinne) legitime Verbindung einzugehen — das Verhältnis der Gemeinde Wien zu den Wiener Symphonikern könnte als glänzendes Beispiel dienen. Zahllosen „Eheanträgen" zeigte die Gemeinde die kalte Schulter, und bis heute könnte man, scheute man nicht vor der geschmacklosen Vulgarisierung des originalen Kontextes zurück, von den „Ungetrennten und Nichtvereinten" sprechen. Es bleibt ein Paradox der Wiener Kommunalpolitik, daß sich ausgerechnet die sozialistische Stadtverwaltung nie dazu durchringen konnte, das Orchester zu kommunalisieren, während verschiedene Landeshauptstädte, aber auch vergleichbare deutsche Großstädte diesen Schritt längst vollzogen hatten. Die emphatischen Bemühungen sozialdemokratischer Kulturtheoretiker der Zwischenkriegszeit, der Arbeiterklasse den Zugang zur großen bürgerlichen Kultur zu eröffnen, fanden keine Entsprechung im Bereich geeigneter Verwaltungs- und Budgetmaßnahmen, die eine ruhige Entwicklung einer der großen Träger dieser Kultur (eben des Orchesters) gewährleistet hätten. Es ist kein Ruhmesblatt sozialistischer Kulturpolitik, daß einzig während der ersten Zeit nationalsozialistischer Herrschaft das Orchester finanziell wohlfundiert und nicht von beständigen Geld- und Existenzsorgen gequält war (dies gilt jedenfalls bis in die Zeit des großen konjunkturellen Aufschwungs in den sechziger Jahren). Allerdings fand sich die Gemeinde im letzten Moment doch immer bereit, finanzielle Notsituationen durch Nachtragssubventionen zu überbrücken, während sich der Bund zunehmend aus den 1948 eingegangenen Verpflichtungen stahl und den Einsturz einer Aktenwand im Unterrichtsministerium, bei dem wesentliche diesbezügliche Dokumente verschwanden, zum willkommenen Anlaß nahm, seine Subventionen einzufrieren.

Die Kommunalisierungsbemühungen begannen schon kurz nach der Gründung des Vereins „Wiener Symphoniker" 1933 und waren vor dem Abgang des Stadtrates Breitner in einem aussichtsreichen Stadium, wurden dann aber zurückgestellt.[1] Die Orchestermitglieder selbst standen keineswegs einhellig hinter den vom Vorstand mehrmals deponierten Kommunalisierungswünschen, einflußreiche Kräfte, die auch der gewerkschaftlichen Zugehörigkeit des Orchesters skeptisch gegenüberstanden und denen jede Sozialisierung suspekt war, drangen auf eine bloße Bestandsgarantie seitens der Gemeinde. Einig waren sich alle Beteiligten jedoch, daß ein neues Organisationsstatut nach 1945 erforderlich war: Interimistisch lag die Geschäftsführung in Händen des vom Kulturamt bestellten Direktors Apold, und die gesamte Korrespondenz erfolgte direkt zwischen ihm

---

1 Antrag bezüglich der Übernahme der Wiener Symphoniker in städtische Dienste, Februar 1946, S. 2.

und der Amtsstelle (d.h. Oberverwaltungsrat Dr. Kraus, dem Musikbeauftragten des Kulturamtes Friedrich Wildgans und dem Kulturamtsleiter Dr. Matejka)[2]. Dringend nötig war neben der Neuordnung der Verwaltung die Ausarbeitung klarer Anstellungsbestimmungen in Form eines Orchestervertrages. Dieser hing jedoch unmittelbar von der Wahl des Organisationsmodus ab. Im folgenden sollen daher die Bemühungen um die zentrale Frage der Kommunalisierung nachgezeichnet und danach ein Blick auf die realisierte Vereinskonstruktion von 1948 und die daraus resultierenden Auswirkungen auf Orchestervertrag und Subventionsfragen geworfen werden. Die Probleme wirtschaftlicher Effizienz eines Kulturbetriebes werden an Hand der jährlichen Kontrollamtsberichte erörtert.

1. Kommunalisierung und Subventionsproblematik: Grundlagen der Diskussion

Das Jahrzehnt von 1945 bis 1955 ist bezüglich der Stellung des Vereins zur Gemeinde Wien von drei unterschiedlichen Abschnitten geprägt:

1. 1945 bis 1949: Die aus der nationalsozialistischen Zeit herübergeretteten Rücklagen, die infolge der 1938 bis 1944 garantierten Ausfallshaftung der Gemeinde, welche ca. 20% des Aufwandes betrug und zusammen mit den Einspielergebnissen von ca. 85% die Ausgaben mehr als egalisierte, gebildet werden konnten, schmelzen innerhalb zweier Jahre dahin — bedingt durch größere Defizite und die Währungsreform 1947. Die prekäre finanzielle Situation des Vereins und die ungelöste Subventionsfrage bringen das Orchester 1948/49 an den Rand der vollständigen Auflösung.
2. 1949 bis 1951: Die zwischen Gemeinde und Bund getroffene Vereinbarung, im Zuge der Neuordnung der Betriebsorganisation den Subventionsbedarf im Verhältnis 2 : 1 zu teilen und das Verhältnis der Angestellten (also der Musiker, Bürokräfte und Orchesterwarte) zum Verein rechtlich eindeutig zu verankern, bedeutet den Beginn einer Konsolidierungsphase, aufgrund bürokratischer Probleme (Verzögerung der Subventionseingänge, Notwendigkeit von Nachsubventionierung) und mangelhafter Liquidität oder Zahlungsmoral der Konzertinstitute entstehen aber immer wieder dramatische finanzielle Engpässe, die mehrmals nur ein ratenweises Auszahlen der Monatsgagen ermöglichen.
3. 1951 bis 1955: Rückwirkend mit 1. 11. 1950 wird ein neuer Orchestervertrag in Kraft gesetzt. Infolge der diversen Lohn- und Preisabkommen, des Mitziehens der Musikergehälter mit den Gehaltserhöhungen bei den Gemeindebediensteten und der für die Musiker im Vergleich zur unmittelbaren Nachkriegszeit günstigeren vertraglichen Bestimmungen entstehen dem Verein bedeutende Mehrkosten für den Personalaufwand. Das Verhältnis des Selbstkostenpreises zu den erzielten Honoraren verschlechtert sich ständig und erfordert immer höhere Subventionsbeträge, die aufgrund des für den Verein optisch ungünstigen Subventionsmodus (indirekte Unterstützung der Konzertinstitute über das Symphonikerbudget statt ihrer direkten Subventionierung) politisch immer schwerer durchsetzbar sind.
    Parallel zu den Bestrebungen der Vereinsleitung und der Orchestervorstände, für die Musiker eine dem Niveau des Staatsopernorchesters einigermaßen entsprechende Bezahlung und soziale Absicherung zu erreichen, laufen vor allem während der ersten

---

2 Formell fungierte Bürgermeister Theodor Körner als Obmann des Vereins.

beiden der oben erwähnten Zeitabschnitte die schließlich erfolglosen Bemühungen einer Kommunalisierung des Orchesters, um durch eine rechtliche Bestandsgarantie als Gemeinde-Orchester und eine Finanzierung über das ordentliche Budget aus der nicht nur lästigen, sondern auch demütigenden Situation des ewigen Bittstellers und Schuldners, der von der Gnade auch weiterhin gewährter Zuschüsse abhängig ist, zu entkommen. Zusätzlich hätte sich durch diese Konstruktion die Möglichkeit eröffnet, den Status des Mietorchesters abzustreifen, dem ohne wesentliche Mitspracherechte Dirigenten, Termine und Programme vorgesetzt werden, und im Idealfall finanzielle Sicherstellung mit künstlerischer Eigenverantwortung zu verbinden — eine Traum, der an den kulturpolitischen Realitäten der Nachkriegszeit scheiterte.

Die zunehmende Abhängigkeit von öffentlicher Förderung des Orchesterbetriebs in der Nachkriegszeit wird aus einem Blick auf die Entwicklung von Einnahmen und Ausgaben deutlich.

Jahr	Ausgaben	Einnahmen	%	Subvention	%	Dienste/Jahr
1946/47	1,232.000	903.800	73	327.000	26	596
1947/48	2.133.000	1,727.000	81	405.000	19	519
1948/49	2,156.000	1,353.000	66	708.000	34	497
1949/50	3,088.000	2,220.000	72	880.000	28	561
1950/51	3,970.000	2,678.000	67	1,369.000	33	604
1951/52	4,817.000	2,961.000	61	1,884.000	39	660
1952/53	5,001.000	3,215.000	64	1,776.000	36	707
1953/54	5,323.000	3,207.000	60	2,216.000	40	699

Waren während der Kriegszeit noch Einspielergebnisse nahe 90 % der Ausgabensumme zu verzeichnen, so sinken diese innerhalb von 15 Jahren unaufhaltsam auf 60 %. Die besonders drastischen Einbrüche im Haushalt der Saisonen 1948/49 und 1951/52 sind auf die wegen der allgemeinen Lohn- und Preiserhöhung gewährten Gagenerhöhungen zurückzuführen. Der Versuch, durch gewaltsame Steigerung der Dienstanzahl auf über 700 Dienste pro Jahr, was bei Wegrechnung eines Urlaubsmonats durchschnittlich mehr als zwei Dienste täglich (Sonn- und Feiertage eingerechnet) ergibt, eine besseres finanzielles Ergebnis zu erzielen, konnte schon deshalb von keinem nennenswerten Erfolg begleitet sein, weil die Differenz zwischen Selbstkosten und erzielbarem Honorar groß war und noch beständig stieg. Das heute unter Musikern gängige Bonmot „am billigsten kommt das Orchester der Gemeinde, wenn es überhaupt nicht spielt" begann damals anwendbar zu werden.

Die Selbstkosten pro Dienst sind aus Division der jährlichen Ausgabensumme durch die Diensteanzahl errechenbar; ihre Gegenüberstellung mit den von den Konzertinstituten und der Ravag gezahlten Honoraren ergibt folgendes Bild:[3]

---

3 Unter die Ziffern der Selbstkosten und des Honorars der Saison 1953/54 schrieb Stadtrat Mandl den handschriftlichen Vermerk: „Diese Differenz muß verschwinden".

Jahr	Selbstkosten	Honorar MV + KH	%	Ravag	%
1946/47	2.070	1.500	72	2.000	96
1947/48	4.150	2.550	61,5	3.000	72
1948/49	4.350	2.550	58,6	3.000	69
1949/50	5.500	3.100	56,3	4.000	73
1950/51	6.570	3.100	47	4.400	67
1951/52	7.300	4.000	55	6.350	87
1952/53	7.100	4.000	56	6.350	89
1953/54	7.620	4.000	52,5	6.350	83

Die umfangreiche Korrespondenz, die zwischen Direktor, Direktionsrat und Gemeinde in der Angelegenheit des steigenden Subventionsbedarfes geführt wurde, vermittelt den Eindruck zunehmender Konsterniertheit und Ratlosigkeit der zuständigen Kulturpolitiker, die argwöhnen, hier könne etwas nicht mit rechten Dingen zugehen und verschlüsselt, aber unüberhörbar Korruptionsverdacht äußern. Mit Entschiedenheit trat der Vorsitzende des Direktionsrates, Karl Lustig-Prean, der Vermutung entgegen, in den 700 Diensten seien etliche „Nebendienste" für die „Symphonia" inkludiert, und erklärte dies mit der Gestion von Direktor Schenker für absolut unvereinbar.[4] Tatsächlich ist der drastisch steigende Subventionsbedarf nicht allein aus der vertraglichen Besserstellung der Musiker und der aus diversen Lohn- und Preisabkommen entspringenden finanziellen Mehrbelastung des Vereins zu erklären. In den fünfziger Jahren wird in den Aufführungskünsten nur eine Entwicklung erstmals deutlich sichtbar, die ihren Grund in der spezifischen Eigengesetzlichkeit wachstumsorientierter Wirtschaftsweise hat und in der Studie von William J. Baumol und William G. Bowen („Performing Arts — The economic dilemma. A study of problems common to theatre, opera, music and dance") 1966 auf wirtschaftswissenschaftlicher Basis theoretisch analysiert wurde.[5] Danach resultiert die im Verhältnis zur gesamtwirtschaftlichen Entwicklung überproportional hohe Kostensteigerung der Aufführungskünste aus der Unmöglichkeit, die in der Güterproduktion und den Dienstleistungsbetrieben durch zunehmende Rationalisierung erzielte Produktivitätssteigerung auf künstlerische Betriebe zu übertragen. „Selbst wenn die Produktion der Aufführungskünste nach Qualität und Quantität bloß konstant bleiben soll, fordert sie einen Aufwand, der im Verhältnis zu den übrigen Produktions- und Dienstleistungsbereichen immer größer werden muß. Der Segen der Industriegesellschaft (das Wachstum der Produktivität) wird zum spezifischen Problem der Aufführungskünste."[6]

Die aus dem „Baumol'schen Gesetz" ableitbare und von der Entwicklung der letzten 20 Jahre voll bestätigte Tendenz zu einer immer größer werdenden Diskrepanz zwischen Aufwand und Einspielergebnissen wird zusätzlich noch durch die Zielsetzung demokratischer Kulturpolitik gefördert, die auf der Ertragsseite eine Limitierung der Kartenpreise erzwingt, um — zumindest theoretisch — den Zugang breiter Bevölkerungsschichten zu

---

4 Brief Lustig-Prean — Stadtrat Mandl vom 4. 2. 1955.
5 In Kurt Blaukopf: Musik im Wandel der Gesellschaft. Kap. 25.
6 Ebda., S. 289.

den öffentlich subventionierten Produktionen der Theater- und Konzertbetriebe zu ermöglichen.

Aus der jüngeren Vergangenheit ist interessantes Zahlenmaterial zum Problembereich Arbeitsproduktivität und Kunst in der Studie von Hanns Abele und Hannes Bauer („Die Bundestheater in der Österreichischen Wirtschaft") enthalten: Demnach stieg die Arbeitsproduktivität (definiert als Verhältnis von Output eines Betriebs zum benötigten Arbeitseinsatz) im Durchschnitt der österreichischen Industrie von 1971 bis 1980 um 42%, während jene der Bundestheater nahezu unverändert blieb. Potentielle längerfristige Produktivitätssteigerungen sind laut dieser Studie im Bereich der Bundestheater (und für Orchester dürfte dies annähernd ebenso zutreffen) einerseits im administrativen Bereich, andererseits in der Vermittlung von Leistungen an den Konsumenten durch effizienten Medieneinsatz zu erzielen, wobei auf die Folge einer möglichen Marktsegmentierung hingewiesen wird, die aufgrund hoher Kartenpreise und relativ niedriger Preise für die Substitute Film, Fernsehen, Video zu einer „Medienkultur für breite Bevölkerungskreise und Live-Kultur für eine relativ begüterte Mittel- bzw. Oberschicht"[7] führen könnte, was kulturpolitischen Zielsetzungen wiederum nicht entspräche. Blaukopf ortet in der Abgetrenntheit von Theaterbetrieben, Orchesterorganisationen, Konzertunternehmungen, Rundfunk und Schallplattenindustrie als je selbständige wirtschaftliche und rechtliche Komplexe ein Musterbeispiel für die von William F. Ogburn formulierte „Theorie der kulturellen Phasenverschiebung", die stattfindet, „wenn von zwei miteinander in Beziehung stehenden Kulturelementen das eine sich eher oder in größerem Maße verändert als das andere, sodaß der Grad der Anpassung zwischen den beiden Elementen geringer wird als zuvor"[8]. Dieser aus der wirtschaftlichen Dynamik erwachsenden Problematik für die künstlerischen Betriebe war man sich damals noch nicht bewußt und glaubte noch, durch angestrebte Symptomkuren (ökonomischeren Einsatz des Orchesters durch Teilung in Großes Orchester und Kammerorchester, in regelmäßigen Abständen auftauchende Restriktionspläne beim Personalstand) den Subventionsbedarf begrenzen zu können.

Ein Beispiel aus dem Jahr 1955 möge die Subventionshöhe im Verhältnis zu anderen subventionierten kulturellen Vereinigungen veranschaulichen: Am 22. 7. 1955 beschloß der Wiener Gemeinderat die Gewährung von städtischen Subventionen in der Gesamthöhe von 1,243.500 Schilling an 34 kulturelle Vereinigungen. Davon entfielen 485.000 Schilling an die Wiener Symphoniker (wobei die aus dem Kulturgroschen dem Verein zufließenden Mittel — etwa 1 Million — nicht berücksichtigt sind), 400.000 Schilling an den Verband für Wiener Volksbildung, 300.000 Schilling an das Institut für Wissenschaft und Kunst, 50.000 Schilling an Heimatmuseen, je 20.000 Schilling an den Verband der Arbeiter-Musikvereine und den Österreichischen Arbeiter-Sängerbund, je 15.000 Schilling an die Gesellschaft bildender Künstler (Künstlerhaus), die Wiener Secession und den Sängerbund für Wien und Niederösterreich, 10.000 Schilling an den Verein für Geschichte der Stadt Wien, je 8.000 Schilling an das Institut für Wohnungs- und Haushaltsforschung und die Jugendkunstklassen Professor Cizek, sowie 5.000 Schilling

---

7 Abele, S. 185.
8 Blaukopf, S. 283.

an den Sonnblick-Verein, d.h. von den gesamten vergebenen Kultursubventionen der Gemeinde Wien erhielten die Symphoniker 46,9%, die zeitgenössischen Künstler von Secession und Künstlerhaus zusammen 2,4%. Die Aufwendungen der Gemeinde für die Kunstförderung bekommen ihren Stellenwert durch Vergleich mit der Höhe des Kulturbudgets, das wiederum in Beziehung zu den Gesamtausgaben der Gemeinde im Budgetjahr 1955 gesetzt werden muß: Diese betrugen in der ordentlichen Gebarung des Stadtbudgets 3,48 Mrd. S. Die Ausgaben für den Sektor „Kultur und Volksbildung" beinhalteten in diesem Jahr erstmals auch die Aufwendungen für die städtischen Pflichtschulen, weshalb die Gesamthöhe von knapp 200 Mio. Schilling täuscht: 1954 lagen die Ausgaben für Kultur ohne diesen Posten bei 52,3 Mio. Schilling.[9]

In keiner Phase der Nachkriegsgeschichte des Orchesters war an eine andere Form der Subventionierung als an jene durch die öffentliche Hand gedacht. Wie schon erwähnt, hatten sich die privaten Mäzene nach dem ersten Weltkrieg aus der Kulturszene zurückgezogen, und die chronische Schwäche des österreichischen Kapitals (einer der Gründe für die Verstaatlichung der Industrie nach dem zweiten Krieg) sowie die traditionell vorherrschende Klein- und Mittelbetriebsstruktur ließen eine private Förderung des Orchesters nach amerikanischem Muster nicht denkbar erscheinen. Die öffentliche Hand erwies sich aber als sehr sparsamer Mäzen: Die Notwendigkeit der Erhaltung des Orchesters war (zumindest auf dem Stand von 126 Musikern) in den Kreisen der sozialistischen Kulturpolitiker und Finanzfachleute keineswegs unumstritten, und die Subventionsbeträge lagen deutlich unter jenen, die deutsche Städte ihren Orchestern zukommen ließen[10], was mitunter direkte unliebsame Auswirkungen auf die Symphoniker hatte, weil deutsche Orchester diversen ausländischen Veranstaltern weitaus günstigere Konditionen bieten und dadurch lukrative Tourneeangebote an sich ziehen konnten. „Ich habe in anderen Zusammenhängen", heißt es in einem Brief Lustig-Preans an Stadtrat Mandl vom 4. 2. 1955, „und zum Teil auch in der Öffentlichkeit sehr deutlich auf die ‚Schmutzkonkurrenz', die den Symphonikern erwächst, verwiesen. Immer wieder zeigte sich, wie verschiedene, namentlich reichsdeutsche Orchester bei ihren Tourneen von ihren Erhaltern so gestützt werden, daß sie uns unterbieten können und vor allem die Frage der ‚Star'-Dirigenten, die sich beispielsweise die Philharmoniker viel leichter verschaffen können, für uns verheerende Folgen zeitigt. Bisher hat mir niemand sagen können, wie man in der Praxis diesen Schwierigkeiten begegnet, wenn man nicht so leichtherzig in den Säckel greift wie z.B. nach allgemeiner Ansicht der Unterrichtsminister bei Auslandsfahrten der Philharmoniker".

Niveau und Renommee eines Orchesters werden in hohem Grad von der Möglichkeit internationaler Bewährung bestimmt, die positive Rückwirkungen auf Status und Selbstvertrauen des Kollektivs hat und die sonst zwangsläufig eintretende Provinzialisierung verhindert. Die durch verlorengegangene internationale Marktpositionen eintretende Demoralisierung und Resignation eines Orchesters läßt dann tatsächlich hohe Subventionen als fragwürdige Investitionen in mangelhafte Werbewirksamkeit erscheinen —

---

9 Amtsblätter der Stadt Wien für 1955.
10 Mit Erbitterung wird heute noch die von alten Kollegen (auch aktenmäßig belegbare) Bemerkung des Generaldirektors der Städtischen Versicherung, Dr. Liebermann, kolportiert: „Wien ohne die Philharmoniker kann ich mir nicht vorstellen — Wien ohne die Symphoniker aber sehr wohl."

und nur um diese geht es bezüglich der Tourneetätigkeit. Die kurzsichtige Finanzierungs-
politik rechtfertigt sich solcherart selbst durch Verweis auf die von ihr bewirkten
Ergebnisse. Aber sogar in Wien selbst erwuchsen daraus den Symphonikern in ihrer
Stellung den Konzertinstituten gegenüber Nachteile bezüglich der Durchsetzbarkeit
höherer Honorare. Die schwache Position des Orchesters vor allem gegenüber der GdM
und deren Direktor Gamsjäger wird hier besonders klar ersichtlich. Am Zirkularblatt vom
27. 8. 1951 findet sich die handschriftliche Notiz Lustig-Preans: „Aus den gestern im
‚Kleinen Volksblatt‘ veröffentlichten Mitteilungen der GdM geht hervor, daß zwei
reichsdeutsche Orchester (Münchner Rundfunk und Bamberg) im Zyklus ‚Große Symphonie‘ spielen, was für uns, je drei Proben und vier Konzerte angenommen, einen
Verlust von 14 Diensten bedeutet." Und die — ebenfalls handschriftliche — Antwort
Mandls lautet: „Ich halte das für einen sehr geschickten Schachzug Gamsjägers, der nur
damit beweisen will, daß er auch ohne die Symphoniker auskommt. Ich kann nicht
abschätzen, ob er das ganze Konzertprogramm mit fremden Orchestern durchstehen
könnte — ich traue ihm alles zu. Man müßte jetzt dadurch antworten, daß man die Frage
der Kosten der Symphoniker und die indirekte Subventionierung der GdM anschneidet.
Es wäre gut zu überlegen, ob es nicht klüger ist, die GdM für die Selbstkosten der
Symphoniker zur Gänze aufkommen zu lassen und die Differenz zu den derzeit bezahlten
Beträgen als Subvention der Stadt zu geben. Es scheint mir, wir hätten dann die GdM besser
in der Hand. Ich getraue mich aber nicht, allein die eventuellen Folgen abzuschätzen."

Diese Überlegungen zum Subventionsmodus (davon wird im Abschnitt „Vermietung" noch ausführlicher gehandelt) sind gleichzeitig ein Beleg unter vielen, daß die
Praxis der Subventionierung aus diversen Fonds (Kulturgroschen etc.) außerhalb des
ordentlichen Budgets seitens der Gemeinde Wien nicht grundsätzlich in Frage stand. Im
Interesse des Orchesters lag es aber, nicht auf Dauer von (zumindest theoretisch)
kündbaren Subventionen abhängig zu sein. Die volle Übernahme durch die Gemeinde
(mit allen sozialrechtlichen Konsequenzen) war daher ein zentrales Anliegen der Orchestervertretung.

2. Pläne zur Kommunalisierung des Orchesters

Ein halbes Jahr nach Wiederaufnahme des Orchesterbetriebes setzte die Vereinsleitung
die ersten Initiativen zur Übernahme der Symphoniker in städtische Dienste. Im Jänner
1946 erschien das erste Memorandum („betreffend die Übernahme der Wiener Symphoniker in die Dienste der Gemeinde Wien", gerichtet an Stadtrat Dr. Matejka), das ein
wertvolles Dokument zur Situation des Orchesters darstellt, weil es versucht, die ökonomischen, künstlerischen und kulturpolitischen Gründe für die Notwendigkeit der Kommunalisierung zu beleuchten und ihre enge Wechselbeziehung und Verflochtenheit zu
erweisen. Brennpunktartig sind hier alle Probleme vereinigt, vor die das Orchester
gestellt war:

a) *Einspielergebnisse:* Sie lagen mit 75% des benötigten Aufwandes noch immer
ziemlich hoch, allerdings war hiefür auch ein unverhältnismäßig hoher Preis zu zahlen,
was die künstlerische Seite betraf: nur ein Viertel der eingespielten Erträge floß aus der
öffentlichen Konzerttätigkeit, also den Dienstleistungen für die Konzertinstitute und den

Konzerten für diverse Kulturvereinigungen und einzelne Veranstalter. Die Hälfte der Dienste des Orchesters entfiel auf die Ravag, die dafür auch 50% der Gesamtunkosten beglich, fanden also im Studio statt. Das Memorandum vermerkt hiezu: „Die Orchesterleistungen in der Ravag sind weit herabgedrückt. Die Sendungen werden mit einer bunten Reihe größtenteils unzulänglicher Dirigenten, mit ein bis zwei Proben ausgeführt und leiden überdies an schweren technischen Mängeln, welche vom Hörer nicht ohne weiters als solche erkannt und beurteilt werden. Das auf den derzeitigen Bestandsgrundlagen notwendige und zweckmäßig Ravag-Übereinkommen ist daher für die Entwicklung des Orchesters mittelbar und unmittelbar außerordentlich unzuträglich." Dennoch war das Orchester auf diese wichtige Geldquelle angewiesen und mußte ständig befürchten, durch Gründung bzw. Ausbau eines radioeigenen Funkorchesters die Basis seiner Existenz zu verlieren. So unbefriedigend also die Situation vom künstlerischen Standpunkt aus war, so sehr war die Vereinsleitung bemüht, die Dienstanzahl beim Rundfunk eher noch zu steigern. Zwar wäre eine Steigerung der Dienste im öffentlichen Konzertsektor durchaus möglich gewesen, da zunächst noch genügend Nachfrage (vor allem bei den diversen Kulturvereinigungen) bestand, aber die Grenze der Auslastung war erreicht, und eine Substitution von Ravagdiensten durch andere Mieter scheiterte an den geringeren Honoraren, die bei Privaten im Vergleich zur öffentlich-rechtlichen Körperschaft des Rundfunks zu erzielen waren. Bezüglich der noch fehlenden 25% zur Deckung der Ausgaben war der Verein ohnehin auf eigene Rücklagen angewiesen, was 1946 ungefähr 250.000 Schilling bedeutete.

b) *Vermietungsbedingungen:* Die Tatsache der völligen Abhängigkeit von der Vermietung des Orchesters ohne Einfluß auf Programm- und Dirigentenwahl war bezüglich der künstlerischen Entwicklung schon unerfreulich genug, hatte aber darüberhinaus im Zusammenhang mit dem geringeren Renommee des Orchester auch Folgen für das Verhältnis von Probenzahl und Aufführung und somit wieder für die Qualität der künstlerischen Darbietung: „Die Orchesterleistungen werden publizistisch im allgemeinen nicht ungerecht, aber weitaus geringfügiger bewertet und das Orchester steht vor allen Dingen nicht so im Brennpunkt des öffentlichen Interesses wie die Philharmoniker. Die Symphoniker-Konzerte erreichen daher nur mit besonders zugkräftigen Dirigenten und Programmen die oben erwähnte maximale Ertragshöhe. Die Folge davon ist, daß die Veranstalter sich bemühen, möglichst interessante, moderne und in der Regel schwierige Programme zu bringen. Dadurch ergibt sich ein Probenerfordernis, bzw. eine für das Konzert beanspruchte Gesamtdienstleistung, die umgelegt aus den Gesamtjahresunkosten auf den Einzeldienst, aus dem Ertrag solcher Konzerte nicht gedeckt werden kann. Dieser aliquote Unkostenanteil für den Einzeldienst mußte deshalb ca. auf die Hälfte herabgesetzt werden. Trotzdem aber kann für solche Programme die aus künstlerischen Gründen erforderliche Probenanzahl nicht zur Verfügung gestellt werden, weil diese auch mit dem herabgesetzten Dienstentgelt aus den Erträgnissen eines solchen Konzertes nicht gedeckt werden kann und deshalb auf eine wirtschaftliche Verteilung der Gesamtdienste Bedacht genommen werden muß."

Vermietung des Orchesters an Private ohne entsprechenden finanziellen Rückhalt durch private Mäzene macht also öffentliche Subvention erforderlich, die aber, wenn sie maximale Einspielergebnisse als Bedingung ihrer Gewährung voraussetzt, wieder nur bewirkt, daß aufgrund der dadurch erforderlichen Minimierung der Probenanzahl pro Konzert künstlerisch unbefriedigende Ergebnisse erzielt werden, vor allem im Bereich der Neuen Musik, die wegen ihrer ungewohnten musikalischen Syntax ungleich sorgfältigere Probenarbeit erfordern würde, als aus wirtschaftlichen Gründen möglich ist.[11]

Aus der Dienststatistik für 1945/46 geht hervor, daß pro Konzert durchschnittlich zwei Proben aufgewendet wurden. Die Anzahl der qualitativ mäßigen Aufführungen, verursacht durch die Produktionsbedingungen, dürfte entsprechend hoch gewesen sein.

Mit Neid blickten die Symphoniker auf die völlig anders geartete Situation bei den Philharmonikern. „Ihre Programme beschränken sich in der Regel auf die ihnen wohlvertrauten Standardwerke, sodaß sie nur zwei bis drei Probendienste für das Konzert benötigen. Es besteht demnach ein wirtschaftliches Verhältnis zwischen Dienstanforderungen und Ertrag."

c) *Problem der Kontinuität bei Personal und Dirigenten:* Hier wird der Einfluß der ökonomischen Bedingungen auf die künstlerische Qualität des Orchesters besonders deutlich. Letztere wird wesentlich von der Möglichkeit bestimmt, unter einem künstlerischen Leiter spielen zu können, der kontinuierlich mit dem Orchester arbeitet — oder zumindest eine Orchesterbesetzung zur Verfügung zu haben, die über einen längeren Zeitraum hinweg relativ stabil bleibt. Beides war bei den Symphonikern nicht der Fall. Die Fluktuation beim Personal war aufgrund der wenig zufriedenstellenden Arbeitsbedingungen, der ungenügenden sozialen Absicherung, des vergleichsweise niedrigen Gehalts und geringeren Sozialprestiges ziemlich hoch, die künstlerisch qualifiziertesten Musiker gerieten fast unweigerlich in die Sogwirkung der Philharmoniker, die in all den genannten Bereichen günstigere Bedingungen boten. „Der Musiker strebt nach einer Verbesserung seiner Stellung. Bei den Philharmonikern kann er sich künstlerisch besser entfalten, seine gesellschaftliche Stellung ist gehoben, sein Einkommen ist wesentlich größer, die Anforderungen des Orchesterdienstes sind geringer, sodaß er als Lehrer, Kammermusiker oder konzertierender Künstler bessere Entwicklungsmöglichkeiten, zusätzliches Einkommen und gesellschaftlich an Bedeutung gewinnt und, was besonders entscheidend ist, er hat eine definitive Stellung und eine entsprechende Altersversorgung ... Weiters wandern immer wieder gute Kräfte ab, nachdem sie bei den Symphonikern die entsprechende künstlerische Reife erworben haben und sich daraufhin ihre Stellung bei den Philharmonikern oder in einem anderen in gleicher Weise sichergestellten Orchester verbessern können. Um der sicheren Stellung und einer gehobenen Altersfürsorge willen verlassen gute Musiker die Symphoniker und gehen auch ins Burgtheater."

Anfangs der fünfziger Jahre wurde zur Untermauerung der betriebsrätlichen Forderungen nach finanzieller und sozialer Gleichstellung des Orchesters mit den Philharmonikern eine „Abwanderungsliste" seit dem Bestehen des Orchesters (also auch in den Vorformen des „Concertvereins" bzw. „Wiener Sinfonie-Orchesters") erstellt. Demnach verließen 83 Musiker die Symphoniker größtenteils in Richtung Oper, zehn davon aber

---

11 Es sei nicht verschwiegen, daß der Konzertbetrieb heute in gleicher Weise an diesem Problem laboriert. Die Erarbeitung etwa einer sinnvoll zu nennenden Interpretation von Weberns Orchesterstücken Op. 6 mit ihrer ungemein differenzierten Technik der durchbrochenen Arbeit, die Melodielinien bis in Einzeltöne zerstäubt durch verschiedene Instrumente hindurch dennoch als Zusammenhang hörbar macht, würde vom einzelnen Musiker die genaueste Kenntnis der Funktion dieser von ihm zu spielenden einzelnen Partikel innerhalb der musikalischen Totale verlangen, soll nicht für ihn wie für den Zuhörer der Eindruck eines chaotisch-willkürlichen Durcheinanders entstehen, der den allermeisten Aufführungen auch wirklich eignet. Diese Kenntnis aber wäre nur durch intensive Probenarbeit zu erwerben. „Man läßt sich die Unverständlichkeit gern von unverständlichen Aufführungen bestätigen, während man, auf die man die Zuständigkeit abschiebt, den Unsinn, den er zu hören bekommt, in Wahrheit genausowenig verstehen könnte wie der entrüstete alte Abonnent" (Adorno, Klangfiguren, darin „Neue Musik, Interpretation, Publikum").

auch in Richtung Volksoper (in der heutigen Orchesterhierarchie entspräche dies einer eindeutigen Verschlechterung), und weitere neun Musiker gingen gar zur Bühnenmusik des Burgtheaters, was die triste sozialrechtliche Situation der Symphoniker hinlänglich illustriert. Aufgeschlüsselt auf Instrumentengruppen wanderten 18 Geiger, elf Bratschisten, sechs Cellisten, zehn Kontrabassisten, fünf Flötisten, vier Oboisten, zwei Klarinettisten, fünf Fagottisten, acht Hornisten, fünf Trompeter, drei Posaunisten, ein Tubist und fünf Schlagwerker ab — ein komplettes „Orchester ehemaliger Symphoniker". Die Vermutung liegt nahe, daß — im Hinblick auf die erhebliche Arbeitsbelastung, die jene der Philharmoniker damals übertraf — im Orchester hauptsächlich verblieb, wer über unzureichende künstlerische Qualifikation verfügte, um seine Stellung zu verbessern. Der 1948 pensionierte zweite Geiger und spätere Ehrenvorstand des Orchesters, Ernst Dörfler, schreibt in seiner „Autobiographie": „Zu den schweren Erschütterungen, die unser Orchester durch die zwei Kriege erlebte, kommt ein besonders erschwerender Zustand, der wie ein Damoklesschwert über dem Orchester hängt und es in seinem Bestand immer wieder ins Wanken bringt: Das ist die Abwanderung aller erstklassigen Kräfte in das *Philharmonische Orchester* — Natürlich so zweite Geiger halten die Treue wie ich, aber daß auch Prominente blieben, das will ich nun mit Namensnennung festhalten: nicht zu den Philharmonikern gingen: Zimbler, Malcher, Kreisler, Schmidt, Fiala, Ortlieb, Hübner und so mancher Bläser, der sicher dort untergekommen wäre. Es ist auch die Volksoper ein Auffanglager, dem z.B. Winslöw und Felser unterlagen, ja sogar dem Bühnenorchester-Engagement folgten manche (besonders, die den leichten Dienst unserm schweren vorzogen, wie Brandeisky und Tesar. Das ist das Hauptübel, daß wir so manche Prominenz verloren und dem folgten nicht *nur* Musiker — wir verloren an sie auch Dirigenten (ich nenne nur Furtwängler und als letztes Beispiel Karajan, der nun Direktor der Oper wurde und auf uns, die wir die Stufenleiter waren, hustet)".

d) *Philharmoniker:* Die Tatsache, daß die Philharmoniker für die Identität der Symphoniker ein bedeutendes Problem, das sich mitunter traumatisch steigert, darstellen, gewinnt in der Orchestergeschichte beinahe leit- (bzw. leid)motivische Bedeutung. Hier kann nur auf jenen Teilaspekt verwiesen werden, der aus den oben angeführten Punkten nicht ohnehin ableitbar ist (Abwanderung, „positive Rückkoppelung" zwischen Geltung, Niveau, sozialer Sicherheit, Einkommen) — nämlich die Konkurrenzierung auf dem Konzertsektor, dessen Alltagsbetreuung zwar den Symphonikern oblag, dessen festliche Höhepunkte aber von den Philharmonikern gesetzt wurden. Im Memorandum heißt es dazu: „Die Frage nach dem Bedarf eines symphonischen Orchesters im Wiener Konzertbetrieb braucht nicht besonders nachgewiesen zu werden. Die Philharmoniker sind in erster Linie Staatsopernorchester. Ihre Tätigkeit als Philharmoniker im Rahmen ihrer Abonnementkonzerte und einiger Repräsentationsangelegenheiten steht außer jeder Diskussion. Es muß aber bei dieser Gelegenheit darauf hingewiesen werden, daß sie derzeit trotz ihrer großen Beanspruchung für die Staatsoper mit Hilfe ihrer weitverzweigten und außerordentlich beweglichen Patronanzen jede Gelegenheit benützen, um sich mit dem Einsatz ihres Nimbus als Wiener Philharmoniker aus einer konzertanten Tätigkeit zeitgemäße Vorteile zu schaffen. Dies aufzuzeigen ist notwendig, weil dadurch vor allem die Wiener Symphoniker empfindlich zurückgedrängt und geschädigt werden. Nachdem in der Öffentlichkeit immer wieder auf die Überlastung der Philharmoniker hingewiesen und Abhilfe verlangt wird und diese Forcierung ihrer konzertanten Tätigkeit hauptsächlich zum Schaden der Symphoniker geschieht, entsteht zwischen den beiden Orchestern eine unfreundliche Situation, die eine zweckmäßig Korrektur erfordert."

Die Beunruhigung der Symphoniker wird bei einem Blick in die Konzertstatistik des Musikvereins verständlich: waren die Philharmoniker während der Kriegsjahre abseits ihres Abonnementzyklus zwei bis dreimal jährlich bei außerordentlichen Konzerten tätig, so spielten sie in der Saison 1945/46 an zwölf zusätzlichen Terminen sieben Programme, während die Symphoniker für vierzehn Programme an siebzehn Terminen eingesetzt waren.[12] Das Untertauchen der Symphoniker in den Ravag-Studios und die künstlerisch wertlose Gestaltung von Festakten und Feierstunden drohte die (vom Philharmonischen Abonnement abgesehene) Monopolstellung im öffentlichen Konzertwesen zu gefährden; daher drängte das Memorandum auf eine kulturpolitisch klar definierte, von „höheren, für das Wiener Musikleben verantwortlichen Stellen" eindeutig zu regelnde Aufgabenteilung und Kompetenzabgrenzung der Wiener Orchester auf dem Konzertsektor: demnach sollten den Philharmonikern unter Wahrung ihrer „traditionsverpflichteten, künstlerischen Einmaligkeit" die „Meisteraufführungen der symphonischen Standardwerke" vorbehalten bleiben, während die Symphoniker im Dienst „der gesamten symphonischen Literatur, besonders aber der modernen Musikbewegung" stehen sollten. Daneben bliebe noch Raum für ein drittes, für „Begleitkonzerte und kleinere Aufgaben" prädestiniertes Orchester, symphonisches Fußvolk sozusagen, das weder das philharmonische Musikmuseum noch die symphonische Experimetierwerkstätte konkurrenzieren sollte.

Aufgrund der angeführten Probleme schlägt das Memorandum zwecks Konsolidierung der Verhältnisse bei den Symphonikern folgenden Maßnahmenkatalog vor:

a) Volle Übernahme des Orchesters durch die Gemeinde Wien bei besoldungs- und sozialrechtlicher Gleichstellung mit den Philharmonikern. Dabei wird ausdrücklich darauf hingewiesen, daß die Garantie einer Ausfallshaftung seitens der Gemeinde eine ungenügende Maßnahme wäre, die an der Struktur der organisationsbedingten Problematik nichts ändern würde: Die Geschäftsführung wäre weiterhin verpflichtet, zur Erwirtschaftung maximaler Erträge auch künstlerisch wertlose Engagements zu übernehmen, die Mietorchester-Situation bliebe bestehen, und die nötige soziale Besserstellung der Musiker könnte dadurch auch nicht erreicht werden.

b) Engagement eines ständigen künstlerischen Leiters (das Memorandum verwendet auch den Ausdruck „künstlerischer Erzieher", was Rückschlüsse auf den Status des Orchestermusikers als pädagogisches Objekt zuläßt).

c) Neuregelung des Verhältnisses zur Ravag: Bei Erfüllung des Punktes a) wäre zumindest ein teilweiser Rückzug aus der Beschäftigung beim Rundfunk möglich unter der Voraussetzung, daß „die Ravag ihr Funkorchester etwas verstärkt, sodaß sie symphonische Konzerte mit anspruchsloserem Programm damit bestreiten kann" und die Symphoniker nur mehr „für größere Aufgaben 8 bis 10 Dienste im Monat" beisteuern würden. Die dadurch freiwerdenden Termine stünden für öffentliche Produktionen zur Verfügung.

Die Erfüllung der Forderungen obiger Punkte würde schließlich (unter Punkt d) subsumiert) verstärkte Präsenz des Orchesters in der Öffentlichkeit, damit verbunden die Möglichkeit der Befriedigung der Konzertnachfrage, ein vertretbares Verhältnis zwischen Probenanzahl und Aufführungen und somit künstlerische Spitzenleistungen ermöglichen. Mit einem Appell an die moralische Verpflichtung, an der „Wiederaufrichtung der österreichischen Kulturgeltung in der Welt, bei der die Musik eine bedeutende Rolle spielt", mitzuwirken, schließt das Memorandum. „Im Allgemeinen aber wäre es

---

12 *Hundert Jahre Goldener Saal — Konzertstatistik.*

darüberhinaus ein Akt tätiger Erkenntnis, daß für kulturelle Angelegenheiten der erforderliche Einsatz in maßgebender Weise beachtet werden muß, wenn die Kultur als das tragende Prinzip einer Zeit gelten soll. Die Übernahme der Wiener Symphoniker stellt die Gemeindeverwaltung sicherlich nicht vor ein unlösbares Problem, das Orchester aber würde dadurch in einer bisher nicht zustandegekommenen Art und Weise künstlerische Entwicklungsmöglichkeiten gewinnen, die der Förderung des Wiener Musiklebens entscheidende Impulse geben würden."

Vom Februar 1946 existiert eine komprimierte Variante des Memorandumtextes, die die kulturpolitische Bedeutung des Orchesters stärker akzentuiert und die Argumentationsweise deutlich auf die politische Orientierung der Adressaten abstimmt: „Die Erhaltung und Förderung der Wiener Symphoniker ist aber nicht nur eine Angelegenheit der Repräsentation, sondern auch eine vitale Notwendigkeit für den Aufbau und die Verbreitung der Musikpflege im Volk und besonders in der Jugend, und damit von eminenter Bedeutung für die gesamte Kulturentwicklung Wiens. Die Konzerte der Philharmoniker erfassen in der Regel nur einen relativ kleinen exklusiven Gesellschaftskreis. Soll anstelle des nazistischen Blockflöten- und Ziehharmonikazaubers in Wien wieder gute Musik weiten Volksschichten und vor allem der Jugend zugängig gemacht werden, so müssen viele, gute und billige Konzerte diesen Zwecken zur Verfügung gestellt werden können."

Die Höhe der Erhaltungskosten des Orchesters betrug 1946 ca. 900.000 Schilling, die Gemeinde subventionierte ab 1947 die Differenz zwischen Einspielergebnis und Aufwand in der Höhe von ca. 300.000 Schilling. Laut den Berechnungen des Vereinsvorstandes hätte sich der finanzielle Aufwand für die Gemeinde bei Erfüllung des Forderungsprogramms auf das Doppelte erhöht: die Reduzierung der Veranstaltungen zugunsten einer intensiveren Probentätigkeit sowie die Verbesserung der Anstellungbestimmungen hätten laut der Vereinsprognose eine Steigerung des Gesamtaufwandes auf 1,2 Mio. Schilling erfordert, von denen 50% einspielbar gewesen wären (also eine Reduktion der Eigenleistung um 25%). Das Memorandum vom Februar 1946 weist zur Rechtfertigung der angestrebten Mehrleistung seitens der Gemeinde auch darauf hin, daß nach Überführung der Volksoper in den Verband der Bundestheater das Kulturbudget der Gemeideverwaltung wesentlich entlastet sei und appelliert nochmals an das Bewußtsein des kulturellen Auftrags der Gemeinde: „Die Stadt Wien aber setzt damit eine weithin sichtbare und wirksame Tat der Erkenntnis, daß sie auch bereit ist, den notwendigen Einsatz zu leisten, um die Kultur als das tragende Prinzip der künftigen Entwicklung Wiens aufzurichten."

Diese „wirksame Tat der Erkenntnis" ließ allerdings noch auf sich warten: Fünf Jahre später (im November 1951) veröffentlichte die Gewerkschaft der Angestellten der freien Berufe einen mehrseitigen „Aufruf an die Bevölkerung Wiens" zur Theaterkrise, in dem auch statistische Angaben zum Kulturbudget Wiens im Vergleich mit deutschen Städten enthalten sind. Während demnach Berlin trotz schwerer Kriegsschäden im Haushaltsjahr 1951 umgerechnet 84 Mio. Schilling für Kunstpflege (davon ca. 80 Mio. für Theater und Musik) vorgesehen habe und daraus zehn Musik- und Sprechtheater aus eigenen Mitteln erhalte, betreibe die Stadt Wien kein eigenes Theater oder Orchester — mit der Subvention von ca. 400.000 Schilling für die Wiener Symphoniker „erschöpft sich die gesamte materielle Leistung der Stadt Wien für die Förderung künstlerischer Betriebe". Nur knapp 0,6% ihres Budgets von 1,6 Mrd. Schilling wende die Bundeshauptstadt für Kultur auf, während die Landeshauptstädte immerhin 1,5 bis 4% ihrer Ausgaben dafür bereithielten. In diesem Jahr unterstützte Graz das Städtische Theater und Orchester mit 3 bis 4 Mio., Innsbruck mit 1 bis 2 Mio., wobei die 55 Musiker pragmatisiert waren, und selbst Wiener Neustadt und Baden subventionierten ihr Theater und Orchester mit je 80.000 bzw. 100.000 Schilling. In einer vertraulichen Information bezüglich des Orchesters Wiener Symphoniker und der Theater heißt es weiter: „Wien hat während der Nazizeit die Volksoper und die Wiener Symphoniker durch ausgiebige Subventionen erhalten. Und heute!! leistet die Gemeinde Wien für das Theater überhaupt nichts, denn die Volksoper wurde vom Bund zur Gänze übernommen, und die Wiener Symphoniker ... erhalten eine Subvention von 360.000 Schilling pro Jahr. Dieser Betrag muß für die in der ganzen Welt bekannte Musikstadt Wien als sehr gering bezeichnet werden. In anderen Staaten würde dies von den Staatsbürgern als Kulturschande betrachtet werden. Gerade die Stadt Wien, in welcher die Sozialisten die Mehrheit im Gemeinderat besitzen, müßte auf diesem Gebiet viel mehr leisten ...“[13]

„Wien hätte wohl die Pflicht“, heißt es im „Aufruf“ von 1951, „in ihrem Haushaltsplan Mittel für den Unterhalt von mindestens einem Sprech-, einem Operettentheater und einem symphonischen Orchester bereitzustellen“, was als Forderung der Gewerkschaft ausdrücklich deponiert wird. Der „Aufruf“, der mit der Frage: „Wiener und Wienerinnen! Stimmt die Behauptung kulturfeindlicher bürokratischer Elemente, daß Ihr kein Interesse mehr an Theater und Musik habt? Ein Strauß, Raimund, Mozart, Nestroy, Grillparzer, Anzengruber, Schönherr und alle anderen Schöpfer unsterblicher Musik- und wertvoller Theaterstücke sollen Euch nichts mehr bedeuten, banale Vergnügen zieht Ihr guten Theaterstücken und Musikaufführungen angeblich vor, sodaß man Theater in Kinos oder Garagen verwandeln müsse?“ beginnt und die Realität der Wiener Kulturszene (vor allem die Situation bezüglich der Sprechtheater) scharf angreift, schließt mit den Worten: „Überlegt und prüft unsere Fragen, Eure Lebensfreude, die Zukunft Eurer Kinder und ein wesentlicher wirtschaftlicher Faktor unseres Landes sind bedroht durch die engstirnige Politik der kunstfeindlichen Bürokratie.“

Die Orchesterleitung der Symphoniker hoffte im Frühjahr 1946 allerdings noch, eine rasche Entscheidung in der Kommunalisierungsfrage herbeiführen zu können. Eine neuerliche Kurzfassung des Memorandums (als Vorschlag der Formulierung eines Antrags an den Stadtsenat) erging am 21. 5. an Prof. Robert Fanta (im Amt für Kultur und Volksbildung), schon vorher war ein ausführliches Konzept über die „Neuregelung der Betriebsgrundlagen der WS“ verfaßt und auf ausdrückliche Weisung von Dr. Kraus ohne vorherige Begutachtungsmöglichkeit seitens der Gewerkschaft dem Kulturamt übermittelt worden. Da von der grundsätzlichen Entscheidung des Stadtsenats die weitere Gestaltung der Honorarbedingungen und Anstellungsverhältnisse der Musiker unmittelbar abhing, urgierte die Direktion, „alle diese wichtigen Angelegenheiten bis zum Beginn des neuen Spieljahres, also bis 1. 9., wenigstens soweit ordnen zu können, daß ein geregelter Betrieb aufgenommen werden kann“[14].

War im Antrag vom 21. 5. formuliert, die Übernahme in die Gemeindeverwaltung solle „in Berücksichtigung der besonderen Art eines Orchesterbetriebes ... auf der Grundlage eines besonderen Statuts erfolgen, welches die Anstellungs-, Entlohnungs- und Versorgungsverhältnisse des Orchesters regelt und sicherstellt“ so geht aus einem Schreiben an Kulturstadtrat Matejka vom 20. 9. 1946 hervor, daß als Rechtsform des

---

13 Brief Sirowy — Bürgermeister Körner vom 3. 8. 1949.
14 Brief WS — R. Fanta vom 21. 5. 1946.

Orchesters nach Vorstellung der Gemeinde Wien der „Verein Wiener Symphoniker" jedenfalls weiterbestehen sollte, was eine Neubearbeitung der Satzung erforderlich gemacht hätte. Sichtlich waren den Orchestermitgliedern bereits Versprechungen bezüglich der Verbesserung ihrer Anstellungsbestimmungen gemacht worden, weil in diesem Brief ausdrücklich festgehalten wird, daß innerhalb der weiterbestehenden vereinsrechtlichen Regelung „Bedacht darauf genommen werden muß, daß geeignete Bestimmungen festgelegt werden, welche die dem Orchester bereits zugesagten Dienst- und Versorgungsrechte (Definitivum und gehobene Alters- und Invaliditätsfürsorge) unabdingbar sicherstellen." Weiters wäre zu beschließen, „welchen Mindestbetrag die Gemeinde Wien jährlich dem Verein als Subvention zur Verfügung stellen wird, oder in welcher anderen Form sichere finanzielle Betriebsgrundlagen geschaffen werden sollen".

Die Vereinsleitung war also offensichtlich in einer unangenehmen Situation: Einerseits waren Versprechen einzulösen, die unter der irrigen Annahme gemacht worden waren, die Kommunalisierung des Orchesters sei innerhalb kurzer Frist zu bewerkstelligen, andererseits erwies es sich nun, daß die Gemeinde nicht bereit war, das Orchester mit dem angestrebten Sonderstatut der Verwaltung einzugliedern und daher Vermietungsbedingungen unter weitgehend ungeklärten rechtlichen Verhältnissen für das laufende Geschäftsjahr erstellt werden mußten. Die Direktion legte deshalb am 2. 10. 1946 den Entwurf für ein Organisationsstatut der Wiener Symphoniker vor, das die Übernahme in die Verwaltung der Gemeinde Wien unter dem Titel „Gemeinde Wien, Städtisches Orchester Wiener Symphoniker" zum Hauptinhalt hatte und folgende Konstruktion vorsah:

Unter der Oberaufsicht des Bürgermeisters für die Geschäftsgebarung agiert der Verwaltungsrat mit nur beratender Funktion, bestehend aus dem Bürovorstand des Amtsführenden Stadtrates, dem Musikbeauftragten der Stadt Wien, dem geschäftsführenden Intendanten, dem künstlerischen Leiter und dem Betriebsratsobmann (Orchestervorstand) unter dem Vorsitz des Amtsführenden Stadtrates, der für die Verwaltung verantwortlich zeichnet. Dem Bürgermeister obliegt, nach Vorschlag des Kulturstadtrates, die Ernennung des geschäftsführenden Intendanten (Direktion) und des künstlerischen Leiters sowie der Erlaß einer Dienstordnung, die deren Kompetenzen regelt. Die Führung der Personalangelegenheiten besorgt der Intendant, die Anstellungsbedingungen „werden auf der Grundlage einer Gleichstellung dieser Bedingungen mit denen des Wiener Staatsopernorchesters in einem Vertrag zwischen der Gemeinde Wien und dem Gewerkschaftsbund geregelt". Bezüglich der finanzielle Gebarung ist vorgesehen, daß der Stadtrat nach Erhalt eines vom Intendanten erstellten Jahresvoranschlags die Bedingungen für die Orchestervermietung festlegt und berechtigt ist, „einen Anteil an den Erhaltungskosten des Orchesters bis zum Betrag von 600.000 Schilling jährlich dem Budget seiner Verwaltungsgruppe anzulasten".

Dieses vorgeschlagene Organisationsstatut faßt die Hauptforderungen des Orchesters präzis zusammen: Kontinuität im künstlerischen Bereich, Nivellierung des sozialen Gefälles zur Oper und damit Verminderung des Konkurrenzdruckes und der Sogwirkung, Bewahrung bzw. Erreichung künstlerischer Autonomie (infolge der bloß beratenden Funktion des Verwaltungsgremiums), Möglichkeit von an künstlerischen Erfordernissen orientierten Arbeitsbedingungen, Entlastung von den jährlichen Kämpfen mit den Konzertinstituten bezüglich der Diensthonorare, die nun nicht mehr Gegenstand zäher Verhandlungen, sondern obrigkeitlicher Regelung gewesen wären. Bezüglich der dienst- und besoldungsrechtlichen sowie sozialen Angleichung an die Verhältnisse in der Staatsoper lag im Oktober 1946 ebenso grundsätzliche Zustimmung maßgebender Herren der Gemeindeverwaltung vor (vgl. dazu S. 101), wie auch zum Bereich „gesicherte finanzielle Grundlagen für den Orchesterbetrieb, die eine zeitgemäße künstlerische Entwicklung gewährleisten."[15] Strittig war hingegen die künftige Rechtsform des Orchesters, und hier polemisierte der Verein gegen seinen eigenen Weiterbestand mit folgenden Argumenten:

1. Die Form des privaten Vereins biete keine Sicherheit gegen seine jederzeit mögliche Auflösung, wodurch das angestrebte Ziel des Aufbaus und die Erhaltung eines künstlerisch erstrangigen Orchesterpersonals kaum erreichbar scheine (zumindest nicht in der Unsicherheit und Notlage der Nachkriegssituation). Eine Bestandgarantie seitens der Gemeinde in Form der Bereitschaft zu ständiger Subvention würde eine mittelbare Rechtsform errichten, indem die Gemeinde das Orchester über den Verein (statt direkt) subventionierte, was für den künstlerischen Betrieb eine Reihe von Problemen mit sich brächte.

2. Die Neukonstituierung des Vereins würde unabdingbar zur Mitgliedschaft der Konzertinstitute führen und deren wesentlichen Einfluß auf seine Gestion zur Folge haben: „Diese Gesellschaften sind einmal die Nutznießer des Orchesters und stehen daher zu diesem in einem natürlichen Gegensatz." Zwangsläufig würden sie versuchen, ihre eigenen Interessen, die keineswegs immer jene des Orchesters seien, im Verein geltend zu machen.

3. Die Musiker wären bloß Angestellte und nicht Mitglieder des Vereins und hätten in dieser Funktion kein maßgebendes Stimmrecht. „Es ist weiters zu bedenken, daß die Bestimmungen des Betriebsrätegesetzes über die Einflußnahme der Orchestermitglieder auf die Führung des Orchesters in diesem besonderen Fall nicht ausreichen. Es betrifft hier eine kulturelle Einrichtung, deren einzige Substanz die künstlerische Leistung des Orchesters ist, und es ist daher nicht nur billig, der Orchestervertretung eine entsprechende Einflußnahme zu sichern, sondern es wäre ein schwerer Fehler, Entscheidungen über die Betriebsgrundlagen, den Orchesterbetrieb u.dgl. allein und maßgebend Stellen zu überlassen, die teilweise mit den besonderen Eigenarten eines solchen Betriebes nicht vertraut sind, zum Teil nicht unmittelbar davon betroffen werden oder nicht besonders daran interessiert sind und die zum Teil, wie vorstehend ausgeführt, direkt in einem unvereinbarlichen Verhältnis dazu stehen." Dieser notwendige Einfluß der Musiker auf die Belange jener Körperschaft, die einzig durch sie selbst gebildet und repräsentiert wird, sowie die Ausschaltung störender Interventionen durch die Konzertgesellschaften sei aber nur in einem unmittelbaren Rechtsverhältnis zwischen den Symphonikern und der Gemeinde Wien zu erreichen, das die Vereinskonstruktion erübrigen würde.

Die Schwierigkeiten, ein solches unmittelbares Rechtsverhältnis zu errichten, bestanden laut Gemeinde Wien (und hier verschanzte sie sich hinter formalrechtlichen Bestimmungen) darin, daß nach den geltenden verwaltungsrechtlichen Bestimmungen keine Möglichkeit gegeben sei, „für die Einbeziehung des Orchesterbetriebes in die Gemeindeverwaltung eigene und besondere Rechtsgrundlagen zu schaffen, die der besonderen Art eines solchen Betriebs angepaßt wären". Einerseits sei es unmöglich, Personalangelegenheiten der Musiker dem Beamtendienstrecht der Gemeinde zu subsumieren, andererseits könnten sie nicht in einer anderen, von den übrigen Gemeindedienstnehmern getrennten Form behandelt werden, weil diese Form nicht existent sei. Stellt schon das Problem des speziellen Falls, der sich nicht umstandslos den gültigen

---

15 Brief Apold — Wildgans vom 7. 10. 1946.

Rechtsnormen ein- und unterordnen läßt, für die juristische Denkweise ein Ärgernis dar, so muß die folgende Sentenz aus dem Schreiben an Prof. Wildgans geradezu als am Rande der Vorstellungskraft angesiedelte Ungeheuerlichkeit erscheinen, die die Bahnen des gesunden juristischen Menschenverstandes verläßt: „Wenn sich im Rahmen der bestehenden verfassungs- und verwaltungsrechtlichen Bestimmungen tatsächlich keine zweckmäßigen Rechtsgrundlagen finden lassen, dann sollen besondere gesetzliche Bestimmungen hiefür geschaffen werden. Unter der Voraussetzung einer ernsten Absicht, die Angelegenheit in einer förderlichen Weise zu regeln, werden solche Maßnahmen sicherlich auf keine besonderen Schwierigkeiten stoßen." Nun war zwar der Bestand eines guten und für Wien repräsentativen Symphonieorchesters als gesellschaftliches Bedürfnis allgemein anerkannt, aber die Zumutung, verwaltungsrechtliche Bestimmungen sollten sich an gesellschaftlichen Bedürfnissen orientieren und nicht umgekehrt, rüttelte so sehr an den Grundfesten bürgerlicher Rechtsstaatlichkeit, daß verständlich wird, weshalb auch heute noch der private Verein „Wiener Symphoniker" existiert und, wie ein Kollege es im Interview ausdrückte, „ich eigentlich auf meine Visitenkarte nicht drucken lassen dürfte ‚Mitglied der Wiener Symphoniker', sondern ‚Angestellter des Vereins Wiener Symphoniker'".

Am 25. 2. 1947 veranstalteten die Symphoniker ihren ersten „Kameradschaftsabend" nach Kriegsende, der — wie eine Aktennotiz über den Verlauf des Abends betont — mithelfen sollte, die Orchestermitglieder „durch den Aufbau sozialer Einrichtungen zu einer geschlossenen künstlerischen und gesellschaftlichen Einheit zu verbinden."[16] An dieser Veranstaltung nahm auch der Leiter des Kulturamtes, Stadtrat Dr. Matejka, teil und „sprach im Auftrag des Bürgermeisters dem Orchester den Dank der Gemeinde Wien aus für seine allgemein anerkannten künstlerischen Leistungen und erklärte, daß die Gemeinde Wien in allernächster Zeit die vom Orchester gewünschten Sicherheiten seiner Betriebsgrundlagen durch die Gemeinde schaffen will. Damit werden die jahrelangen Bestrebungen des Orchesters, für die sich auch die Gewerkschaft der Musiker einsetzt, endlich zum Erfolg führen."

In einem Schreiben vom 30. 4. 1947 an Dr. Matejka werden die wichtigsten, in Schwebe befindlichen Angelegenheiten des Orchesters angeführt und in der Reihenfolge nach der Dringlichkeit geordnet. Dabei rangiert das Problem der Kommunalisierung nach den Punkten „künstlerische Leitung, Orchesterverstärkung, Vermietungshonorare und Probenräumlichkeiten" an fünfter und letzter Stelle, wobei darauf hingewiesen wird, daß die Neuordnung der Betriebsverhältnisse noch vor dem Sommerurlaub geregelt werden müßte. Interessanterweise heißt die Forderung hier wieder „Herbeiführung eines Gemeinderatsbeschlusses bezüglich der Übernahme der finanziellen Sicherstellung des *Vereinsbudgets* und definitiver Anstellungs- und Versorgungsbedingungen der Orchestermitglieder", leistet also Verzicht auf das ursprünglich angestrebte unmittelbare Rechtsverhältnis. Weiters wird ausgeführt: „Die fortgesetzte Verzögerung dieser Angelegenheit erzeugt immer wieder Unruhe im Orchester und wirkt sich besonders nachteilig aus in bezug auf die Neuverpflichtung und Erhaltung künstlerisch hochwertiger Orchestermusiker". Daß Dr. Matejka selbst der Kommunalisierung positiv gegenüberstand, wurde schon erwähnt, ebenso war er in den Budgetdebatten des Gemeinderates stets für eine Erhöhung der Subventionsmittel eingetreten, wobei er wirtschaftliche mit kulturpolitischen Argumenten verband: „Das Musikleben in Wien verlangt ein erstklassiges, in Wien und der Welt anerkanntes Konzertorchester neben den Philharmonikern ... Wenn

---

16 Aktennotiz vom 10. 3. 1947.

auch der Gegenwert nicht deutlich sichtbar in klingender Münze in die Kasse der Stadt Wien fließt, ... sind die Wiener Symphoniker ein wirtschaftlich höchst wertvolles Mittel, sodaß die Aufwendungen an öffentlichen Geldern für diesen Zweck mit gutem Gewissen vor jedermann vertreten werden können, vor allem dann, wenn es uns durch eine entsprechende organisatorische Neuordnung gelingt, dieses Orchester — im Sinne einer demokratischen Dezentralisierung — für die Musikerziehung der breiten Schichten des Volkes in Wien und außerhalb Wiens zu verwenden."[17] Eindringlich warnte er vor der Illusion, „daß mit einem Zuschuß von 300.000 Schilling schon das äußerste getan sei, um die hohen kulturellen und volksbildnerischen Aufgaben der Wiener Symphoniker zu unterstützen ... Der Hinweis auf die leeren Kassen und auf sonstige Verpflichtungen kann nicht darüber trösten, welche große, zeitgemäße und zeitdringliche Kulturaufgabe der Stadt Wien auf dem Spiele steht, wenn die bisherige Unentschlossenheit und vielleicht sogar Verschleppungstaktik weiter anhalten. Ich möchte Sie daher alle bitten, ... daß bei keinem Gemeinderat ... ohne Unterschied der Partei, künftighin auch nur das leiseste Bedenken bezüglich einer großzügigen Förderung unserer Wiener Symphoniker bestehe. Ich spreche diese Bitte deshalb aus, weil ich aus fast vierjähriger Erfahrung nur allzugut weiß, welcher zähen Überredungskunst und Überzeugungskraft es immer wieder bedurft hat, um den bisherigen Subventionsbetrag von 300.000 Schilling zu halten und erhalten."[18]

Zur Jahreswende 1951/52 aktualisierte der am 2. 5. 1951 neugewählte Betriebsrat mit Unterstützung Sirowys zum Mißvergnügen der Kommunalpolitiker dieses Problem abermals und sandte einen „Antrag der Wiener Symphoniker zwecks Vollübernahme durch die Gemeinde Wien" an den Vereinspräsidenten Vizebürgermeister Dr. Honay unter Berufung auf einen diesbezüglichen einstimmigen Beschluß, der bei der am 18. 12. 1951 abgehaltenen Orchesterversammlung gefaßt worden war. Dieser Antrag enthält die ohnehin schon wiederholt vorgebrachten Argumente; in Anbetracht der Tatsache, daß erst ein halbes Jahr zuvor in feierlich-öffentlicher Zeremonie der „Kollektivvertrag" unterzeichnet worden war und bei den Verantwortlichen Zufriedenheit herrschte, die jahrelang strittige Materie endlich in ein Vertragswerk gebannt zu haben, kann der Zeitpunkt dieses Antrages als nicht sehr glücklich gewählt bezeichnet werden, zielte er doch darauf ab, die mühsam eben erst erarbeitete Konstruktion wieder ins Wanken zu bringen. Hatte man gehofft, durch den Vertragsabschluß endlich Beruhigung ins Orchester zu bringen und eine Konsolidierungsphase in organisatorischer Hinsicht einzuleiten (in künstlerischer war sie durch die Arbeit Karajans mit dem Orchester in vollem Gang), so schien sie durch den neuerlichen Vorstoß ernstlich gefährdet, der vielleicht durch die Abwanderungspläne des zweiten Konzertmeisters Swoboda und des Solobratschisten Breitenbach ausgelöst worden war. Wegen der Absendung des Memorandums an Honay fühlte sich Stadtrat Mandl übergangen und reagierte gereizt: „Ich weiß nicht, wer die Idee hatte, diesen Antrag zu stellen. Ich halte die ganze Sache für schlecht."[19] Bereits drei Tage später informierte Lustig-Prean Direktor Schenker in einer vertraulichen handschriftlichen Notiz: „Der Antrag Fenz hat, zumindest zur Zeit, keine Aussichten auf Realisierung."[20] Am selben Tag antwortete Lustig-Prean dem Orchestervorstand auf das Ansuchen: „Wir sind mitten in den Verhandlungen, um die für das Orchester notwendi-

17 Rede in der Gemeinderatssitzung vom 22. 3. 1948.
18 Rede in der Gemeinderatssitzung vom 18. 12. 1948.
19 Brief Lustig-Prean an Schenker vom 9. 1. 1952.
20 Handschriftliche Notiz Mandls am Brief Lustig-Prean — Mandl vom 14. 1. 1952.

gen Mittel aufzutreiben und so die Existenz des Orchesters für das Jahr 1952 zu sichern. Gerade zu einem solchen Zeitpunkt scheint es mir nicht sehr glücklich zu sein, darüber hinausgehend Forderungen zu stellen, weil ich glaube, daß dadurch die ohnedies nicht leichten Beratungen zumindest erschwert werden." Hier wird mit eben jenen finanziellen Schwierigkeiten argumentiert, die eigentlich die hauptsächlichste Motivation für den Antrag auf Kommunalisierung bildeten. Der Wert des nach jahrelangen Verhandlungen erreichten „Kollektivvertrags" konnte von den Orchestermitgliedern nicht sehr hoch veranschlagt werden, wenn ihnen wenige Monate später der Direktionsratsvorsitzende mitteilte, es liefen eben schwierige Verhandlungen, „die Existenz des Orchesters für das Jahr 1952 zu sichern." Es ist zweifelhaft, ob der Betriebsrat von den schweren Zerwürfnissen innerhalb der sozialistischen Gemeindefraktion (und hier vor allem zwischen den Kulturpolitikern und Finanzstadtrat Resch) wußte, die die neuerliche finanzielle Krise heraufbeschworen hatten. Die Ausklammerung des wesentlichen ökonomischen Gesichtspunktes im Memorandumtext — daß die freie, nicht im Kulturbudget verankerte Subventionierung auf Dauer keine geeignete Grundlage für die existentielle Sicherheit des Orchesters darstelle — scheint eher darauf hinzuweisen, daß dieses Memorandum nicht so sehr die Reaktion auf die finanziellen Schwierigkeiten der Subventionsgeber war, sondern tatsächlich eher durch die geplante Abwanderung zweier profilierter Orchestermitglieder ausgelöst wurde, aber schon aufgrund der augenblicklichen parteiinternen Streitigkeiten keinerlei Aussicht auf Erfolg hatte. Diese Interpretation wird auch durch einen Brief Lustig-Preans an Honay vom 15. 1. 1952 gestützt, der die neueinsetzende Abwanderungswelle als zentrales Motiv für die Einbringung des Memorandums ansieht: „Der Ausverkauf, der nun innerhalb des Orchesters zu beginnen und von den Philharmonikern mit allen Mitteln begünstigt zu werden scheint, hat selbst für mich etwas Beängstigendes an sich. Der Bratschist Günther Breitenbach, dessen Engagement für das Staatsopernorchester festzustehen scheint, war aus unserem Orchester einfach nicht wegzudenken, auch der Verlust des Konzertmeisters Gustav Swoboda ..., der nach neuesten Informationen den von ihm angestrebten Posten als Primgeiger der Philharmoniker erhalten wird, trifft uns empfindlich." Eine Tuttistenstelle bei den Philharmonikern wog also mehr als eine (zweite) Konzertmeisterstelle bei den Symphonikern. Ebenso verhandelte der erste Trompeter Wilhelm Stracker (der „internationalen Ruf besitzt und in Österreich nicht ersetzt werden kann") mit den Philharmonikern wegen einer Anstellung in der Bühnenmusik der Staatsoper, waren der Solocellist Nikolaus Hübner und der Solohornist Franz Koch umworben.[21] „Es ist eine außerordentliche Tragik, daß das Orchester in einem Augenblick, in dem es eine künstlerische Höhe erreicht hat, die ihm früher nie beschieden war, vom Zerfall bedroht erscheint, weil die finanziellen Bedingungen, die die Philharmoniker bieten, tatsächlich unvergleichlich bessere sind. Bei den Philharmonikern genießen die Musiker nicht nur viele, sondern nach meinen persönlichen Eindrücken zuviele Freiheiten, sie machen als Orchester und als Einzelmusiker tatsächlich, was sie wollen; ihre Urlaubsmöglichkeiten sind unbegrenzt, wobei auf das Wiener Publikum keine Rücksicht genommen wird; dafür sind sie aber für ihren Lebensabend mehr als ausreichend versorgt."[22] Lustig-Prean war skeptisch, ob selbst eine Entscheidung zugunsten der Kommunalisierung genügen würde, „um die Anziehungskraft der Philharmoniker zu paralysieren, doch sehe ich ein, daß die Musiker ihr Heil in einer solchen Lösung erblicken". Das brennende Problem des Nachwuchsmangels, der

21 Ebda.
22 Ebda.

allen Wiener Orchestern zu schaffen machte, würde zwangsläufig dazu führen, daß „die Philharmoniker in erhöhtem Maß ihre Ergänzung bei den Symphonikern holen werden. Kein junger Streicher, kein junger Bläser, den wir (d.h. das Konservatorium E.K.) bzw. die Symphoniker erzogen haben, wird vor dem Zugriff der Philharmoniker sicher sein. Die Situation ist also außergewöhnlich ernst".

Sirowy berief sich bei der Unterstützung des Memorandums auf die seinerzeitige Parteienvereinbarung zwischen dem Orchester, dem damaligen Vizebürgermeister Speiser und den Herren Honay, Weinberger und Matejka, die die baldige Kommunalisierung des Orchesters zum Inhalt gehabt hatte. Ohne darauf näher einzugehen, stellte Lustig-Prean auf gut österreichisch fest, daß *etwas* unter allen Umständen, und zwar sehr bald" geschehen müsse, wobei er an die endgültige Regelung der Pensionsfondsangelegenheit und an eine Novellierung des Orchestervertrages dachte. „Die Schwierigkeiten einer Städtischmachung überblicke ich vollkommen, da ich im Jahr 1928 derjenige war, der die Verstadtlichung des Grazer Theaterorchesters ... durchgeführt habe. Von den Kosten und allen sonstigen Begleitumständen, die durch eine Städtischmachung entstehen, macht sich unser Orchester keinen Begriff." Und in einem Brief Lustig-Preans an Mandl vom 18. 2. 1952 heißt es: „Es ist nicht nur der Zeitpunkt für die Einbringung einer solchen Vorlage höchst ungünstig, es hat der ganze Antrag an sich in der heutigen Zeit nicht die geringste Aussicht auf Verwirklichung ... Wir werden dem Betriebsrat ... in voller Offenheit die Aussichtslosigkeit der Bestrebungen vor Augen halten."

In dieser Situation versuchte Schenker neue Vorschläge zu unterbreiten, die eine Sicherstellung der Existenz des Orchesters unter Beibehaltung der gegebenen Konstruktion zum Inhalt hatten. Danach wäre eine öffentlich rechtliche Garantie des Bestandes und die Schaffung von Anstellungsbestimmungen, die hinsichtlich Definitivposten und Altersversorgung jenen der Staatsoper adäquat seien, durch folgende Kompensation zu gewährleisten:

1. Verbindung von Verein und Symphonia (inkl. Eingliederung des von den Orchestermitgliedern auf privatunternehmerischer Basis geführten Nebendienstes in den offiziellen Orchesterdienst)
2. Schaffung einer eigenen Plattenmarke, die laut Schenker unter den aktuellen Gegebenheiten der Marktlage finanzielle Erfolge verspräche.
3. „Aus kulturpolitischen Erwägungen wäre die Übernahme des Konzerthauses durch die Wiener Symphoniker zu überlegen. Von diesen Erwägungen abgesehen, wäre es im Zusammenhang mit der Symphonia nicht nur möglich, den Betrieb des Konzerthauses rationeller zu gestalten, sondern zur Fundierung der Wiener Symphoniker überhaupt zu verwenden" — also die erträumte Rückkehr zur Einheit von Veranstalter, Konzertlokalbesitzer und Orchester von 1913.

Während der nächsten Monate verschlechterte sich aufgrund der parteiinternen Kompetenzstreitigkeiten die budgetäre Situation des Vereins derart, daß er nur durch mißbräuchliche Verwendung der Dienstgeberabgaben für Krankenkasse, Gewerkschaft, Lohn- und Besatzungssteuer sowie des Renner-Preises zur Gagenauszahlung in der Lage war, den Verbindlichkeiten seinen Angestellten gegenüber nachzukommen. Die Schulden des Vereins gegenüber Gewerkschaft, Finanzamt und Krankenkassa stiegen auf 360.000 Schilling, eine Summe, die ungefähr den offenen Forderungen gegenüber Konzerthaus und Musikverein entsprach, welche aber erfahrungsgemäß nur sehr schleppend beglichen wurden (im Falle des Konzerthauses teilweise durch Umlenkung der ihm zukommenden Gemeindesubvention zu den Symphonikern). Gleichzeitig wies der Budgetentwurf für die Spielzeit 1952/53 unter der Annahme gleichbleibender Subventionen einen ungedeckten Abgang von 550.000 Schilling auf. In dieser prekären Lage brachte der Betriebsrat am 3. 7. 1952 neuerlich einen „Resolutionsantrag der Wiener Symphoniker um Vollübernahme durch die Gemeinde Wien" ein (diesmal an Bürgermeister Jonas gerichtet), der keinerlei Vorschläge zur rechtlichen Vorgangsweise unterbreitet, sondern nur die „Gleichschaltung mit dem Staatsopernorchester" zum Inhalt hat. In diesem unausgewogenen und schlecht formulierten Antrag heißt es unter anderem: „Leider aber hat sich durch die allgemeine prekäre Lage des Künstlerberufes und insbesondere durch die Bevorzugung einzelner Kulturorchester (Staatsopern-, Volksopern-, Burgtheater- und Ravag-Orchester durch Vollübernahme und soziale Besserstellung durch den Bund) die materielle und soziale Lage bei den Wiener Symphonikern bis heute so verschlechtert, daß wir Betriebsräte für den künstlerischen Weiterbestand unseres Orchesters keine Verantwortung mehr tragen können ... Wir können es aber nicht glauben, daß uns die Stadt Wien, welche dem Orchester in einem wesentlichen Teil zu Dank verpflichtet ist, Weltmusikstadt genannt zu werden, in einer kulturellen Notzeit die kalte Schulter zeigt und unsere gerechtfertigten Forderungen nicht erfüllen könnte." Der Betriebsrat stand zunehmend unter Erfolgszwang — ungeachtet der ausbleibenden oder negativen Reaktionen seitens der Gemeinde hatte er sichtlich im Orchester den Eindruck erweckt, Kommunalisierung und damit endgültige Sicherstellung des Orchesters stünden unmittelbar bevor; es scheint auch durchaus möglich, daß bei der herrschenden Uneinigkeit unter den verantwortlichen Politikern einige von ihnen im Gespräch keineswegs klare Ablehnung signalisierten und damit beim eher künstlerisch als politisch geschulten Betriebsrat Hoffnungen und Illusionen weckten.

Die „phantastischen" Vorschläge zum Bereich Kommunalisierung und Orchestersanierung (Verfassungsänderung, Übernahme des Konzerthauses) erweitern sich an dieser Stelle zur Trias durch die Anfrage des Betriebsratsobmannes Fenz an die Konzertagentur Frischler bezüglich der Übernahme der Wiener Symphoniker in die städtischen Dienste Sao Paulos oder in den brasilianischen Staatsdienst.[23] Die Idee tauchte anläßlich von Verhandlungen mit der Konzertdirektion Cieplik bezüglich eines fünfmonatigen Gastspiels der Symphoniker bei den festlichen Veranstaltungen im Jahr 1954 auf. „Die Situation des Orchesters ist in Österreich den Schwierigkeiten des Landes entsprechend nicht besonders günstig und es ist der Wunsch laut geworden, die Existenz des Orchesters möglichst zu verbessern", heißt es in dem Brief. „Eine komplette Übernahme des Wiener Orchesters ... in brasilianische Staatsdienste oder in städtische Dienste Sao Paulos, mit Staatsbürgerschaft und Pensionsberechtigung, würde bedeuten, daß Brasilien mit einem Schlage das führende Musikland Südamerikas würde." Mittels des technischen Inventars der Symphonia ließe sich eine brasilianische Schallplattenindustrie errichten, was zu Engagement-Möglichkeiten führender Dirigenten Anlaß geben könnte. „Die Verpflichtung des Wiener Klangkörpers nach Südamerika wäre sicherlich eine Weltsensation. Es ist anzunehmen, daß das Orchester dadurch außerordentlich in den Blickpunkt des Interesses gerückt und dadurch viele Anträge erhalten würde."

Die Geschichte der Symphoniker ist in dem hier behandelten Zeitraum der Nachkriegszeit zugleich die reich bewegte Geschichte nicht verwirklichter Möglichkeiten, und der Chronist muß die Qualitäten des Mannes ohne Eigenschaften besitzen, „dem eine wirkliche Sache nicht mehr bedeutet als eine gedachte".[24] Es mag schwer zu beurteilen

---

23 Brief vom 1. 10. 1952.
24 Musil, Der Mann ohne Eigenschaften, Kap. 4.

sein, wie „realistisch" diese Anfrage dem Betriebsrat selbst erschien, ob es im Falle einer positiven Antwort tatsächlich zu einem orchestrale Exodus gekommen oder dieser nur als Druckmittel in den Verhandlungen mit der Gemeinde verwendet worden wäre — aber allein der Umstand, daß auch nur einen Moment eine solche Idee überhaupt erwogen wurde, charakterisiert besser als alles statistische Material die Situation des Orchesters und die Stimmung, die unter Teilen der Musikerschaft geherrscht haben muß.

Eine klärende Aussprache fand am 12. 11. 1952, also fast ein halbes Jahr nach Einbringung des Resolutionsantrages statt. An ihr nahmen auch Finanzstadtrat Resch, Direktor Schenker und als künstlerischer Berater Herbert von Karajan teil. Von seiten Karajans und des Betriebsrates wurde ergänzend zum Antrag darauf hingewiesen, daß die schlechtere Entlohnung und die ungeklärte pensionsrechtliche Situation eine „vom künstlerischen Standpunkt absolut abzulehnende Hochzüchtung von Über- und Nebendiensten verursachen, die eine ständige Überbeanspruchung und Übermüdung des Orchesters zur Folge haben",[25] wodurch sich die Abwanderungsbereitschaft erneut verstärke. Die Richtigkeit dieser Feststellung wurde indirekt kurze Zeit später von Lustig-Prean bestätigt, der sich in einem Brief an Schenker über die Orchesterleistung anläßlich eines Konzertes am 30. 11. 1952 beklagte: „Ich stehe noch ganz unter dem Eindruck des gestrigen Konzertes im großen Musikvereinssaal, ich muß Ihnen sagen, daß ich mich aufs tiefste geschämt habe, in welcher Verfassung unser Orchester gestern gespielt hat. Ich kenne alle Erwiderungen und Einwände, die Sie machen werden ... der endgültige Schluß aber ist der, daß man nichts verschweigen und beschönigen darf: das Orchester war wirklich in einer miserablen Verfassung. Ein Orchester kann einen schlechteren Tag haben, aber es darf nicht auf ein Niveau abgleiten, das geeignet ist, den guten Ruf, den sich die Symphoniker mit viel Mühe und Begeisterung erworben haben, entscheidend zu schädigen. Vor allem darf man die Lustlosigkeit nicht merken und nicht so deutlich sehen, wie wenig ernst ein Orchester ein Programm nimmt ... Wenn das Orchester sich überbeschäftigt oder übermüdet fühlt, muß in Hinkunft bei einer Einladung zur Mitwirkung einfach eine Absage erteilt werden. Eine Wiederholung so trauriger Eindrücke, wie sie gestern vermittelt wurden, wäre ganz ausgeschlossen."[26]

So einfach war einer Einladung zur Mitwirkung aber keine Absage zu erteilen, wenn man die Worte Schenkers bedenkt, „daß die Direktion bemüht sein muß, das optimalste an Einnahmen durch Dienste aus dem Betrieb herauszuholen"[27]. Fenz führt in seinem Bericht folgende Gegenargumente von seiten der Gemeindevertreter an: Eine dienstliche Überbeanspruchung des Orchesters bestehe nicht und wenn, dann nur infolge der privaten Nebendienste; eine Übernahme durch die Gemeinde hätte eine Senkung der Arbeitsmoral zur Folge, die Abwanderung in die Oper werde niemals zu stoppen sein, „weil die Philharmoniker das ‚berühmtere‘ Orchester seien". Karajan entgegnete: „Jeder strebsame Orchestermusiker wird vom künstlerischen Standpunkt die Arbeit auf dem Konzertpodium der Mitarbeit in einem Opernensemble vorziehen, der Grund für die Abwanderung liegt darum nur in der sozialen Schlechterstellung." Da diese Sitzung weniger die Funktion der Würdigung von Argumenten künstlerischer Art als die Erfüllung des Vorhabens, „dem Orchester gegenüber eine klare Stellung zu beziehen" zum Inhalt hatte, überrascht es nicht, daß der Resolutionsantrag abgelehnt wurde. „Die

25 Bericht über die Verhandlungen mit der Gemeinde Wien betreffend die Übernahme in städtische Dienste, 20. 11. 1952.
26 Brief Lustig-Prean — Schenker vom 1. 12. 1952.
27 Gedächtnisprotokoll über die Sitzung im Konservatorium vom 28. 10. 1952.

Gemeinde Wien sei nicht in der Lage das Orchester zu übernehmen und lehne seine Kommunalisierung überdies aus prinzipiellen Gründen ab."

Betriebsratsobmann Fenz berief daraufhin für 1. 12. 1952 eine Orchesterversammlung ein, in der er seine Rücktrittsabsicht bekanntgab. Bereits vor der Versammlung hatte Fenz an alle Kollegen einen „Entwurf der Statuten für den zu gründenden Verein ‚Orchesterverband der Wiener Symphoniker'" verschickt, den er zwar ausgearbeitet hatte, dessen Betreiben er aber dem Orchester anheimstellen wollte. Ziel dieses Verbandes sollte, unabhängig vom Verein Wiener Symphoniker und der Symphonia, die „Vertretung der künstlerischen und wirtschaftlichen Interessen des Orchesters und seiner Mitglieder" sein. Finanzielle Mittel sollten durch Mitgliedsbeiträge, den Ertrag außerordentlicher Konzerte und Spenden aufgebracht werden, zumindest zwei Drittel der Orchestermitglieder müßten dem Verband angehören, der aus seiner Mitte Obmann und vier Vorstandsmitglieder zu wählen hätte. Die Notwendigkeit der Konstituierung eines solchen Verbandes wird von Fenz damit begründet, daß „das Orchester bis jetzt kein Organ besitzt, durch das es seine Wünsche maßgebenden Stellen und der Öffentlichkeit bekanntgeben und vor diesen vertreten könnte.[28] Ich bin überzeugt, daß schon die Verhandlungen mit der Gemeinde Wien ein anderes Ergebnis hätten zeitigen müssen, wenn im Zeitpunkte dieser Verhandlungen die Gemeinde Wien nicht nur dem als ‚Unruhestifter' ausgegebenen Betriebsratsobmann, sondern einer Orchestervertretung gegenüber gestanden wäre, welche im Auftrag und Namen des Orchesters hätte sprechen können". Der letzte Satz gesteht ein, daß die neuerliche Kommunalisierungskampagne tatsächlich ein betriebsrätlicher Alleingang war, der nicht von starker Unterstützung durch die Orchestermitglieder getragen wurde und den Betriebsrat nach dem Scheitern der Bemühungen nach allen Seiten hin isolierte. Demnach war der Betriebsrat also in dieser Phase ein Organ, das bei maßgebenden Stellen Wünsche deponierte, die gar nicht jene der Mehrheit des Orchesters waren, und so gesehen hatte das Orchester tatsächlich kein Organ, durch das es seine (wirklich vorhandenen) Wünsche hätte der Öffentlichkeit bekanntgeben können.

Die Idee des Orchesterverbandes stellt nun schon den vierten Satz jener „Symphonie Fantastique" dar, die wir im Rahmen der Kommunalisierungsbestrebungen zu verfolgen Gelegenheit hatten: den Versuch, mittels einer juristisch nicht legitimierten Interessenvertretung wirtschaftliche Belange wirkungsvoll zu verfechten. Dementsprechend konnte die Gemeinde gegenüber dieser juristischen Naivität diesmal sehr rasch klare Stellung beziehen: „Der Präsident des Vereines, der Vizebürgermeister Honay, stellt ausdrücklich fest, daß der Verein Wiener Symphoniker über alle das Orchester betreffenden Fragen grundsätzlich nur mit der gesetzlichen Interessenvertretung des Orchesters, nämlich mit dem Betriebsrat, verhandeln werde. Ein Orchesterverband oder Orchesterverein kann also niemals rechnen, vom Verein als Verhandlungspartner anerkannt zu werden. Andererseits ist aber der Verein Wiener Symphoniker gerne bereit, Herrn Fenz oder dem von ihm proponierten Orchesterverband die gesamte Führung, aber auch die gesamte Verantwortung für die Existenz des Orchesters zu überlassen. Das bedeutet, daß Stadt und Staat sich vom Orchester zurückziehen und dem neuen Rechtsträger die Sorge um die Erhaltung des Orchesters überlassen, was praktisch einen Ausfall von 1,8 Mio. Schilling im Budget bedeutet."[29]

---

28 Tatsächlich hatte in der Vereinskonstruktion von 1948 der Betriebsrat zunächst weder Sitz noch Stimme.
29 Schreiben von Dir. Schenker an die Orchestermitglieder vom 2. 2. 1953.

Mit dieser Pointe endet die Kommunalisierungsdebatte der Nachkriegszeit. Bei der am 7. 2. 1953 durchgeführten Betriebsratswahl entfielen auf die alleinig kandidierende Liste Fenz 57 von 104 abgegebenen Stimmen, 47 waren ungültig. Damit war Fenz als Betriebsrat zwar wiedergewählt, die Vertrauensbasis aber war so schwach, daß schon am 19. 6. eine neuerliche Wahl stattfand, bei der Fenz nicht mehr kandidierte. Der neue Betriebsrat, ob seiner Friedlichkeit vom Dienstgeber gerühmt, war realistisch genug, nach der erlittenen Niederlage des Vorgängers die Kommunalisierungsproblematik nicht mehr in sein Programm aufzunehmen. „Allen derzeitigen Betriebsräten ist es klar, daß Verein und Orchester idente Interessen haben. Es gibt kein Gegeneinander, sondern nur ein Zusammenarbeiten. Ein verflossener Vorstand sagte unter anderem auch die goldenen Worte: Wir haben alle nur einen Strang und an dem wollen wir gemeinsam ziehen!“[30] Diese Antizipation sozialpartnerschaftlichen Vokabulars darf aber nicht darüber hinwegtäuschen, daß die Möglichkeit einer radikalen organisatorischen und betriebswirtschaftlichen Umgestaltung mit dem Ziel optimaler künstlerischer Entfaltung des Orchesters endgültig verspielt war. Was nun folgte, war gleichsam sozialdemokratische Rezeptur innerhalb der konservativen Orchesterstruktur: Viele kleine Reformen und Verbesserungen, die in summa nicht unterschätzt werden sollen, am prinzipiellen Status des Orchesters aber nichts änderten: Die Musiker bildeten als Dienstnehmer eines privaten Vereins ein Kollektiv, das ohne wesentliche künstlerische Eigeninitiative von den Konzertveranstaltern abhängig und Nutznießer der zum Gewohnheitsrecht gewordenen Subventionierung war.

3. Die Neuorganisation von 1948

a) Die neuen Satzungen

Am 1. 10. 1948 traten die neuen Satzungen des „Vereins Wiener Symphoniker" in Kraft, nachdem zwischen Gemeinde und Bund die Vereinbarung zustande gekommen war, für die nötigen Subventionen im Verhältnis 2 : 1 aufzukommen. In dieser Proportion wurden auch die leitenden Gremien des Vereins durch Vertreter von Gemeinde und Bund besetzt. Einige wesentliche Punkte der Satzung seien angeführt:

§ 2 Punkt 1: Zweck des Vereins ist es, „mit Unterstützung der Stadt Wien und des Bundes und in Übereinstimmung mit ihren Absichten und gemäß ihren Wünschen künstlerisch hochwertige Orchestereinrichtungen zu schaffen und zu erhalten, die geeignet sein sollen, das Ansehen der Stadt Wien als österreichische Pflegestädte der Musiker zu wahren und zu erhöhen und der Allgemeinheit in Wien und den übrigen österreichischen Bundesländern das Musikgut zu vermitteln".

Punkt 2: Die erforderlichen Mittel sollten durch Vermietung und Subventionen, aber auch „durch Veranstaltungen aller Art, insbesondere durch eigene Konzertveranstaltungen" aufgebracht werden.

---

30 Brief Schenker — Lustig-Prean vom 16. 8. 1953.

§ 3 Punkt 2: Hier war ausdrücklich vermerkt, daß Angestellte des Vereins (also die Musiker des Orchesters) weder ordentliche noch außerordentliche Mitglieder des Vereins werden könnten.[31]

§ 6: Als Organe des Vereins fungierten

a) die Mitgliederversammlung, die einmal jährlich einzuberufen war und der u.a. die Wahl von Vorstandsmitgliedern, Beschlußfassung über Jahresvoranschlag, Rechnungs- abschluß, Anträge des Vorstands, Satzungsänderung und Vereinsauflösung (letztere mit 2/3-Mehrheit) oblag.

b) Der Vorstand: Er bestand aus 12 Mitgliedern und ebensovielen Ersatzmitgliedern, wählte aus seiner Mitte den Vereinspräsidenten und Vizepräsidenten sowie einen Finanz- referenten zur Wahrung der finanziellen Interessen des Vereins. An den Sitzungen, die vom Präsidenten nach Bedarf einzuberufen waren, hatte der Vorsitzende des Direktions- rates mit beratender Stimme und dem Recht der Antragstellung teilzunehmen (§ 8). Der Vorstand als leitendes und überwachendes Organ des Vereins entschied über Aufnahme und Kündigung der Vereinsangestellten, über Vermietungshonorare, Eigenveranstaltun- gen. In seine Kompetenz fielen weiters die Aufstellung des jährlichen Voranschlages und des Rechnungsabschlusses sowie Vorberatung und Vorlage der Anträge an die Mitglie- derversammlung (§ 9).

c) Der Rechnungsprüfer: Infolge eines peinlichen Formfehlers wurde jahrelang kein solcher gewählt.

d) Der Präsident: Er vertrat den Verein in jeder Beziehung und unterzeichnete alle wichtigen Schriftstücke gemeinsam mit dem Vorsitzenden des Direktionsrates (§ 11). Diese Funktion erfüllte während der ersten Jahre stets der Vizebürgermeister der Stadt Wien, während der Kulturstadtrat die Stellvertreterfunktion bekleidet.

e) Der Direktionsrat als oberstes, an die Weisungen des Vorstands gebundenes Vollzugsorgan des Vereins: Sein Vorsitzender war die mit allen Vereinsbelangen unmit- telbar befaßte Hauptinstanz zwischen dem seinerseits weisungsgebundenen Geschäfts- führer und dem Vorstand. Laut Statut gehörte zum Direktionsrat neben dem vom BMfU nominierten Stellvertreter des Vorsitzenden der Geschäftsführer des Vereins und der künstlerische Leiter bzw. ein vom Vorstand zu berufender künstlerischer Orchesterfach- mann (§ 12), in der Praxis der fünfziger Jahre jedoch nahm letztere Stelle häufig der Finanzreferent ein.

f) Der Geschäftsführer als „Direktor" — er leitete das Vereinsbüro und war unmit- telbarer Vorgesetzter des gesamten Personals („unbeschadet der Anordnungsbefugnis des künstlerischen Leiters in rein künstlerischen Fragen der Orchesterleitung"), aber selbst ebenfalls Vereinsangestellter.

In der Praxis erwies sich die Kommunikation zwischen Geschäftsführung, Direk- tionsrat und Vorstand bei der Notwendigkeit schneller Entscheidungen als zu schwerfäl- lig, weshalb dazu übergegangen wurde, „erweiterte Direktionsratssitzungen" unter Bei- sein des Vereinspräsidenten oder dessen Stellvertreter abzuhalten, die regelmäßig alle zwei bis drei Monate stattfanden. Zwecks Bekanntmachung wichtigerer Briefe des täglichen Postlaufs führte Lustig-Prean, der seit 1950 Direktionsratsvorsitzender war, Zirkularblätter ein, die von den übrigen Mitgliedern dieses Gremiums gegengezeichnet wurden.

---

31 Da § 3 Punkt 4 besagte, daß Personen, die sich um den Verein und seine Zwecke in besonderem Maße verdient gemacht hätten, zu Ehrenmitgliedern ernannt werden könnten, wäre es den Musikern möglicher- weise freigestanden, die kollektive Ehrenmitgliedschaft im Verein Wiener Symphoniker anzustreben.

Per definitionem hatte die Orchestervertretung in keinem der Entscheidungsgremien Sitz oder Stimme, fallweise wurde der Präsident der zuständigen Gewerkschaftssektion herangezogen, der aber auch nur in sozialrechtlichen Fragen Kompetenz besaß. Orchesterinterne Kenntnis hatte jahrelang als einziger des gesamten Vereins dessen Geschäftsführer Georg Schenker, der vorher selbst Musiker gewesen, als Direktor aber schwerlich geeignet war, als Interessensvertretung seiner Untergebenen zu fungieren. Zwar nahmen die künstlerischen Belange ohnehin fast zur Gänze die Konzertinstitute wahr (und deren Vertreter wurden mit Absicht draußen gehalten — wollte man ihnen doch durch Einblick in die eigene Gebarung, während man denselben in ihre nicht beanspruchen konnte, nicht noch zusätzliche Vorteile einräumen) — dennoch empfand sogar der Verein selbst das Unhaltbare dieses Zustands und gestattete ab 1952 den Betriebsräten des Orchesters die Teilnahme an den Direktionsratssitzungen. Trotzdem blieb grundsätzlich das von den Musikern mit Verbitterung konstatierte Ärgernis bestehen, daß Gremien über Belange mit weitreichenden künstlerischen und soziale Konsequenzen entschieden, die selbst keinerlei musikalische Kompetenz und Einsicht in Organisations- und Funktionsweise eines Orchesters besaßen, und die von Leuten besetzt waren, die dieses Amt nur nebenbei (unter vielen anderen Verpflichtungen) ausübten. Es mag offen bleiben, ob der Zusammenhang zwischen steigender Entscheidungsbefugnis und schwindender spezifischer Fachkenntnis, wie er häufig auch im politischen Bereich anzutreffen ist, Voraussetzung oder Produkt der Entfremdung zwischen Verwaltung und Verwalteten ist — im speziellen Fall des Orchesters war die Diskrepanz zwischen hohen künstlerischen Anforderungen an die Angestellten und dem Pfusch der Organisation (in Form fehlender Kooperation der Rathausstellen untereinander, mit den Konzertveranstaltern, mangelnder Koordination ihrer Termine, Programme, stockender Subventionen etc.) Ursache für jene desinteressierte Resignation, die nicht unerhebliche Auswirkungen auf die künstlerische Leistungsfreude und -bereitschaft hatte. „Daß sie nicht so gut sind wie die Wiener Philharmoniker, ist nicht ihre Schuld."[32] Einst hatten die Virtuosen den finanziellen und organisatorischen Bereich ihrer Tätigkeit Managern überlassen, um entlastet zu sein — hier belastete der Dilettantismus des Managements künstlerische Professionalität.

Indem die Gemeinde nun neuerlich den Verein als „Pufferinstanz" zwischen ihr und dem Orchester institutionalisiert hatte, gab sie deutlich ihr Desinteresse an der vom Orchester angestrebten Kommunalisierung kund — alle späteren diesbezüglichen Initiativen mußten erfolglos bleiben. Ausschließlich finanzielle Gründe waren dafür maßgebend: Die Gemeinde als unmittelbarer Dienstgeber hätte sowohl als Kollektivvertragspartner (mit allen daraus folgenden sozialrechtlichen Garantien) wie auch als alleiniger Finanzier fungieren müssen, weil sich der Bund aus der Subventionierung eines gemeindeeigenen Betriebs sofort zurückgezogen hätte. In ungeschminkten Worten erklärte der Finanzreferent des Vereins, Dr. Liebermann, die Situation, indem er konstatierte, „daß dann weitere 700.000 Schilling zu Lasten der Gemeinde Wien fallen würden. Die Pensionspflichten, die die Gemeinde übernehmen müßte, würden nach dem heutigen Kapitalswert und den bestehenden Anwartschaften einige Millionen Schilling betragen. Wem man ferner bedenkt, daß sich mit Ausnahme der geldlichen Verpflichtungen nichts ändern würde, denn die Gemeinde Wien könne mit dem Orchester nichts anderes tun, als sie heute tue, nämlich hereinzubringen, was sie für das Orchester aufwendet, so

---

32 Gamsjäger in der Direktionsratssitzung vom 3. 10. 1956.

glaube ich, daß kein Funktionär, der Verantwortungsgefühl hat, zu dem Problem der Verstadtlichung Ja sagen könne."[33]

Nach Möglichkeit hereinzubringen, was aufgewendet wurde, ohne rechtlich binden-de Verpflichtungen für den Aufwand zu übernehmen — so könnte man die kulturpoliti-sche Maxime der Gemeindeverwaltung wohl formulieren. Die Zeit, in der kulturpoliti-sche Zielsetzungen einen wesentlichen Bestandteil, ja den Fluchtpunkt politischer Em-anzipationsbestrebungen einer selbstbewußten Arbeiterschaft bildeten, waren nach de-ren Zerschlagung durch Austrofaschismus und NS-Regime vorbei. Immer deutlicher rückten pragmatische Verwaltungsprobleme in den Vordergrund. Wiederholt wiesen führende Funktionäre darauf hin, daß die Bevölkerung dem Wiederaufbau absolute Priorität einräume und kulturelles Engagement wenig honoriere.[34] Die Organisations-reform des Orchesters spiegelte im kleinen die vorwiegend restaurativen Züge des „Wie-deraufbaues", die sich auch im Gesamtprozeß der Gesellschaftsentwicklung in der Nachkriegszeit durchsetzten und es schwer machen, von wirklichem „Neubeginn" zu sprechen; daß dabei die teilweise in einen außerbudgetären Sonderunterstützungsfonds abgedrängten Aufwendungen für die Orchestererhaltung fast die Hälfte der dort verge-benen Mittel ausmachten, traf vor allem die zeitgenössische Kunst. Die offiziell doku-mentierte Beziehungslosigkeit zu ihr spricht besser noch als aus der mangelnden Bereit-schaft zu finanzieller Förderung aus den blamablen Ereignissen rund um den Versuch der Wiedereinbürgerung Arnold Schönbergs, wie sie Matejka in seinen Erinnerungen beschreibt.[35] Allerdings: Selten vertraten wohl Kulturpolitiker so treulich die Vox populi.

b) Dienstrechtliche Konsequenzen: der Orchestervertrag 1950

Während der Reorganisationsphase des Orchesters (also seit 1945) war die aus der NS-Zeit stammende T.O.K.-(Tarifordnung für die Deutschen Kulturorchester) als Anstel-lungsgrundlage weiterhin in Kraft, auf die in den Verträgen vor 1945 festgesetzten Gehälter wurden die aus den Lohn- und Preisabkommen resultierenden Erhöhungen zugeschlagen, 1947 erfolgte außerdem eine Erhöhung der Grundgage von 450 auf 500 Schilling. Es herrschte Einigkeit darüber, daß es sich bei dieser Regelung nur um eine Interimslösung handeln konnte und neue, rechtsverbindliche Anstellungsbestimmungen erarbeitet werden mußten. Die Honorierung von Sonderleistungen richtete sich teilweise bereits nach den für einen neuen Kollektivvertrag angepeilten Sätzen, dagegen konnte z.B. eine Kündigung von Verträgen, die vor 1945 abgeschlossen worden waren, nur nach der T.O.K. ausgesprochen werden, während für die später errichteten Verträge das Angestelltengesetz galt. Da vorerst beide Verhandlungspartner annahmen, die Aushand-lung eines neuen Orchestervertrages könne innerhalb weniger Monate abgeschlossen sein, schien eine solche rechtlich unsichere Übergangsphase tragbar. Immerhin dauerte es — wie erwähnt — bis zum September 1947, ehe eine prinzipielle Einigung über

---

33 Protokoll der erweiterten Direktionsratssitzung vom 9. 2. 1952, S. 4.
34 SR Mandl sagte, die Gemeinde Wien sei „abhängig von den Wünschen der Wähler. Und diese sind in erster Linie auf Förderung des Wohnhausbaues, öffentliche Fürsorge usw. eingerichtet. Er wäre froh, wenn sich die Bevölkerung überzeugen ließe, daß auch auf dem kulturellen Gebiet mehr getan werden müsse." (Protokoll der Direktionsratssitzung vom 12. 10. 1950)
35 Viktor Matejka, Widerstand ist alles, S. 189 — 200.

Subventionshöhe und Vereinskonstituierung erreicht wurde. In diesem Zusammenhang wurden auch die Grundzüge des neuen Orchestervertrages erstellt, in dem die Regelung des Pensionsstatuts und die Angleichung der Gagen an jene der Philharmoniker als wesentliche neue Vertragspunkte vorgesehen waren.[36] Der plötzliche Tod Speisers und jene „bis heute unaufgeklärte Sabotage"[37] vereitelten dann die Erfüllung der bereits gegebenen Zusagen, und nach Reschs Rückzieher wurde unter völlig geänderten Bedingungen über einen für die Musiker weitaus ungünstigeren Vertrag neu verhandelt. Dadurch verlängerte sich die Interimszeit abermals, zumal die Vereinskonstituierung erst Ende 1948 stattfand. Der kollektive Austritt des Orchesters aus der Gewerkschaft anläßlich des Künstlerkammerkonflikts im April 1949 blockierte dann endgültig die Vertragsverhandlungen. Im Juni 1949 war der Verein finanziell am Ende und es bedurfte des Schocks einer drohenden Orchesterauflösung und des enormen öffentlichen Echos[38], um seitens der Musiker die Rückkehr in die Gewerkschaft und seitens der Gemeinde die Bereitschaft zu beschleunigtem Verhandlungstempo zu bewirken.

Der am 23. 5. 1951 unterzeichnete und rückwirkend ab 1. 11. 1950 gültige, zwischen dem Verein Wiener Symphoniker (vertreten durch seinen Präsidenten Honay und Lustig-Prean) und dem ÖGB (Gewerkschaft der Angestellten der freien Berufe, Sektion Musiker, vertreten durch Präs. Sirowy) für das Orchester abgeschlossene „Kollektivvertrag" war, juristisch gesehen, kein solcher: der Verein gehörte keiner kollektivvertragsfähigen Körperschaft der Dienstgeber (Kammer, öffentlich-rechtliche Körperschaft) an und es existierte für ihn keine gesetzliche Interessenvertretung — deshalb besaß er keine Kollektivvertragsfähigkeit und konnte daher keinen Vertrag im Sinne des Kollektivvertragsgesetzes errichten. „Er entbehrt insbesondere der in § 9 dieses Gesetzes verankerten Fernwirkung, derzufolge die normativen Bestimmungen des Kollektivvertrages als Bestandteile der Einzeldienstverträge gelten, und zwar ohne Rücksicht darauf, ob auf sie bei Abschluß des Einzeldienstvertrages Bezug genommen wurde oder nicht ... Dieser sogenannte ‚Kollektivvertrag' war aber gleichwohl nicht ohne Wirksamkeit: Dadurch, daß in den schriftlichen Einzeldienstverträgen regelmäßig auf ihn Bezug genommen wurde, sind seine Bestimmungen durch Parteienvereinbarung zum Inhalt der Einzelverträge erhoben worden.

Der sogenannte ‚Kollektivvertrag' hat daher rechtlich die gleiche Bedeutung wie allgemeine Geschäftsbedingungen, auf die sich ein privatrechtlicher Vertrag bezieht."[39] Dabei wäre ohne Schwierigkeiten der Abschluß eines juristisch „echten" Kollektivvertrages möglich gewesen, hätten sich Gemeinde oder Bund (oder beide) bereit gefunden, als Vertragspartner zu fungieren, wodurch der Verein Wiener Symphoniker zu einer von öffentlicher Hand geführten und zum Vertragsabschluß bevollmächtigten juristischen Person geworden wäre: „Nun ist aber jeder rechtliche Hinweis auf die Beziehung zwischen dem Verein Wiener Symphoniker und der öffentlichen Hand als unerwünscht erklärt worden; dadurch scheint der an sich jederzeit auflösbare Verein formell als einzig haftbarer Dienstgeber der Orchesterangehörigen auf, was von diesen als besonderer Unsicherheitsfaktor ihrer beruflichen Lage aufgefaßt wird, den nahezu kein anderes österreichisches Orchester aufweist."[40] Die ausdrückliche Bezugnahme auf den „Kollek-

---

36 Kollektivvertragsverhandlungssitzung am 12. 10. 1950, Aussage Prof. Sirowy; siehe dazu auch S. 136.
37 Ebda.
38 Vgl. dazu, S. 220f. 134.
39 W. Peter, Bemerkungen zur Rechtsform des Gesamtvertrages betreffend das Dienstverhältnis der Wiener Symphoniker 2. 12. 1958.
40 Ebda.

tivvertrag" als Grundlage der Einzelverträge erfolgte dabei erst seit 1955, wodurch die oben beschriebene Rechtskraft erwuchs; für die zwischen 1950 und 1955 ausgefertigten Verträge war der „Kollektivvertrag" praktisch unwirksam. „Diese Rechtslage ist nicht befriedigend, denn sie erweckt einen Anschein, der den Tatsachen nicht entspricht und ständig dazu führen könnte, daß sowohl der überwiegende Teil der einzelnen Orchester- mitglieder wie auch der Verein die Wirksamkeit des Kollektivvertrages für die Einzel- dienstverhältnisse mit Aussicht auf Erfolg bestreiten könnte. Darüberhinaus sind die im sogenannten ‚Kollektivvertrag' enthaltenen gegenseitigen Verpflichtungen der Gewerk- schaft und des Vereines Wiener Symphoniker (z.B. Höhe des Orchesterstandes, Anzahl der definitiven Planstellen u.a.m.) mit großer Wahrscheinlichkeit überhaupt nicht durch- setzbar, weil sie eben in einem als Kollektivvertrag erdachten, aber als solchem ungül- tigen Vertragswerk enthalten sind.[41]

Dr. Peter bezeichnet die „Zwischenschaltung eines Vereins zum Zweck des Haf- tungsausschlusses" („die Konstruktion des Vereins Wiener Symphoniker als Puffer zwischen Dienstnehmern und öffentlicher Hand") als „keine sehr beispielgebende Lö- sung; denn dem Verein und seinen Funktionären gegenüber sind natürlich Stadt Wien und Bund für die vom Verein begründeten Verpflichtungen verantwortlich. Würde man aber von dieser juristischen Scheinregelung abgehen, so würde an den tatsächlichen Verhältnissen nichts geändert werden müssen: nach wie vor würden die Dienstverhält- nisse der Orchestermitglieder als rein privatrechtliche durch den Kollektivvertrag und den Einzeldienstvertrag geregelt sein, es würde jedoch eine die bestehende Sachlage nicht verschleiernde Rechtslage geschaffen".[42]

Die hier zitierte juristische Expertise wurde acht Jahre nach Inkrafttreten des ersten, stets als „Kollektivvertrag" apostrophierten Orchestervertrages verfaßt, und es scheint kaum glaublich, daß Gemeindevertreter und Gewerkschaft bis dahin nicht über die Kollektivvertragsunfähigkeit des Vereins und die sich aus dem Scheinvertrag ergebenden Konsequenzen informiert waren. Von Orchesterseite her war man 1950 zweifellos froh, überhaupt ein Vertragswerk zu haben, das Anstellungsbestimmungen klar (wenn auch — wie oben vermerkt — juristisch anfechtbar) formulierte, und der jahrelangen existentiel- len Unsicherheit, die 1949 beinahe zum Zusammenbruch des Orchesters geführt hätte, entkommen zu sein. Die Gemeinde feierte den Vertrag als kulturpolitische Großtat und hatte doch den „Zweck des Haftungsausschlusses" erreicht (im Gegensatz dazu unter- zeichneten ab 1954 sieben Bundesländer gemeinsam mit der betreffenden Stadt die Kollektivverträge ihrer Orchester und Theater[43]). Daß es sich dabei nicht nur um juristische Spitzfindigkeiten handelte, beweisen zur Genüge die vor allem vom Kontroll- amt immer wieder entfachten Diskussionen um die Verminderung des Orchesterstandes, die anfangs der fünfziger Jahre geführt wurden und große Unruhe ins Orchester brach- ten — Vereinbarungen bezüglich der Orchesterstärke und deren Garantie konnten nur zwischen zwei kollektivvertragsfähigen Partnern getroffen werden, denn hier ging es nicht um die mit den einzelnen Musikern abgeschlossenen Verträge, sondern um die Frage der Erhaltung des gesamten Orchesters, und im Falle einer tatsächlich durchge-

41 W. Peter, Zur Rechtslage betreffend den Kollektivvertrag 10. 3. 1958.

42 Ebda.

43 Protokoll der Sitzung im Symphonikerbüro vom 7. 3. 1958, S. 2. Auf die Frage Dr. Peters, ob er vom Einigungsamt eine Bestätigung darüber verlangen solle, daß der Verein nicht kollektivvertragsfähig sei, erkundigte sich der damalige Direktionsratsvorsitzende Dr. Mitringer, „ob diese Bestätigung zu erlangen wäre, ohne daß die Zeitungen darüber berichten" (1. Kollektivvertragsverhandlungssitzung, am 18. 3. 1958).

führten Restriktion wäre der Gewerkschaft in der Vertragskonstruktion von 1950 kein klagbarer Partner gegenüber gestanden. Die juristische Folgenlosigkeit eines solchen Akts für die Gemeinde muß dem Kontrollamt bei seinen diesbezüglichen Initiativen bekannt gewesen sein, und die Folgerung dürfte nicht fehlgehen, daß die extreme Dienstauslastung des Orchesters während der Schenker-Ära und die immer wieder lancierten Pläne der Orchesterreduktion in Beziehung zueinander standen. Das am Beginn der Vertragsverhandlungen in Aussicht genommene Projekt, die Frage der Pensionszuschußregelung als integralen Teil des neuen Vertrages zu behandeln, wurde aus Kostengründen wieder fallengelassen, was dessen Wert erheblich schmälerte und das im Kapitel „Symphonia" geschilderte jahrelange Tauziehen zwischen Verein und Symphonia um ein Pensionsstatut zur Folge hatte.

Es kann hier nicht der gesamte Vertrag diskutiert werden; im folgenden sei aber ein Blick auf einige organisatorisch, ökonomisch und sozialrechtlich interessante Passagen geworfen: Der Höchststand des Orchesters wurde mit 126 Musikern festgelegt (vier Konzertmeister, je 20 erste und zweite Violinen, 14 Bratschen, je zwölf Celli und Bässe, je fünf Holzbläser, acht Hörner, je fünf Trompeten und Posaunen, vier Schlagwerker, je eine Tuba und Harfe), davon konnten maximal 92 Musiker Definitivposten einnehmen. Daneben gab es provisorische, d.h. ständig verpflichtete Musiker mit Anwartschaft auf das Definitivum, das in der Regel nach sechs Jahren Orchesterzugehörigkeit vergeben wurde, weiters ständig verpflichtete Aushilfsmusiker, die vorübergehend für unbestimmte Zeit engagiert waren. Substituten (fallweise verpflichtete Aushilfsmusiker) fielen nicht unter die Bestimmungen des Vertrags.

Neuaufnahmen von Musikern (bis zum Alter von 35 Jahren) erfolgten nach bestandenem Probespiel. Die Prüfungskommission bestand bloß aus fünf Personen: dem vom Verein bestellten Vorsitzenden, einem künstlerischen Berater des Vereins, zwei Betriebsräten und dem Stimmführer der betreffenden Instrumentengruppe — mit anderen Worten: nur drei von 125 Musikern hatten das Recht, über die Aufnahme eines neuen Kollegen zu entscheiden.

Die Dienstverpflichtung der Musiker (dreistündige Probendienste und Konzerte) war je nach Funktion gestaffelt. Neben der verschiedenen Höhe der Funktionszulagen ist die Relation der Dienstverpflichtungen ein sicherer Indikator für die künstlerische und damit soziale Wertschätzung der entsprechenden Positionen; dementsprechend ist dieser Teil der Anstellungsbestimmungen stets heiß umkämpft und ein gutes Spiegelbild hierarchischer Differenzierung im Kollektiv, bzw. des jeweils aktuellen Stands der Kräfteverhältnisse. Niemals wird hier eine endgültige Regelung erzielbar sein, weil es keine objektiven Kriterien geben kann, inwieweit etwa die Beanspruchung des ersten Solobassisten mit jener des vierten Konzertmeisters oder jene des zweiten Paukers mit der des zweiten Solobratschers vergleichbar ist. Unumstritten sind einige „Starpositionen" im Orchester (der erste Konzertmeister, der erste Solocellist, die ersten Holzbläser, das erste Horn und die erste Trompete) sowie die niedrigsten Ränge (die Tuttistreicher mit Ausnahme der ersten Violingruppe) — aber schon der Abstand der Starpositionen bezüglich Dienstverpflichtung und Zulagen ist Quelle immer wieder aufflackernder Diskussionen.

Im Vertrag von 1950 galt folgende Regelung:

1. Konzertmeister:	24 Dienste
2. Konzertmeister	28 Dienste
1. Solocellist	28 Dienste
1. Bläser	30 Dienste
3. Konzertmeister	30 Dienste
1. Solobratscher	30 Dienste
2. Solocellist	30 Dienste
1. Stimmführer II. Violinen)	32 Dienste
1. Solobassist	32 Dienste
4. Konzertmeister	32 Dienste
Harfe	32 Dienste
1. Pauker	32 Dienste
2. — 4. Bläser	35 Dienste
2. Stimmführer II. Violinen	36 Dienste
2. Solobratscher	36 Dienste
2. Solobassist	36 Dienste
2. Pauker	36 Dienste
alle übrigen Orchestermitglieder	40 Dienste pro Monat

Zwei Dienste täglich waren die Regel, die Musiker konnten aber bis zu einer Gesamtarbeitszeit von neun Stunden pro Tag für dritte Dienste, Überstunden und Mehrdienste (über das Monatslimit hinaus) verpflichtet werden. Sonn- und Feiertagsproben wurden mit Ausnahme der vor Ravag-Direktsendungen angesetzten Proben mit einem zusätzlichen Diensthonorar vergütet. Grundsätzlich gebührte jedem Musiker ein dienstfreier Tag pro Woche; konnte er aus Dienstgründen nicht gewährt werden, mußte er innerhalb der nächsten drei Wochen verbucht oder als Überdienst vergütet werden. Überstunden, Überdienste und dritte Tagesdienste wurden monatlich abgerechnet, aber nur dann separat honoriert, „wenn in der betreffenden Woche tatsächlich von den zu 24 bis 32 Diensten verpflichteten Orchestermitgliedern mehr als sechs Dienste und von den zu 35 bis 40 Diensten verpflichteten Orchestermitglieder mehr als acht Dienste geleistet worden sind" — d.h. ein zweiter Bläser, der aus Dienst- und Turnusgründen in einer Woche einen Block mit acht Diensten zu spielen hatte, erhielt keine Vergütung, wenn in ihnen Überstunden oder dritte Dienste enthalten waren. Ebenso galten diesbezüglich auf einer Tournee Sonderregelungen insofern, als die während der Tournee geleisteten Überstunden, Überdienste und dritten Tagesdienste „nicht oder nur aufgrund einer besonderen Vereinbarung mit dem Betriebsrat besonders vergütet" wurden. Ebenso wurde die Reisezeit nicht als Dienst gerechnet, und bei Reisen unter 300 km bestand bloß Anspruch auf eine Fahrt 3. Klasse (bei Nachtreisen 2. Klasse). Die Verpflegung während der Tourneen erfolgte kollektiv, darüberhinaus gab es ein knapp bemessenes Taggeld für Bagatellausgaben.

Der Bereich „Aufnahmen auf Tonträger" wird im Symphonia-Kapitel besprochen.

Der § 9 des Vertrags regelte die Entlohnung: Demnach bestand der monatliche Bezug aus dem Grundgehalt (500 Schilling + 60% + 276 Schilling Zuschlag) und den Funktionszulagen. Es ergaben sich dadurch drei Gruppen mit folgenden Zulagen:

1. 2. Konzertmeister
    2. Solocellist
    alle 1. Stimmführer der Streicher
    alle 1. Bläser
    Harfe
    1. Pauker   100,— Schilling
2. 3. und 4. Konzertmeister
    alle 2. Stimmführer der Streicher
    3. Bläser
    2. Pauker   70,— Schilling
3. alle Primgeiger
    2. und 4. Bläser
    3. Pauker bzw. 1. Schlagwerker   40,— Schilling

Alle übrigen Musiker (also die Streichertuttisten von der II. Violine „abwärts") erhielten keine Funktionszulage. Der 1. Konzertmeister und der 1. Solocellist hatten frei zu vereinbarende Sonderverträge. Vergleicht man diese Gliederung mit der Höhe der jeweiligen Dienstverpflichtung, so ist die weitere Differenzierung einiger dort in gleichen Gruppen zusammengefaßter Positionen erkennbar. Aus der Kombination beider Listen könnte man die Rangfolge der Orchesterpositionen wie folgt bestimmen:

		Dienste pro Monat	Funktionszulage
1.	1. Konzertmeister	24	nach Vereinbarung
2.	1. Solocellist	28	nach Vereinbarung
3.	2. Konzertmeister	28	100,— Schilling
4.	1. Solobratscher		
	2. Solocellist		
	1. Bläser (inkl. Tuba)	30	100,— Schilling
5.	3. Konzertmeister	30	70,— Schilling
6.	1. Stimmführer II. Violinen		
	1. Stimmführer Baß		
	Harfe		
	1. Pauker	32	100,— Schilling
7.	4. Konzertmeister	32	70,— Schilling
8.	3. Bläser	35	70,— Schilling
9.	Piccolo, Englischhorn, Baß-,		
	Es-Klarinette, Kontrafagott, 5-Saiter	35	55,— Schilling
10.	alle übrigen 2. — 4. Bläser	35	40,— Schilling
11.	2. Stimmführer II. Violinen		
	2. Stimmführer Viola		
	2. Stimmführer Baß		
	2. Pauker	36	70,— Schilling
12.	3. Pauker		
	Primgeiger	40	40,— Schilling
13.	alle übrigen Tuttisten	40	—

Grob gesprochen zerfällt das Orchester nach diesem Schema in zwei exponierte Spitzenpositionen, eine Führungsgruppe mit quantitativ starker Dominanz der Solobläser („Verbindung" zwischen beiden Fraktionen ist der 2. Konzertmeister), einen „Mittelbau", der vor allem durch die übrigen Bläser repräsentiert ist, und den von den Primgei-

gern angeführten „Unterbau", in dem sie nur durch eine mäßige Funktionszulage heraus-
ragen. Läßt man diese einmal außer acht (in Anbetracht der Tatsache, daß alle Streichertuttisten ein 25% höheres Dienstlimit als etwa 1. Bläser hatten), so ergeben sich zwei
große Orchestergruppen: die in irgendeiner Weise und verschieden hoch Privilegierten
(in sich wiederum stark differenzierte 3/5 des Orchesters) und der 2/5 umfassende Rest
der Nicht- (bzw. Kaum-)privilegierten. Die Privilegiertengruppe wiederum setzte sich
zu 3/5 aus Bläsern zusammen, komplettiert durch die Spitzenpositionen der Streicher.
Schon daraus ist abzulesen, daß der „Bläser-Streicher-Konflikt" vor allem einer zwischen Hierarchierängen ist: mindestens ebenso große Spannungen wie zwischen Tuttisten und Bläsern bestehen zwischen ersteren und den jeweiligen Stimmführern, und
umgekehrt sind die häufig auftretenden guten (auch privaten) Kontakte zwischen Solob-
läsern und Streichersolisten Ausdruck gemeinsamen „Standesbewußtseins" als Füh-
rungselite des Orchesters.

Es gab acht Biennien (sechs zu je 40,— Schilling, zwei zu je 30,— Schilling brutto),
wobei die vor dem Symphonikerengagement in anderen Berufsorchestern nach dem 18.
Lebensjahr verbrachten Dienstzeiten zu einem Drittel (höchstens aber fünf Jahre) als für
die Bemessung der Dienstalterszulage anrechenbare Dienstzeit verrechnet werden konnten. Grundgehalte und DAZ waren an die Gehaltsbewegungen der Gemeindebediensteten gekoppelt, ebenso wie diesen gebührten den Musikern allgemeine Behilfen und der
13. Monatsgehalt. Besondere, über die Dienstverpflichtung hinausgehende Leistungen
(Spiel auf orchesterfremden Instrumenten, besondere solistische Darbietungen) wurden
mit einem zusätzlichen Diensthonorar pro absolviertem Dienst verrechnet. „Als Diensthonorar gilt jener Teil des jeweiligen Monatsbruttogesamtbetrages an Grundgehalt und
Dienstalterszulagen, der seiner monatlichen Dienstanzahlverpflichtung entspricht" —
von der Einrechnung der Funktionszulage ist hier nicht die Rede. Eine Überstunde sollte
mit einem Drittel des Diensthonorars, ein verrechenbarer dritter Dienst sowie jeder zu
vergütende Mehrdienst mit je einem Diensthonorar und abzugeltende freie Tage mit
eineinhalb Diensthonoraren bezahlt werden. Innerhalb kürzester Zeit stellte sich heraus,
daß die Abgeltung der außerordentlichen Leistungen in dieser vertraglich fixierten Form
und Höhe beträchtliche Mehrkosten verursachte. Es gelang dem Verein noch im Mai
1951, eine Abänderung dieser Vertragspassagen durchzusetzen, die eine deutliche finanzielle Verschlechterung der Abgeltung von Sonderleistungen bedeutete: jeder Überdienst
und dritte Dienst wurde nun ohne Unterschied der Bezüge der einzelnen Musiker mit
33,— Schilling bezahlt (was einem Probenhonorar für Substituten entsprach), als Ablöse
für einen freien Tag wurden 66,— Schilling verrechnet. Der Zuschlag für orchesterfremde Instrumente (Oboe d'amore, B-Horn, Tenortuba, D-Trompete, Vibraphon) betrug nur
mehr 20,— Schilling für jede Probe und 40,— Schilling für jede Aufführung (für Gambe,
Altflöte, Viola d'amore, Bassetthorn, Heckelphon, Baßtrompete, Saxophon, Euphonium
und Kontrabaßposaune wurden 33,— Schilling bzw. 55,— Schilling vergütet), außerdem
entfiel diese Entlohnung, wenn Anspruch auf ein Solistenhonorar bestand.

Je qualifizierter und älter ein Musiker war, umso schlechter war nun für ihn z.B. die
Überdienstabgeltung: Hatte etwa ein erster Bläser mit acht Biennien nach den ursprünglichen Vertragsbedingungen ca. 46,— Schilling brutto für einen Überdienst erhalten, so
bekam er nun knapp 30% weniger ausbezahlt, während ein Tuttistreicher mit 8 Biennien
nur 1,40 Schilling einbüßte. Ein neu eingetretener Tuttist gewann bei dieser Regelung
sogar 6,10 Schilling pro Überdienst — ein Blick auf die Altersstruktur des Orchesters
allerdings macht deutlich, daß der Einsparungseffekt weit größer war: fast die Hälfte der

Musiker befand sich in der letzten Gehaltsstufe, eine weiteres Viertel in der sechsten und siebenten. „Diese Abänderungen sind befristet und treten bei einer Änderung des Kollektivvertrages die ursprünglichen Bestimmungen wieder in Kraft" heißt es in der Zusatzvereinbarung. Schenker hatte den Musiker versichert, diese Regelung werde nur für ein Jahr gelten — sie blieb jedoch ein vieljähriges Provisorium, das die Ausweitung der Diensteanzahl auf 700 pro Jahr überhaupt erst ermöglichte, weil der Verein außerordentlich billig über die zusätzliche Arbeitskraft seiner Angestellten verfügen konnte. Orchestersolisten waren nunmehr vertraglich zu Überdienstleistungen verpflichtet, die auf der Basis des ungünstigsten Vertrags abgegolten wurden und nur etwa 2/3 ihres normalen Diensthonorars einbrachten — oder anders ausgedrückt: für jeden Überdienst bzw. dritten Dienst wurde ein Solist wie ein Tuttist bezahlt. In diesem Zusammenhang muß die abstrakte Zahl 700 Dienste pro Jahr auf ihre konkrete Bedeutung bezüglich der Arbeitsbelastung beleuchtet werden: Zieht man von 365 Tagen einen Urlaubsmonat, einen dienstfreien Tag pro Woche und die gesetzlichen Feiertage ab, so verbleiben ca. 270 verfügbare Tage mit je zwei innerhalb der regulären Dienstverpflichtung möglichen Diensten — also 540 Dienste pro Jahr. Demnach wurden 160 zusätzliche Dienste geleistet, das Orchester also knapp 30% über die reguläre Kapazität in Anspruch genommen. Das bedeutete jedoch keineswegs, daß die einzelnen Musiker — gemessen am Dienstlimit — ebenfalls ein Drittel Mehrarbeit leisten mußten: das im Vergleich zur verfügbaren Jahresdienstanzahl hohe Dienstlimit führte nur selten zu größeren Überdienstzahlen. Am Beispiel der Streicher sei dies verdeutlicht: ihre Gesamtzahl betrug 82; demnach waren (mit Einberechnung der reduzierten Solistenlimite) 35.024 reguläre Dienste pro Jahr verfügbar. Unter der fiktiven Annahme einer stets gleichbleibenden Streicherbesetzung von 16 ersten, 14 zweiten Violinen, zwölf Bratschen, zehn Celli und acht Bässen wurden bei 550 Jahresdiensten nur 33.300 Dienste benötigt, bei einer 14er Besetzung (14 erste, zwölf zweite Violinen, zehn Bratschen, acht Celli, sechs Bässe) gar nur 27.500. Damit war sogar ein „Polster" verfügbarer Dienste für Krankenstände gegeben. Bei einer Dienstesteigerung auf 700 pro Jahr kam die 14er Besetzung auf 35.000 Dienste, die 16er Besetzung allerdings bereits auf 42.000. Wie das Kontrollamt feststellte, wurden in der Saison 1950/51 von 47.663 verfügbaren Gesamtorchesterdiensten nur 39.188 Dienste gespielt, und eine detaillierte Dienstaufstellung weist aus, daß nur sechs von 124 Musikern „das Arbeitsverpflichtungssoll tatsächlich erreicht bzw. überschritten haben"[44]. Eine Angleichung von Jahresdienstanzahl und Dienstlimiten war auf verschiedene Weise möglich: durch Limitreduzierung, Dienstesteigerung oder Reduzierung der Orchesterstärke. Die letztere Variante wurde vom Kontrollamt forciert, das einen Personalabbau um 10 Musiker verlangte. Da im neuen Vertrag ohnehin schon einige Limitverringerungen durchgesetzt waren, stand eine neuerliche Reduktion der Dienstlimite nicht zur Debatte.

Schenker setzte auf Steigerung der geleisteten Dienste, um den Personalstand halten zu können; weil diese Alternative wie erwähnt aber sofort das Problem der Kostensteigerungen infolge von 150 dritten Diensten pro Jahr mit sich brachte, gab es nur den Ausweg, durch möglichst geringe Honorierung den zusätzlichen Aufwand in Grenzen zu halten. Dies und die im Voranschlag 1950/51 aufgrund der neuen Vertragsbestimmungen präliminierte Steigerung der Sonderentgelte von 45.000 auf 120.000 Schilling führten

---

44 Kontrollamt der Stadt Wien Ktr. A IV-3100/51 WS Gebarungskontrolle, 12. 10. 1951, S. 2. Fünf der sechs Musiker waren Solisten. Überdies führte die unkoordinierte Planung der Konzertveranstalter zu Zeiten mit extremer Dienstbelastung, denen relative „Leerlauf"-Zeiten gegenüber standen.

zur Abänderung des Vertrages im Mai 1951. Schenker nutzte dabei die durch seinen eigenen Abgang als Orchestervorstand entstandene Interimszeit bis zur nächste Betriebsratswahl: Im Februar 1951 war er zum geschäftsführenden Direktor ernannt worden, am 2. 5. fand die Betriebsratswahl statt, in der ein neuer Orchestervorstand nominiert wurde. Am 18. 4. teilte Schenker Lustig-Prean mit, daß als Provisorium („weil das Orchester momentan keine ordentliche Vertretung hat") die Nivellierung der Sonderdiensthonorare auf einheitlich 30,— Schilling eingeführt wurde.[45] Offensichtlich setzte Schenker den neuen Betriebsrat mit der Drohung unter Druck, bei einer Ablehnung dieser Sonderdienstregelung die für 23. 5. angesetzte Unterzeichnung des Vertrages ernsthaft zu gefährden. „Die nunmehr abgeschlossene Fassung bringt gegenüber der zuerst beabsichtigten bedeutende Vorteile für den Verein. Es ist dem neuen Betriebsrat zu danken, daß unsere Vorschläge fast unverändert angenommen worden sind. Hoffentlich hält dieses Entgegenkommen an, da es trotz allem noch immer Punkte im Vertrag gibt, die uns bei rigoroser Auslegung unangenehm sein könnten. Gegebenenfalls müssen wir uns dabei der Unterstützung der Gewerkschaft versichern, wenn im Orchester unkontrollierbare Elemente Oberwasser bekämen. Unser Eindruck geht dahin, daß die Gewerkschaft in letzter Zeit die Dinge realer sieht und auch die Lage des Vereins bei ihren Empfehlungen bedenkt."[46]

Angesichts dieser in wesentlichen Punkten ungünstigen Vertragsbedingungen wird es plausibel, daß sich die Musiker verstärkt der Tätigkeit für die Symphonia widmeten, um auf diesem Weg wenigstens bessere Bezahlung für ihre Mehrarbeit zu erhalten. Damit soll nicht der Illusion gehuldigt werden, bessere Vertragsbedingungen im Hauptdienst hätten die Aktivitäten im Nebengeschäft zwangsläufig eingeschränkt — vielleicht nicht zu Unrecht argwöhnten die Gemeindevertreter, daß jede Limitreduzierung nur zur Ausweitung der Nebendienste führen würde. Die dem herrschenden Wirtschaftssystem immanente „psychologische" Logik — steigendes Anspruchsniveau der Lebenshaltung durch steigende Wohlfahrt genau in dem Maße, daß jenes immer knapp über der akuten Leistungsfähigkeit liegt — ist ein sicherer Garant für zusätzliche Arbeitsanstrengungen, wo immer sich ein Betätigungsfeld bietet, und diesbezüglich finden qualifizierte Musiker zumeist recht günstige Bedingungen vor.

Die letzten beiden Abschnitte des Vertrags regeln Urlaub, Dienstverhinderung und Auflösung des Dienstverhältnisses. Während definitive und provisorische Mitglieder den gleichen Urlaubsanspruch hatten (31 Kalendertage, nach 15 Dienstjahren 35), ergaben sich Unterschiede im Krankheitsfall: definitive Mitglieder erhielten bei längerdauernder Dienstunfähigkeit zwölf Monate volle Bezüge, provisorische nur drei Monate (bzw. nach fünfjähriger Dienstzeit sechs, und nach zehnjähriger Dienstzeit ebenfalls zwölf Monate). Trat nach Ablauf dieser Frist die volle Dienstfähigkeit nicht wieder ein, war der Verein berechtigt, das Dienstverhältnis zu kündigen. Kündbar waren definitive Mitglieder (abgesehen von Entlassung aufgrund eines Disziplinarerkenntnisses) auch dann, wenn „die künstlerische Leistungsfähigkeit aufgrund eines physischen Kräfteverfalles dauernd unter ein für das Orchester tragbares Ausmaß sinkt" und der Musiker es verabsäumte, die frühzeitige gesetzliche Alters- bzw. Invalidenrente zu beantragen. Darüberhinaus gewährte eine „Definitivstelle" keineswegs Sicherheit im Sinne einer pragmatisierten Bundesdienststelle: Nach mindestens fünfjähriger Orchesterzugehörigkeit erhielten definitive und provisorische Mitglieder, „wenn das Dienstverhältnis ohne ihr Verschulden

---

45 Brief Schenker — Lustig-Prean vom 18. 4. 1951.
46 Brief Schenker — Lustig-Prean vom 24. 5. 1951.

vom Verein gekündigt wird, an Stelle der gesetzlichen Abfertigung eine Abfertigung im Ausmaß eines vollen Monatsbezuges für jedes in diesem Orchester vollendete Dienstjahr, wenn sie im Zeitpunkt des Austrittes aus dem Dienstverhältnis in diesem Orchester nachweisen können, daß sie keinen anderen Dauerverdienst gefunden haben". Da keine rechtlich verbindliche Bestandsgarantie des Orchesters seitens der Subventionsgeber vorlag, war der privatrechtlich organisierte Verein zumindest formal jederzeit auflösbar — ein weiterer Grund für viele Musiker, die Sicherheit des Bundesdienstverhältnisses in den Bundestheaterorchestern anzustreben. Die Abänderungen des Vertrages im Mai 1951 reduzierte zudem das Höchstausmaß der Abfertigung auf 24 Monatsbezüge (bzw. 18 Monatsbezüge für Musiker über 60 Jahre).

Gegenüber der Situation vor 1950 bedeutete der Vertragsabschluß für die Vereinsangestellten zweifellos eine Verbesserung: Der Grundgehalt war höher, Stufenvorrükkung und Anrechnung von Vordienstzeiten waren nunmehr geregelt, einige Dienstlimite reduziert, eine (wenn auch schlechte) Abgeltung von Überdiensten eingeführt. Eines der ursprünglichen Hauptziele der Vertragsverhandlungen — die sozialrechtliche und finanzielle Angleichung an die Verhältnisse des Staatsopernorchesters — wurde allerdings nicht annähernd erreicht, wie folgende Gegenüberstellung aus dem Jahr 1953 zeigt:

	Staatsopern- orchester	Wiener Symphoniker
Vertragsverhältnis	Kollektivvertragsan- gestellte der Republik Österreich mit eigener Bundespensionsver- ordnung	Angestellte des Vereins Wiener Symphoniker
Anfangsgehalt	1.500,— S	1.775,— S ohne Zulagen
Alterszulagen	4 à 148,— S 1 à 255,— S 3 à 148,— S 1.291,— S	6 à 44,— S 2 à 33,— S 330,— S
Überdienste	80,— S / 3 Std. 100,— S über 3 Std.	38,— bis 40,— S
Sozialversicherung	eigene Pensionsver- ordnung und Bundes- krankenkasse	der Privatangestellten
Pension	78,3% des Aktivge- halts (bei 30 Dienst- jahren ca. 1.700,— bis 1.800,— S)	75% der Pension für Privatangestellte (ca. 850,— bis 900,— S)

Tourneen fielen überhaupt aus der regulären Überdiensteregelung; weiters war die im Vertragstext verwendete Terminologie bezüglich der Mehrdienstleistungen so unklar und schwankend (zwischen „Überstunde", „Mehrdienst", „Überdienst", „Feiertagsdienst" etc.), daß die Finanzbehörde in der Folge einige dieser erbrachten Leistungen als nicht in die gesetzlich vorgesehene Steuerfreiheit von Überstundenentgelten fallend klassifizierte (etwa im Falle der Sonntagsproben, die im Text der Abänderung des Vertrages als nicht mehr vergütungsfähig aufschienen, obwohl sie es de facto waren). Es fehlte völlig eine Vereinbarung über die Anzahl der Überdienste, zu der ein Musiker verpflichtet werden konnte.

Der Vertrag war nicht geeignet, die gereizte Stimmung im Orchester zu beruhigen und eine Basis zu schaffen, die tragfähig gewesen wäre für die unvermeidlichen Positionskämpfe innerhalb des Kollektivs: Dies zeigt die neuerlich aufflammende Kommunalisierungsdebatte ebenso wie der Plan zu einem autonomen Orchesterverband oder die bald nach Vertragsabschluß einsetzenden Bemühungen einer Novellierung. „Die wirtschaftliche und dienstliche Stellung der Orchestermitglieder der Wiener Symphoniker ist keine solche, daß ihre künstlerischen Leistungen dadurch abgegolten werden; es drängt sich vielmehr der Gedanke auf, daß gerade die Wiener Symphoniker durch ihre intensive Tätigkeit für das Kunstleben bei mangelhafter Honorierung und Nichtteilnahme an sozialen Errungenschaften anderer Berufe diese Veranstaltungen mit subventionieren."[47]

Selbst vertragliche Bestimmungen, die eine Konsolidierung der Anstellungsverhältnisse zum Ziel hatten, brachten teilweise erhebliche Unruhe ins Orchester: so hatte gerade die Einführung des Definitivums erbitterte Auseinandersetzungen über die Art der Vergabe zur Folge, laut Vertrag gab es ja nur 92 Definitivposten. Lustig-Prean war der Meinung, „daß fraglos die derzeitigen künstlerischen Qualitäten wenigstens jener Orchestermitglieder geprüft werden müßten, die definitiv werden sollen"[48]. Das betraf alle Orchestermitglieder, die nach 1945 ins Orchester gekommen waren; nach Wunsch Schenkers sollten sie einem neuerlichen Probespiel unterzogen werden — oder vielmehr: „Um dem Probespiel nach Möglichkeit Härten zu nehmen, soll es als Überprüfung deklariert werden."[49] Einige dieser Musiker waren nach 1945 in Ermangelung hinreichend qualifizierter Kräfte als Pauschalsubstituten mit zunächst geringeren Gehältern, die in der Folge dann aber angeglichen wurden, aufgenommen worden. War es angesichts der unleugbaren Mängel in einzelnen Orchestergruppen (immer wieder wurden Bratschen und Celli genannt) von der Interessenlage des Vereins her verständlich, derartige Schwachpunkte nicht definitiv werden zu lassen, so bedeutete es für die ohnehin im Dauereinsatz stehenden Musiker eine schwer zumutbare zusätzliche Belastung, nochmals zu einem Probespiel anzutreten. In diesem Fall konnte sich Schenker nicht durchsetzen, und nach eineinhalbjähriger Diskussion kam Ende 1953 eine einvernehmliche Lösung zwischen ihm und dem Betriebsrat zustande, ohne daß ein Probespiel abgehalten worden war. Wegen des akuten Nachwuchsmangels war es allerdings nicht möglich, alle umstrittenen Positionen wirklich zufriedenstellend zu besetzen. Noch 1956 schrieb Dr. Sachs an Lustig-Prean: „Es ist ein offenes Geheimnis, daß unter den Orchestermitgliedern eine Anzahl den berechtigten Anforderungen nicht entsprechen."[50] Aus der Sicht der Musiker allerdings entsprachen die Vertragsbedingungen, unter denen sie angestellt waren, ebenfalls nicht den berechtigten Anforderungen — und eine Wechselwirkung dieses gegenseitigen teilweisen Nichtentsprechens ist zumindest zu vermuten.

---

47 Prinzipielle Festlegung der wichtigsten und vordringlichst notwendigen Neuregelungen dienstrechtlicher Verhältnisse der Wiener Symphoniker, erstellt 1953.
48 Brief Lustig-Prean — Honay vom 15. 4. 1952.
49 Gedächtnisprotokoll über die Sitzung am 28. 10. 1952 im Konservatorium.
50 Brief Dr. Sachs — Lustig-Prean vom 23. 6. 1956.

4. Vereinswirtschaft in der Nachkriegszeit

Das Orchester war zwar kein kommunaler, aber von der Gemeinde in zunehmendem Ausmaß finanziell gestützter Betrieb, und die Gebarung des Vereins unterlag daher einer jährlichen Überprüfung durch das Kontrollamt der Stadt Wien. Den Gegenstand der Untersuchung bildete dabei formell ausschließlich die Effizienz des Einsatzes öffentlicher Mittel, wobei die vom Kontrollamt vorgeschlagenen Maßnahmen zur Steigerung der Produktivität allerdings immer wieder tief in künstlerische Belange hinein reichten, ohne daß die mit der Überprüfung betrauten Beamten hinlängliche Kenntnis über die Praxis eines künstlerischen Betriebes besaßen. Die bloß wirtschaftliche Kontrollkompetenz wurde von den Gemeindevertretern wiederholt gegen die Kommunalisierungswünsche des Orchesters ins Treffen geführt: Bei völliger Übernahme in Gemeindedienste, also im Falle öffentlich-rechtlicher Anstellung des Orchesters, wäre das Kontrollamt Entscheidungsinstanz in allen das Orchester betreffenden Fragen gewesen[51], während es (im Sinne dieser Argumentation) bei aufrechterhaltener Vereinskonstruktion nur in Form von partieller Kompetenz (bzw. manchmal Inkompetenz) eingreifen konnte. Musterbeispiel solcher Intervention war der unter dem Titel „Gebarungskontrolle bezüglich des personellen Sektors" laufende Vorschlag zur Reduktion des Orchesterstandes, dem gegenüber Schenker aufgrund einer detaillierte Analyse nachweisen konnte, daß in diesem Fall vermehrte Substituten — oder Überdienstzahlungen entstehen oder vermindertes Dienstvolumen die finanziellen Einsparungen egalisieren würden. Allerdings war es angesichts der sich ständig verschlechternden Einspielergebnisse naheliegend, solche Auswege ins Auge zu fassen. Am Ende des Nachkriegsjahrzehnts trugen die Subventionsgeber bereits 60% des Gesamtaufwandes, d.h. die Gemeinde schoß (nach dem mit dem Bund vereinbarten Teilungsschlüssel) ebensoviel zu, wie das Orchester selbst einspielte. Im letzten Kriegsjahr hatte demgegenüber die Gemeindesubvention knapp 30% des Gesamtaufwandes betragen.[52] Die Bilanzen und ihre Kommentierung durch das Kontrollamt spiegeln den Verlust der relativen finanziellen Autonomie des Vereins und die immer stärker werdende Abhängigkeit von öffentlicher Förderung. Zu Kriegsende verfügte der Verein noch über Bankenbestände von 382.000 RM, davon waren 250.000 RM langfristig angelegt, sodaß das Kontrollamt resümierte: „Die Geldflüssigkeit des Vereins erscheint demnach für längere Zeit gesichert."[53] Allerdings schienen in dieser Bilanz Bankguthaben und Hausbesitz des Brucknerfonds noch als Vereinsvermögen auf, weil dieser seit 1938 dem Verein angegliedert war — eine Maßnahme, die die Auflösung des Fonds verhindern und sein Vermögen den Mitgliedern erhalten sollte. Noch im Jahr 1947 verfügte der Verein über einen mit 105.000 Schilling dotierten eigenen Pensionsfonds und einen Instrumentenfonds in der Höhe von 80.000 Schilling. Währungsreform und mangelnde Subventionierung in der unmittelbaren Nachkriegszeit ließen die Rücklagen rasch schwinden: Ein ungedecktes bilanzmäßiges Defizit von 95.000 Schilling in der Saison 1948/49 erzwang die Auflösung der beiden Fonds, sodaß sich das Vereinsvermögen nur mehr auf ca. 97.000 Schilling belief, während 33.000 Schilling Steuerrückstände, 50.000 Schilling Schulden auf soziale Lasten und 11.000 Schilling Schulden gegenüber der Gewerkschaft existierten. Übersteig der Personalaufwand den Gesamter-

---

51 Protokoll Kollektivvertragsverhandlung vom 7. 3. 1958.
52 Kontrollamtsbericht 3/VII — 427/45 vom 18. 6. 1945.
53 Ebda.

lös 1945 nur um ca. 15%, so waren es 1948/49 bereits 58%. Der bilanzmäßige Verlust resultierte aus der Differenz zwischen einem Betriebsverlust von 800.000 Schilling (bei einem Erlös von 1,284.000 Schilling und einem Gesamtaufwand von knapp 2,1 Mio. Schilling) und Subventionen in der Höhe von ca. 705.000 Schilling.[54]

Die Entwicklung der Ausgaben-Einnahmen-Struktur im Nachkriegsjahrzehnt verdeutlicht eine Zusammenstellung einiger Bilanzposten:

AUFWAND

	Ges. Aufwand	Dienste	Bezüge des Orchesters	%	Sonderentgelte	%	soziale Lasten	%
1947/48	2,132.732		1,524.219	71,5	49.947	2,3	153.525	7,2
1948/49	2,156.155	497	1,808.433	83,9	36.646	1,7	178.182	8,3
1949/50	3,099.744	561	1.947.385	62,8	85.565	2,8	238.461	7,7
1950/51	4,047.060	604	2,563.009	63,3	152.771	3,8	343.777	8,5
1951/52	5,437.701	660	3,523.221	64,8	92.446	1,7	607.861	11,2
1952/53	5,791.041	707	3,604.722	62,2	102.327	1,8	693.441	12,0
1953/54	5,447.361	699	3,978.371	73,0	96.276	1,8	732.404	13,5
1954/55	6,066.120	691	4,443.071	73,2	113.302	1,9	926.464	15,3

ERTRAG

	Musikverein	%	Konzerthaus	%	Ravag	%	Subventionen	%
1947/48			416.988	19,5	405.000	19,0		
1948/49			409.680	19,0	707.945	32,8		
1949/50	426.425	13,7	142.653	4,6	729.000	23,5	880.006	28,4
1950/51	379.827	9,4	184.223	4,5	786.000	19,4	1,369.012	33,8
1951/52	510.800	9,4	219.600	4,0	1,152.150	21,2	1,884.004	34,6
1952/53	462.500	8,0	344.210	5,9	1,148.400	19,8	1,776.000	30,7
1953/54	433.180	7,9	344.500	6,3	1,148.400	21,1	2,216.001	40,7
1954/55	631.520	10,4	519.000	8,5	1,148.000	18,9	2,448.000	40,3

Nocheinmal wird hier das Wachstumstempo der einzelnen Faktoren anschaulich: Der Gesamtaufwand erhöhte sich innerhalb von acht Saisonen auf das dreifache, die Orchesterbezüge inklusive der Sonderentgelte liefen dazu parallel (schon deshalb, weil ihr Anteil am Gesamtaufwand stets über 90% lag), die sozialen Lasten wuchsen dagegen um das sechsfache. Auf der Ertragseite gestaltete sich die Entwicklung unterschiedlich: Während der Anteil der Einnahmen aus Rundfunkkonzerten (nicht allzusehr) sank und jener des Konzerthauses sogar überproportional stieg, stagnierte das Ergebnis im Musikverein. Insgesamt lag das Einspielergebnis bei den drei großen Mietern im Schnitt etwas über einem Drittel des Gesamtaufwandes, wobei außer acht bleibt, daß die relative Konstanz des Ergebnisses nur durch beträchtliche Dienststeigerung insgesamt erzielt werden konnte. Im Bereich „Gastspiele" konnte zwischen 1950 und 1955 keine Steigerung erzielt werden. Das Kontrollamt bemerkte diesbezüglich kritisch, laut den vom Verein erstellten Jahresvoranschlägen entfiele ein Großteil des präliminierten Gesamtverlustes auf die Tourneetätigkeit. Allerdings wiesen die Eingangssummen im Voranschlag jeweils nur bereits fixierte Konzerte auf, wobei aufgrund der damals noch

---

54 Kontrollamtsbericht Ktr. A IV-954/50 vom 14. 3. 1950.

kurzfristigen Planung, die kaum jemals über eine Saison hinausreichte, erfahrungsgemäß noch verschiedene Abschlüsse später dazu kamen. Aber schon in den fünfziger Jahren stand der Direktor des Vereins vor der schwierigen Aufgabe, eine detaillierte Planung erstellen zu müssen, ohne bezüglich der finanziellen Bedeckung bindende Zusagen zu haben. Das Kontrollamt urgierte deshalb, die Direktion müsse „das Vorhaben des Vereines, vor Beginn des Geschäftsjahres, speziell vor Verhandlungen über Subventionen, der Stadt Wien zur Kenntnis bringen, um ihr Gelegenheit zu geben, zu den Verlustposten rechtzeitig Stellung nehmen zu können".[55] Das Kontrollamt durchschaute auch die aus der unsicheren Subventionspraxis resultierende Taktik der Direktion, Abgänge im Voranschlag eher zu hoch auszuweisen, um sich finanziellen Spielraum zu sichern: „Die Ansätze wurden offensichtlich so vorsichtig erstellt, um durch einen möglichst hoch ausgewiesenen Gebarungsabgang die Subventionsquoten in einem die Liquidität des Vereines gewährleistenden Ausmaß zu sichern."[56] Tatsächlich konnten ab 1952 aus Teilen der Subventionsmittel wieder Rücklagen für den Instrumentenfonds gebildet werden. Die Höhe der Eigenmittel des Vereins (beinhaltend Vereinsvermögen, Instrumentenfonds und Abfertigungsfonds) betrug Ende der Saison 1951 ca. 450.000 Schilling, also etwa 11% des in diesem Jahr anfallenden Gesamtaufwandes (oder ein Drittel der gewährten Subventionen). Bereits für die darauffolgende Spielzeit prognostizierte das Kontrollamt die völlige Aufzehrung der Eigenmittel bei einer präliminierten Subventionshöhe von 1,5 Mio. Schilling. „Jedenfalls wird es schwer sein, das Orchester auf Dauer in dieser Art zu halten, wenn jährlich neue große Belastungen zusätzlich erwachsen", notierte dazu Stadtrat Mandl und schlug die Einsetzung eines Komitees vor, das „die Frage der Wiener Symphoniker bezüglich Stärke des Orchesters, Dienstverwendungen usw. einer scharfen Prüfung unterzieht ... Sollten die Kosten so steigen, wie es aufgrund der bisherigen Unterlagen den Anschein hat, dann müßten wir an eine Restringierung des Orchesters denken. Wir halten den hohen Orchesterstand, damit wir nicht zu stark mit Substitutenkosten belastet werden, ich höre aber, daß trotzdem ununterbrochen Substituten verwendet werden"[57]. Schenker erwiderte, diese würden nur bei den mitunter auftretenden Paralleldiensten, bei Krankheitsfällen und Überbelastung einzelner Musiker eingesetzt: „Im letzteren Fall entstehen daraus keine Mehrkosten, da es die gleichen Kosten verursacht, wenn ein Orchestermitglied Überdienste leistet oder ein Substitut spielt. Der Vorteil liegt in der Schonung des Orchestermitgliedes. Eine Restringierung des Orchesters würde es nicht mehr erlauben, die Dienstverpflichtungen im gleichen Ausmaß zu übernehmen. Dadurch sinken aber auch die Einnahmen. Die künstlerischen und sozialen Folgen sollen hier nicht erörtert werden."[58] Immerhin war es durch die exzessive Dienstauslastung gelungen, die vom Kontrollamt errechneten Selbstkosten zu senken, während in den Verhandlungen mit den Konzertinstituten diese offiziellen Zahlen als Grundlage für das Verlangen nach erhöhten Honoraren dienten. Überdies war der Personalstand einige Jahre hindurch ohnehin unvollständig: 1951 waren nur 117 Musiker angestellt, 1952 erhöhte sich die Zahl auf 121, 1953 auf 122.[59] Die ratenweise Auszahlung der Subventionsbeträge, die überdies nicht automatisch an erhöhte Kosten durch in Kraft tretende Lohn- und Preisabkommen angeglichen wurden, brachte den

55 Kontrollamtsbericht Ktr. A. IV-1249/51, WS Voranschlag 1950/51 23. 3. 1951.
56 Ktr A IV-1249/1/51.
57 Brief Schenker Lustig-Prean vom 29. 1. 1954.
58 Ebda.
59 Ktr A IV-1889/53 WS-Bilanz 1951/52, 29. 3. 1954.

Verein permanent in Schwierigkeiten. Zusätzlich stellte das Kontrollamt fest, „daß die hauptsächlich durch die schleppende Zahlung der Debitoren (also der Konzertinstitute E.K.) geschaffene Illiquidität des Vereines die Ursache dafür war, daß Schulden an das Finanzamt sowie an die Sozialversicherungsträger nicht rechtzeitig abgestattet werden konnten".[60]2

Mitte der fünfziger Jahre ging die Dienstauslastung kurzfristig wieder zurück: Eigenkonzerte wurden nicht mehr vorgesehen, „weil sie zwar Dienste für das Orchester konsumieren, aber in keinem Fall einen nennenswerten Reingewinn einbrachten",[61] der Sender Rot-Weiß-Rot stellte seine Tätigkeit ein, die Beschäftigung bei den Wiener Festwochen war nicht mehr so intensiv, weil verstärkt ausländische Orchester gastierten. Immerhin war es laut Kontrollamt, da „in den präliminierten Einnahmen stets größere Reserven enthalten waren, als die Mehraufwendungen absorbierten"[62], möglich gewesen, das Eigenkapital auf ca. 600.000 Schilling zu erhöhen, wodurch die Eigenmittel inklusive der Fonds 870.000 Schilling betrugen. „Diese Entwicklung zeigt, daß die Eigenmittel in der Höhe ausreichend sind, dem Verein eine sichere Basis zu bieten und daß es nunmehr zweckmäßig wäre, Subventionen den tatsächlichen Notwendigkeiten entsprechend zu genehmigen."[63] Der Verein wies diese Interpretation des Kontrollamtes jedoch zurück: Verwaltungs- und Konzertjahr waren nicht deckungsgleich, und die für ein Kalenderjahr gewährten Subventionsbeträge trafen nicht immer zum selben Zeitpunkt ein, weshalb Teilbeträge buchhaltungsmäßig zwar in der Bilanz bereits erfaßt wurden, tatsächlich aber Anzahlungen für die nächste Saison darstellten.[64]

Die Probleme, die sich daraus ergaben, daß die von der Gemeinde gewährten Subventionsbeträge teils aus dem Kulturgroschen stammten (und damit in die Kompetenz Mandls fielen), teils aber aus dem Finanzressort (und damit Sache Reschs waren), werden an anderer Stelle erörtert (vgl. dazu, S. 158f.). Der diesbezügliche Teilungsschlüssel lautete 60 zu 40. In der Saison 1955/56 trat eine weitere Differenzierung im Subventionsmodus ein: erstmals wurden direkte Subventionen in der Höhe von 6.000 Schilling pro Dienst an die beiden Konzertinstitute vergeben (was der Differenz zwischen Selbstkosten und Honorar entsprach) — über diese bald wieder torpedierte Lösung, die größere Transparenz bezüglich der tatsächlichen Subventionsempfänger und dem erforderlichen Subventionsaufwand für Orchester- und Konzertleben zum Ziel hatte, wird an anderer Stelle ausführlich berichtet (vgl. S. 161).

Abschließend möge eine stichwortartige Chronologie der finanziellen Lage des Vereins in den Saisonen 1951 bis 1954 verdeutlichen, daß das prinzipielle Übereinkommen zwischen Gemeinde und Bund bezüglich der Subventionsvergabe an der labilen Situation der Vereinsfinanzen nicht allzuviel änderte:

---

60 Ebda.
61 Brief WS-Kontrollamt vom 6. 10. 1955.
62 Ktr IV-GU 43-2/55 WS-Voranschlag 955/56, 31. 10. 1955.
63 Ebda.
64 Beantwortung vom 22. 11. 1955.

Dezember 1950:   Die fälligen Subventionsraten von Gemeinde und Bund bleiben aus; Generaldirektor Liebermann stellt dem Verein in eigener Verantwortung 50.000 Schilling Überbrückungshilfe zur Verfügung, um die Gagenauszahlung per 30. 12. zu ermöglichen.[65]

Jänner 1951:   Die aus dem vierten Lohn- und Preisabkommen resultierenden zusätzlichen Aufwendungen finden in der Subvention keine Bedeckkung. Mandl weigert sich, den Kulturgroschenanteil zu erhöhen, weil er befürchtet, daß Resch den Budgetanteil entsprechend verringern würde. Der Verein kann deshalb die Überbrückungshilfe an Liebermann nicht zurückzahlen.[66] Infolge „Nichtzurverfügungstellung der notwendigen Mittel" ist der Verein nicht in der Lage, die Februargagen voll auszuzahlen.[67]

Februar 1951:   Die Gemeinde verlangt eine Intensivierung der Orchestertätigkeit, um zumindest zusätzlich 100.000 Schilling einzuspielen.[68]

März 1951:   Lustig-Prean verlangt nach „einer vertraulichen Aussprache mit kompetenten Faktoren" von Schenker Berechnungen über die finanziellen Auswirkungen einer Orchesterreduktion um mindestens acht Musiker.[69] Ansuchen an das BMfU, seinen Anteil an der Erhöhung des Subventionserfordernisses durch Kollektivvertrag und 4. Lohn- und Preisabkommen auszuzahlen, nachdem bisher nur die für 1950 vorgesehenen Sätze eingelangt waren.[70]

September 1951:   Das Orchester hat 300.000 Schilling mehr als präliminiert erwirtschaftet. Das Mehrerfordernis an Subvention gegenüber 1950 beträgt 250.000 Schilling. Lustig-Prean ersucht Resch, durch das Kontrollamt „feststellen zu lassen, wie sich Abbaumaßnahmen (auf 92) auswirken würden".[71]

Oktober 1951:   Das Kontrollamt empfiehlt eine Reduktion um zehn Musiker.

Dezember 1951:   Nach dem fünfte Lohn- und Preisabkommen wiederholt sich die Situation vom Jänner 1951. Während der Verein laut Subventionsabkommen eine automatische Nachziehung erwartet, macht die Gemeinde diese von einem gesonderten Ansuchen abhängig.[72]

Jänner 1952:   Für die Auszahlung der Jännergagen stehen nur die Kulturgroschenanteile zur Verfügung. Die aus dem Budget gewährte Summe steht nicht fest. Die Spannungen zwischen Kulturamt und Finanzreferat verhindern eine schnelle Klärung des Problems.[73] Die Geldmittel für den Ultimo stehen nicht zur Verfügung, da Resch keine Zahlungen leistet und Mandl sich weigert, neuerlich einzuspringen. Lustig-Prean erklärt seinen Rücktritt.[74]

---

65 Brief Lustig-Prean — Honay vom 15. 1. 1951.
66 Brief Lustig-Prean — Honay vom 16. 1. 1951.
67 Brief Schenker-Honay vom 29. 1. 1951.
68 Brief Lustig-Prean — Schenker vom 26. 2. 1951.
69 Brief Lustig-Prean — Schenker vom 1. 3. 1951.
70 Brief Lustig-Prean — Lafite vom 21. 3. 1951.
71 Brief Lustig-Prean — Mandl vom 12. 9. 1951.
72 Brief Lustig-Prean — Honay vom 5. 12. 1951.
73 Brief Mandl — Lustig-Prean vom 14. 1. 1952.
74 Brief Lustig-Prean — Honay vom 30. 1. 1952.

März 1952:	Einem Gagenerfordernis von 300.000 Schilling steht eine Liquidität von 250.000 Schilling gegenüber. Die Differenz erlangt der Verein durch Verwendung der Dienstgeberbeiträge für die Sozialversicherung zur Gagenauszahlung. Die Subventionshöhe wird nicht entsprechend dem fünften Lohn- und Preisabkommen erhöht.[75]
April 1952:	Siehe März.
Mai 1952:	Die Gagenauszahlung für Juni ist neuerlich gefährdet. Lustig-Prean ersucht Mandl, dringend 140.000 Schilling zur Verfügung zu stellen.
Juni 1952:	Ende des Monats fehlen 40.000 Schilling zur Gagenauszahlung. Die Abwesenheit Honays bringt den Verein in eine schwierige Situation, da niemand sonst die Kompetenz besitzt, bei der MA 5 zu intervenieren.[76]
Juli 1952:	Wegen verspätete Eintreffens der Subventionsrate ersucht der Verein die Gebietskrankenkasse um Stundung der Beträge für Mai und Juni.[77] Die Schulden des Vereins gegenüber der Gebietskrankenkassa betragen 140.000 Schilling, gegenüber dem Finanzamt 120.000 Schilling.
Oktober 1952:	Ersuchen an das Finanzamt, Steuerrückstände von 250.000 Schilling zu stunden, da noch immer keine Subventionserhöhung nach dem fünften Lohn- und Preisabkommen durchgeführt wurde.[78]
November 1952:	Die Gebietskrankenkasse läßt im Rathaus zu Lasten des Vereins 158.000 Schilling pfänden. Eine Nachtragssubvention wird bewilligt, die zur Schuldenrückzahlung verwendet werden muß.[79] Die am 11. 10. 1951 vereinbarte Nachtragssubvention durch das Finanzreferat ist ein Jahr später noch immer nicht eingelangt.[80] Ansuchen des Vereins, die erste Subventionsrate für 1953 bereits Ende 1952 anzuweisen, um die rechtzeitige Gagenauszahlung zu ermöglichen, mit gleichzeitiger Bitte der Erhöhung dieser Rate entsprechend dem fünften Lohn- und Preisabkommen, um neuerliche Schulden gegenüber Finanzamt und Gebietskrankenkasse zu verhindern.[81]
März 1953:	Die Ultimozahlungen hängen von der Bereitschaft und Fähigkeit der Konzertinstitute ab, konsumierte Dienste termingerecht zu honorieren. „Es wäre wunderbar, wenn es uns einmal gelänge, ein bescheidenes Betriebskapital zu erübrigen, damit wir unergiebige Monate überdauern können, ohne in Schulden und Exekutionen zu kommen."[82]
Mai 1953:	Infolge der Konzertflaute sinkt der Ertrag für die Veranstalter, die Außenstände des Vereins erhöhen sich stark, weshalb er eine Umlenkung der Musikfest-Subventionen zu den Symphonikern verlangt.[83]

75 Brief Schenker — Lustig-Prean vom 2. 3. 1952.
76 Brief Lustig-Prean — Mandl vom 30. 6. 1952.
77 Brief WS — Wiener Gebietskrankenkasse vom 11. 7. 1952.
78 Brief Schenker — FA f. Körperschaften vom 22. 10. 1952.
79 Brief Schenker — Lustig-Prean vom 4. 11. 1952.
80 Brief Schenker — Lustig-Prean vom 10. 11. 1952.
81 Brief Direktionsrat — MA 5 vom 28. 11. 1952.
82 Brief Schenker — Lustig-Prean vom 9. 3. 1953.
83 Brief Schenker — Mandl vom 8. 5. 1953.

Juni 1953:	Da von der zugesagten Gemeindesubvention 400.000 Schilling ausständig sind, ist die Auszahlung des halben 13. Monatsgehaltes gefährdet.[84]
Oktober 1953:	Urgenz der Gewerkschaft, weil die ab Juli in Zusammenhang mit der Entnivellierung fälligen Gehaltserhöhungen nicht ausgezahlt wurden.[85] Jänner 1954: Wegen steigenden Subventionsbedarfes erneut Restriktionspläne.[86]
März 1954:	Die Verhandlungen bezüglich einer Subventionserhöhung zum Budgetausgleich werden verschleppt, weshalb „die radikalen Elemente des Orchesters immer stärker zur Rebellion rufen und den Betriebsrat der Unfähigkeit zeihen"[87].
Mai 1954:	Für die Junigagen fehlen 150.000 Schilling, für den halben 13. Gehalt 175.000 Schilling, die aus der Entnivellierung resultierende Gehaltserhöhung ist noch immer nicht durchgeführt. Gleichzeitig schuldet das Konzerthaus 200.000 Schilling, die GdM 70.000 Schilling. Schenker ersucht, „durch Sperren der für die kommenden Festwochen bestimmten Subventionsbeträge die Zahlungswilligkeit der Gesellschaften anzuspornen"[88].
Juni 1954:	Höhepunkt der Verschuldung der Konzertinstitute (Konzerthaus 250.000 Schilling, GdM 135.000 Schilling) führt in der Folge zur Neuregelung des Subventionsmodus (Direktsubvention) ab 1955.

Diese Subventionspraxis — Krisenmanagement ohne erkennbare kulturpolitische Perspektiven und Zielsetzungen, Musterbeispiel für „zuviel zum Verhungern, zuwenig zum Leben" — war im Direktionsrat selbst immer wieder Gegenstand von Diskussionen und Polemiken. Am deutlichsten äußerte sich dazu Gamsjäger, dessen prinzipielle Kritik an der Methode des Löcherstopfens (in Verbindung mit der Forderung nach großzügiger Subventionierung) allerdings nur in Verbindung mit den ureigenen Interessen der GdM (nämlich eine Änderung des Subventionsmodus in Richtung Direktsubvention an die Konzertveranstalter zu verhindern) gesehen werden darf: „In Wien wird eine spärliche Subvention gegeben und zwar erst auf Grund des voraussichtlich verbleibenden Fehlbetrages, während man im Ausland große Subventionen gibt, von welchen dann im Nachhinein das Einspielergebnis abgezogen wird. (So hatte Stadtrat Mandl Gelegenheit sich darüber mit dem Amsterdamer Concertgebouw-Orchester zu unterhalten, welches 8 Mio. Subvention erhält und alles, was es dazu verdient, behalten kann.) ... Jedenfalls könnte sich kein Orchester der ganzen Welt selbst erhalten und die Eigenkosten müßten immer erst nach Abzug der Subvention errechnet werden. Es müßte also auch den Wiener Symphonikern einmal eine ausgiebige Subvention gegeben und nach Abzug dieser die Selbstkosten berechnet werden, denn entweder hätte Wien ein namhaftes Konzertorchester oder man erklärte offen, daß Wien nicht genug Geld hätte, um ein erstes Konzertorchester zu erhalten ... Ein ruhiges Arbeiten würde erst möglich sein, wenn die Symphoniker eine ausreichende Subvention ohne Einschränkung erhielten, z.B. 5 Mio. Schilling.

---

84 Brief Direktionsrat — MA 5 vom 18. 6. 1953.
85 Brief Gewerkschaft der Angestellten der freien Berufe — Honay vom 17. 10. 1953.
86 Brief Mandl — Lustig-Prean vom 25. 1. 1954.
87 Brief Schenker — Lieberman vom 17. 3. 1954.
88 Brief Schenker — Lustig-Prean vom 12. 5. 1954.

Man müßte endlich so großzügig sein, könnte aber einen evtl. verbleibenden Gewinn im darauffolgenden Jahr von dieser Subvention abziehen. Die Beibehaltung der jetzigen Handhabung der Subventionierung wird jeden Direktor der Wiener Symphoniker ruinieren, ebenso jeden Konzertveranstalter, weil er dauernd mit Bittgesuchen so beschäftigt wäre, daß er zu keiner anderen Arbeit käme."[89] Die Antwort des Vertreters der Gemeinde, Dr. Russ — Bovelino, spiegelt die Urangst des Kulturamtes wider: „Es hätte nämlich nach Gewährung einer fixen Subvention keine Ingerenz darauf, wieviel Konzerte gespielt würden. Nach der bisherigen Methode bedeuteten weniger Konzerte auch weniger Geld."[90] Ende 1955 konstatierten jedenfalls die Subventionsgeber, „daß die Höchstgrenze der Zuwendungen erreicht sei"[91]. Niemand war allerdings in der Lage, unter Beibehaltung der Organisationsstruktur Auswege aus der aporetisch scheinenden Situation zu weisen, wonach eine vertretbare Subventionshöhe nur durch nochmalige Steigerung der Diensteanzahl erzielbar war, was die Qualität der künstlerischen Darbietungen aber erheblich verschlechtert hätte: was finanziell notwendig schien, war künstlerisch unzumutbar. Vorschläge, die Subventionshöhe „in eine Relation zu dem Einspielergebnis des Orchesters zu bringen, so daß der Anreiz gegeben wäre, durch Aufbringung von mehr Eigenverdienst auch eine höhere Subvention zu erzielen"[92] (also eine Art privatwirtschaftliche Erfolgsbeteiligung), wurden nicht ernsthaft diskutiert. Selbst Gamsjägers Vorschlag, wenigstens die volle Subventionssumme zu Saisonbeginn zur Verfügung zu stellen, „damit nicht jeden Monat erneut um Geld gekämpft werden müsse"[93] (verbunden mit einer fixen Präliminierung von Diensten und Besetzungen, um den nötigen Aufwand errechnen zu können), fand seitens der Gemeinde keine Zustimmung — sichtlich durch anderweitige Erfahrungen mißtrauisch, argwöhnte sie auch in diesem Fall ein sofortiges Nachlassen des Diensteifers. Dagegen sprach sie sich für den Ausbau des Symphonia-Geschäftes bei gleichzeitiger Beteiligung des Vereins am Ertrag aus[94], was wiederum von der Orchestervertretung energisch zurückgewiesen wurde.

Mitte der fünfziger Jahre war die finanzielle — und damit auch künstlerische — Zukunft des Orchesters völlig ungewiß. Der Kulturgroschen sollte nur mehr zwei oder drei Jahre eingehoben werden, und niemand wagte eine Prognose, ob das Finanzreferat der Gemeinde unter Reschs Führung bereit sein werde, den dadurch zusätzlich erforderlichen Subventionsbetrag aus dem Budget zu bewilligen. Das Orchester wollte weniger Dienst und bessere Arbeitsbedingungen, die Gemeinde weniger Subvention und mehr Dienst bzw. ein reduziertes Orchester. Wieder einmal wurde das Orchester in die Zange genommen: Unmißverständlich erklärte die Gemeinde, an den Grenzen ihrer finanziellen Belastbarkeit angekommen zu sein, während Gamsjäger andeutete, die Versuche mit den Eigenkonzerten hätten bewiesen, „daß die Wiener Symphoniker nicht unbedingt gefragt sind und man daran denken könnte, auch mit einem billigeren Orchester, wie die Grazer Philharmonie oder dem Mozarteum-Orchester Konzerte zu veranstalten"[95]. Die Musiker, in die Defensive gedrängt, scheuten ihrerseits nicht vor drastischen Präsentationen ihrer Arbeitsüberlastung zurück: so erwähnte Lustig-Prean „den Fall des Cellisten Harnon-

89 Protokoll der Sitzung vom 25. 10. 1955 in der Symphonikerkanzlei.
90 Ebda.
91 Protokoll der Sitzung vom 18. 11. 1955.
92 Ebda. (Russ-Bovelino).
93 Direktionsratssitzung vom 22. 12. 1955.
94 Direktionsratssitzung vom 23. 1. 1956.
95 Protokoll der Sitzung vom 25. 10. 1955.

court, der ihm vom Betriebsrat mit eingebundenen Fingern vorgeführt wurde, zum Beweis dessen, wie sehr er im Dienst beansprucht bzw. ausgenützt würde"[96] Die Antwort des damaligen Direktors Schönfeld (dies resultiere daraus, „daß er fortwährend Kammermusikaufführungen bei Philips zu absolvieren hätte"[97]) verweist auf die vermutlich wechselseitige Einschätzung der Kontrahenten: Die Gemeindevertreter hielten die Musiker für geldgierig im Neben- und arbeitsscheu im Hauptdienst, während die Musiker die Gemeinde für eine im Grunde kulturlose Ausbeutungsinstanz ansahen.

---

96 Ebda.
97 Ebda.

II. Orchester und Konzertveranstalter —
das Problem der Vermietung

Mit der Besprechung der Vermietungsproblematik betreten wir jenen Bereich, der spezifisch für die Orchestergeschichte der Wiener Symphoniker ist und sie von der anderer vergleichbarer europäischer Orchester scheidet. Während etwa die Untersuchung der Motivation zur Konstituierung eines zweiten großen Orchesters in einer europäischen Großstadt zur Jahrhundertwende, von Programm- und Publikumsstrukturen, der langsamen Rationalisierung des Konzertbetriebs, der Professionalisierung der Ensembles unter dem Perfektionsdruck der technischen Reproduktionsmöglichkeit von Musik, der Veränderung des gesellschaftlichen Status der Musiker etc. vermutlich vergleichbare Ergebnisse bringen würde, die die Erstellung eines idealtypischen Entwicklungsmodells des Korporativs „Orchester" unter den sozialen und wirtschaftlichen Gegebenheiten des 20. Jahrhunderts ermöglichen müßten, unterscheidet sich die organisatorische Struktur des zweiten Wiener Orchesters gravierend von der anderer Ensembles vergleichbarer Qualität. Die enge Verflechtung der Vermietungsfrage mit jener der Subventionierung, des künstlerischen Niveaus, der Kommunalisierungsbestrebungen bringt es mit sich, daß es unmöglich erscheint, erstere säuberlich aus ihren vielfältigen Zusammenhängen herauszupräparieren, um die Gefahr von Überschneidungen und Wiederholungen zu bannen.

Bezüglich der Entwicklungsgeschichte vom vereinseigenen zum Mietorchester sei hier nur daran erinnert, daß die auf der Basis privaten Mäzenatentums errichtete Organisationsstruktur nach dessen Zusammenbruch in eine schwere Krise kam und das Orchester infolge der mangelhaften Substitution durch die öffentliche Hand und nach der Trennung vom Konzertverein zunehmend in die Abhängigkeit der beiden Wiener Konzertinstitute geriet, die den öffentlichen Konzertsektor allmählich monopolisierten (und nach dem Zweiten Weltkrieg zu 90% beherrschten), während in der Zwischenkriegszeit 50% der Orchesterkapazität von der Ravag absorbiert und damit unmittelbarer Konfrontationsmöglichkeit mit einem Publikum entzogen wurde. Die Erbsünde für all die ermüdenden Konflikte mit Konzertveranstaltern, Gemeinde und Ravag war die Trennung von Orchester-Erhalter und Konzertveranstalter, die in der Folge wegen der Unmöglichkeit deckender Eigenfinanzierung des Vereins Wiener Symphoniker als Dienstgeber des Orchesters zur einer Trias mit dem Verein als Mittelglied wurde: von der einen Seite lastete der Druck der Gemeinde als quasi Orchester-Erhalter, der zu knapper Subventionierung nur unter der Bedingung größtmöglicher Einspielergebnisse bereit war, was die Diensteanzahl auf Kosten der Qualität bis an die Grenze der Belastbarkeit steigerte — von der anderen Seite her nützten die Konzertinstitute die nach Kriegsende aufgeweichte, unsichere und daher schwache Vereinssituation, um, ohne viel

Gegenwehr befürchten zu müssen, die Honorarsätze möglichst gering zu halten, was umso leichter möglich war, als ohnehin dahingehend Einhelligkeit herrschte, daß der Orchesterselbstkostenpreis in zunehmendem Maß dem Veranstalter nicht mehr angelastet werden konnte, ohne das Konzertwesen dem Zusammenbruch preiszugeben. Wo also der Verein im Interesse der subventionierenden Gemeinde möglichst nahe an den Selbstkostenpreis heranführende Honorare hätte durchsetzen müssen, mußte er sich mit immer geringer werdenden Anteilen begnügen, die zusätzlich nur nach zähen und unerquicklichen Verhandlungen zu erreichen waren. Der solcherart stets steigende Subventionsbedarf brachte dem Verein Vorwürfe mangelnder Effizienz von Seite der Gemeindevertreter, die das Orchester mit Restriktionsplänen und schleppender Subventionierung immer wieder unter Druck setzten, während die Konzertinstitute Nutzen aus dieser Situation zogen: nicht nur als indirekte Subventionsempfänger ohne irgendeine Verpflichtung zur Gegenleistung an die Gemeinde (die Differenz zwischen Selbstkostenpreis des Orchesters und erzieltem Konzerthonorar war die von den Symphonikern bzw. der Gemeinde an die Institute geleistete — indirekte — Subvention) — sondern auch in ihrem Status als Dienstgeber gegenüber dem sie subventionierenden Verein: in Umkehrung des gängigen Sprichworts schafften sie an ohne zu zahlen (in etlichen Fällen war dies fast wörtlich zu nehmen, wenn infolge der mangelhaften Zahlungsmoral oder -fähigkeit der Konzertveranstalter — vor allem des Konzerthauses — Schuldenberge aufliefen, die den Verein in große Schwierigkeiten brachten). Infolge des fehlenden Mitspracherechts bei der Programmgestaltung, der Auswahl der Dirigenten und Solisten und lange Zeit auch bei der terminlichen Disposition war der Verein zum bloßen Befehlsempfänger degradiert und wurde auch dementsprechend behandelt. Die Beziehung der Gemeinde zu den Konzertinstituten wiederum läßt Beobachtungen zu dem wohl einzigartigen Fall zu, daß steigende Geldzuwendungen (und deren Indirektheit via Verein ändert nichts an der Sache) nicht in kulturpolitische Einflußnahme umgemünzt wurden — aber nicht wegen großzügiger Enthaltsamkeit der Gemeinde (Versuche dieser Einflußnahme hat es innerhalb des hier behandelten Jahrzehnts durchaus gegeben), sondern wegen der relativen Schwäche kommunaler Kulturpolitiker, die der traditionsreichen bürgerlichen Festung der Klassikerpflege nichts anhaben konnten (und in der Folge auch nichts anhaben wollten), wobei ihnen diese Schwäche durchaus bewußt war.

Die Probleme, welche aus der „Leihklaviersituation" (Schenker) des Orchesters entspringen, sind am besten an der Schilderung der Orchestertätigkeit während der unmittelbaren Nachkriegszeit zu demonstrieren — in dieser allseits prekären finanziellen Situation treten Widersprüche und Interessengegensätze unverhüllter zu Tage als in späteren, ökonomisch und künstlerisch eher konsolidierten Phasen. Das verfügbare statistische Material soll Einblick vermitteln in Art und Umfang der Tätigkeit des Orchesters während der ersten Saisonen, in Vermietungsbedingungen und deren Differenzierung je nach Vertragspartner. Die sich daraus ergebenden Auswirkungen auf den organisatorischen, finanziellen und künstlerischen Bereich (die eigentliche „Problemzone" der Diskrepanz zwischen wachsenden künstlerischen Ansprüchen und ökonomisch-organisatorischer Behinderung) werden im zweiten Abschnitt besprochen, wobei zur Kontrastbildung die Situation des Tonhalle-Orchesters Zürich, eines nach internationaler Einschätzung künstlerisch etwa gleichwertigen Ensembles, erläutert wird. Die Vorstellungen des Vereins bzw. der Orchestervertretung bezüglich einer Verbesserung der Arbeitsverhältnisse unter der Annahme einer prinzipiellen Beibehaltung der organisatorischen Struktur bilden den Abschluß dieses Abschnitts, an den ein spezieller Teil anschließt, der das Verhältnis zu den einzelnen Vertragspartnern als auch dieser zueinander und die daraus erwachsenden Probleme und Konflikte im Durchgang durch das gesamte Jahrzehnt näher beleuchtet.

1. Die Tätigkeit des Orchesters nach Kriegsende

Im September 1945 begann in den innerhalb weniger Monate notdürftig instandgesetzten Konzertsälen die erste im Zeichen organisatorischer Improvisation stehende Nachkriegssaison — mangelnde Verkehrsverbindungen, Einreisebeschränkungen, Auftrittsverbote für etliche Künstler, Schwierigkeiten bei der Beschaffung von Notenmaterial erschwerten die Einhaltung geplanter Konzerttermine und führten zu zahlreichen kurzfristigen Absagen. Immerhin führte die GdM 32 Eigenveranstaltungen innerhalb von neun Monaten durch, das reaktivierte Konzertbüro vermittelte 140 Konzerte, und insgesamt fanden in den drei Sälen des Musikvereins 477 Veranstaltungen statt.[98] Am Beginn der Saison schien es sichtlich zweifelhaft, ob Kaufkraft und Interesse des Publikums überhaupt ausreichen würden, um einen regulären, wenn auch noch so eingeschränkten Konzertbetrieb aufrechterhalten zu können — in einer streng vertraulichen Aktennotiz über eine Besprechung zwischen Vertretern der GdM, Ravag und WS heißt es: „Mit Rücksicht auf die zu befürchtende Notlage in der kommenden Konzertsaison wird einverständlich vereinbart, daß die Ravag die noch zu vereinbarende Übertragungsgebühr direkt an die GdM überweist und die WS vorläufig auf eine Beteiligung an dieser Übertragungsgebühr verzichten. Die GdM ... erklärt ausdrücklich, daß sie diese Regelung nur als eine Zwischenlösung für die bestehende Notzeit betrachtet, nach deren Behebung neuerliche Vereinbarungen darüber mit den Wiener Symphonikern getroffen werden sollen."[99] Der Verzicht auf ein zustehendes Honorar im Bereich der Übertragungsrechte, die vom Verein jahrelang mit größter Vehemenz umkämpft und beansprucht wurden, zeigt, wie prekär man die Lage einschätzte. Die Symphoniker spielten während der ersten Saison für die GdM 16 Konzerte (und 38 Proben, also insgesamt 54 Dienste) — fünf Abonnementkonzerte, drei Chorkonzerte (mit je einer Wiederholung), ein außerordentliches Konzert und fünf populäre Sonntag-Nachmittags-Konzerte (die weniger im Programm als bei den Dirigentennamen — Milo von Wawak, Franz Königshofer, Gottfried Kassowitz, Karl Hudez, Karl Etti — und dementsprechend bei den Kartenpreisen reduzierte Ansprüche befriedigten).

Die Konzerthausgesellschaft bot gleich elf solcher populärer Sonntagskonzerte an, insgesamt absolvierten die Symphoniker 60 Dienste (20 Konzerte, 40 Proben). Somit beanspruchten die beiden großen Konzertinstitute anfänglich ca. 20% des möglichen Dienstvolumens. Entsprechend der 1945/46 noch in Geltung befindlichen Vereinbarung mit der Ravag bezüglich der Übernahme von 50% der verfügbaren Dienste spielte das Orchester 85 Rundfunkkonzerte (und hiefür 140 Proben, also insgesamt 225 Dienste), was aber real nur 40% des Dienstevolumens entsprach. Es verblieben somit 40% freie Kapazitäten — dadurch wurden die „diversen Mieter" zum zweitwichtigsten Abnehmer

---

98 Protokoll der Vollversammlung der GdM vom 12. 6. 1946.

99 Aktennotiz GdM vom 30. 11. 1945. Diese Zedierung der Übertragungsrechte seitens der WS erfolgte fast gleichzeitig mit einem Subventionsansuchen an die Gemeinde Wien, da die Auszahlung der Gehälter „infolge der durch die jüngsten Währungsgesetze entstandenen Schwierigkeiten in der Einzahlung der den WS zustehenden Honorare" gefährdet war (WS MA 11 vom 20. 12. 1945). Dies wurde nicht bewilligt.

von Orchesterdiensten: 214 Dienste (75 Konzerte, 139 Proben) wurden von Einzelveranstaltern in Anspruch genommen, die ihre wiedererstandene Loyalität der Republik gegenüber auch musikalisch durch Feierstunden bekräftigen oder ihre Vereinsidentität untermauern wollten. So heißt es in einem Schreiben der österreichischen Turn- und Sportunion: „Da es sich bei unserer Veranstaltung um die erste große Zusammenkunft der gesamten Union handelt, die durch die kulturelle Förderung der ÖVP die Grundgedanken des Wiederaufbaues Österreichs hochhält, bitten wir um Ihre freundliche Zusage."[100]

Die Symphoniker konnten dabei bei der Annahme solcher Engagements weder in künstlerischen Belangen noch bezüglich der politischen Ausrichtung selektiv vorgehen: von 1945 bis 1948 zählten KPÖ, SPÖ, ÖVP, CV, KZ-Verband, Polizeidirektion-Wien, Stadtschulrat und Arbeiterkammer ebenso zum Kundenkreis wie das Collegium Musicum, der Lehrerverein, Schubertbund, Männergesangsverein, die Chorvereinigung Jung Wien, das amerikanische Rote Kreuz, die Mozartgemeinde, die Gesellschaft Österreichischer Kulturfreunde, die Naturfreunde, das Wiener Konservatorium, das Pfandfinder-Landescorps, die Israelitische Kultusgemeinde, der Globus-Verlag, der Verlag Waldheim-Eberle, die Konzertdirektionen Friedrich Zitterer, Vindobona, Geiger und Widerstein, die Bulgarische Kolonie in Österreich, die Städtische Versicherung, die Zentralberufsschule Wien XIV, die Johann Strauß-Gesellschaft, der Katholikentag, weiters Einzelpersonen wie Raimund Weissensteiner, Dr. Hajek, Dr. Georgy. Anläßlich der Jubilarenehrung der Austria-Email-Werke erklang der Einzugsmarsch der Gäste aus Tannhäuser und die III. Leonoren-Ouverture (Konzert im Großen Musikvereinssaal am 18. 9. 1948), Karl Böhm dirigierte anläßlich des 75jährigen Bestehens der Hutfirma ITA die Freischütz-Ouverture und die VII. Beethoven (am 26. 5. 1949) — um nur die auffälligsten Kuriositäten anzuführen, zu denen wohl auch das Engagement des Orchesters durch seinen eigenen Konzertmeister Fietz für gleich drei Violinkonzerte an einem Abend (Bach, Brahms, Katchaturian) zählt (22. 5. 1947).

Der Jahresbericht für das Geschäftsjahr 1946/47 vermerkt dazu lapidar: „Bei der derzeitigen Unsicherheit in der weiteren Entwicklung des öffentlichen Konzertbetriebes ist es aber notwendig, den Geschäftskreis des Orchesters zu sichern. Es müssen daher derzeit alle durchführbaren Konzertanträge übernommen werden."[101]

Innerhalb dieses Wirrwarrs von Verpflichtungen gab es auch Veranstaltungsserien: die „Gesellschaft zur Pflege der kulturellen Beziehungen zur Sowjetunion" mietete das Orchester 1945/46 für sieben Konzerte mit ausschließlich slawischer Musik (fünf davon leitete Joseph Krips), 1946/47 waren es sogar zwölf Konzerte (die u.a. von Krips, Moralt, Swarowsky, Kubelik dirigiert wurden). Der kulturelle Schwung der KPÖ (fünf Konzerte in der Saison 1945/46) verlor sich wohl infolge der politischen Schlappe sehr schnell — schon 1946/47 veranstaltete die Partei nur mehr einmal jährlich (Ende Oktober) eine Feierstunde mit politisch engagierter Musik (etwa Eislers Einheitsfront-Lied, Rubins „Österreichische Ouverture" und „Für Freiheit und Frieden", sowie die „Internationale")[102]. Bezüglich der Orchestergeschichte am interessantesten ist wohl der Versuch der Reaktivierung von Arbeiter-Symphoniekonzerten nach mehr als einem Jahrzehnt Unterbrechung. Erste Kontakte zur SPÖ hatten sich bereits kurz nach Kriegsende ergeben — sowohl die Gesamtpartei als auch einzelne Bezirksorganisationen (Innere Stadt, Alser-

---

100 Brief vom 30. 1. 1946 an die WS bezüglich eines „Österreichischen Abends am 16. 3. 1946 im Beisein der gesamten Bundesregierung".
101 Jänner 1948, S. 2/3.
102 29. 10. 1948.

grund) veranstalteten im Juni und Juli 1945 Feierstunden unter teilweise chaotischen Umständen. Ende September verpflichtete die Kunststelle der Sozialistischen Bildungszentrale das Orchester für fünf ausdrücklich als „Arbeiter-Symphoniekonzerte" bezeichnete Veranstaltungen (an Sonntagvormittagen im großen Konzerthaussaal). Unterzeichnet ist die Vereinbarung vom Vorsitzenden Erwin Scharf, der Briefkopf führt noch den Titel „Sozialdemokraten und Revolutionäre Sozialisten".

Die Programmgestaltung einzelner Konzerte spiegelt denn auch die für die späten zwanziger Jahre charakteristische kampfbetont-politische Ausrichtung dieser Veranstaltungen: in dem von Krips dirigierten Konzert am 16. 11. 1946 erklangen die Internationale und das Lied der Arbeit (gesungen vom Staatsopernchor), und 18. 6. 1947 wirkte sogar der Arbeiter-Sänger-Chor unter Chormeister Hoppel beim „Arbeiterchor für Männer mit Baß-Solo" von Liszt mit. Der Großteil der Programme allerdings bewegte sich in jenen konventionellen Bahnen, die schon in der Zwischenkriegszeit den emanzipatorischen Anspruch, die bürgerliche Kultur zu beerben, zugunsten der Annäherung an den äußerlichen „Bildungskanon" hatten zurücktreten lassen. Beim dritten Arbeiter-Symphoniekonzert 17. 2. 1946 erklangen Schrekers „Geburtstag der Infantin" und der Bolero anstelle des ursprünglich vorgesehenen Beethoven-Violinkonzerts und Goldmarks „Sakuntala". „Die Abänderung wurde notwendig, weil wir mit Rücksicht auf die großen Dinge, die im Konzertleben begonnen haben, Schritt halten wollen", kommentiert die SBZ[103] — schwerlich dürfte zu begründen sein, wodurch der Bolero diesen nicht näher bezeichneten „großen Dingen" eher entsprach. Offensichtlich gab es bei den Interpreten und in der Orchesterverwaltung Widerstände gegen klassenkämpferisch akzentuierte Programme — die Organisation des Liszt-Chores stieß bei den Symphonikern auf Schwierigkeiten, die auf passive Resistenz schließen lassen (ein angeblich verloren gegangener Brief, mangelnde Probenzeit). Der von der Gewerkschaft heftig bekämpfte Direktor Apold führte die Unzukömmlichkeiten auf Mißverständnisse zurück und fügte hinzu: „Nachdem ich aber bereits mehrere Male davon gehört habe, daß die SBZ die Auffassung vertritt, die Wiener Symphoniker oder ich nehmen gegenüber den Bestrebungen der SBZ eine ablehnende Haltung ein, bedaure ich derartige Vorfälle besonders ..."[104]

Bedenkt man das von der Orchesterleitung ausdrücklich verfolgte Ziel — die finanzielle und damit wohl auch gesellschaftliche Angleichung an die Wiener Philharmoniker —, so scheint der Versuch einer Abgrenzung gegenüber Formen proletarischer Musikausübung plausibel (Moldenhauer schreibt über die von Webern geleiteten Arbeiter-Symphoniekonzerte: „Das Orchester, das er bei den Arbeiter-Symphoniekonzerten dirigierte, wurde für jede Veranstaltung unter der Ägide der Sozialdemokratischen Partei gemietet, und diese politische Assoziation bedeutete ein gewisses Stigma bei den oberen Schichten der Gesellschaft"[105]). Aber die SPÖ selbst grenzte sich sehr bald von ihnen ab — der Eintritt in die Koalitionsregierung, die Tageserfordernisse des Wiederaufbaues, die schwindende Konkurrenz der Kommunisten und nicht zuletzt der Wettbewerb um die wahlentscheidenden Stimmen der ehemaligen Nationalsozialisten verhalfen dem rechten Parteiflügel zu entscheidender Dominanz und ließen pronociert antifaschistische, die Erinnerung an Einheitsfront weckende Parolen und Gesänge nicht mehr opportun erscheinen. Die soziologische Entwicklungstendenz zur Angestelltenkultur und

---

103 Brief SBZ — WS vom 16. 1. 1946.
104 Apold — SBZ vom 25. 6. 1947.
105 Moldenhauer:Anton Webern (Zürich 1980).

weitgehenden gesellschaftlichen Integration der Arbeiterschaft gestatte nicht mehr die
Betonung einer genuin sozialistischen Kunsttheorie und -praxis mit dem Ziel, „ein Stück
des allgemeinen Kampfes der Arbeiterklasse um ihren Aufstieg"[106] zu sein — dementsprechend war kulturellen Erscheinungsformen wie den Arbeiter-Symphoniekonzerten
der Boden entzogen. Nicht zufällig scheint das Ende des Versuchs einer Reaktivierung
dieser Institution mit dem Parteiausschluß Scharfs zeitlich zusammenzufallen; zwei
Jahre danach finden erstmals die „Gewerkschaftskonzerte" im Rahmen der „Großen
Symphonie" statt, für deren Veranstaltung die GdM eigens Gemeindesubventionen
erhält. Damit werden Konzerte zum „Sozialtarif" in ideologisch neutralisierter Form
angeboten — sie sind nun Sache der sozialen (statt der politischen) Interessenvertretung
und nicht mehr länger (weder formal noch inhaltlich) Ausdruck der Bemühung um
Klassenidentität und -bewußtsein. Durch eine Detailanalyse der Publikumsstruktur wäre
die These zu überprüfen, das „Gewerkschaftskonzert" sei weit mehr das Konzert des
kleinen Beamten und Angestellten als das Forum der integrierten Arbeiterschaft. Deren
Zugangsmöglichkeit scheint seitdem eher formaler Art zu sein — sie überhaupt zu
eröffnen, war eines der Ziele sozialdemokratischer Kulturpolitik der ersten Jahrhunderthälfte, das zweifellos erreicht wurde. Die damit verbundenen — und darüber hinausreichenden — politischen Inhalte haben die unmittelbare Nachkriegszeit jedoch nicht
überdauert.

Ein kurzer Hinweis sei noch auf die rege kulturelle Aktivität einiger sozialistischer
Bezirksleitungen — unabhängig von der SBZ — während der beiden ersten Nachkriegsjahre gegeben: so veranstaltete die Bezirksorganisation Alsergrund 1945/46 sieben
Abende im großen Musikvereinssaal, die Bezirksorganisationen Innere Stadt und Neu-
bau engagierten die WS zu einzelnen Konzerten.

Auch noch während der Saison 1946/47 spielten die „diversen Mieter" für das
Orchester eine bedeutende Rolle: bei fast gleichbleibender Konzertanzahl verringerte
sich ihr Diensteanteil zwar von 39% auf 32% (was auf eine drastische Reduktion der
Probenanzahl zurückzuführen war — pro Konzert fanden durchschnittlich nur mehr 1,56
Proben statt[107]), infolge des starken Diensterückgangs bei der Ravag nach Aufkündigung
des Vertrags (Sinken des Diensteanteils von 40% auf 28%) wurden sie aber zum
quantitativ bedeutendsten Diensteabnehmer — trotz beginnender Expansion des Konzertbetriebs in den beiden traditionellen Konzertinstituten.

Gemessen am Selbstkostenpreis von ca. 2.500 Schilling war das durchschnittlich bei
den diversen Mietern erzielte Honorar allerdings das niedrigste — zahlreiche, aus
politischen Rücksichten gewährte Sonderkonditionen führten zu einem Deckungsgrad
von nicht ganz 45%. Nicht nur war der künstlerische Wert einer Mitwirkung an diversen
Feierstunden und Festsitzungen für die Entwicklung des Orchesters praktisch null —
auch der finanzielle Ertrag stand in keinem Verhältnis zum Aufwand. Solange es keine
bindende Zusage der Gemeinde bezüglich eines fixierten Subventionsbetrages gab, war
die Vereinsleitung aber auf diese Einnahmen angewiesen. In der Regel engagierte der
Veranstalter den Dirigenten, was anfänglich zu einer völlig unkoordinierten Hypertrophie zweit- und drittklassiger Kapellmeisterauftritte führte. 1946/47 gelang es dem
Verein immerhin, die Veranstalter teilweise zum Engagement des neuernannten Chefdirigenten Hans Swarowsky zu bewegen, auch Rudolf Moralt schien mit 26 Konzerten
noch relativ häufig auf. Insgesamt leiteten aber in dieser Saison 43 Dirigenten die 187

106 „Kunst und Volk", April 1926.
107 Jahresbericht 46/47.

Konzerte — das Konzerthaus etwa setzte für 35 Konzertveranstaltungen 18 Dirigenten ein, und bei den diversen Mietern teilten sich 18 Kapellmeister die nach Subtraktion der Swarosky- und Moralt-Konzerte verbleibenden 32 Termine.

Wesentlich bezüglich des künstlerischen Niveaus war weiters die Tatsache, daß von den 196 bzw. 1B7 Konzerten der beiden ersten Saisonen nur 36 bzw. 69 am „freien Markt" zugänglich waren und das Orchester dabei nicht nur akustisch, sondern auch visuell präsentierten — bei 85 bzw. 45 Ravag-Konzerten war dieses der Sichtbarkeit und damit den — wenn auch rudimentären — Kommunikationsmöglichkeiten mit einem Publikum entzogen, das erhöhte Leistungsbereitschaft hätte motivieren und honorieren können, und nur wenige Konzerte der diversen Veranstalter (sie waren fast ausnahmslos nur einem geschlossenen Publikum vorbehalten, für das die Musikdarbietung nicht im Mittelpunkt des Ereignisses stand — etwa bei Jubilarenehrungen, Festakten etc), dürften den Anforderungen genügt haben, die in der Spätzeit des entwickelten Konzertwesens ein Orchester an seine Hörer stellt — nämlich die einer imaginären Kompetenz des Urteils und Primats musikalischen Interesses. Akzeptiert man den Definitionsversuch des Konzerts als „Realisierungsort autonomer Musik"[108], so muß man etwa einem Drittel der damaligen Orchestertätigkeit die Erfüllung dieser Kriterien absprechen: ohne eine konkrete Gebrauchsfunktion (im Sinne der Liturgie oder des Tanzes) zu erfüllen, fielen diese Veranstaltungen doch in ihrer Mehrzahl unter die Kategorie „funktionale Musik" in dem Sinne, daß sie einen „selbständigen, musikunabhängigen Vorgang"[109] bloß stützten. Die außerordentlich mangelhafte technische Qualität der Ravag-Sendungen wiederum, die dem realen Orchesterklang auch nicht annähernd entsprach, dürfte nicht besonders stimulierend auf die Entwicklung klanglichen Raffinements gewirkt haben — dem fiel ein gutes weiteres Drittel zum Opfer.

Vom künstlerischen Standpunkt war daher der ab der Saison 1947/48 einsetzende jähe Rückgang der Vermietungen an diverse öffentliche und private Vereinigungen durchaus begrüßenswert; die nach der Währungsreform vorhandene Geldknappheit dürfte in Verbindung mit den aufgrund des Lohn-Preispaktes auf das Doppelte gestiegenen Orchesterkosten für den plötzlichen Interessensschwund verursachend gewesen sein. Zwar stieg infolgedessen der durch die Einnahmen erzielte Deckungsgrad der Aufwendungen auf später nie mehr erreichte 81%[110], der Verlust an Engagements konnte aber nicht im erhofften Ausmaß durch eine Steigerung der Dienstverpflichtung bei den Konzertinstituten wettgemacht werden, weil diese dem Ende 1947 einsetzenden Publikumsschwund Rechnung trugen und etliche vorgemerkte Konzerttermine wieder stornierten. So erscheinen z.B. im Vorausbild von 1947/48 noch 55 geplante Konzerttermine für den Musikverein, während letztlich nur 36 Konzerte stattfanden.[111] Der Tiefpunkt dieser Entwicklung war 1948/49 erreicht: Die Ravag reduzierte nochmals die Zahl der Dienstverpflichtungen, für diverse Mieter fanden nur mehr 16 Konzerte statt. Gleichzeitig näherte sich der Künstlerkammer-Konflikt dem Höhepunkt, der kollektive Austritt des Orchesters aus der Gewerkschaft beraubte es deren Unterstützung bei den Vertragsverhandlungen und möglicher Engagements bei gewerkschaftlich organisierten Veranstaltungen; das daraufhin durch die „Internationale Musikerföderation" (FIM) verhängte Auftrittsverbot im Ausland, dessen Dauer nicht abschätzbar war, erschwerte die Planung

---

108 H. W. Heister, Das Konzert — Theorie einer Kulturform, S. 42.
109 Ebda., S. 50/51.
110 Statistik, die der ordentlichen Vollversammlung des Vereins WS am 6. 5. 1955 vorgelegt wurde.
111 Konzertstatistik in „100 Jahre Goldener Saal".

finanziell einträglicher Tourneen. Die absolute Diensteanzahl erreichte mit 497 den
niedrigsten Stand des gesamten Nachkriegsjahrzehnts, der Einnahmeverlust gegenüber
dem Vorjahr betrug knapp 375.000 Schilling, der Deckungsgrad der Aufwendungen sank
um 15%, d.h. ein Drittel der Ausgaben war ungedeckt, ohne daß eine verbindliche
Subventionsregelung bestand. Nach deren Zustandekommen im Herbst 1948 (knapp vor
dem Zusammenbruch des Spielbetriebs — vgl. S. 97 f.) setzte der neugebildete Vereinsvorstand eine Honorarerhöhung für die Saison 1949/50 durch, die infolge des Inkrafttre-
tens der neuen Vertragsbedingungen für die Orchestermusiker unumgänglich geworden
war. Das Honorar hatte sich damit innerhalb von vier Jahren verdoppelt[112] (die Selbstkosten stiegen allerdings auf mehr als das zweieinhalbfache) und überstieg nun die
finanzielle Leistungskraft der meisten privaten Mieter — damit zeichnete sich jene
Dienststruktur ab, die im wesentlichen bis heute erhalten blieb. 90% des Dienstevolumens entfielen auf die beiden Konzertinstitute und die Ravag, der Rest verteilte sich auf
das Kulturamt der Stadt Wien (Arkadenkonzerte), die Bregenzer Festspiele, den Sender
Rot-Weiß-Rot (bis 1955), einige private Vermietungen und Eigenveranstaltungen in
Form von Tourneen. Letztere beschränkten sich in der Nachkriegszeit auf einzelne
Konzerte in den Bundesländern: im August 1946 je zwei Konzerte bei den Festspielen
in Bregenz und Innsbruck und je ein Konzert in Jenbach und in Kufstein, im Juni 1947
eine Bundesländer-Tournee mit Konzerten in Linz, Wels, Salzburg, Villach, Klagenfurt,
Graz und Leoben.[113]

Im August 1947 waren die WS bereits für vier Konzerte und als Begleitorchester bei
den Seeaufführungen der Bregenzer Festspiele engagiert. „Wenn sich diese zu einer
dauernden Einrichtung entwickeln, so wird das Orchester dort seine ständige Sommer-
station haben", vermerkt der Jahresbericht 1946/47. Noch im Winter 1945/46 hatte die
Vereinsleitung mit den Kurkommissionen von Bad Aussee, Bad Ischl und Badgastein
Kontakt aufgenommen und ca. 45 Musiker als Kurkapelle unter dem Titel „Wiener
Symphoniker" (Leitung: Max Schönherr) angeboten. Die Kurorte hatten aber weder
Geld, noch Platz oder Bedarf: „Es sind keine Kurgäste da, sondern alle größeren Hotels
sind mit amerikanischen Besatzungstruppen und mit KZ-lern und pol. Juden besetzt,
dann können 45 Musiker hier nicht untergebracht werden, außerdem bewilligt die
Kurverwaltung nur 30.000 Schilling für die ganze Saison, fünf Monate."[114]

Die Bregenzer Verpflichtung konnte zunächst kaum als Überbrückung der Sommer-
monate angesehen werden, erstreckte sich auch Ende der vierziger Jahre nur auf zwei
Wochen, und wurde nach Möglichkeit von Auftritten in anderen Städten umrahmt. „Die
Möglichkeit ausgedehntere Reisen zu unternehmen sind infolge der Verpflichtungen des
Orchesters in Wien derzeit auf die Monate August/September beschränkt, die hiefür aber
keine sehr geeignete Zeit sind", stellt der Jahresbericht 1946/47 fest und führt weiter aus:
„In finanzieller Hinsicht müßten Reisen grundsätzlich so kalkuliert werden, daß sie
neben dem Ersatz der Unkosten für die Reise und den Aufenthalt und aller sonstigen

---

112 Alle diese Angaben entstammen der Statistik vom 6. 5. 1955.
113 Die organisatorischen Begleitumstände dieser ersten Reiseversuche werden durch Erzählungen alter
     Musiker und der damaligen Sekretärin H. Klapper illustriert: so übernachteten in Innsbruck wegen
     Quartiermangels einige Musiker in Wannen des Tröpferlbades, in Wels wurden nach dem Konzert durch
     Ausrufen Musiker an Privatvermieter unter den Konzertbesuchern vermittelt; etliche Musiker, die solcher-
     art kein Nachtquartier fanden, schliefen auf Parkbänken. In der Lesart des Berichts 1946/47: „Infolge
     besonderer Umstände war der Erfolg dieser Reise nur zum Teil befriedigend." (S. 10)
114 Brief Musikdirektor F. Rektenwald (Badgastein) an WS vom 3. 2.1946.

damit verbundenen Spesen einen Mindestertrag in der Höhe der Diensthonorare für die
während der Reisezeit ausfallenden Orchesterdienste in Wien ergeben. Die Gesamtko-
sten solcher Reisen sind daher sehr hoch und, da das Orchester derlei Unternehmungen
nicht auf eigene Rechnung, sondern nur gegen fixe Vereinbarung durchführen kann, für
den Veranstalter ein ganz bedeutendes Risiko. Das Orchester ist auch in dieser Beziehung
gegenüber den Philharmonikern im Nachteil. Diese veranstalten ihre Auslandskonzerte,
ebenso wie ihre Wiener Konzerte, in der Regel für eigene Rechnung und ihr Name und
Ruf schützt sie dabei vor allzu großem Risiko."[115]

Der Versuch, die anfallenden Reisekosten zu minimieren, war eine logische Konsequenz dieser Situation und ging zu Lasten der Musiker, solange diese noch keine
vertraglichen Bestimmungen über die Art der Reisedurchführung durchgesetzt hatten:
weder wurde die Reisezeit als Dienstzeit angerechnet, noch konnten die Dienste während
der Tournee im normalen Monatsturnus verrechnet werden, sodaß es mitunter zu einer
großen Anzahl unbezahlter Überdienste kam. Nachtfahrten im Autobus nach Konzerten
kamen billiger als Nachtquartiere, und die Diätenhöhe war infolge verordneter Gemein-
schaftsverpflegung minimal. Aber selbst nach dem den Musikern vertraglich zugesicher-
ten Recht auf Eisenbahnfahrten zweiter Klasse gelang es dem Verein, diese Bestimmung
zu umgehen und unter Hinweis auf die Gefährdung der gesamten Tournee dritte Klasse-
Fahrten durchzusetzen. Auf die Musiker wohl mehr noch als auf die Kommunalpolitiker
zielte der Satz: „In Berücksichtigung der kulturpolitischen Bedeutung solcher Reisen ist
es vielleicht richtig, sie nicht allein vom finanziellen Gesichtspunkt zu betrachten."[116]

2. Vermietungsbedingungen

Um die Vermietungsrichtlinien ab 1945 auf eine Vergleichsbasis zu stellen, seien vorweg
kurz die entsprechenden Bedingungen am Beginn der Kriegszeit vorgestellt. Im September 1939 waren die Vermietungssätze deutlich erhöht worden, da „im Frühjahr dieses
Jahres die damals bestehende übergroße Spanne zwischen den Vergütungssätzen im
Altreich gegenüber denen in der Ostmark zu dermaßen unerträglichen Zuständen geführt
hatte, daß die Erhaltung der Orchester auf ihrer bisherigen Leistungsfähigkeit auf das
schwerste gefährdet war. Es mußten daher sowohl bei den Wiener Philharmonikern und
in der Wiener Volksoper wie auch beim Stadtorchester Wiener Symphoniker die Bezüge
der Orchestermitglieder namhaft erhöht werden, was in weiterer Folge bedingte, daß
auch die Tarife für Orchestervermietungen ... hinaufgesetzt werden mußten"[117].

Das Stadtorchester Wiener Symphoniker konnte demnach in einer Stärke von 72
Musikern (14 erste, zehn zweite Violinen, je sieben Bratschen, Celli und Kontrabässe,
dreifaches Holz, vier Hörner, drei Trompeten, drei Posaunen, eine Baßtuba, drei Schlagwerker und eine Harfe) um 1.000 RM für ein Konzert gemietet werden. Die Probengage
betrug 600,— RM, demnach mußte ein Veranstalter für ein Konzert mit zwei Proben
2.200 RM bezahlen. Eine Vor- oder Nachaufführung in derselben Woche (bzw. eine
öffentliche Generalprobe) kostete 800,— RM, ebensoviel wie ein „volkstümliches
Sonntags-Nachmittagskonzert" inkl. einer Probe in verkleinerter Streicherbesetzung

---

115 Jahresbericht 1946/47, S. 10/11.
116 Ebda, S. 11.
117 Schreiben Stadtorchester WS an MV, KH vom 29. 9. 1939.

(zehn/acht/sechs/fünf/fünf) oder ein „Begleitkonzert" inkl. einer Probe, ausgeführt von 42 Musikern. Dagegen kostete eine „Gesangsverein-Begleitung" inkl. einer Probe 1.200,— RM. mit zwei Proben 1.650,— RM.

Die Gepflogenheit, das Orchester in fixer Besetzung zu vermieten, die zwar für alle klassischen und den Großteil der romantischen, nicht aber für etliche spätromantische und moderne Werke hinreichend war, wurde auch nach 1945 beibehalten und führte zu permanenten Auseinandersetzungen mit den Konzertveranstaltern, die anläßlich jeder Honorarerhöhung darum kämpften, diesen Passus als Gegenleistung des Vereins zu Fall zu bringen, und um jede einzelne Verstärkung im nachhinein zäh feilschten. In den Vermietungsbedingungen von 1939 wurden als Vergütungssätze pro Musiker über die Anzahl von 72 hinaus 10,— RM für ein Konzert bzw. eine öffentliche Generalprobe und 7,— RM für eine Probe festgelegt. Waren in der Partitur orchesterfremde Instrumente wie Altflöte, Baßtrompete, Heckelphon, japanische Trommel, Wagner-Tuben etc. vorgesehen, war deren Spielen mit 12,— RM beim Konzert und 8,— RM bei der Probe zu vergüten. Ebenso mußte jede angefangene Überstunde honoriert werden (vor Mitternacht 5,— RM, nachher 7,5 RM). Die Vergütung einer Rundfunkübertragung des gesamten Konzerts betrug ein Drittel der Übertragungsgebühr, mindestens jedoch 250,— RM, die Übertragung von Teilen des Konzerts ein Viertel der Übertragungsgebühr, mindestens jedoch 200,— RM. Im April 1942 wurden die Sätze für die Vermietung des ganzen Orchesters um je 200,— RM angehoben, während die Kosten für die Verstärkung von 10,— auf 20,— RM bei Konzerten und 7,— auf 10,— RM bei Proben stiegen — das Orchester hatte infolge der Einrückungen nur mehr einen einsatzfähigen Mitgliederstand von ca. 60 Musikern und überwälzte die Substitutenkosten nunmehr voll auf den Veranstalter.

Am 1. 9. 1945 traten die vom Amt für Kultur und Volksbildung genehmigten Richtlinien für Orchestervermietungen in Kraft. Entsprechend der zu diesem Zeitpunkt noch reduzierten Musikeranzahl wurde das Orchester in der Mindestbesetzung von 52 Musikern vermietet (zehn/acht/sechs/vier/vier; zweifaches Holz, vier Hörner, zwei Trompeten, drei Posaunen, zwei Schlagwerker, eine Harfe) und nur für „allgemeine konzertante Zwecke seriöser Art, wie als Begleitorchester, für Konzertakademien und dgl.".

Ein Konzert inkl. einer Probe unter diesen Bedingungen kostete für Einzelveranstalter (also *nicht* für die beiden großen Konzertinstitute) 3.120,— RM, was dem Selbstkostenpreis des Orchesters entsprach. Die Preisgrundlage war daher 60,— RM pro Musiker, und dieser Betrag wurde dementsprechend für jeden einzelnen zusätzlichen Musiker bis zur Gesamtzahl 60 eingehoben. Eine zweite Probe kostete 1.040,— RM für die Mindestbesetzung (= 20,— RM pro Musiker), eine dritte Probe 765,— RM (=15,— RM pro Musiker). Bei Besetzungen über 60 Musikern für symphonische Aufführungen ermäßigte sich die Preisgrundlage für eine Aufführung und zwei Proben auf 70,— RM pro Musiker. Einschränkend wird festgestellt, daß „Konzerte mit symphonischem Programm mit weniger als zwei Proben aus künstlerischen Gründen abgelehnt werden müssen". Diese Preise beinhalteten nicht das Engagement eines Dirigenten, außerdem mußte der Veranstalter alle Spesen für Noten und Instrumententransporte sowie die Umsatzsteuer tragen. Einzelne Veranstalter (politische Parteien, Vereine etc.) erhielten demgegenüber Sonderkonditionen.

Einigermaßen anders sahen die Vermietungssätze für die beiden großen Konzertinstitute sowie für alle anderen Serienkonzertveranstaltungen (Russische Gesellschaft, Arbeiter-Symphoniekonzerte etc.) aus. Der im September erstellte „Vorschlag für die Berechnung der von der KH-Ges. und der GdM veranstalteten Konzerte" sieht folgende

Konditionen vor: Das Orchester wird in der Stärke von 75 Musikern vermietet (vierzehn/zwölf/acht/acht/sechs, dreifaches Holz, vier Hörner, drei Trompeten, drei Posaunen, eine Tuba, drei Schlagwerker, eine Harfe). Die Kosten für ein Konzert inkl. zwei Proben belaufen sich auf 3.000,— RM.

Vor- oder Nachaufführung (öffentl. Generalprobe)	1.000,— RM
dritte Probe	700,— RM
vierte und jede weitere Probe	600,— RM
volkstümliche Symphoniekonzerte inkl. eine Probe	1.500,— RM
Orchesterverstärkungen beim Konzert	20,— RM
bei Proben	10,— RM
angefangene Überstunde je Musiker	7,— RM
Festbekleidung je Musiker	3,— RM

Eine Sonderstellung nahm die Ravag ein. Sie war zwar der größte Kunde der WS und hatte noch in der Saison 1945/46 die Hälfte der Orchesterdienste in Anspruch genommen, ihr konnte aber als öffentliches Unternehmen ein höherer Honorarsatz zugemutet werden, der sich nicht ausschließlich an einem sozial vertretbaren Kartenpreis orientieren mußte. Dementsprechend kam die Ravag laut einem noch aus der Kriegszeit bestehenden Vertrag für die Hälfte der gesamten Orchesterausgaben auf, zahlte also de facto ca. 2.100,— RM pro Dienst (fast das Doppelte des Musikvereins). Diesen Vertrag kündigte die Ravag für die Saison 1946/47 und reduzierte zugleich ihren Bedarf an Orchesterdiensten von 225 auf 168, was den Verein zusätzlich in arge Schwierigkeiten brachte. Immerhin erwuchsen ihm aber auch noch 1946/47 aus den Ravag-Diensten Einnahmen, die insgesamt knapp über dem beanspruchten Diensteanteil lagen. Die Überlegungen zu den Vermietungsbedingungen und die Differenzierung des Diensthonorars je nach Veranstalter wurden dadurch begründet, daß „festgestellt werden konnte, daß der Ertrag eines Symphoniekonzertes 12.000,— bis 15.000,— Schilling ergibt. Unsichere Veranstaltungen sollen besser unterbleiben. Daher erscheint es als berechtigt, für die Orchesterleistung 6.000,— bis 8.000,— Schilling zu verlangen. Dies besonders unter dem Druck der Tatsache, daß die Gemeinde Wien mit den besten Absichten, das Orchester finanziell entsprechend zu unterstützen, die hiefür erforderliche Summe nicht mit Sicherheit gewährleisten kann, während die Konzertunternehmungen Gewinne machen. Es wird daher vorgesehen, für die Serienkonzerte auf 1.500,— Schilling, die Ravag-Dienste auf der Basis von 2.000,— Schilling und für Einzelveranstaltungen auf 1.800,— Schilling je Dienst zu verhandeln"[118].

Die Vermietungsbedingungen beschränkten sich aber nicht bloß auf die Frage des Diensthonorars, sondern versuchten auch eine einigermaßen sinnvolle Verteilung der verfügbaren Diensteanzahl auf die verschiedenen Interessenten zu erreichen und zusätzlich Vorstellungen des Orchesters bezüglich der weiteren Gestaltung des Verhältnisses zwischen Orchester und Kunden zu formulieren. So versuchte der Verein bei der Ravag die Verwendung des künstlerischen Leiters der WS für die Produktionen durchzusetzen (was auch gelang: Swarowsky dirigierte 1946/47 28 von 45 Konzerten) und vier bis sechs Eigenkonzerte nach dem Vorbild der Philharmoniker zu institutionalisieren, um von den „derzeitigen, auf Programme und Dirigenten einflußlosen Vermietungen" wenigstens teilweise loszukommen (was nicht gelang).

---

118 „Vorschläge bezügl. der Orchestervermietungen 1946/47".

Völlig unzureichend war die Verankerung der Vermietungsbedingungen auf der juristischen Ebene: Während im Spieljahr 1945/46 die Vermietungen an Ravag und die Gesellschaften noch aufgrund eines Vertrages bzw. einer schriftlichen Vereinbarung erfolgt waren, wurden für 1946/47 „Verhandlungen darüber im Zusammenhang mit der allgemeinen Regelung der Betriebsverhältnisse immer wieder hinausgeschoben. Die Vereinbarungen wurden in der Praxis teilweise abgeändert".[119] Und bezüglich der Gesellschaftskonzerte heißt es: „Vertragliche Grundlagen bestehen derzeit nicht". Den WS erwuchsen aus dieser rechtlich unsicheren Situation, die aus der noch nicht ausgehandelten Neuorganisation der gesamten Betriebsgrundlagen, aber auch aus der verhängnisvollen Neigung des geschäftsführenden Direktors Apold zu mündlichen Absprachen resultierte, erheblicher Schaden — konnten doch die „Vertrags"-Partner unvorhergesehene Kehrtwendungen vollziehen, ohne juristische Konsequenzen befürchten zu müssen (die Ravag hat hiervon ausgiebig Gebrauch gemacht). Zu den strittigen, rechtlich ungeklärten Punkten gehörten u.a. die Höhe der Abgeltung für Rundfunkübertragungen und der Anspruch auf Entschädigung bei Absagen von Konzerten seitens der Veranstalter. Die erstere Frage wurde nach Kündigung des Ravag-Vertrages und Einsetzen eines vertragslosen Zustandes 1946 akut; zuvor hatte die Ravag an das Orchester für jede erfolgte Übertragung das Entgelt für einen Dienst und an die Veranstalter etwa 500,— Schilling gezahlt. Das Zusammentreffen von fehlender Vertragsbasis zwischen WS und Ravag und noch nicht geklärter Organisationsstruktur des Orchesters wurde von den Konzertinstituten und der Ravag prompt ausgenützt, um in diesem Fall gemeinsame Interessen durchzusetzen: „Die Ravag hat sich dadurch (= durch die bis 1946 geltenden Vereinbarungen E.K.) ein künstlerisch hochwertiges Konzert um ca. ein Drittel der Kosten einer eigenen Sendung gesichert. Die Ravag will sparen und die Veranstalter wollen ihre Konzerteinnahmen erhöhen. Sie begegnen sich daher mit der Abmachung, daß die Symphoniker keinen Anspruch auf eine Vergütung haben und die Ravag nur ca. 1.000,— Schilling bis 1.500,— Schilling an den Veranstalter dafür zahlen soll."[120]

Die Notwendigkeit, durch Rekurs auf urheberrechtliche Bestimmungen in langwierigen Verhandlungen die Rechte des Vereins auf Abgeltung von Übertragungen erneut geltend zu machen und gegenüber der Ravag, die alle diesbezüglichen Zahlungen eingestellt hatte, durchzusetzen, hätte sich bei klarer vertraglicher Fixierung in den Vereinbarungen mit den Konzertinstituten nicht ergeben. Im Sommer 1947 wurde daher ein neuer Anlauf unternommen, um mit Hilfe differenzierterer Vermietungsbedingungen das Verhältnis zwischen Orchester und Mietern klar zu fassen, wobei auch die künstlerischen Intentionen — zumindest der Tendenz nach — Eingang fanden: so wurden drei Proben für ein Konzert bindend vorgesehen. Termine für die Verpflichtung des Orchesters mußten schriftlich vereinbart sein (eine Regelung, die von der GdM bis in die beginnenden fünfziger Jahre unterlaufen wird); ein wichtiger Punkt ist die Bestimmung über Konzertabsagen: erfolgen diese nicht spätestens vier Wochen vor dem vereinbarten Termin schriftlich, so ist der Veranstalter zum vollen Kostenersatz verpflichtet, bei einer früheren Absage ist dem Orchester der dadurch nachweisbare Schaden zu ersetzen. Das Orchester wird nunmehr in einer Stärke von 83 Musikern vermietet (sechzehn/vierzehn/zehn/acht/acht, sonst wie September 1945). Interessant ist die scheinbar kleine, aber wesentliche Differenz in dem vom Orchester erstellten Vertragsentwurf und seiner von Senatsrat Dr. Kraus verbindlich vorgenommenen Korrektur — im Entwurf des

---

119 „Betrifft: Orchestervermietungen" vom 21. 3. 1947.
120 Ebda.

Orchesters heißt es: „Die Bestimmung des Dirigenten und des Programms für die vereinbarten Konzerte erfolgt durch den Veranstalter im Einvernehmen mit dem Verein"; Dr. Kraus änderte den Satzbeginn ab in: „Die allfällige Änderung des Dirigenten und Programms ..."[121], womit das beabsichtigte prinzipielle Mitspracherecht wieder anulliert wurde.

Bezüglich der Honorierung von Orchesterverstärkungen wurde differenziert zwischen orchestereigenen Musikern mit feststehendem Vergütungssatz und orchesterfremden Substituten, deren volle Kosten vom Veranstalter getragen werden mußten. Die spezielle Honorierung kammermusikalischer Besetzungen bis 20 Musiker war schon in früheren Vereinbarungen vorgesehen, ebenso gesonderte Bezahlung von Feiertagsproben. Der oben geschilderte Mißstand bezüglich Rundfunkhonorar sollte durch den Passus beseitigt werden: „Wenn der Veranstalter mit einer Rundfunkgesellschaft eine Vereinbarung bezüglich der Übertragung oder Aufnahme des vereinbarten Konzertes trifft, so verpflichtet er sich, hiefür an den Verein außer für die vereinbarten Orchesterdienste ein Honorar von ... Schilling zu bezahlen." Weiters wurde die Verpflichtung des Veranstalters zur Übernahme der Instrumenten-Transportkosten, Tantiemen, etwaiger Noten-Leihgebühren festgelegt, sowie seine Verpflichtung, „dem Orchester für die vereinbarten Probendienste einen entsprechenden Probensaal und für die Generalprobe den jeweiligen Konzertsaal kostenlos und rechtzeitig zur Verfügung zu stellen"[122].

Das vom Verein vorgesehene Orchesterhonorar (3.000,— Schilling für Proben- oder Konzertdienste) wird von Dr. Kraus zurückgewiesen: „Statt des Betrages von 3.000,— Schilling wäre der aufgrund der eingetretenen Erhöhungen tatsächlich sich ergebende Selbstkostenpreis je Dienst einzusetzen."[123] Er schränkte allerdings ein, das vorliegende Formular solle nur für die „sonstigen laufenden Vermietungsgeschäfte" Verwendung finden, während für die Vertragsabschlüsse mit den Konzertinstituten und der Ravag eine eigene Vertragsausfertigung notwendig sein werde. Seine Forderung: „Grundsätzlich ist daran festzuhalten, daß jene Entgelte gefordert werden müssen, die die Selbstkostendeckung sichern"[124] war aber in der Praxis nicht mehr einlösbar: „In den Betriebsjahren 1945 — 1947 betrugen die Eigen-Einnahmen trotz der relativ niedrigen Vermietungshonorare 77% der Betriebsausgaben. Dies mußte durch die Erhöhung der Dienste-Leistungen, d.h. der Anzahl der Orchestervermietungen erreicht werden, da das Ausmaß der Beitragsleistung der Gemeinde Wien nicht bestimmt war. Die Subvention der Gemeinde Wien erreichte 18% der Betriebskosten. Die Erfahrungen aus diesen beiden Geschäftsjahren erweisen es, daß es unbedingt notwendig ist, durch eine feste Begrenzung der finanziellen Beihilfe im Haushaltsplan jenen Betrag zu bestimmen, der unter Wahrung künstlerischer Erfordernisse aus der Orchestervermietung erwirtschaftet werden soll und kann."[125] Die Berechnung des Vermietungshonorars wäre in diesem Fall nach folgendem Modus unter Berücksichtigung der Beitragsleistung der Gemeinde, eines sozialen Kartenpreises und des zumutbaren Aufwandes seitens der Veranstalter erfolgt: Nach Subtraktion des prozentuellen Anteils des Jahresbeitrags der Gemeinde an den Betriebskosten ergäbe sich das Diensthonorar mittels Division der verbleibenden Betriebskosten durch 500 zu vermietende Jahresdienste. „Dieser Betrag muß aber auch noch mit den

---

121 MA 7 Dr. Kraus an WS vom 16. 8. 1947.
122 Ebda.
123 Ebda.
124 Ebda.
125 Jahresbericht Geschäftsjahr 1946/47, S. 8.

finanziellen Bedingungen des Konzertbetriebes abgestimmt werden. Er darf nicht zu hoch sein, um die Veranstaltung von Konzerten zu behindern, der Veranstalter müßte aber gehalten werden, für ein Symphonie-Konzert mit 3 Probendiensten bis zu 2/3 des Gesamtertrages der Masette für die Orchesterkosten aufzuwenden, denn er kann nicht damit rechnen, aus künstlerisch hochwertigen und daher kulturell wichtigen Konzertveranstaltungen, die mittelbar aus öffentlichen Geldern subventioniert sind, Gewinn zu ziehen."[126] Den Veranstaltern bliebe demnach statt eines Gewinnes auf diesem Sektor der imaginäre Dank der Öffentlichkeit für die Bereitstellung künstlerisch wertvoller Dienstleistungen und der Ausweg, ihre Haben-Seite durch gewinnträchtigere Veranstaltungen aufzubessern.

Die Beziehung zwischen möglicher Dienstanzahl pro Jahr, Selbstkosten- und Vermietungshonorar soll anhand einer Kalkulation aus dem Jahr 1947 erläutert werden:[127] Die mögliche Dienstanzahl bei einer Annahme von zwei Diensten täglich (365 x 2 = 730 Dienste), reduziert um acht freie Halbtage monatlich (11 x) und 62 Halbtage Urlaub, ergibt 580 Dienste jährlich; da mit der von den Veranstaltern bezahlten Probenanzahl (etwa zwei für ein Konzert) künstlerisch anspruchsvollere Programme kaum zu bewältigen waren, mußte der Verein in der Nachkriegszeit eigene Studienproben ansetzen, die er zwar den Angestellten bezahlte, selbst aber nicht honoriert bekam. Überschlagsartig rechnete der Verein mit acht Studienproben monatlich (11 x), wodurch weitere 88 Dienste für mögliche Vermietung entfielen. Es verblieben also unter den geschilderten Umständen ohne Überdienste 492 zu vermietende Dienste jährlich. Die Selbstkosten konnten in zwei Varianten berechnet werden:

1. Ausgaben 1,200.000 Schilling : 730 Dienste = 1.643 Schilling je Dienst x 492 = 808.767 Schilling; 238 Dienste (= die nicht vermietbaren Halbtage) aus der Ausfallshaftung der Gemeinde = 391.233 Schilling
2. Ausgaben 1,200.000 Schilling : 492 vermietbare Dienste = 2.440 Schilling je Dienst

Das Vermietungshonorar bestimmte sich aus den o.a. kulturpolitischen Erwägungen und der Finanzkraft der Veranstalter. Bei 1.500 Schilling Honorar (unter der Annahme, es für jeden der 492 Dienste zu erhalten) ergäbe sich ein Defizit 462.000 Schilling jährlich, das sich unter der Annahme 1.800 Schilling auf 314.400 Schilling (etwa dem Subventionsbetrag der Gemeinde) und bei 2.000 Schilling auf 216.000 Schilling verringerte (letzteres waren die Ravag-Konditionen).

Deutlich ist daraus die im vorigen Abschnitt geschilderte drastische Änderung der Dienstestruktur zu ersehen; auf der Einnahmenseite kommt es zu einer Angleichung der von den Konzertveranstaltern erzielten Erträge, wobei die außerordentlich ungünstige Ertragslage im Bereich der „verschiedenen Veranstalter" auffällt: weder künstlerisch noch finanziell waren diese Konzerte lukrativ, sondern im Gegenteil ein schwerer Hemmschuh für die angestrebte künstlerische Entfaltung des Orchesters. Diesbezüglich war die starke Erweiterung der Konzerttätigkeit im Musikverein und Konzerthaus zu begrüßen, die außerdem die starken Anteilsverluste bei der Ravag kompensierte.

---

126 Ebda.
127 „Betrifft: Orchestervermietungen 21. 3. 1947".

Organisatorische, finanzielle und künstlerische Konsequenzen aus den Vermietungsbedingungen

„Die Geschichte des Orchesters ist reich an Beispielen dafür, wie es in Botmäßigkeit gehalten, Gegenstand geschäftlicher Spekulationen partieller Interessengruppen war und dadurch immer wieder an den Rand des Zusammenbruchs gedrängt wurde." Dieser Satz aus der „Verhandlungseinleitung zur Besprechung mit der Ravag, dem Musikverein, der Konzerthausgesellschaft am 20. 6. 1949" wurde formuliert, als eben erst ein solcher Zusammenbruch knapp vermieden und eine neue Vereinsstruktur geschaffen worden war — die grundsätzliche Abhängigkeit von partiellen Interessen war damit jedoch nicht unterbunden: das Orchester blieb auch weiterhin Objekt der untereinander unkoordinierten künstlerischen und terminmäßigen Dispositionen der Konzertinstitute und hatte kein Mitspracherecht bei der Erstellung von Terminen, Programmen und Dirigentenbesetzungen. „Jeder Veranstalter hat dafür seine eigenen Planungen, zusammen und ineinanderfallend ergibt sich daraus aber ein buntes Durcheinander verschiedenartigster künstlerischer Aufgaben, die das Orchester ohne Rücksicht einen künstlerisch vertretbaren Arbeitsplan auszuführen hat. Dazu kommen die vielen zeitbedingten Schwierigkeiten wie Absagen, Verschiebungen, Proben-, Programm- und Dirigentenänderungen, Saalbesetzungen u.dgl., die jeder Veranstalter für sich durch Umdisponierung zu lösen trachtet; er mag dabei annehmen, daß solche Dinge nicht von allzugroßer Bedeutung sind. Für den Verein aber summieren sie sich so weitgehend, daß von einem Dienstplan überhaupt nicht mehr gesprochen werden kann ... Die Veranstalter tragen summarisch die Verantwortung für den Erfolg ihrer Konzerte, sie sind daher im allgemeinen auch an der künstlerischen Entwicklung des Orchesters interessiert und tun dafür auch alles, was sich in ihre eigenen Planungen einfügen läßt. Tatsächlich aber trägt das Orchester selbst bzw. der Verein allein die künstlerische Verantwortung, denn die Veranstalter werden die weitere Benützung des Orchesters ohne weiteres ablehnen, wenn ihnen seine künstlerischen Leistungen nicht mehr entsprechen. Wenn die geschilderten abträglichen Verhältnisse daher früher oder später dazu führen würden, so würden die Veranstalter die Verantwortung dafür ebenso sicher zurückweisen, wie sie die Konsequenzen daraus ziehen würden."[128]

Ein konkretes Beispiel — der Dienstplan der ersten Novemberhälfte 1948 — soll illustrieren, welche Belastungen die unkoordinierte Organisationsweise der Veranstalter für das Orchester mit sich brachte:

1. Nov.
2. Pbe. 2.Kammerkzt.   Kzt. KH Hindemith
    Hindemith
3.
4.
5. Pbe. Ravag Moralt
6. Pbe. 2. Abokzt. KH
    Heiller
7.
8. Pbe. Israel. Kultusgem.   Pbe. 2. Abokzt. KH
    Wolff   Heiller
9. Pbe. 2. Abokzt. MV   Pbe. 2.Abokzt. KH Heiller   Israel. Kultusgem.-Kzt.
    Jochum

---

128 Ebda.

10. Pbe. 2. Abokzt. MV Jochum	Sophiensaal Moralt	2. Abokzt. KH Heiller
11. Pbe. 2. Abokzt. MV Jochum	Pbe. SBZ Fanta	2. Abokzt. MV Jochum
12. Pbe. SBZ Fanta		Kzt. SBZ Fanta
13. Kzt. Sophiensaal Moralt	Pbe. Ravag Moralt	
14. Kzt. Ravag Moralt		

Auch der mit der Praxis des Orchesterbetriebs nicht Vertraute kann die Qualität des Konzerts für die Israelitische Kultusgemeinde erahnen, wenn zwischen der einzigen Probe und dem Konzert drei Proben für andere Veranstaltungen mit zwei verschiedenen Programmen liegen oder — noch schlimmer — zwischen der Generalprobe für das Heiller-Konzert und der Aufführung drei Dienste mit drei verschiedenen Programmen zu absolvieren waren (wenigstens teilweise von denselben Musikern) — interpretatorische Intentionen des Dirigenten werden auf diese Weise vielfach von neuen Eindrücken überlagert und die Konzentrationsfähigkeit bei einem dritten Tagesdienst ist unvermeidlich geringer.

Ein zweites Beispiel soll zeigen, daß sich trotz aller Interventionsversuche sechs Jahre später an der Situation nicht das geringste geändert hatte. Der Konzertkalender der Symphoniker während der Festwochen 1954 umfaßte folgende Veranstaltungen:[129]

29. 5. Eröffnungskonzert
30. 5. Konzert Ormandy KH
4. 6. Konzert Hindemith KH
6. 6. Vormittag Nelson-Messe Eisenstadt, nachmittags „Jahreszeiten" Eisenstadt
7. 6. Strauß-Konzert MV
8. 6. Konzert Böhm MV
9. 6. Konzert Kleiber MV
10. 6. Solistenkonzert MV
   Konzert Hindemith KH   gleichzeitig
11. 6. Konzert Böhm KH
12. 6. nachmittags Konzert Erede R-W-R
   abends Cäcilien-Messe MV
15. 6. Konzert Hollreiser KH
17. 6. nachmittags Männergesangsvereins-Konzert Heiligenstadt
   abends Konzert Szell KH
19. 6. nachmittags Kindersingen Konservatorium
   abends Konzert Cluytens KH
   Konzert Holland-Chor MV   gleichzeitig
20. 6. vormittags Kindersingen
   abends Konzert Rathausplatz

Direktor Schenker vermerkte dazu: „Wie den Symphonikern immer wieder versichert wird, tragen sie die Hauptlast der Festwochenveranstaltungen. Man sollte glauben, daß uns deshalb auch irgendeine Möglichkeit zur Teilnahme an den Terminbesprechungen, von einer Ingerenz auf künstlerische Pläne ganz zu schweigen, eingeräumt würde. Dem ist aber nicht so. Keine der Gesellschaften hat es bis jetzt der Mühe wert gefunden, uns ihre Pläne mitzuteilen. Wir mußten uns auf Umwegen einen Überblick über die uns zugeteilten Konzerte und Termine verschaffen, wobei wir feststellen mußten, daß die

---

129 Brief Schenker-Lustig-Prean vom 8. 2. 1954.

Gesellschaften nur nach ihren alleinigen Interessen planen. Eine Abstimmung untereinander oder gar eine Rücksichtnahme auf die Möglichkeiten der Symphoniker ist nicht zu beobachten ... Das Orchester wird durch solche Arbeitseinteilungen zeitweise schwerst überlastet. Das wird natürlich zur Folge haben, daß die Presse wieder die stereotype Phrase vom übermüdeten Orchester aufwärmt. Der Verein wird finanziell geschädigt. Denn die Kosten, die aus Überdiensten, Sonn- oder Feiertagsproben und besonders aus den bei Parallelveranstaltungen entstehenden Substitutenkosten entstehen, müssen vom Verein sofort ausbezahlt werden, während man die Diensthonorare schuldig bleibe wird. Sicherlich werden die Gesellschaften in erster Linie die Gastorchester bezahlen. Wie prompt man die Forderungen der Philharmoniker, die rund das Zweieinhalbfache unserer Forderungen betragen, erfüllt, haben wir im Vorjahr erlebt. Vielleicht ist es doch möglich, den Symphonikern eine Ingerenz auf den Spielplan der Festwochen zu geben. Der Verein könnte viel Geld sparen und die Geschäftsführung müßte nicht befürchten, mangelnder Organisationsfähigkeit gezogen zu werden."[130]

Lustig-Prean schrieb an den Briefrand: „Ist leider alles richtig und eine alte Unsitte. Die Symphoniker sind tatsächlich ein Spielball und ein Raubbau-Objekt der Gesellschaften, namentlich der Gesellschaft der Musikfreunde."

In der Sprache des Direktionsrats: Da die Konzertveranstalter keinerlei Verantwortung für einen geordneten Dienstbetrieb des Orchesters trügen, „so überlasten sie alle diese Schwierigkeiten dem Orchester bzw. dem Verein, der sich dagegen nicht wehren kann, weil er aus wirtschaftlichen Gründen gezwungen ist, jeden überhaupt nur ausführbaren Dienst anzunehmen. In Kenntnis davon stehen die Veranstalter quasi auf dem Standpunkt des eigentlichen Brotgebers und machen davon auch rücksichtslos Gebrauch. Die Folge davon ist ein gänzlich ungeordneter Dienstplan des Orchesters, der zwischen unerträglichen Belastungen und unbesetzten Leertagen schwankt,[131] eine dauernde Unsicherheit des Musikers in bezug auf seine Freizeit und erhebliche zusätzliche Belastungen der Vereinswirtschaft durch entfallende Vergütung für Mehr- und dritte Tagesdienste, für Instrumententransporte usw. alles zusammen eine bis an die Grenze des Unmöglichen gehende Belastung des Dienstbetriebes in organisatorischer, finanzieller und sozialer Hinsicht verursacht ... Der Verein subventioniert also die Veranstalter aus seinen eigenen Mitteln, die er sich nur unter großen Schwierigkeiten selbst erbetteln muß und zwar tatsächlich unter größten Opfern, weil er dadurch gezwungen ist, seine eigenen dringenden Bedürfnisse, wie die Erhöhung des Instrumentenbestandes, die Anschaffung von Noten und sonstige künstlerische und soziale Zwecke immer wieder zurückzustellen ... Er macht sich zum Bittgänger für die Veranstalter auf Kosten seiner eigenen Interessen und steht trotzdem in einem nahezu vollkommenen Abhängigkeitsverhältnis zu ihnen ... Der Verein hat schon unter dem Druck der Verhältnisse seine Selbstkosten auf ein nicht mehr zu rechtfertigendes Niveau herabgesetzt und bemüht sich trotzdem immer weiter um Einsparungen. Wenn die Veranstalter dem Verein aber einen Betrag angeben, den sie nach ihrer Auffassung als Diensthonorar äußerstens bezahlen können, so muß der Verein dies zur Kenntnis nehmen, denn er besitzt kein Mittel um zu prüfen, ob dieser Betrag

---

130 Ebda.
131 Vgl. den obigen Dienstplan; die Jahresübersicht 1948/49 weist im schwächsten Monat (September) 17 Dienste, im stärksten (Juni) 65 auf, von den im Februar gespielten 28 Diensten lagen 26 innerhalb der ersten 17 Tage. Die anfallenden dritten Dienste mußten zwar vom Verein bezahlt, konnten aber von den Veranstaltern nicht eingefordert werden, da die Tagesdienste zumeist auf mindestens zwei Veranstalter aufgeteilt waren — dadurch erhöhten sich zusätzlich die Selbstkosten.

den gleichen Voraussetzungen bei den Veranstaltern entspricht. Die Veranstalter können aber auch über unser Dienstvolumen nach ihren eigenen Interessen bestimmen, d.h. sie können — und tun dies ja auch, unsere Konzerte nach Maßgabe des finanziellen Ertrages beliebig reduzieren und damit die Erhaltungskosten des Orchesters ohne die geringste eigene Verantwortung noch weiter steigern."[132]

Umso mehr mußte es Gegenstand permanenten Ärgers für das Orchester sein, daß die im künstlerischen Bereich zweifellos gebotenen Entfaltungsmöglichkeiten unter prominenten Dirigenten durch desolate Verhältnisse auf dem organisatorischen Sektor und ökonomische Engpässe, die aus der Struktur des lokalen Konzertbetriebes resultierten, wieder stark eingeschränkt wurden. Während die finanzielle Gebarung der Symphoniker einer jährlichen Kontrollamtsprüfung unterlag, hatte der Verein tatsächlich keine Möglichkeit, die Angaben der Konzertveranstalter bezüglich der von ihnen angebotenen maximalen Honorarsätze auf ihre Richtigkeit zu überprüfen. Nichts kennzeichnet die Art der Beziehung zwischen dem Verein und den Konzertinstituten besser als der Kommentar zu einer detaillierten Aufstellung über Einnahmen und Ausgaben der GdM, die Schenker streng vertraulich dem Direktionsrat anläßlich zäher Honorarverhandlungen im April 1954 zur Verfügung stellte: „In der Beilage überreiche ich Ihnen eine Stellungnahme zu der Politik der Konzertgesellschaften. Sie ist leider sehr umfangreich geworden, doch wollte ich damit einmal die maßgebenden Persönlichkeiten über die tatsächlichen Verhältnisse informieren. Alle Ziffern sind, soweit sie nicht mosaikartig aus vielen Gesprächen zusammengetragen wurden, nach bestem Gewissen und immer mit Tendenz nach unten geschätzt. Die Gesprächspartner, sei es Gamsjäger, Seefehlner, Dr. Haerdtl oder andere Angestellte der beiden Häuser würden mir niemals mehr Informationen geben, wenn ihnen diese Zusammenstellung bekannt würde. Ich bitte daher, Ihren Einfluß dahin geltend zu machen, daß mein Elaborat vertraulich bleibt und bei weiteren Verhandlungen nicht an die Gegenseite gegeben, sondern nur der Inhalt verwendet wird." Demnach erwirtschaftete die GdM in der Saison 1953/54 einen Nettogewinn von ca. 250.000 S und wäre ohne zusätzliche Subventionierung in der Lage gewesen, die von den Symphonikern geforderte Honorarerhöhung von 50% auf ca. 75% der Selbstkosten zu bezahlen.[133] Der Verein war nicht stark genug, um gegenüber den Veranstaltern seine Honorarforderungen voll durchzusetzen; dadurch wurde die aufgrund der wirtschaftlichen Entwicklung immer größer werdende Differenz zwischen Aufwand und Einspielergebnissen tendenziell noch größer, was den Subventionsbedarf von Jahr zu Jahr deutlich erhöhte. In der kulturpolitischen Diskussion blieben die Veranstalter dabei ungeschoren — flossen doch die Subventionsgelder zum Verein Wiener Symphoniker und schienen demnach nicht als Förderung des öffentlichen Konzertbetriebes, sondern als Unterstützung eines privaten Vereins auf. Dieser wurde zwar nicht müde, in zahlreichen Memoranden auf diese Tatsache hinzuweisen, hatte damit aber keinen Erfolg. Während die Veranstalter stolz darauf waren, als „unvergängliches Gut der Menschheit" die „großen schöpferischen Dokumente aus allen Epochen abendländischer Musikkultur" zu präsentieren,[134] verwendete der Verein die Arbeitgeberbeiträge zur Krankenkasse für die Gagenauszahlung seiner Angestellten.[135] Auf einen offenen Konflikt mit den Veranstaltern in der Form,

---

132 Bericht des Direktionsrates vom 20. 5. 1949.
133 Vergleichsweise interessant erscheint, daß die Philharmoniker für eine Konzertserie von 4 Konzerten 70.000 Schilling Honorar erhielten, also das 2 1/2-fache der Symphoniker. Die Gage für Karajan belief sich auf 30.000 Schilling pro Konzertserie, entsprach also den gesamten Orchesterkosten der Symphoniker.
134 100 Jahre Goldener Saal.
135 Vgl. S. 116.

das Orchester zu den von ihnen gebotenen Bedingungen nicht zur Verfügung zu stellen, ließ es der Verein aber nicht ankommen: zwar hatte er — in seinem Selbstverständnis — das Monopol auf dem Wiener Konzertsektor, aus diesem Blickwinkel hätte er gegenüber dem ohne Orchester ohnmächtigen Veranstaltermonopol der Institute eine stärkere Position innehaben müssen, als er es in Wirklichkeit besaß; von der ökonomisch stets prekären Situation des Vereins aus gesehen wäre der Versuch eines Boykotts der Veranstalter aber ein hoffnungsloses Unterfangen gewesen, weil diese immerhin noch die Möglichkeit gehabt hätten, einige Zeit mit billigen Gastorchestern operieren zu können.[136] Außerdem fürchteten die Symphoniker, Anteile an das NÖ.-Tonkünstler-Orchester zu verlieren (was im Falle der Sonntag-Nachmittagskonzerte auch wirkliche eintrat). Vor allem aber entschied die Notwendigkeit optimaler Dienstauslastung, die dem Subventionsgeber gegenüber als Legitimation erbrachter Eigenleistungen vonnöten war, darüber, jeden auch noch so unzulänglichen bezahlten Dienst anzunehmen. Das wußten selbstverständlich auch die Veranstalter. Der Druck, unter dem der Verein von seiten der Gemeinde stand, verband sich für sie angenehm mit dem Hinweis auf die kulturpolitisch erwünschten sozialen Eintrittspreise, um das Orchesterhonorar so niedrig wie möglich zu halten. In dieser Situation konnte eine Verbesserung der Einspielergebnisse, wie sie von der Gemeinde verlangt wurde, nur durch weitere Erhöhung des Dienstevolumens erreicht werden. Die Extremwerte von 700 Diensten jährlich am Beginn der fünfziger Jahre zeigen, daß dieser Weg versucht wurde — sehr zum Schaden künstlerischer Reputation. Zusätzlich führte die anlaufende Schallplattentätigkeit im Rahmen der „Symphonia" im Zusammenhang mit der Orchesterdienstezahl zu einer Belastung der Musiker, die weder in sozialer noch künstlerischer Hinsicht vertretbar war. Die von Kritikern immer wieder vermerkte Übermüdung der Musiker, die Klagen von Dirigenten über Disziplinlosigkeit, die Beschwerden der Veranstalter über mangelhafte Leistungen, drohten den Marktwert des Orchesters auf jenen Preis zu drücken, den die Veranstalter ohnehin zahlten, und die Abwanderungstendenzen überstrapazierter Spitzenkräfte erneut zu verstärken, wodurch das künstlerische Niveau weiter gelitten hätte. Es schien klar, daß eine grundlegende Verbesserung der Verhältnisse für das Orchester nur im Rahmen einer völligen Neuorganisation des Konzertbetriebs bzw. einer Umlenkung des Subventionsflusses möglich sein konnte. Damit war brisantes kulturpolitisches Terrain betreten, ging es doch um die Frage der Einschränkung privater Oberhoheit auf dem Konzertsektor durch öffentliche Kontrolle der Finanzgebarung und Einflußnahme auf die Lenkung der Gelder (also auch auf Setzung programmatischer Schwerpunkte), womit das Prinzip der Nichteinmischung in künstlerische Belange durch öffentliche Stellen ebenso auf dem Spiel stand wie die Alleinvertretung bürgerlicher Musikkultur durch ein altehrwürdiges Konzertinstitut und dessen etwas jüngere Seitenlinie. Hier — wie an einigen anderen Stellen des Abschnitts der Orchestergeschichte — ist ein Blick auf zum Teil nicht verwirklichte Pläne interessant: machen doch die Vorstellungen des Orchesters bzw. Vereins von einer befriedigenden Organisationsstruktur als Vorbedingung produktiven künstlerischen Arbeitsklimas die Differenz zu den real bestehenden Verhältnissen besonders deutlich. Die Schilderung des Ist-Zustandes muß in jene des Soll-Zustandes übergehen, dessen Intentionen mit der Konstellation des kulturpolitischen Kräfteverhältnisses konfrontiert werden sollen, von dem die Chancen einer Realisierung der Pläne abhingen.

---

136 So lag die Gage der in der Saison 1953/54 eine Konzertserie spielenden Münchner Philharmoniker mit 26.000 Schilling noch unter jener der Symphoniker.

EXKURS I:
Neidvoller Blick ins Ausland: das Beispiel Tonhalle-Orchester Zürich

Zu Vergleichszwecken sei hier ein ausländisches Beispiel der Problemlösung von Organisationsstruktur, Vermietung, Subvention und Eigeneinnahmen angeführt: Das künstlerische Niveau des Tonhalle-Orchesters entspricht der internationalen Bewertung nach etwa dem der Wiener Symphoniker, der Musikerstand ist nur geringfügig höher (ca. 10 Musiker), sodaß von dieser Seite her durchaus eine Vergleichsbasis gegeben ist. Der Aufgabenbereich allerdings ist unterschiedlich — das Tonhalle-Orchester ist auch als Opernorchester tätig. Ebenso darf man keineswegs außer acht lassen, daß die finanzielle Situation Zürichs nach dem Zweiten Weltkrieg eine ungleich bessere war als jene Wiens und die Subventionierung von Kulturbetrieben daher leichter möglich — aus ökonomischer Sicht ist der Aufwand der beiden Städte für die Orchester also nur bedingt vergleichbar. Bezüglich der Organisationsstruktur bringt das Exempel Tonhalle-Orchester die desolate Situation bei den Wiener Symphonikern in der Nachkriegszeit erst recht zu Bewußtsein: die Musiker sind Angestellte der Tonhalle AG, die die unentgeltliche Nutznießerin des städtischen Tonhalle- und Kongreßgebäudes ist und 1946/47 insgesamt 51 Symphonie-Konzerte sowie acht Kammermusikaufführungen in Eigenregie veranstaltet. Zusätzlich vermietet die Tonhalle AG Saal und Orchester an verschiedene Veranstalter, allerdings in geringem Ausmaß (die Einnahmen aus diesen Vermietungen betragen bloß ca. 9% der Konzertveranstaltungs-Bruttoeinnahmen), sodaß die gesamte Konzerttätigkeit etwa ein Drittel jener der Symphoniker ausmacht. Ein wichtiger Geschäftspartner ist die Theater AG, unentgeltliche Nutznießerin des städtischen Theatergebäudes, die das Tonhalle-Orchester für Opernaufführungen mietet, wodurch die Tonhalle AG mehr als das dreifache ihrer Eigeneinnahmen erwirtschaftet. Die Stadtgemeinde Zürich subventioniert einerseits die Tonhalle AG direkt mit einem festen Betrag, einem Betrag für soziale Lasten (Pensionskasse) und dem Ersatz für verbilligte Jugend- und Volkskonzerte in der Gesamthöhe von 810.000 SFr, andererseits die Theater AG mit 50% der Erhaltungskosten des Tonhalle-Orchesters, die von der Theater AG an dieses abgeführt werden.

Von den Betriebskosten des Orchesters in der Höhe von knapp mehr als 1,5 Mio. SFr entfallen auf Gehalte 86%, Sonderentgelte (Mehrdienste, Substituten) 4%, soziale Lasten (gesetzliche Versicherungsbeiträge, Pensionszuschüsse) 7% und Verwaltungsspesen 3%. Die Nettoeinnahmen aus eigenen Konzertveranstaltungen betragen 3% der Betriebskosten, jene aus Vermietungen 45%, sodaß 750.000 SFr oder 48% der Betriebskosten eingespielt werden, während die Stadt Zürich die restlichen 52% beisteuert. Somit erwirtschaftet in der gleichen Saison das Tonhalle-Orchester nicht ganz die Hälfte, das Orchester der Wiener Symphoniker aber drei Viertel der Gesamtausgaben, und 800.000 SFr Subvention stehen 300.000 Schilling gegenüber, die von den Wiener Kulturpolitikern als äußerste Obergrenze möglicher Subventionierung empfunden werden. Der deutliche Unterschied in den Einspielergebnissen kann wohl nur dadurch erklärt werden, daß auf dem Tonhalle-Orchester nicht der die künstlerische Entfaltung hemmende Druck lag, zwecks Maximierung des Eigenertrages jedes noch so uninteressante Geschäft annehmen zu müssen — spielten doch die Wiener Symphoniker in jener Saison allein für „verschiedene Veranstalter" mehr als das doppelte an Konzerten wie das Tonhalle-Orchester in seinen Eigenproduktionen. Die Identität von Veranstalter und Dienstgeber auf dem Konzertsektor in Form der Tonhalle AG, die damit weitgehende organisatorische und künstlerische Dispositionsfreiheit besaß, schuf in Verbindung mit den durch die Stadtgemeinde ausreichend gewährten Zuschüssen Voraussetzungen für musikalisch qualitätvolle Produktionen, die den Blick der Wiener Symphoniker ins Ausland tatsächlich zu einem neidvollen werden ließen. Es spricht für das hohe künstlerische Potential des Wiener Orchesters, daß es trotz der ungleich schwierigeren Bedingungen, unter denen es musizieren mußte, dennoch eine dem Tonhalle-Orchester gleichwertige Leistung erbringen konnte.

3. Vorstellungen des Vereins zur Neuorganisation des Konzertbetriebes

Alle vom Verein zwischen 1946 und 1955 eingebrachten Vorschläge zielen auf Erlangung größerer Autonomie durch zumindest teilweise Befreiung von der Vormundschaft der Konzertinstitute, nachdem die völlige Loslösung — in Form der Kommunalisierung des Orchesters — nicht durchsetzbar war. Der im Jänner 1948 erstellte Jahresbericht für die Saison 1946/47 räumt ein, daß kurzfristig eine Änderung bezüglich der für das Orchester ungünstigen Trennung von Veranstalter- und Orchestererhalter nicht möglich, für eine Planung der künftigen wirtschaftlichen Tendenzen des Vereines jedoch zu überlegen sei.[137] Die Änderungswünsche betreffen
a)   die finanzielle Organisation des Konzertbetriebs
b)   die künstlerische Organisation des Konzertbetriebs
c)   die interne Organisationsstruktur

ad a) *Umlenkung des Subventionsflusses*
Die oben dargestellte Art der Subventionsvergabe ließ Subventionen der Konzertveranstalter als solche der Wiener Symphoniker erscheinen, machte also keine deutliche Trennung zwischen der Subvention des öffentlichen Musiklebens (in Form der Unterstützung der Veranstalter) und jener des Vereins, der sich in dessen Dienst stellte. Letzterer schlug drei Varianten zur Änderung dieser Situation vor:[138]

— Übernahme der Veranstaltungskompetenz
Das Orchester wäre in dieser Version zwar unter der Obhut des Vereins geblieben, aber quasi kommunalisiert gewesen — „die öffentlichen Stellen ... hätten jede erforderliche Einflußnahme auf die Gestaltung des öffentlichen Konzertlebens", indem sie den Verein — und nur diesen — direkt subventionierten. „Während heute die Veranstalter als Träger des öffentlichen Konzertlebens girieren, in der Tat aber nur die Arrangements der Konzerte besorgen, wäre dann der Verein auch nach außen hin dieser Träger, der er tatsächlich ja auch heute ist ... Die Zuwendung öffentlicher Mittel an den Verein hätte dann die richtige Zweckbestimmung und wäre damit allgemein verständlich."[139] Den bisherigen Konzertveranstaltern wäre die Möglichkeit offengestanden, das Orchester jenseits seiner Eigenaktivitäten zum Selbstkostenpreis zu mieten — dieses Konzept war gleichbedeutend mit der völligen Ausschaltung der Konzertinstitute, die höchstens noch

---

137 Jahresbericht 1946/47, S. 7.
138 Bericht des Direktionsrates vom 20. 5. 1949.
139 Ebda.

die Funktion des Saalvermieters gehabt, in diesem Falle aber zweifellos nicht erfüllt hätten.

— Trennung der Wirtschaft des Konzertbetriebs von jener des Vereins
Der Maximalforderung einer Ausschaltung der Konzertveranstalter stand diese pragmatische Version zur Seite: „Gelder, die für die Veranstalter zur Aufrechterhaltung des Konzertbetriebes erforderlich sind, müßten für diese verrechnet werden können", was mit einem gewissen Maß an „Einflußnahme auf die ganze Organisation" zu verbinden wäre — also Direktsubventionierung der Veranstalter in Höhe der Differenz zwischen dem von ihnen gezahlten Honorar und den Selbstkosten des Orchesters. Nominell erhielte dadurch der Verein vom Veranstalter den Selbstkostenpreis ausbezahlt, was zu einer beträchtlichen Reduzierung der öffentlich ausgewiesenen Vereinssubvention führen würde und bei verbleibender Abhängigkeit von den Veranstaltern zumindest eine Verbesserung der Optik der Vereinsgestion (und damit eine politisch leichter durchsetzbare Aufbringung der noch verbleibenden Subventionssumme) mit sich brächte.

— Verein als direkt ausgewiesener Subventionsgeber
In diesem Falle sollte der Verein eine zusätzliche, als solche ausgewiesene finanzielle Unterstützung für die Erhaltung des öffentlichen Konzertbetriebes angewiesen bekommen und an die Veranstalter weitergeben, wobei die Trennung zwischen Vereins- und Konzertbetriebs-Subvention streng gewahrt bleiben müßte.[140] „Auf diese Weise könnte eine einheitliche Regelung für den ganzen öffentlichen Konzertbetrieb eingerichtet werden."

ad b) *Einfluß auf Gestion der Konzertveranstalter*
Wegen enger Verflechtung beider Bereiche sind Änderungsvorschläge bezüglich der finanziellen Organisation von jenen, die künstlerische Fragen betreffen, nur mutwillig — der Übersicht halber — zu trennen. Einfluß auf die Veranstalter war nur zu gewinnen, indem man sie von öffentlichen Geldzuwendungen auch öffentlich sichtbar in Abhängigkeit brachte und damit ihre autarke Stellung schwächte. Darauf zielten die oben erläuterten Reformvorschläge, die auf längere Sicht die Umsetzung dieses manifesten ökonomischen Abhängigkeitsverhältnisses in kulturpolitische Einflußnahme zum Inhalt hatten. Ohne finanziellen Druck auf die Veranstalter war nach den Erfahrungen der ersten Nachkriegsjahre keine Änderung der unkoordinierten organisatorischen Praxis zu erwarten, die das Orchester in künstlerischer und materieller Hinsicht schädigte.
In diesem Bereich gingen die Forderungen des Vereins auf Garantierung des Mitspracherechts bei der Erstellung von Dienstplänen, Programmen und der Dirigentenwahl (zumindest der Möglichkeit, künstlerisch nach Ansicht des Orchesters untragbare Dirigenten ablehnen zu können). Außerdem wollte er Garantien, daß „in allen künftigen Verträgen über Orchestervermietungen die Verwendung des künstlerischen Leiters als Dirigent der Konzerte so weit als möglich sichergestellt werden bzw. die Verwendung anderer Dirigenten nur im Einvernehmen mit dem künstlerischen Leiter und der Geschäftsführung festgesetzt werden kann".[141] Der vom Verein autonom erstellte künstlerische Leiter sollte wiederum im Einvernehmen mit Veranstaltern und Vereinsleitung die Programmbildung der Konzerte nach bestimmten Grundsätzen vornehmen. Damit sollte

---

140 Ebda.
141 „Über die Neuregelung der Betriebsgrundlagen der WS", April 1946.

über die durch künstlerische Gründe legitimierte Position des Chefdirigenten weitgehender Einfluß auf bisher im alleinigen Entscheidungsbereich der Veranstalter gelegene Agenden künstlerischer Art gewonnen werden. Solange die Konzertinstitute das Entscheidungsmonopol bezüglich der Dirigentenwahl hatten, war die Bestellung eines künstlerischen Leiters durch den Verein nur bedingt erfolgversprechend, lag es doch in der Hand der beiden Gesellschaften, ihn auch wirklich in Symphonikerkonzerten einzusetzen oder zu einem Chefdirigenten ohne Portefeuille zu machen. In organisatorischer Hinsicht sollte nach Vorstellungen des Vereins eine Umkehrung der bisher geübten Praxis der Diensteinteilung eintreten, um sinnvolle Koordination der verschiedenen Proben- und Veranstaltungstermine zu erreichen: den Gesellschaften sollte vom Verein ein Dienstplan vorgelegt werden, in den sie ihre Termine im gegenseitigen Einvernehmen eintragen könnten. „Mit einigem Nachdruck müßte es ... praktisch möglich sein, den ganzen Terminkalender vom Dienstplan des Orchesters angefangen aufzubauen. Jede, auch nur teilweise Modifikation des bestehenden Zustandes würde eine Erleichterung für unseren Dienstbetrieb bedeuten."[142] Insbesondere sollten dadurch die extremen Schwankungen in der Dienstbelastung des Orchesters einigermaßen ausgeglichen, aber auch die Verschachtelung der Proben für verschiedene Konzerte vermieden werden. Der Verein schickte den Gesellschaften zu diesem Zweck vier verschiedene „Wochenbeispiele" für Dienstverteilungen, die beliebig aneinander gereiht werden konnten und für die Veranstalter im Sinne bestmöglicher künstlerischer Ergebnisse verbindlich sein sollten.

— Eigenkonzerte innerhalb des status quo

Die während des Nachkriegsjahrzehnts hartnäckig festgehaltene Idee, neben den Konzerten für die Veranstalter auch solche in eigener Regie durchzuführen, stellt eine pragmatische Version des Punktes 1 a) dar: wenn schon der Einfluß der Konzertinstitute infolge der mangelnden Bereitschaft der Gemeinde, das Orchester in seine Dienste zu nehmen, nicht zu brechen war, sollte ihr Veranstaltungsmonopol doch wenigstens unterhöhlt werden, indem der Verein, hierin dem Beispiel der Philharmoniker folgend, eine eigene Konzertreihe organisierte. Im Februar 1947 unterbreitete Apold diesbezügliche Pläne dem Amt für Kultur und Volksbildung; gedacht war an einen Abonnementzyklus von acht Konzerten, dessen künstlerische Attraktivität durch Engagement von prominenten Dirigenten aus der Reihe Furtwängler, Knappertsbusch, Krauss, Kleiber, Klemperer, Schuricht, Zecchi u.a. gewährleistet sein sollte.[143] Dem eigenen künstlerischen Leiter, Hans Swarowsky, traute man diese Zugkraft nicht zu, mußte ihn im Rahmen dieses Zyklus' aber doch vorsehen. Als Ausweg findet sich die Formulierung:

„Die Konzerte Professor Swarowskys sollen in diesem Sinne durch die Mitwirkung bedeutender Solisten gestützt werden."[144] Die Vereinsleitung ahnte aber die aus dem Vorhaben solcher Eigenkonzerte entstehenden Komplikationen: „Es ist aber damit zu rechnen, daß die GdM und die KH-Ges. in solchen Konzerten eine unerwünschte Konkurrenz erblicken und daher — mindestens anfangs — ihre Durchführung zu verhindern oder ungünstig zu beeinflussen trachten werden. Dies kann in vielen Beziehungen geschehen, durch eine unfreundliche Stellungnahme zu unseren Konzerten für die

142 Memorandum über die Betriebsorganisation der WS, November 1948.
143 Geschäftliches Risiko sollte „durch die Wahl der Gastdirigenten und durch verläßlich zugkräftige Programme möglichst vermieden werden".
144 Brief vom 6. 2. 1947.

Gesellschaften, sowie durch Vorwegnahme von Dirigenten, Programmen, Terminen u.dgl. für unsere beabsichtigten Abonnementkonzerte. Wir müßten daher

1. rasch darüber entscheiden, ob solche Konzerte durchgeführt werden sollen
2. so rasch als möglich Dirigenten, Termine und Programme sowie vier Saalmieten im Musikverein und vier im Konzerthaus dafür festlegen
3. unbedingt vor den Gesellschaften mit der Abonnementauflage in die Öffentlichkeit kommen und dabei auf eine möglichst weitgehende Unterstützung des Kulturamtes rechnen können
4. durch eine entsprechende Einflußnahme der Gemeinde Wien bei den Gesellschaften gesichert werden, daß

a) die Gesellschaften unsere eigenen Konzerte akzeptieren
b) unsere Konzerte für die Gesellschaften nicht um mehr als die acht eigenen der WS vermindert und auch sonst in keiner Weise ungünstig beeinflußt werden und
c) die Verwendung von Prof. Swarowsky bei den Gesellschaftskonzerten in entsprechender Weise gesichert bleibt."[145]

Dieser Versuch einer Rückendeckung der Eigeninitiative durch die Gemeinde zeigt sehr deutlich die tatsächliche Schwäche des Vereins gegenüber den Konzertveranstaltern und die Härte der Praktiken, die als Torpedierungsversuche in Rechnung gestellt wurden; auf sich allein gestellt hätte der Verein nach eigener Einschätzung ihnen nicht standgehalten. Aus diesem Grund nahm er auch mit dem Sophiensaal Kontakt auf, um sich einer etwaigen Ausweich-Lokalität für die geplanten Sonntagnachmittagkonzerte zu versichern. Mangels entsprechender finanzieller Mittel dieser Gesellschaft kam dieses Projekt aber nicht zur Durchführung und die Serie der Eigenkonzerte war auch 1949 noch nicht über das Planungsstadium hinausgekommen — auch hier dürfte überdies das Wirrwarr der Konzertverpflichtungen und die daraus resultierende starke Belastung des Orchesters hinderlich gewirkt haben.

Der nächste Schritt war, die Gemeinde bei ihrem kulturpolitischen Gewissen zu packen, und ihr die Wichtigkeit der Verbreiterung der an Konzerten interessierten Publikumsschichten nahezubringen. Dies schien umsomehr erfolgversprechend, als Ende der vierziger Jahre die „Kulturkrise" Gegenstand engagierter öffentlicher Diskussion war und der „Kulturverfall" durch Kommerzialisierung und Amerikanisierung drohend prophezeit wurde. Konzerte für Arbeiter und Angestellte (in Nachfolge der Arbeiter-Symphoniekonzerte) sowie vor allem für die Jugend sollten ein Gegengewicht zum Einbruch des Disneyland- und Westernrummels bieten. Nachdem sich der Gewerkschaftsbund an einer Organisation solcher Konzerte nicht interessiert gezeigt hatte (der Konflikt bezüglich der geplanten Künstlerkammer trieb eben dem Höhepunkt zu), nahm der Verein wegen möglicher Veranstaltung von Werkskonzerten auch Kontakte zum Industriellenbund auf. Wert wurde vom Verein darauf gelegt, diese Aktionen nicht als Lückenbüßer für unbesetzte Termine oder kulturelle Alibi-Aktionen verstanden zu wissen — Basis sollte eine zentrale Organisations- und Koordinationsstelle sein, die auch über die pädagogische Effizienz der Programme zu wachen gehabt hätte: „Die Vereinsleitung muß bei allen solchen Bestrebungen schließlich auch das Prestige des Orchesters

---

145 Ebda.

im Auge behalten, d.h. sie muß dabei die kulturellen Gründe und nicht das Unterhaltungsmoment in den Vordergrund stellen."[146]

Wesentlicher noch als die Gewinnung zusätzlicher Erwachsenen-Schichten schien die Werbung um jugendliches Publikum: „Bezüglich der Konzerte für die Jugend kommen wir eigentlich zum wichtigsten Teil dieser Überlegungen, denn hier gilt es in der Tat den Musikinteressierten und den Konzertbesucher der kommenden Generation zu gewinnen. Hier ist aber auch gegen größte Schwierigkeiten anzukämpfen. Es kann sich auch bei den Jugendkonzerten nicht einfach darum handeln, fallweise ein Konzert mit ganz geringen Eintrittspreisen und sehr populärem Programm zu veranstalten, sondern man müßte überlegen, in welcher Form es gelingen kann, die Jugend dauernd und in progressiver Art künstlerisch zu interessieren ... Solche Konzerte müßten unter Vermeidung jedes lehrhaften Zwanges, wirklich lebendigem Kulturaufbau dienen."[147]

Die Organisation von Arbeiter- und Jugendkonzerten hätte gleichzeitig mehrere Funktionen erfüllt: der Hinweis auf die kulturpolitische Bedeutung akzentuierte die Rolle des zweiten Orchesters zur Betreuung kultureller „Randschichten" und betonte damit die programmatische Differenz zu den Philharmonikern: „Wir sind kein Orchester von exklusivem Dünkel", formulierte Lustig-Prean.[148] Der Gemeinde sollte es wohl damit schwerer gemacht werden, immer wieder geäußerte Restriktionspläne durchzuführen oder Subventionskürzungen vorzunehmen. Lücken im Dienstbetrieb wären sinnvoll geschlossen worden und die vom Kulturamt oder der Gewerkschaft organisierte Konzertreihe hätte den Beginn eines Freispielens von der absoluten Dominanz der Konzertinstitute bedeutet. Die Arbeiter- und Jugendkonzerte wären zwar keine Eigenveranstaltung im Sinne von Alleinverantwortung gewesen, hätten aber nach Vorstellung des Vereins Mitsprachemöglichkeit bei Dirigenten- und Programmwahl sowie Termingestaltung ermöglicht.

ad c) *Änderung der inneren Organisation*

Die erstrebte größere Bewegungsfreiheit des Orchesters führte kurz nach Kriegsende zu dem angesichts der angespannten wirtschaftlichen Situation des Vereins zunächst überraschend anmutenden Vorschlag, den Orchesterstand von 126 auf 166 Musiker aufzustocken.[149] Begründet wurde diese Forderung mit der Überlastung der Musiker, ungleicher Verteilung der Dienstanzahl zwischen Streichern und Bläsern und dem durch Heranziehung zahlreicher Substituten entstehenden Kostenaufwand. Es stand die Alter-

---

146 Mit „kulturellen Gründen" war nicht zu spaßen, ihnen gegenüber geziemt weihevoller Ernst. Kontemplatives Verhalten, intensive Konzentration, Versenkung in das Werk waren einst Postulate bürgerlichen Bildungsbewußtseins, das die eigene kulturelle Höhe dokumentieren und gegen die Oberflächlichkeit adeligen Prestige-Konsums ausspielen wollte. Die ursprünglich von Mäzenen durch die Orchestergründung inaugurierte Verbreitung bürgerlicher Musikkultur — kulturelle Legitimation gesellschaftlichen Führungsanspruchs — erwartet die Übernahme bürgerlicher Verhaltensstandards und Rezeptionsweisen von den kulturell missionierten Bevölkerungsschichten der Arbeiter und Angestellten, die als gesellschaftlich Aufsteigende in ihrem Bestreben der Angleichung an kulturelle Leitbilder diesen Anspruch auch weitgehend erfüllen, ja ihn bereits ernster nehmen als ihre Missionare. Die Ideologie von der prinzipiellen Einheitlichkeit der Kultur wird durch ihr Allgemein-Zugänglichmachen gefördert, die Frage nach der Verbindlichkeit einer ganz spezifischen gesellschaftlichen Bedingungen entstammenden und an ihr orientierten künstlerischen Ausdrucksweise als Wert sui generis für die unter ganz anderen Bedingungen lebende Arbeiterklasse gar nicht gestellt — sie erübrigt sich zunehmend mit deren Verbürgerlichung.
147 Memorandum über die Beschäftigung der WS 10. 3. 1950.
148 Brief vom 23. 6. 1951.
149 Memorandum betreffend eine Verstärkung des Orchesterstandes 1946.

native offen, die Konzertanzahl so zu reduzieren, daß sie in ein vernünftiges Verhältnis zu der jährlich zu leistenden Dienstezahl kam, oder den Personalstand unter der Voraussetzung zu erhöhen, daß noch zusätzliche Dienste aufgetrieben werden könnten. Für den Verein schien nur die zweite Version erfolgversprechend; seine Argumentation spiegelt das harte Konkurrenzverhältnis um Marktanteile des Wiener Konzertbetriebes: „Eine Reduzierung der Konzerte ist deshalb nicht in Erwägung zu ziehen, weil diese von uns zurückgelegten Dienste dem Tonkünstler-Orchester zufallen. Dieses ist derzeit billiger als wir und allerdings auch künstlerisch mit uns nicht zu vergleichen. Es würde sich aber durch eine solche Stützung in einen erweiterten Tätigkeitsbereich hineinarbeiten, und wenn durch eine allgemeine wirtschaftliche Depression die Konzertanzahl zurückgehen würde, so würden wir selbst notleidend werden ... Wir haben im laufenden Spieljahr viele uns angebotene Konzerte ablehnen müssen, die dann von den Tonkünstlern ausgeführt wurden ... Durch die beabsichtigte Verstärkung des Orchesters wären wir in der Lage, das zu vermeiden, es würde sich eine besonders künstlerisch sehr wirkungsvolle Entlastung in den Orchesterdiensten ergeben, wir könnten noch ca. 100 Konzerte dazuübernehmen und dadurch auch unseren Geschäftsbereich sichern."[150]

Der Stand von 166 Musikern hätte ermöglicht, zwei für die Aufführung romantischer Musik ausreichende Orchester gleichzeitig einzusetzen, also einen Teil vorwiegend als Tournee-Orchester zu verwenden, was unter den damaligen Bedingungen finanziell noch erfolgversprechend war. Die quantitativ starken Wiener Nachkriegssaisonen schränkten die Möglichkeit der Reisetätigkeit und damit die Erlangung internationaler Reputation stark ein. Der Verein wies in der Gegenüberstellung der beiden Finanzierungsmodelle nach, daß bei einer Erhöhung des Diensthonorars um ca. 15%[151] und zusätzlichen 150 Diensten jährlich unter Annahme der gleichen Subventionssumme ein ausgeglichenes Budget zu erzielen sei, der Gemeinde also keine zusätzliche Belastung erwüchse. Nach Meinung des Vereins hätte auch eine infolge wirtschaftlicher Depression eintretende Einschränkung des Konzertlebens die Dienstanzahl nur unwesentlich reduziert, wobei die Bereitschaft angedeutet wurde, in diesem Fall die als Nebenverdienst laufenden Schallplattenaufnahmen in die Haupt-Diensteverrechung einzubeziehen. In einem Begleitschreiben zum Memorandum wird die Situation des Konzertbetriebes allerdings nicht so uneingeschränkt positiv bewertet: „Das Orchester befindet sich in einer Zwangslage. Wir müssen unbedingt Vorsorge treffen, die uns zukommenden Dienstanforderunge für uns zu erhalten, eben uns im Falle eines starken Abfalles des Konzertbetriebes unseren Wirkungskreis — zumindest für *eine* Orchesterbesetzung — gesichert zu erhal-

---

150 In welchem Ausmaß Engagement-Politik konkurrenzorientiert war, zeigt folgendes Detail: Im Verlauf der Konzertmeister-Krise wurde auch erwogen, die Konzertmeisterin des KH-Kammerorchesters zu engagieren. Der Direktionsrat vermerkte hiezu: „Das Herübernehmen von Frl. Bertschinger in das Orchester der WS hätte eine Schwächung des Kammerorchesters zur Folge, die durchaus in unserem Interesse liegen würde. Beginnt doch das Kammerorchester in immer stärkerem Maß Aufgaben zu übernehmen, für die es ursprünglich nicht bestimmt war und die eigentlich den Symphonikern vorbehalten bleiben müßten."(Bericht vom 21. 12. 1953).

151 Das Memorandum führt hiezu aus: „Wenn das Publikum heute für künstlerisch belanglose Veranstaltungen bis 20,— Schilling für eine Karte bezahlt und solche Veranstaltungen mehrere Male ausverkauft sind, während für künstlerisch hochwertige und teure Konzerte ein Eintrittspreis von 12,— Schilling als höchstmöglicher bezeichnet wird, so mag dies verschiedene Gründe haben. Diese liegen aber sicher nicht beim Orchester und sie können nicht dafür herangezogen werden, das Honorar für den hauptsächlichen Träger der künstlerischen Leistungen geringer zu bemessen, als es für künstlerisch anspruchslosere Leistungen üblicherweise bezahlt wird."

ten. Die Dienstanforderungen, wie sie sich derzeit ergeben, zwingen unbedingt zu einer Verstärkung des Orchesterstandes im beabsichtigten Ausmaß. Sollten sich die Verhältnisse tatsächlich so weitgehend ändern, so muß dafür Vorsorge getroffen werden, daß der Orchesterstand nach einem Jahr wieder auf das derzeitige Maß reduziert wird, mit dem wir dann die geringer gewordenen Diensteanforderungen bestreiten können."[152]

Angesichts des geschilderten Mangels an qualifizierten Musikern, der die Symphoniker schon in der 126-Mann-Besetzung zwang, mit etlichen unzulänglichen Aushilfskräften zu operieren, drängt sich sofort die Frage auf, woher denn 40 zusätzliche Musiker hätten kommen sollen — und hier ist der Punkt, an dem die innere Reorganisation nicht unerhebliche Auswirkungen auf die aktuelle Situation des Konzertbetriebs gehabt hätte: wollte doch der Verein das Nützliche mit dem Angenehmen verbinden und auf diesem Weg die unliebsame Konkurrenz der Tonkünstler liquidieren. In einem Schreiben vom 15. 4. 1948 versuchte die Direktion der WS der NÖ-Landesregierung den Fusionsplan WS-Tonkünstler-Orchester als in beiderseitigem Interesse liegend schmackhaft zu machen:

Konzept

Der Verein Wiener Symphoniker an die Niederösterreichische Landesregierung.

Die bestehenden Verhältnisse im öffentlichen Konzertleben Wiens und deren voraussichtliche weitere Entwicklung, führen zu Überlegungen bezüglich einer Vereinigung eines Teiles des Tonkünstler-Orchesters mit den Wiener Symphonikern. Diese Überlegungen begründen sich hauptsächlich auf folgenden Umständen:

Die Wiener Symphoniker müssen, um den Dienstanforderungen entsprechen zu können, einen Orchesterstand von 126 Musikern halten, ohne damit mehr als eine Orchesterbesetzung gleichzeitig beschäftigen zu können. Bei einer Erhöhung des Standes um ca. 40 Musiker könnten gleichzeitig zwei Orchesterkörper eingesetzt werden. Es würde dadurch für das Orchester mehr Bewegungsfreiheit und damit bessere künstlerische Entwicklungsmöglichkeiten und eine wirtschaftlichere Ausnützung des Orchester-Personals erreicht werden können. Selbstverständlich können für diese Verstärkung des Orchesters stets nur künstlerisch wirklich geeignete Musiker herangezogen werden. Es ist aber eine bekannte Tatsache, daß solche Musiker jetzt und für längere Zeit hinaus ausreichend nicht vorhanden sind.

Nach den praktischen Ergebnissen und den Erklärungen der maßgebenden Herren des Tonkünstler-Orchesters entsprechen dort nur ca. 30 Musiker, d.i. weniger als die Hälfte des Orchesterstandes, angemessenen künstlerischen Ansprüchen. Wie erwähnt, besteht derzeit keine Möglichkeit diesen Orchesterstand künstlerisch maßgeblich zu konsolidieren. Dies ist in der Tat die Ursache, die die künstlerische Entwicklung des Tonkünstler-Orchesters entscheidend behindert, es dadurch in finanzielle Schwierigkeiten drängt und schließlich seinen weiteren Bestand ernstlich gefährdet.

Es ist im eminenten kulturpolitischen Interesse unserer Heimat, ein dem Ansehen unseres Staatsopernorchesters, bzw. den Wiener Philharmonikern gleichzuwertendes und nach internationalen Maßen der musikkulturellen Bedeutung Österreichs bzw. Wiens adäquates symphonisches Konzertorchester zu entwickeln und ihm Weltgeltung zu schaffen. Die Wiener Symphoniker haben durch ihre ausserordentliche künstlerische Entwicklung seit ihrer Neuaufstellung im Jahre 1945 erwiesen, daß ihnen jene künstlerische Auftriebskraft innewohnt, die sie zum Träger dieses Orchesters prädestiniert. Die ihrer künstlerischen Weiterentwicklung und wirtschaftlichen Fundamentierung entgegenstehenden Hindernisse begegnen sich mit den Schwierigkeiten des Tonkünstler-Orchesters und führen daher zu dem Gedanken, den künstlerisch tragbaren Teil des Tonkünstler-Orchesters mit den Wiener Symphonikern zu vereinigen. Für das öffentliche Konzertleben würden, wie bisher und im anderen Fall, zwei Orchesterkörper zur Verfügung stehen; durch eine einheitliche

152 Brief Apold — Dr. Kraus vom 23. 5. 1947.

Betreuung würden sich aber weitaus mehr künstlerische Entwicklungsmöglichkeiten und wirtschaftliche Sicherheiten ergeben, als dies im Neben- und zum Teil auch Gegeneinander der beiden Orchester der Fall ist.

Die einer solchen Maßnahme entgegenstehenden hauptsächlichen Bedenken wären u.a.:

1.) Daß damit das Tonkünstler-Orchester seinen weiteren Bestand aufgeben müßte. Seine Leitung hätte also darüber zu entscheiden, ob sie im allgemeinen öffentlichen Interesse, sowie im Interesse des künstlerisch wertvollen Teiles ihres Orchesterpersonals diese Lösung vorzieht.

2.) Daß dadurch 30 — 40 Orchestermitglieder ihre Stellung verlieren würden. Dem ist entgegenzuhalten, daß im Rahmen eines Gesamtstandes von ca. 166 Musikern jedenfalls die derzeit künstlerisch geeignetsten Kräfte gehalten werden sollen, die anderen aber infolge ihrer unzulänglichen Leistungen ohnehin nicht bzw. in keiner Bestandsform, auf die Dauer gehalten werden könnten.

3.) Ob Sicherheiten bestehen, daß die Wiener Symphoniker den vorgesehenen Orchesterstand von 166 Musikern halten werden können. Dazu ist zu bemerken, daß so oder so zwei Orchesterkörper bestehen bzw. bestehen würden, daß es aber zweifellos leichter ist, einer rückläufigen Bewegung des Konzertlebens durch eine geschlossene Institution zu begegnen, als anders. Mehr aber kann in keinem Fall von der künftigen Entwicklung vorausgesehen werden.

Für die Übernahme von Mitgliedern des Tonkünstler-Orchesters in das Orchester der Wiener Symphoniker bzw. für deren Einteilung, Anstellungs- und Besoldungsbestimmungen usw. wären grundsätzlich die in diesem Orchester derzeit geltenden, bzw. die eventuell bis dahin in Kraft gesetzten Bestimmungen des vorbereiteten Kollektivvertrages für die Mitglieder dieses Orchesters anzuwenden.

Die bisher vom Tonkünstler-Orchester ausgeführten Konzerte in verschiedenen Städten Niederösterreichs würden nach einem besonderen Übereinkommen von den Wiener Symphonikern übernommen werden. Es wird weiter angeregt, daß der jährliche Fehlbetrag zwischen den Erhaltungskosten und der Eigenerwirtschaftung dieses Orchesters von der Gemeinde Wien, dem Bund und dem Lande Niederösterreich nach einem zu vereinbarenden Schlüssel aufgebracht und demnach auch die Leitung des Vereins „Wiener Symphoniker" diesen Beitragsanteilen entsprechend zusammengesetzt werden soll.

Der Verein Wiener Symphoniker überreicht hiemit der Niederösterreichischen Landesregierung zunächst diese allgemeinen Vorschläge mit dem Ersuchen um eine grundsätzliche Stellungnahme. In den bisherigen Besprechungen zwischen den beteiligten Referenten wurden auch die Details erschöpfend erörtert, sodaß sich bei einer beiderseitigen grundsätzlichen Zustimmung unseres Erachtens keine besonderen Schwierigkeiten ergeben würden.

Die Durchführung wäre für den 1. September l.J. vorgesehen. Wir ersuchen daher um eine baldige Stellungnahme zu unserem Vorschlag und

15. 4. 48

zeichnen

Die Symphoniker hätten nach ihren Vorstellungen die Konzerte in den niederösterreichischen Städten übernommen und der Stadt Wien dadurch den Vorteil eingehandelt, daß die anfallende jährliche Subventionssumme nach einem noch zu bestimmenden Schlüssel auf Gemeinde, Bund und das Land Niederösterreich verteilt worden wäre. Die Absicht, das Tonkünstler-Orchester auszuschalten, geht weiters aus einem handschriftlichen Brief von Dr. Kraus an Direktor Apold vom 1. 5. 1947 hervor, in dem es zum Problem der Orchesterverstärkung heißt: „Wir müssen nur aufpassen, daß die Konkurrenzierung des Tonkünstler-Orchesters nicht zu auffällig wird, weil sonst Widerstände der Gewerkschaft und von Niederösterreich wachgerufen werden (Politische Einflüsse!)."

Der in der Orchester-Hierarchie schwächere Partner — die Tonkünstler — war den Fusionsplänen keineswegs abgeneigt, verfocht aber eine grundsätzlich andere Vorgangsweise in der Durchführung (s. Memorandum, S. 148/149) Die von den Tonkünstlern

NIEDERÖSTERREICHISCHES
TONKÜNSTLERORCHESTER

Wien, ... 9.März 1948
IX/66, Kolingasse 19
Fernruf: A 10-5-80, Klappe 5894
: Postsparkassen-Konto Nr. 53.106

M e m o r a n d u m
_____

      In einer Besprechung der Kulturreferenten des Magistrates
der Stadt Wien und der Niederösterreichischen Landesregierung wurde
der Plan einer Fusion der Orchesterkörper der Wiener Symphoniker
und des Niederösterreichischen Tonkünstlerorchesters erwogen. Als
Grundlage für diese Fusionierung wurde die Zahl von 166 Musikern
für das neu aufzustellende Orchester angenommen. Mit dieser Neuaufstellung wäre ein repräsentativer Klangkörper großen Stils geschaffen, der geeignet wäre, den musikalischen Ruf Österreichs im
In-und Ausland entsprechend zu vertreten. Er enthielte weiters die
Möglichkeit, gleichzeitig ein qualitativ erstrangiges Reiseorchester
für Konzerttourneen im In-und Ausland und ein ebenso erstrangiges
Orchester für die Deckung des Konzertbedarfes in Wien zu konstituieren. Der Bedeutung dieser Neuschöpfung entsprechend, würden sich
an der Subventionierung dieses Orchesters unter einem noch zu bestimmenden Modus der Staat, vertreten durch das Bundesministerium
für Unterricht, die Gemeinde Wien und das Land Niederösterreich
beteiligen.

      Unter diesen Voraussetzungen, die wir für sehr geeignete
Grundlagen einer Sanierung des Konzertapparates halten, würden wir
nunmehr folgende Vorschläge zur praktischen Durchführung unterbreiten. Wir gehen dabei von dem Gedankengang aus, dass es sich
nicht um die Übernahme gewisser Bestände des Niederösterreichischen
Tonkünstlerorchesters in den Verband der Wiener Symphoniker handelt,
sondern um eine für alle Teile gleichberechtigte Neugründung, die
die einmalige Gelegenheit ergeben würde, einen Orchesterapparat
von in allen Einzelheiten erster künstlerischer Qualität aufzubauen.
Um dies zu erreichen, halten wir Folgendes für nötig:

      1) In beiden Orchestern befindet sich ein hoher Prozentsatz
erstklassiger Orchestermusiker aller Instrumente; diese werden im
gegenseitigen Einvernehmen zwischen dem Leiter, dem Vorstand und
dem Kunstausschuß beider Orchester nominiert und ohne weitere

Formalitäten übernommen. Bei sich ergebenden Zweifelsfällen, die keiner Einigung zugeführt werden können, werden die betreffenden Musiker einer Kommission, deren Zusammensetzung weiter unten angegeben wird, zum Probespiel vorgeführt.

2) Der übrigbleibende Rest b e i d e r Orchester wird einem Konkurrenzspiel unterzogen.

3) Zu der in Punkt 2) gegebenen Anregung bleibt zu überlegen, ob nicht die nach Übernahme der unter Punkt 1) genannten Orchestermitglieder freigebliebenen Stellen so besetzt werden sollen, daß ein öffentliches Konkurrenzspiel ausgeschrieben wird, bei dem sich also auch Musiker, die nicht dem Verband der beiden Orchester angehört haben, beteiligen können.

4) Die Kommission umfaßt je einen Vertreter der die Neugründung subventionierenden juristischen Personen und einen Vertreter der Gewerkschaft sowie den Künstausschuß der Wiener Symphoniker und den Künstlerischen Beirat des Niederösterreichischen Tonkünstlerorchesters.

5) Bezüglich der überzähligen, bzw. im Wege des Konkurrenzspieles nicht aufgenommenen Musiker der beiden Orchester ist die Gewerkschaft der freien Berufe, Sektion Musiker, aufzufordern, diese Musiker bevorzugt bei der Vermittlung neuer Engagements zu behandeln.

vertretene Position machte deutlich, daß es in beiden Orchestern eine Anzahl nicht ausreichend qualifizierter Musiker gab (oder Musiker, deren Leistungsvermögen zumindest fraglich war), was auch den Tatsachen entsprach — die WS gaben dies in der internen Diskussion wiederholt zu und waren diesbezüglich immer wieder der Kritik seitens der Veranstalter ausgesetzt. Nach außen allerdings waren beide Orchester um Prestige bemüht: dokumentierten die WS ihren künstlerisch überlegenen Status durch das Projekt, sich den akzeptablen Teil des Tonkünstler-Orchesters einverleiben zu wollen, so versuchte letzteres, durch Hinweis auf vorhandene Schwachstellen in beiden Orchestern den Abstand zu verringern und durch den Plan eines praktisch neukonstituierten Orchesterverbandes nicht das Gesicht — wenn schon den Namen — zu verlieren.

Konfrontiert man die offizielle Version der Symphoniker mit der internen Korrespondenz (vor allem mit dem Brief vom 23. 5. 1947), so wird eines deutlich: Der Verein wollte Marktanteile sichern bzw. ausbauen, wobei nicht klar schien, inwieweit sie bei geänderter konjunktureller Situation auf Dauer haltbar waren. Er hätte ohne viel Skrupel den Orchesterverband des NÖ-Tonkünstler-Orchesters zerschlagen, um im Falle ungünstiger Entwicklung der Diensteanforderung den Orchesterstand wieder auf das ursprüngliche Maß zu reduzieren. Das Orchester der Symphoniker wäre dann aufgrund des zur Verfügung stehenden Monopols in seiner Existenz gesichert gewesen, während eine Rekonstituierung der Tonkünstler mit außerordentlichen Schwierigkeiten verbunden, wenn nicht gar unmöglich gewesen wäre, was für 40 Musiker zumindest vorübergehend Arbeitslosigkeit bedeutet hätte (ganz abgesehen von den weiteren 40, die nach Vorstellung des Vereins gar nicht erst übernommen worden wären).

EXKURS II:
Konstellationen der Kulturpolitik

Die Frage nach der Möglichkeit des Vereins, seine oben beschriebenen Vorschläge zur effizienteren Gestaltung des Konzertbetriebes realisieren zu können, verweist auf die Notwendigkeit einer kurzen Betrachtung des (politischen) Kräfteverhältnisses der Kontrahenten. Die Ohnmacht des Vereins als privater, von der Veranstaltungskompetenz abgeschnittener Organisation gegenüber der in Tradition und Finanzkraft bestens abgesicherten GdM dürfte schon einsichtig geworden sein und wird im speziellen Abschnitt noch weiter dokumentiert (vgl. S. 171). Das Konkurrenzunternehmen der KH-Ges. mit seiner im Verhältnis zum Musikverein avantgardistisch angehauchten Programmatik, seiner geringeren Traditionsverwurzelung und labileren ökonomischen Position war der — wieder verglichen mit der GdM — eindeutig schwächere und entsprechend weniger aggressive Widerpart des Vereins, was schon darin zum Ausdruck kommt, daß mehrmals Forderungen nach Honorarerhöhung zuerst an das Konzerthaus herangetragen und von diesem (zumindest teilweise) akzeptiert wurden, was dem Verein dann als Druckmittel gegenüber der GdM diente. Ohne die Verhältnisse personalisieren zu wollen, muß in diesem Zusammenhang doch auf die außerordentlich unterschiedliche Art der Geschäftsführung durch die Generalsekretäre der beiden Gesellschaften hingewiesen werden, die eine nicht zu unterschätzende Rolle in der Gestaltung der Beziehungen zwischen den Veranstaltern und dem Verein spielte. In Rudolf Gamsjäger hatte dieser einen Verhandlungspartner, dessen aggressiver Durchschlagskraft, Wendigkeit und kaltblütiger Ausnützung der überlegenen Position er nicht gewachsen war, während die konziliantere, kompromißbereitere Haltung Seefehlners das Verhandlungsklima, wenn auch nur sehr bedingt die Verhandlungsergebnisse, positiv beeinflußte. Lustig-Prean vermerkte, Gamsjäger habe einen großen Vorteil für sich, „nämlich den, daß er von einer völlig brutalen Offenheit ist. Ich, aber das ist nur subjektiv, ziehe ihn darum dem meinem Dafürhalten viel weicheren, aber auch zwiespältigen Dr. Seefehlner bei weitem vor."[153]

Der Vereinsleitung war klar, daß die von ihr angestrebten Ziele (größere Autonomie in künstlerischer und organisatorischer Hinsicht bzw. Identität von Dienstgeber und Veranstalter) nur unter Patronanz der Gemeinde Wien verwirklichbar waren. Vom Grad der kommunalen Rückendeckung hing unmittelbar jener der eigenen Bewegungsfreiheit ab, wobei es allerdings zu verhindern galt, bloß die Abhängigkeit von den Konzertveranstaltern gegen eine direkte kulturpolitische Einflußnahme durch die Gemeinde einzutauschen. Die frühen Kommunalisierungskonzepte hatten dementsprechend die Wahrung künstlerischer Autonomie auch unter dem Status des gemeindeeigenen Orchesters ausdrücklich betont — wohl als Reaktion auf die kulturpolitischen Leitlinien, die offiziell im Rathaus unter dem Schlagwort der „demokratischen Dezentralisierung" vertreten wurden: Das Angebot kultureller Veranstaltungen war noch eng mit dem pädagogischen Aspekt der „Volksbildung" verknüpft und sollte räumlich nicht auf einige wenige Orte beschränkt bleiben, um die angestrebte Demokratisierung des Zugangs auch auf diese Weise zu fördern. Kulturarbeit als „universale Aufgabe einer Stadtverwaltung" bezog sich dabei keineswegs nur auf den engeren künstlerischen Bereich — in ihr sollten Zielvorstellungen gesellschaftlicher Organisation als Grundlage politischen Handelns artikuliert werden. Die kommunistische Fraktion des Gemeinderates brachte einige Anträge ein, die eine grundlegende Neugestaltung des Kulturlebens in Form weitgehender Kommunalisierung aller Kultur- und Bildungseinrichtungen zum Inhalt hatten. In diesem Zusammenhang sprach sich der Leiter des Kulturamtes, Dr. Matejka, auch für die Kommunalisierung der WS aus, „um ihre Lage ... so zu gestalten, daß sie unseren kulturpolitischen Auffassungen von den Leistungen eines hervorragenden Orchesters entsprechen können".[154] Diese Veränderung der Organisationsstruktur hätte das Orchester zwar dem Einfluß der Konzertveranstalter entzogen (was durchaus in seinem Interesse lag), es konnte aber kein Zweifel daran bestehen, daß sich die Gemeinde die Art des Orchestereinsatzes vorbehalten wollte: „Selbstverständlich darf sich der kulturelle Aufgabenkreis der WS nicht auf die Dauer darin erschöpfen, in Konzerten der beiden Konzerthäuser und der Ravag mitzuspielen. Gerade von der volksbildnerischen Aufgabenstellung der Stadt Wien aus ist alles daranzusetzen, endlich unseren alten Plan zu realisieren, von dem immer gesprochen wird, daß die WS im Sinne einer demokratischen Kulturentwicklung in den großen Volksbezirken unserer Stadt, aber auch darüber hinaus als die WS in den anderen Bundesländern und im Ausland konzertieren."[155] Im Sinne der Kommunalisierung des kulturellen Angebotes wurde daran gedacht, eine „Besucherorganisation für die arbeitende Bevölkerung" innerhalb des Kulturamtes einzurichten, die durch öffentliche Subvention niedrige Eintrittspreise gewährleisten, aber auch für sinnvolle Planung, Koordination und Durchführung der Veranstaltungen verantwortlich sein sollte. Bezüglich des Konzertsektors lautete ein von GR Steinhardt und Genossen eingebrachter Antrag: „Es ist Ehrenpflicht der Stadt Wien, getreu ihrem Ruf

---

153 Brief Lustig-Prean — Stadtrat Mandl vom 21. 6. 1950.
154 Stenograf. Protokoll der Gemeinderatssitzung vom 11. 6. 1946.
155 Stenograf. Protokoll der Gemeinderatssitzung vom 18. 12. 1948.

als Musikstadt, für die Durchführung künstlerisch hochstehender, vor allem für die Kreise der arbeitenden Bevölkerung bestimmter Konzerte zu sorgen. Diese Konzerte müssen durch Erstellung wirtschaftlich leicht tragbarer Eintrittspreise tatsächlich weiten Kreisen der Bevölkerung zugänglich sein, um die Kenntnisse der musikalischen Schöpfungen zu verbreiten und musikalisches Verständnis als Nährboden für neues musikalisches Schaffen in größtem Ausmaß zu erwecken. Die Stadt Wien erklärt sich bereit, ihre Pflicht durch finanzielle Beihilfe und fachliche Unterstützung zu erfüllen. Der Wiener Magistrat wird beauftragt, binnen kürzester Zeit über die organisatorischen Maßnahmen zur Durchführung von Konzertveranstaltungen für die arbeitende Bevölkerung, die Planung des Programms für die nächste Spielzeit, Bericht sowie einen Antrag über Gewährung finanzieller Beihilfen durch die Stadt Wien vorzulegen."

Der Antrag ging davon aus, daß kein einzelner Unternehmer imstande sei, wirtschaftlich erträgliche Eintrittspreise ohne Zuhilfenahme von Subventionsmitteln zu schaffen — daher schien es sinnvoller, diese Unterstützung einer gemeindeeigenen Besucherorganisation zukommen zu lassen und damit Einflußnahme auf Preis- und Programmgestaltung zu verbinden. Aufbau und Erhaltung einer solchen Organisation hätten allerdings weit größere Finanzmittel erfordert, als die Gemeinde dem Kulturbudget zukommen ließ: Wie Matejka resigniert feststellte, betrug der Anteil für den Bereich „Kultur" (inklusive der extra ausgewiesenen Subventionen für kulturelle Vereinigungen) im Budgetvoranschlag 1948 bloß 3 1/3 Promille der vorgesehenen Gesamtausgaben.[156] Zieht man davon die Aufwendungen für kulturelle Einrichtungen ab, die das Musikleben nicht oder nur indirekt betreffen (Modeschule, Bibliothekswesen etc.), verbleibt ein marginaler Förderungsbeitrag für Musik, die angeblich zum „zentralen Sozialisationsfaktor in der wiedererstandenen Republik", zu einer „sozialen und historischen Norm in der gesellschaftlichen Umwelt dieser zweiten Republik" geworden war.[157] Viel eher scheint das Prinzip des „Fortwurstelns", historische Norm in Österreich seit jeher, kulturpolitische Konzepte ersetzt bzw. verhindert zu haben, stand die Bereitschaft zu ausreichender Förderung öffentlich anerkannter Kultureinrichtungen in direktem Zusammenhang mit deren drohendem Zusammenbruch — die Symphonikerkrise 1949 ist dafür ein beredtes Beispiel: In Verbindung mit der im Zuge der Währungsreform eintretenden Geldknappheit kam es in der Saison 1948/49 zu einem drastischen Rückgang des Publikumsinteresses an Konzertveranstaltungen, was die Konzertinstitute zu Reduktionen des vorgesehenen Programms zwang. 34 kurzfristig stornierte Dienste, das Ausbleiben privater Mieter und eine infolge des Lohn- und Preisabkommens notwendige Erhöhung der Musikergagen ergaben einen zusätzlichen Ausfall im Orchesterbudget in der Höhe von 384.000 Schilling. Der Verein ersuchte daher Gemeinde und Bund um eine nach dem vereinbarten Teilungsschlüssel zu leistende Nachtragssubvention.[158] Schon zuvor war der Bund die fällige „normale" Subventionsrate schuldig geblieben und sah sich außerstande, dem Ansuchen Folge zu leisten — da die angestrebte Novellierung des

---

156 Sitzungsprotokoll des Gemeinderats vom 22. 3. 1948.

157 Walter Pass, Musikleben seit 1945 in Flotzinger/Gruber, S. 481/82.

158 In einem Brief Matejkas an Vizebürgermeister Honay heißt es diesbezüglich: „Ich bitte Dich, alles daranzusetzen, um Minister Hurdes zu veranlassen, daß der für die WS fällige Betrag des BMfU sofort zur Auszahlung kommt. Genaugenommen ist die Weiterführung der Geschäfte für den Verein ohne diesen zugesagten Betrag undenkbar. Außerdem kann man doch eine neue Phase der Entwicklung der WS, die mit der neuen Vereinsgründung begonnen hat nicht gleich wieder mit Verschleppungen versanden lassen. Aus den früheren Erfahrungen sollte doch einiges gelernt worden sein." (Brief vom 17. 2. 1949).

Kunstförderungsbeitragsgesetzes, welche in Form des „Ravag-Schillings" eine Erhöhung des Kunstförderungsbeitrages zum Inhalt hatte, im parlamentarischen Begutachtungsverfahren zurückgewiesen worden war, konnten „mangels ausreichender finanzieller Mittel daher im gegenwärtigen Zeitpunkt keinerlei Auszahlungen vorgenommen werden".[159] Daraufhin machte Finanzstadtrat Resch weitere Zuwendungen der Gemeinde von Auflagen abhängig, die (zumindest längerfristig) an den Lebensnerv des Orchesters gegangen wären: Reduktion des Personalstandes von 126 auf 92 Musiker, Verzicht auf den 13. Monatsgehalt und auf 70% der aus den Rechten an mechanischer Musik via Symphonia fließenden Nebeneinnahmen. Die Orchestervertretung wies ein solches Ansinnen energisch zurück — im Falle einer Realisierung dieser Forderung hätte die massive soziale Schlechterstellung ohnehin bestehende Abwanderungstendenzen verstärkt und unausweichlich eine Provinzialisierung des Orchesters zur Folge gehabt. Die Forderung der Gemeinde mag nach der negativen Reaktion des Unterrichtsministeriums als Ausdruck der Befürchtung zu werten sein, durch allzu prompte Bereitstellung der Mittel den Bund quasi aus seinen eingegangene Verpflichtungen zu entlassen und war gleichzeitig der Versuch, die neugeschaffene Institution der „Symphonia" unter Kontrolle zu bekommen. Die geplante Maßnahme löste jedoch ungeheures publizistisches Echo aus („Würgegriff gegen Symphoniker"[160], „Um Sein und Nichtsein der Symphoniker"[161], „Wiens Ruf als Kulturstadt ist gefährdet"[162], „Wiens Geltung als Musikstadt gefährdet"[163] — um nur einige Schlagzeilen zu nennen), die eben in Brüssel weilenden Philharmoniker schickten ein Solidaritätstelegramm und beauftragten ihren Rechtsvertreter, bei Bund und Gemeinde zu intervenieren, das Österreich-Institut errichtete im Wege der Kulturpatenschaft eine Symphoniker-Hilfe, der Dirigent Karl Rankl wandte sich nach dem letzten Konzert des Internationalen Musikfestes im Konzerthaus mit einer Rede an das Publikum, in der er die Verdienste des Orchesters hervorhob und die Verantwortlichen beschwor, seine Weiterexistenz zu sichern. Der Präsident der KH-Ges., die zu diesem Zeitpunkt den Symphonikern 112.000 Schilling schuldete, forderte in einem „Presse"-Artikel das Unterrichtsministerium im Interesse der Erhaltung des Konzertlebens zu erhöhten Anstrengungen auf: „In einem Lande, in dem die Kunst und da besonders die Musik das letzte geworden ist, womit wir noch vor der Welt bestehen, und in dem diese Musik so sehr zum Leben gehört wie bei uns, ist auch ein Orchester, das für das Konzertleben unersetzlich ist, lebensnotwendig."[164]

Bei dem engen Verflechtungsgrad von Kultur- mit parteipolitischen Interessen spielte das rigide Vorgehen der Gemeinde dem politischen Gegner alle Trümpfe zu, die er auch prompt nützte:

„Vizebgm. Weinberger fordert Subventionierung der WS" lautet eine Schlagzeile im „Neuen Österreich" (29. 6. 1949), und der Vertreter des BMfU, Dr. Lafite, distanzierte sich von den Forderungen der Gemeinde. Das Ministerium, dessen Zahlungsunwilligkeit die Krise zumindest mitverursacht hatte, wechselte nun in die Rolle des Retters der WS: satzungsgemäß hätte der Verein nur mit Dreiviertelmehrheit aufgelöst werden können,

159 Min.-Rat Wisoko-Meytsky an Vizebürgermeister Honay (10 .6. 1949).
160 Der „Abend", 28. 6. 1949.
161 Wiener Zeitung 29. 6. 1949.
162 „Wiener Montag", 4. 7. 1949.
163 „Presse", 30. 6. 1949.
164 „Presse", 30. 6. 1949.

das BMfU hielt aber ein Drittel der Anteile und erklärte nun plötzlich seine Bereitschaft zu einer Subventionserhöhung für den Fall, daß auch die Gemeinde dazu bereit sei. Diesem Druck einer Öffentlichkeit, die traditionell an Skandalen des Kulturlebens stärkeren Anteil nahm als am Kulturleben selbst, mußte die Gemeinde weichen; zur Notwendigkeit der Aufbringung erhöhter Subventionsmittel hatte sich die Gemeindeverwaltung infolge ihrer dilettantischen Vorgangsweise zusätzlich erheblichen Verlust an Reputation auf dem Kultursektor eingehandelt.[165]

Die von kommunistischer Seite ausgehende Initiative zur Errichtung einer „Besucherorganisation für die arbeitende Bevölkerung" wies deutliche Anklänge an die Institution der Arbeiter-Symphoniekonzerte auf und wäre gleichbedeutend mit dem Versuch der Fortführung ihrer Tradition bei gleichzeitiger Ablösung der Partei-Patronanz durch kommunale Kompetenz gewesen. An die Stelle der das klassenspezifische Interesse betonenden Formel von der „Beerbung bürgerlicher Kultur durch das Proletariat", wie sie etwa D. J. Bach geprägt hatte, war die neutralere der „demokratischen Dezentralisierung" getreten, die gleichwohl noch polemischen Gehalt gegen die real bestehende Ungleichheit ökonomischer und bildungsmäßiger Zugangsmöglichkeit zu kulturellen Einrichtungen in sich barg. War ein unverzichtbarer Grundstock von Bildung formaler Art notwendig, um sinnvolle Teilnahme an künstlerischen Darbietungen zu ermöglichen, so zielten diese selbst wiederum auf „Bildung" im Sinn der Entfaltung menschlicher Fähigkeiten jenseits bloßer Reproduktion der Existenzbedingungen — solange der emanzipatorische Anspruch von Kunst noch nicht zur Gänze zugunsten ihres bloßen Unterhaltungswertes aufgegeben war, schien die privatwirtschaftliche Organisationsform des Kulturbetriebs dieser Zielsetzung im Grunde inkommensurabel: „Verinnerlichung, Läuterung und damit Veredelung der leidenden Menschheit"[166] konnten schwerlich dem Prinzip wirtschaftlicher Rentabilität entspringen, ebensowenig aber einer Praxis, in der großbürgerliche Honoratioren, ohne länger mäzenatisch tätig zu sein, wesentlichen Einfluß auf die Gestaltung eines Konzertwesens ausübten, das mit einer „harmonischen Gemeinschaft", dem „Widerschein der Stadtbürger und Vorschein der Volksversammlung"[167] nur mehr wenig gemein hatte. Die Idee der „Besucherorganisation" blieb auch nach Übernahme des Kulturressorts durch die Sozialisten bis zur Mitte der fünfziger Jahre aktuell, entscheidende Einflußnahme auf die Gestaltung des Kulturlebens wurde aber nicht durchgesetzt — einer der Gründe lag in der Verteilung der Machtpositionen innerhalb der Kulturszene: die in Wien allein regierende SP hatte nur sehr wenig direkten Einfluß auf das Wiener Musikleben, dessen Hauptakteure (etwa die beiden Opernhäuser) entweder in der Kompetenz des ÖVP-dominierten Unterrichtsministeriums oder (wie die Philharmoniker und die GdM) als private Vereinigungen „schwarze Hochburgen" waren, denen gegenüber die Gemeinde einen schweren Stand hatte: allzusehr waren sie als außerhalb jeder Diskussion stehende Sachwalter großer Kultur allgemein akzeptiert, als daß der Versuch eines Eingriffs nicht als unerwünschte dirigistische Maßnahme erschienen wäre und heftige Ablehnung provoziert hätte. Die Drastik der Ausdrucksweise sozialistischer Funktionäre spiegelt den Unmut über die reale Einflußlosigkeit auf den Musikbetrieb: der „brutale Reaktionär"[168] Gamsjäger, ein „außerordentlich gewiegter

---

165 Wie aus Interviews mit pensionierten Kollegen hervorgeht, bedeutet für sie der Name „Resch" heute noch ein Synonym für kulturelle Barbarei.

166 Antrag auf Errichtung einer Besucherorganisation (w.o.).

167 H. W. Heister, Das Konzert, S. 109f.

168 Brief Lustig-Prean — Minister Waldbrunner vom 9. 3. 1954.

Musikgangster"[169], leitete das „reaktionärste Bollwerk im Musikleben"[170]. „Dem Musikverein gegenüber, der der Angelpunkt des Musiklebens ist, sind wir zu schwach, und das BMfU denkt nicht daran, in Sachen des Musikvereins eine klare Position zu beziehen, führende Kritiker wie Marx und Kralik sind Lakaien des Musikvereins."[171] Die „stille Achse" BMfU — GdM — Kritiker als Phalanx bürgerlicher Musikkultur erschwerte laut Lustig-Prean sowohl die Lösung des Subventionierungsproblems, wie auch Honorarverhandlungen und den Zugang zur Öffentlichkeit: „Sirowy würde natürlich die direkte Subventionierung der Konzertveranstalter begrüßen, sieht aber auch gewisse Schwierigkeiten, vor allem beim Unterrichtsministerium."[172]

„Ich betrachte es nach wie vor als eine Unverschämtheit Gamsjägers und des Musikvereins, daß der Musikverein bei fast immer vollen Häusern und bei seinem irrsinnigen Spesenaufwand (nicht nur bei Karajan) als einzigen Posten die Zahlungen für die Symphoniker nicht erhöht. Da Kralik, Marx usw. im Grunde genommen Stipendiaten des Musikvereins sind, ist uns ein wesentlicher Teil der öffentlichen Meinung verschlossen, zumal die ÖVP-Presse natürlich nicht daran denkt, auch nur eine Zeile zu schreiben."[173] Die oft vertretene Ansicht, die Philharmoniker seien das „schwarze", die Symphoniker das „rote" Orchester, entbehrt bezüglich der politischen Orientierung der Orchestermusiker selbst — und daher auch ihrer offiziellen Vertreter — jeder Grundlage (vgl. die Klage Lustig-Preans, im Orchester gäbe es bloß „fünf Genossen"). Die Interessengegensätze zwischen den Symphonikern und den Veranstaltern bezogen sich auf organisatorische und künstlerische Fragen, im politischen Bereich herrschte weitgehende Konkordanz der Meinungen — in dieser Hinsicht mußten die Symphoniker in den Augen der sozialistischen Gemeindepolitiker im Grunde dem reaktionären Bollwerk zugerechnet werden, das Jahr für Jahr höhere Subventionserfordernisse mit sich brachte, ohne doch aufgrund der politischen Konstellation entscheidend an die ideologische Kandare genommen werden zu können. Zwar saßen nach der Neuorganisation des Vereins und dem Übereinkommen bezüglich des Subventionierungsschlüssels Vertreter der Gemeinde im Vorstand und Direktionsrat, die Möglichkeiten politischer Einflußnahme waren aber begrenzt; daß die Sozialisten hier aber immerhin „einen Fuß in der Tür" hatten und durch vorsichtiges Taktieren versuchten, ihre Positionen auszubauen, geht aus den Korrespondenzen des neuernannten Direktionsratsvorsitzenden Lustig-Prean deutlich hervor — im Bericht an Stadtrat Mandl über eine Unterredung mit Sirowy schreibt er beispielsweise: „Das Dschungelartige des Wiener Musiklebens, soweit es um den Musikverein und um Joseph Marx gruppiert ist, hat auch Sirowy spontan gegeißelt. Er hat auch — unabhängig von mir — darauf verwiesen, daß die Verstadtlichung der Symphoniker der roten Gemeinde einen Zentralpunkt geben würde, von dem aus sie das Musik-, insbesondere das Konzertleben völlig beherrschen könne. Seine Meinung ist auch die, daß die Symphoniker an die Partei herangebracht werden müssen, seine Erfahrung gleiche meiner. Es gibt höchstens fünf Genossen im ganzen Symphonie-Orchester!"[174] Dies wirke sich in Konflikten wie dem „Künstlerkammer-Krieg" entsprechend negativ aus: „Wie immer man zu Sirowy steht, eines sieht man doch: die Absicht, eine wenig

169 Ebda.
170 Ebda.
171 Brief Lustig-Prean — Vizebürgermeister Honay vom 10. 4. 1951.
172 Brief Lustig-Prean — Stadtrat Mandl vom 4. 9. 1951.
173 Brief Lustig-Prean — Stadtrat Mandl vom 31. 3. 1951.
174 Brief Lustig-Prean — Stadtrat Mandl vom 26. 5. 1950.

gewerkschaftsfreundliche Einstellung (seitens des Orchesters E. K.) zu propagieren und die ÖVP, bzw. Hurdes, auf Kosten der Gemeinde populär zumachen. Das soll die eigenen Irrtümer und Fehler nicht beschönigen. Jedenfalls bedarf es bei den Symphonikern, im Interesse von Gemeinde und Partei, einer psychologisch sehr klugen Arbeit."[175]

Die erstrebte bessere Einflußnahme sollte sowohl über organisatorische Dispositionen als auch über künstlerische erreicht werden: „Was bestimmt nötig sein wird, ist ein ständiger Dirigent, kein Stardirigent, ein *guter* Dirigent, der administrative und organisatorische Fähigkeiten hat, so daß er zwischen Orchester (d.h. Schenker) einerseits und uns (Gemeinde), Stardirigenten, Managern etc. stehen und als Fachmann in Orchester-(organisatorischen) Fragen unsere Interessen wahren kann. Er muß Konzerte vorbereiten und in zweiter Besetzung (fast) probenlos leiten, populäre Konzerte überhaupt dirigieren und daneben unser Vertrauensmann sein! Ein jüngerer Kleiber oder Klemperer, ein Kabasta ohne Staralüren."[176] Diese eindeutig gegen Karajan gerichtete Passage („über Karajan und dessen menschliche Mängel sind wir uns wohl alle im klaren"[177]) verweist auf das grundlegende Dilemma im Zeitalter des Starwesens: kulturpolitische Konzepte, die eine Demokratisierung des Zugangs zu „hoher Kunst" verfochten, konnten dafür keine künstlerischen Spitzenleistungen (oder was immer dafür galt) aufbieten — die nicht zu leugnende Provinzialisierung der „Breitenkunst" in der unmittelbaren Darbietung ist die Kehrseite elitärer Privilegienkultur,[178] umsomehr, wenn die Qualifikation zum Vertrauensmann wesentliches Kriterium künstlerischen Engagements wird.

Schließlich sollte auch die interne Administration unter Kontrolle gebracht werden: „Ich müßte im Symphoniker-Büro eine Vertrauensperson haben: verläßlich, gewandt, mit Manager-Anlagen, Weltkenntnis, raschester Auffassung ... Jedenfalls halte ich es für möglich, ... Ihre Absichten mit den Intentionen von Stadtrat Resch zu koordinieren, unseren Stützpunkt zu schaffen, zu sparen und mehr zu leisten und intern sich zwar Schenkers Mitarbeit zu sichern, aber seine Diktatur durch seine Kollegen brechen zu lassen."[179]

Ein weiteres Hoffnungsgebiet war die Musikabteilung des Rundfunks, der anfangs der fünfziger Jahre der Sozialist Pristow vorstand. Zum einen ging es in internen Besprechungen darum, „einen entsprechenden Einfluß der Partei auf die Programmgestaltung eines Jahres zu erreichen"[180] (zweifellos nicht bloß im Musikprogramm), weiters bat Pristow auch „um eine Liste der Künstler, die wir als ernste Kunstkräfte und als Genossen empfehlen können, damit er bei diesen für die Heranziehung zu Sendungen

---

175 Brief Lustig-Prean — Stadtrat Mandl vom 1. 6. 1950.

176 Ebda.

177 Brief Lustig-Prean — Stadtrat Mandl vom 15. 4. 1952.

178 Was im internationalen Musikleben betrieben wird, „überragt das andere, das Abweichende ebenso wie das, was es nicht so weit gebracht hat, durch eben die störungsfreie Perfektion, die selber wiederum den Geist der Musik abwürgt. Wird etwa ein exzeptioneller Dirigent weg von einer bescheidenen Arbeitsstätte, wo er, so meint man, nach eigenem Willen anständig Musik machen könnte, durchs internationale Musikleben abgeworben, so ist es nicht nur wegen der geringeren Gage oder wegen des mit den internationalen Positionen verknüpften Prestiges schwierig ihn zu halten, sondern ein solcher Dirigent kann mit Recht auf die viel weiter greifenden Chancen seiner Wirkung hinweisen und darauf, daß die künstlerischen Mittel, die ihm in den internationalen Zentren zur Verfügung stehen, die außerhalb jener Sphäre bereitgestellten sehr überragen. Die Musik ist nicht nur von der Ökonomie gefesselt, sondern die ökonomischen Bedingungen setzen zugleich auch, innerhalb von Grenzen, in ästhetische Qualität sich um." (Adorno, Musiksoziologie, S. 135).

179 Brief Lustig-Prean — Stadtrat Mandl vom 1. 6. 1950.

180 Brief Lustig-Prean — Stadtrat Mandl vom 21. 8. 1951.

eintreten kann. Tatsache ist ja, daß wir der Kunstwelt gegenüber anders dastünden, wenn wir ihr auch materiell so was zu bieten hätten wie die ÖVP mit den Bundestheatern und der Ravag und die KP mit der russischen Stunde"[181].

Daß Lustig-Prean als Gegenzug zu den Musikvereins-Lakaien auf die Neubesetzung eines Kritikerpostens bei der „Weltpresse" Einfluß nehmen wollte, kann angesichts des zähen Kleinkriegs um Stellungsvorteile im Kulturleben nicht überraschen.[182] Erstaunlicher mag sein, daß bei den führenden Funktionären mitunter Unklarheit darüber bestand, in welchen kulturellen Vereinigungen die Gemeinde mit Sitz und Stimme vertreten war oder nicht. So zeigte sich Lustig-Prean anläßlich der Neukonstituierung des Musikvereinvorstandes in einem Brief an Stadtrat Mandl höchst bestürzt zu erfahren, „daß wir, d.h. die Stadt Wien und damit auch die Partei im Musikverein bisher als solche gar nicht vertreten waren, sondern daß man Dich nur als Person kooptiert und dadurch ein gewisses Mitspracherecht eingeräumt hatte. Ich war immer der Meinung gewesen, daß die Gemeinde Wien sowohl im Musikverein als auch im Konzerthaus im Vorstand eine sogenannte Virilstimme habe ..."[183]. Mandls Vorschlag, eine Statutenänderung im Musikverein zu erzwingen, die Vertreter der Gemeinde in den Musikvereinsvorstand gebracht hätte, wurde von Lustig-Prean als wenig erfolgversprechend angesehen: „Wir können wohl nur abwarten, wie die Konstituierung des Vorstandes der GdM ausgeht, und dann vom neuen Vorstand bei Gelegenheit des ersten Subventionsansuchens, das mit den Festwochen zusammentreffen wird, ultimativ fordern, daß ein oder zwei Vertreter der Gemeinde in den Vorstand kooptiert werden. Diese Vertreter müssen dann freilich Leute sein, die etwas verstehen, Mut und die Einsicht haben, daß sie eine Körperschaft wie die Gemeinde Wien vertreten, also unter Umständen auch auf den Tisch hauen dürfen. Die ‚Drohung', daß die Industrie für die beiden Konzertgesellschaften eine Million sammeln und damit die Subvention der Gemeinde überflüssig machen könnte, darf uns nicht erschrecken."[184]

Wie sehr parteipolitisches Taktieren auch noch so scheinbar neutrale Zeremonien wie die feierliche Unterzeichnung des „Kollektivvertrages" für die Symphoniker bestimmte, geht aus eine Schreiben hervor, das Lustig-Prean an Bürgermeister Honay in dieser Angelegenheit richtete. Auf dem wenige Tage zuvor erschienenen Kontrollamtsbericht über die Vereinsgebarung 1950/51, der das sprunghafte Ansteigen des Defizits um eine Million gegenüber dem Vorjahr vermerkte, schrieb Finanzstadtrat Resch als Randbemerkung: „Ich glaube nicht, daß man eine solche Gebarung mit öffentlichen Mitteln noch lange fortsetzen kann." Alarmiert von dieser Notiz machte Lustig-Prean folgende Vorschläge für die festliche Unterzeichnung des Vertrages:

„1. Wie bleiben bei unserem seinerzeit gefaßten internen Beschluß, die Unterzeichnung des Kollektivvertrages als *unseren* Erfolg zu buchen und sogar für die bevorstehende Präsidentenwahl zu verwenden. Dann würden in Anwesenheit des Herrn Stadtrates Mandl und meiner Wenigkeit der Herr Bürgermeister und Sie den Vertrag feierlich unterschreiben, wozu man sogar eine Aufnahme der Wochenschau machen könnte. Wahrscheinlich müßte man Wisoko und Lafite dazu einladen, was aber an dem Gesamteffekt nichts ändern würde.

---

181 Ebda.
182 Brief Lustig-Prean — Gen.-Dir. Piperger (Weltpresse) vom 18. 12. 1951.
183 Brief Lustig-Prean — Stadtrat Mandl vom 9. 3. 1954.
184 Ebda. Man beachte den Funktionswandel privaten Mäzenatentums von der „Kunst ins Volk"-Maxime zum kulturpolitischen Druckmittel!

2. Wiewohl ich die schroffe und abfällige Kritik des Stadtrates Resch ausschließlich auf mich beziehe, stelle ich fest, daß wir alle in Sache des Lohnabkommens und des Kollektivvertrags immer gemeinsam vorgegangen sind. Wenn man sich jetzt aber der Meinung des Stadtrates Resch anschließen will, dann müßte man die Unterzeichnung des Kollektivvertrags so vornehmen, daß ÖVP und Unterrichtsministerium deutlich sichtbar die Mitverantwortung tragen. Dann müßte Vizebürgermeister Weinberger, der an der Spitze der Ersatzvorstandsmitglieder steht, mit Ihnen und Wisoko oder Lafite mit mir unterschreiben.“[185]

Den Bemühungen um öffentlich wirksame Inanspruchnahme kulturpolitischer Erfolge und effiziente taktische Parteiarbeit standen aber Spannungen und Kompetenzstreitigkeiten innerhalb der sozialistischen Fraktion immer wieder im Wege. Die zuständigen Kulturpolitiker waren mit einem weitgehend verständnislosen Finanzstadtrat konfrontiert, der aus seinem Desinteresse an den Symphonikern und dem Unwillen über den ständig steigenden Finanzbedarf kein Hehl machte. „Ich habe die Hoffnung nie aufgegeben, Stadtrat Resch schließlich und endlich für die Symphoniker zu gewinnen“, bemerkte Lustig-Prean[186], dem als Direktionsratvorsitzenden die unangenehme Aufgabe zufiel, zwischen den Fronten vermitteln und ausständige Subventionsraten anfordern zu müssen. Die von der Gemeinde Wien gewährte Unterstützung bestand zum Teil aus Mitteln, die dem Kulturgroschen-Fonds entnommen wurden und in den Kompetenzbereich Mandls fielen, teilweise aus Zuwendungen, für die Resch zuständig war. Bereits knapp nach der festlichen Kollektivvertragsunterzeichnung war der Verein wieder in ärgsten finanziellen Schwierigkeiten, weil die aus den Budgetmitteln stammenden Gelder verspätet eintrafen und unbedingt notwendige Erhöhungen dieser Mittel monatelang nicht ausgehandelt werden konnten; aber auch die Unterzeichnung des Vertrages hatte sich aus diesen Gründen ungebührlich lange verzögert — den Feiern zum fünfzigjährigen Jubiläum der Symphoniker im Dezember 1950 mit Politikerreden, die die kulturelle Bedeutung des Orchesters würdigten, folgte prompt eine Finanzkrise zum Jahreswechsel, da Resch nicht bereit war, den aus dem vierten Lohnabkommen resultierenden Mehraufwand budgetmäßig abzudecken. „Es hängt auch moralisch, gerade nach den Jubiläumsfeiern, sehr viel davon ab, daß diese Angelegenheit nicht wieder zu einer öffentlichen Diskussion führt“[187], mahnte Lustig-Prean und erläuterte die Reaktion Mandls, „der aber den Kulturgroschen bzw. die zu erwartenden Erhöhungen aus den Eingängen nicht mobilisieren will, ehe Herr Stadtrat Resch die Angelegenheit im ordentlichen Budget geordnet hat. Stadtrat Mandl steht auf dem Standpunkt, daß der Betrag aus dem ordentlichen Budget verweigert oder verkleinert würde, wenn er vorher seinen Betrag aus dem Kulturgroschen entsprechend erhöhen würde. Das Ergebnis ist, daß wir wieder einmal um die finanzielle Zukunft der Symphoniker bangen“[188].

Mit ermüdender Gleichförmigkeit wiederholte sich dieser Vorgang anläßlich des fünften Lohnabkommens zum Jahreswechsel 1951/52 — der Verein brachte Dezember 1951 einen Antrag auf zusätzliche Subvention ein, der im Gemeinderat nicht mehr rechtzeitig behandelt werden konnte, wodurch die für die Auszahlung der Jänner-Gagen nötigen Mittel nicht zur Verfügung standen. Diesmal mußte Stadtrat Mandl einspringen,

185 Brief Lustig-Prean — Vizebürgermeister Honay vom 10. 4. 1951.
186 Brief Lustig-Prean — Schenker vom 27. 4. 1951.
187 Brief Lustig-Prean — Vizebürgermeister Honay vom 16. 1. 1951.
188 Ebda. Der unter „Subventionen“ laufende Betrag war kein fixer Budgetposten, sondern mußte jährlich festgesetzt und genehmigt werden.

um das Ärgste zu verhüten, und vermerkte auf einem Zettel handschriftlich: „Ich möchte wieder feststellen, daß einzig und allein meine Zuwendung aus dem Kulturgroschen (direkte Subvention und Überweisung des Betrages für die KH-Ges.) für den 1. Jänner bereitstanden. Es wäre aber notwendig sich damit zu beschäftigen, welche Beträge für 1952 benötigt werden ... Ich fürchte, es wird schwere Auseinandersetzungen mit dem Finanzreferenten geben."

Den Koordinationsschwierigkeiten zwischen dem in Zweijahresabständen tagenden Vereinsvorstand und dem Direktionsrat versuchte Lustig-Prean zu begegnen, indem er erweiterte Direktionsratsitzungen einberief, an denen die Vorstandsmitglieder Mandl und Honay teilnehmen sollten, mitunter wegen Arbeitsüberlastung aber kurzfristig absagten. Dazu kamen Unklarheiten in der Aufteilung der Kompetenzen zwischen Vorstand und Direktionsrat, die bewirkten, daß Schenker sich ohne Wissen der übrigen Mitglieder bald an Honay, bald an Mandl und bald an Lustig-Prean wandte. Als nach der Mandl'schen Rettungsaktion zur Jahreswende 1951/52 Ende Jänner wieder keine Subventionsmittel zur Verfügung standen und aus dem Büro Resch auch nicht die Höhe der Subvention für 1952 zu erfahren war, hielt auch Mandl seinen Anteil aus dem Kulturgroschen zurück und machte die Auszahlung von der Überweisung von Reschs Subventionsrate abhängig. Daraufhin reichte Lustig-Prean seinen Rücktritt ein: „Die Symphoniker haben Ende 1950 den ersten Kollektivvertrag erhalten. An diesen sind wir gebunden, solange er nicht gekündigt ist. Es nützt nichts, Zahlungen hinauszuschieben, zu denen wir verpflichtet sind. Aus den Schwierigkeiten, in die das hervorragende Orchester nun gerät, wird uns beträchtlicher moralischer Schaden erwachsen, da dieser Fall Wasser auf die Mühlen jener Gewerkschaftskampagne treibt, die gegen die Gemeinde Wien gerichtet ist und die ich unter allen Aspekten verurteile. Da die Entwicklung bewiesen hat, daß auch ich als Vorsitzender des Direktionsrates nicht in der Lage bin, die Erfüllung der primitivsten Notwendigkeiten zu gewährleisten oder zu erreichen, sehe ich mich zu meinem lebhaften Bedauern gezwungen Sie, Herr Präsident, zu bitten, dem Vorstand des Vereins meine Bitte zu unterbreiten, meinen Rücktritt zur Kenntnis zu nehmen.[189]

Die praktische Auswirkung dieser Querelen für das Orchester (und hier liegt die Rechtfertigung ihrer ausführlichen Darstellung) lag in einer Steigerung der Diensteanzahl, die nur als Raubbau an menschlicher Leistungsfähigkeit bezeichnet werden kann und von den Verantwortlichen auch als solcher einbekannt wurde.[190] Ab der Saison 1952/53 spielte das Orchester etwa 700 Dienste jährlich, um der Gemeindeverwaltung gegenüber auf ein Maximum an Eigenleistung verweisen zu können, das die Subventionshöhe legitimieren sollte; und alte Kollegen berichten, daß nach einem Konzert Busse bereitstanden, um die Musiker ins Aufnahmestudio am Rosenhügel zu bringen, wo bis zum Morgen Filmmusik aufgenommen wurde, ehe die Busse wieder zum Konzertsaal zur Vormittagsprobe fuhren — aber die nächtliche Beschäftigung war ja Privatinitiative der Orchestermitglieder.

Zusammenfassend läßt sich also die Konstellation des Konzertbetriebs der Nachkriegszeit, die den Rahmen für die Möglichkeiten kulturpolitischer Akzentsetzungen bildete, wie folgt beschreiben:

Der Verein WS, dessen Existenzgrundlage in der Zwischenkriegszeit durch sein starkes Engagement innerhalb der Ravag und während des Krieges durch eine Ausfallshaftung der Gemeinde Wien garantiert war, befand sich nach Kriegsende in einer labilen

---

189 Brief Lustig-Prean — Vizebürgermeister Honay vom 30. 1. 1952, Lustig-Prean ist nicht zurückgetreten.
190 Brief Lustig-Prean — Stadtrat Mandl vom 15. 12. 1954.

Situation; die Bedeutung der Ravag als Dienstgeber nahm infolge drastischer Dienste-
kürzungen und des Aufbaus eines eigenen Rundfunkorchesters ab, gleichzeitig trat ein
vertragsloser Zustand mit der Gemeinde ein, der die Subventionszuwendungen zumindest unsicher werden ließ. Daraus erwuchs dem Orchester die Notwendigkeit, um
Marktanteile zu kämpfen und vor allem die künstlerisch unbefriedigenden Ravag-Dienste nach Möglichkeit aus finanziellen Gründen zu erhalten oder sogar zu erweitern.
Infolge der immer größer werdenden Divergenz zwischen Ausgaben und Einspielergebnissen war das Orchester in ständig steigendem Maß von öffentlichen Geldmitteln
abhängig, die zum Großteil den Veranstaltern als indirekte Subvention zuflossen, ohne
daß daraus wesentliche Mitspracherechte des Vereines oder der Gemeinde auf die
künstlerische oder organisatorische Gestion der Konzertinstitute resultierten. Das Ange-
wiesensein auf möglichst viele Dienste machte das Orchester zum Objekt unkoordinierter Dispositionen der Veranstalter und vereitelte die Durchsetzung höherer, den Selbstkosten angenäherter Honorare. Das Abkommen über die Aufteilung der Subvention
zwischen Gemeinde und Bund brachte zwar formal eine gewisse Entspannung der
budgetären Situation, führte aber aufgrund der Forderung nach höchstmöglichen Eigen-
erträgen in der Praxis zu einer kaum mehr verkraftbaren Arbeitssteigerung und von
neuem in Geldnot, weil keine Klausel über automatische Anpassung der Subventionshöhe an die gestiegenen Ausgabenerfordernisse durch Lohnabkommen etc. vorgesehen
war. Erweiterter Spielraum für Eigeninitiativen war nur durch Unterstützung seitens der
Gemeinde möglich, die aber aus formal-juristischen und finanziellen Gründen nicht
bereit war, das Orchester durch Kommunalisierung dem Einflußbereich der Veranstalter
wirkungsvoll zu entziehen und wegen interner Differenzen und Kompetenzstreitigkeiten
der verantwortlichen sozialistischen Politiker und ihrer beschränkten politischen Inter-
ventionsmöglichkeiten auf dem Kultursektor zuwenig Unterstützung gegen das Veranstaltungsmonopol der Konzertinstitute bot. Überdies hob die politisch konservative
Einstellung des Orchesters nicht eben die Motivation der sozialistischen Gemeindepolitiker, eine dem politischen Gegner zurechenbare Organisation nach Kräften zu fördern,
so sehr auch die Demokratisierung des Zugangs zur bürgerlichen Kunst fester Bestandteil
sozialistischer Bildungs- und Kulturpolitik war. Nachdem die nach Kriegsende zweifellos vorhandene Möglichkeit einer grundlegenden Neustrukturierung des Konzertwesens
nicht genutzt werden konnte, stabilisierte sich das „Dreieck" Gemeinde — Verein —
Veranstalter, das auch die neue Vereinsorganisation nicht mehr zu beeinflussen vermoch-
te; vielmehr verblieb der Verein in der Zange zwischen künstlerischer und organisatorischer Abhängigkeit nach der einen und finanzieller nach der anderen Seite. Alle Verbes-
serungsvorschläge mußten sich an dieser Tatsache orientieren; war es mit einsetzender
Konjunktur in der Folge leichter möglich, soziale und arbeitsrechtliche Verbesserungen
für die Musiker durchzusetzen, so hatten Interessen des Orchesters, die den künstlerischen und organisatorischen Bereich betrafen, nur Aussicht auf Realisierung, soweit sie
mit jenen der Veranstalter in Übereinstimmung zu bringen waren — deren mangelnde
Bereitschaft, ihre Vorhaben aufeinander abzustimmen, Programme und Termine zu
koordinieren, ging auf Kosten des Schwächsten in dieser Konstellation (des Orchesters)
und wirkte hemmend auf die vorhandenen künstlerischen Produktivkräfte.

4. Was wurde verwirklicht?

a) Direktsubvention an die Veranstalter

Aus dem zuletzt Gesagten folgt, daß die Möglichkeit des Vereins, seine Vorstellungen einer grundlegenden Umgestaltung des Konzertwesens zu realisieren, äußerst eingeschränkt blieben. An die Erringung der Veranstaltungskompetenz und damit Ausschaltung der Konzertinstitute war nicht zu denken. Dagegen gab es kurzfristig einen Erfolg bei der angestrebten Direktsubventionierung, der aber weniger Resultat einer Einsicht in die prinzipiellen Vorteile einer solchen Vorgangsweise als einer von den Veranstaltern verschuldeten akuten finanziellen Krise war, welche die Geduld des Vereins und der Gemeindevertreter mehr als zuträglich strapazierte: Ende Juni 1954 beliefen sich die Schulden des Konzerthauses gegenüber dem Verein auf 254.000 Schilling, jene des Musikvereins auf 136.000 Schilling (das Diensthonorar betrug 4.000 Schilling, d.h. das Konzerthaus schuldete die Bezahlung von 63,5, der Musikverein von 34 Diensten).[191] Beim Konzerthaus waren „alle Urgenzen, seien sie mündlicher oder schriftlicher Natur, völlig ergebnislos. Dringliche Mahnschreiben werden nicht beantwortet"[192]. Die GdM verrechnete den WS, die bei Rot-Weiß-Rot-Konzerten als Veranstalter auftraten, Saalmieten, die um 30% über den üblichen lagen, „obwohl wir Herrn Direktor Gamsjäger ausdrücklich darauf aufmerksam gemacht haben, daß bei diesen Konzerten die Symphoniker als Veranstalter auftreten"[193] Das diesem Bericht beigegebene Zirkularblatt spiegelt den Unmut der Direktionsratsmitglieder — Gen. Dir. Liebermann bemerkte: „Da gibts nur eines: Streik! Unangesagt das erste Abonnementkonzert der beiden Gesellschaften verweigern!", und Hofrat Dr. Waldstein vom BMfU stellte fest: „Es dürfte sich empfehlen, in Hinkunft die Gewährung der Bundes- und Landes(Stadt)subventionen an die beiden Gesellschaften an entsprechende Bedingungen zu knüpfen." Diese Situation erhöhte die Geneigtheit der Verantwortlichen, eine Änderung des Subventionsmodus ins Auge zu fassen. Schenker schlug die Errichtung eines Fonds vor, in den Bund und Gemeinde den Differenzbetrag zwischen Selbstkosten und Honorar einzahlen sollten, wodurch den Veranstaltern die mißbräuchliche Verwendung der Subventionsgelder unmöglich gemacht worden wäre: „Die Symphoniker befürchten nämlich, daß bei direkter Subventionierung der beiden Konzerthäuser von denselben zuerst die eigenen Bedürfnisse gedeckt werden, und die Symphoniker in noch erhöhterem Maß als bisher unter der schleppenden Bezahlung zu leiden hätten."[194] Die Gemeinde hielt aber verpflichtende Erklärungen der Institute, die für die Symphoniker-Dienste bewilligten Förderungsbeträge widmungsgemäß zu verwenden, sowie Teilüberweisungen dieser Geldmittel für ausreichend. Ende 1955 änderten schließlich Gemeinde und BMfU den Subventionsmodus einvernehmlich, um der Öffentlichkeit zu signalisieren, daß der Großteil der vergebenen Geldmittel in das Musikleben und nicht in die Kassen des Vereins WS flössen. Ab der Saison 1955/56 erhielten die Veranstalter 6.000 Schilling pro veranschlagtem Symphoniker-Dienst bewilligt, wobei die Höhe der Gesamtsubvention sich nach den präliminierten Diensten richtete, gleichgültig ob sie in der Praxis

191 Brief Schenker — Lustig-Prean vom 30. 6. 1954.
192 Brief Schenker — Lustig-Prean vom 10. 6. 1955.
193 Ebda.
194 Aktenvermerk der MA 7 vom 16. 8. 1954.

erreicht wurden oder nicht. Es sollte damit die Befürchtung zerstreut werden, „daß die Subventions-Gewährung etwa nach der Wichtigkeit der Konzerte erfolge oder für irgendwelche Konzerte aus irgendwelchen Gründen keine Subvention bewilligt werden würde, also ein Eingriff in die freie Entscheidung der Veranstalter erfolgen könnte"[195]. Mit der Umschichtung der Subventionen war also keine verstärkte Einflußnahme auf inhaltliche Belange des Konzertbetriebs verbunden. Dementsprechend konnte das Orchester auch keine Mitsprachemöglichkeit in der organisatorischen und künstlerischen Planung der Veranstalter durchsetzen. Aus den verfügbaren Akten geht außerdem nicht hervor, wieweit diese Änderung der Subventionsvergabe überhaupt jemals in die Praxis umgesetzt wurde. Hofrat Dr. Mitringer, der 1957 den Direktionsratsvorsitz übernahm, kann sich an keinen derartigen Modus erinnern; der politische Einfluß der Konzertinstitute dürfte groß genug gewesen sein, um diese für sie ungünstige Neugestaltung der finanziellen Grundlagen des Konzertbetriebs zu torpedieren.

b) Chefdirigent

Die Chefdirigentenfrage ist in diesem Zusammenhang insofern interessant, als an ihr abzulesen ist, wie offen und ungewiß der Status der Symphoniker nach Kriegsende im Hinblick auf künstlerische Autonomie, Patronanz der Gemeinde etc. noch war und welche Hoffnungen der Verein noch hegte, nach einem Jahr der Konsolidierung als eigener Veranstalter auftreten zu können. Im März 1946 fanden Verhandlungen mit Joseph Krips statt, und im Protokoll wird vermerkt: „Nachdem für das laufende Geschäftsjahr nach den bestehenden Verträgen mit den konzertveranstaltenden Unternehmungen das Orchester ohne Dirigent vermittelt wird, besteht für die auslaufende Saison keine Möglichkeit, Professor Krips mit bestimmten Bezügen als Dirigenten zu bestellen. Eine solche Bestellung kann erst für das kommende Geschäftsjahr ab 1. September 1946, in Zusammenhang mit der Neuorganisierung des Orchesters und der kommenden Verträge mit den Konzertunternehmungen erfolgen."[196] Bereits im Sommer 1945 war eine erfolglose Anfrage an Eugen Jochum ergangen, und nach Scheitern der Verhandlungen mit Krips schien das Kontingent der politisch unbelasteten Dirigenten mit gutem Namen erschöpft. Knapp vor Saisonende tauchte als Deus ex machina Hans Swarowsky auf, und nach einem erfolgreichen außerordentlichen Konzert im Musikverein am 19. 6. 1946 wurde zwischen dem Verein und Swarowsky ein auf ein Jahr befristeter Vertrag abgeschlossen. In diesem waren als Verpflichtung des künstlerischen Leiters die Schulung des Orchesters, seine Beaufsichtigung bei Proben unter fremder Leitung, weiters das Vorschlagsrecht für Aufnahme und Kündigung von Orchestermitgliedern, die Programmgestaltung der eigenen Konzerte im In- und Ausland, die Einflußnahme auf die Vermietung des Orchesters und auf Berufung von Dirigenten und Solisten sowie die Leitung repräsentativer Veranstaltungen des Bundes oder der Stadt Wien festgelegt[197] — Rechte, die in der Realität des Konzertalltags nie eingelöst werden konnten, weil sie von völlig illusionären Vorstellungen ausgingen. Für dieses definierte Aufgabengebiet erhielt Swarowsky monatlich 1.200 Schilling, für jedes Konzert zusätzlich ein Pauschalhonorar

---

195 Referat OAR Janko vom 18. 11. 1955.
196 Niederschrift über eine Besprechung im Büro der WS am 19.3.1946.
197 Vertrag 31. 8. 1946.

von 500 Schilling (was etwa dem monatlichen Grundgehalt eines Symphonikers entsprach).

Swarowsky leitete vom September 1946 bis Mai 1947 hundert Konzerte, 50 davon für „verschiedene Veranstalter", 27 für die Ravag, zwölf für den Musikverein und vier für das Konzerthaus[198], und betreute insgesamt ca. 40% der Symphoniker-Dienste. Waren die Konzertveranstalter — vor allem die GdM — zunächst durchaus bereit, dem Chefdirigenten die Möglichkeit zu geben, mit „seinem" Orchester zu konzertieren (fünf der sechs Symphoniker-Zyklus-Konzerte im Musikverein wurden von ihm geleitet), so machte sich im Laufe der Saison unverhohlen Enttäuschung breit — Swarowsky erfüllte die bei der Bestellung in ihn gesetzten Erwartungen nicht. „Es ist außer jedem Zweifel, daß er künstlerische Qualitäten besitzt, die ihn in die Reihe der besten Dirigenten stellen, über welche das Orchester im Zeitpunkt seiner Bestellung verfügt hat, ebenso daß er infolge des Umstandes, nahezu die Hälfte der in diesem Spieljahr geleisteten Orchesterdienste in seiner Hand zu haben, einen gewissen künstlerischen Erziehungserfolg im Orchester erreicht hat. Im Allgemeinen hat er jedoch im Orchester selbst die ihm anfänglich entgegengebrachte künstlerische Wertschätzung verloren und vor allen Dingen bei seinen Konzerten nicht den künstlerischen Erfolg gehabt, der notwendig wäre, um ihn weiter in die Reihe der nun von den Konzertgesellschaften für die nächste Spielzeit verpflichteten großen Dirigenten zu stellen."[199] Die Veranstalter verloren das Interesse an seinem Engagement, der Verein nahm Kontakt mit Carlo Zecchi auf, der bei einem Konzert im Jänner 1947 beeindruckt hatte. Auch mit Clemens Krauss fanden Verhandlungen statt, der aber weitgehende, über den Bereich des künstlerischen Leiters hinausreichende Kompetenzen forderte, weil er klar erkannt hatte, „daß unter den gegebenen Verhältnissen eine solche Stellung keine rechte Arbeitsgrundlage für ihn ist"[200]. Auch an eine Doppeldirektion Krauss-Zecchi wurde kurzfristig gedacht, nachdem Zecchi die Bereitschaft bekundet hatte, „sich Krauss unterzuordnen"[201]. Swarowsky sollte — unter der Bedingung, daß die angestrebte Orchesterverstärkung durchgesetzt werden könnte — als Dirigent der Arbeiter-Symphonie-Konzerte erhalten bleiben, an eine Verlängerung seines Vertrages als künstlerischer Leiter war aber nicht mehr zu denken.

Von welchem Punkt aus man die Probleme dieses Orchesters auch betrachtet — unvermeidlich kommt man zur zentralen Frage der unbefriedigenden Organisationsstruktur. So schrieb Dr. Kraus zum Problem der künstlerischen Leitung: „Ich glaube, daß die Frage der künstlerischen Leitung nur mit einer grundsätzlich anderen Art der Orchestervermietung zu lösen sein wird. Wir werden nur dann zu einer befriedigenden Lösung kommen, wenn wir auch auf das Konzertprogramm einen bestimmenden Einfluß gewinnen und das Orchester mit einem bestimmten Programm und bestimmten Dirigenten, die wir auswählen, vermieten ... Dann erst werden wir die künstlerischen Leiter haben die wir brauchen. Ich denke dabei nicht bloß an *einen* Dirigenten. Dies läßt sich aber nicht sofort machen, sondern erst für die Saison 1948/49. Bis dahin müssen die Konzertgesellschaften etwas mürbe gemacht werden. Dies setzt aber die Konsolidierung des Orchesters voraus, die unbedingt im Sommer erledigt sein muß."[202]

---

198 Weitere sieben Konzerte wurden für die Russische Gesellschaft bzw. die SBZ gespielt.
199 Brief Apold — Dr. Matejka vom 12. 4. 1947.
200 Brief Apold — Dr. Kraus vom 25. 4. 1947.
201 Brief Apold — Dr. Matejka vom 30. 4. 1947.
202 Brief Dr. Kraus — Apold vom 1. 5. 1947.

Die organisatorische Konsolidierung ließ aber länger auf sich warten, und entsprach dann keineswegs den Vorstellungen des Orchesters bzw. Vereins, die musikalische jedoch gelang dank jener günstigen Konstellation, die Karajan für einige Jahre mit den Symphonikern verband, ohne daß er offiziell den Posten eines künstlerischen Leiters innegehabt hätte. Alte Symphoniker sprechen heute noch schwärmerisch von dieser Glanzzeit des Orchesters, der bis heute nichts mehr ihresgleichen gefolgt sei — nach ihrer Darstellung könnte man die Geschichte des Orchesters geradezu als prä- und postkarajanische Zeit, als Aufstieg und Verfall schreiben, in deren Mitte die sieben fetten Jahre künstlerischen Höhenflugs gestanden seien, während derer die Symphoniker zum bedrohlichen Konkurrenten der Philharmoniker avancierten. Längst ist diese Zeit zum Orchestermythos geworden, der einer akustischen Überprüfung seitens der Nachgeborenen nicht standhält. Hört man etwa die Bänder der legendären „Matthäuspassion" — Aufführung von 1950 ab, so kann man — selbst bei gutwilliger Einberechnung der noch pionierhaften Aufnahmetechnik — weder die Unzulänglichkeit etlicher Instrumentalsoli noch die schlechte Intonation und Inhomogenität des Streichertutti leugnen, und subtrahiert man gezwungenermaßen im bloßen klanglichen Produkt die ohnehin nicht nach musikalischen, sondern sozialpsychologischen Kriterien faßbare Augenblickswirkung der „großen Dirigier-Persönlichkeit", des „Wunders Karajan" (um den dummen Titel einer ebensolchen Biographie zu zitieren), bleibt der Eindruck einer instrumentaltechnisch mangelhaften, interpretatorisch höchst anfechtbaren Aufführung, der sich an der ebenso legendären „Aida-Produktion" von 1951 bestätigt und erhärtet. Unbestritten muß allerdings der künstlerische Gewinn bleiben, der sich dem Einfluß Karajans auf die organisatorischen Bedingungen des Konzertbetriebs verdankte: es gelang ihm nicht nur, für seine Produktionen eine höhere Probenanzahl zugestanden zu bekommen, sondern auch durchzusetzen, daß während dieser Zeit keine Parallel-Produktion stattfinden durfte, die zu Überschneidungen der Proben geführt hätte. Der durch erfolgreiche Tourneen erhöhte internationale Marktwert des Orchesters steigerte dessen labiles Selbstgefühl, die durch Karajan erfolgte Ablehnung einzelner Musiker dürfte den Leistungsdruck erheblich verstärkt und die sonst mitunter mangelhafte Disziplin verbessert haben. Mit besonderem Stolz berichten alte Musiker, die Kritik habe damals die Gleichwertigkeit des Orchesterniveaus mit jenem der Philharmoniker hervorgehoben, ja teilweise den Symphonikern die Priorität zuerkannt, und fühlen sich als Zeitzeugen des „Karajan"-Orchesters der fünfziger Jahre — eine aufschlußreiche Diskrepanz zu den offiziellen und wohl von Karajan sanktionierten Biographien, in denen seine Zusammenarbeit mit den Symphonikern Nebensatzcharakter annimmt. Das in den Augen der Orchestermusiker verfälschende Herunterspielen der Bedeutung dieses Abschnittes der gemeinsamen künstlerischen Arbeit wird dementsprechend bitter beklagt, es war aber in der Struktur dieses Verhältnisses bereits angelegt: Karajan hatte kein spezifisches Interesse am Orchester der Wiener Symphoniker; es war für ihn nach dem Zerwürfnis mit den Philharmonikern im künstlerischen Konkurrenzkampf mit Furtwängler Objekt seines Ehrgeizes, durch Schaffung der „zweiten Philharmoniker" den Weg zu den anerkannten ersten Orchestern zu ebnen, wie es durch die im Musikverein völlig deplacierte konzertante Aufführung populärer Opern sein Ziel war, die Wiedergabe dieser Werke in der Staatsoper in den Schatten zu stellen und damit seine Anwartschaft auf die Position des Operndirektors zu dokumentieren. Gamsjäger ließ die Symphoniker im Sommer 1950 wissen, „daß die Frage des ständigen Dirigenten der philharmonischen Konzerte noch in diesem Jahre für 1951/52 spruchreif werden könne[203], ... Karajan würde also in einem nicht zu fernen Zeitpunkte die Wahl zwischen Philharmonikern und Symphonikern haben. Wenn man Karajan für die Symphoniker halten wolle, sei es sehr notwendig, ihm bei einer künstlerischen Reorganisation des Orchesters entgegenzukommen, weil er einzelne Instrumentengruppen der Symphoniker für unzureichend erkläre"[204] Die dem internen kollegialen Klima äußerst abträgliche Differenzierung in „Karajan-Bläser" und „Nicht-Karajan-Bläser" nahm hier ihren Ausgang — eine Elitenbildung innerhalb der Solisten-Elite, die den Nährboden für Neid und Mißgunst bildete.

Der Versuch, Karajan vertraglich zu binden, scheiterte auch an den fehlenden organisatorischen und finanziellen Grundlagen: „Die Verlockung, einen fünfjährigen Vertrag mit Karajan zu gewinnen, ist für die Symphoniker ideell außerordentlich groß, aber was gewinnen wir? Karajan bedeutet für uns gewiß Ruhm, aber finanziell allergrößte Opfer. Was er an Proben und Besetzungen verlangt, würde kein anderer Dirigent verlangen. Die Symphoniker können ihn überhaupt nicht engagieren und wenn wir zu einem Engagement Karajans durch den Musikverein beitragen, erhöhen wir nur unsere versteckten Subventionen, die dieses reiche Bollwerk des musikalischen Lebens seit Jahren erhält, ohne daß die Öffentlichkeit dies weiß."[205] Konnten sich also die Symphoniker angesichts eines Konzertlebens, das „auf der ganzen Welt in geradezu unanständigerweise merkantil geworden war"[206], Spitzendirigenten wie Karajan einfach nicht leisten[207], wodurch auf Dauer der Anspruch auf Erstrangigkeit verwirkt war, so konnten sie ihn paradoxerweise einige Zeit halten, weil sie selbst im Vergleich zu den Philharmonikern relativ billig waren: „Karajan dürfte uns für den Zyklus erhalten bleiben. Das liegt ja auch irgendwie sehr im Interesse Gamsjägers, der eine Kombination Karajan — Philharmoniker für seine Gesellschaftskonzerte auf Dauer finanziell nicht aushalten würde. Dazu kommt, daß die Philharmoniker es als sehr massiven Affront empfinden müssen, daß Karajan fünf Minuten nach ihrem Canossagang den Berliner Philharmonikern zugesagt hat. Diese Konstellation ist also am Wiener Boden für uns günstig."[208] Dagegen sahen die Symphoniker illusionslos, daß die erfolgreiche Reisetätigkeit mit Karajan nunmehr beendet war: „Es ist anzunehmen, daß er als Chef der Berliner gewisse Verpflichtungen exklusiver Art haben wird, die ihm diese Reisetätigkeit mit anderen als eben dem Londoner Philharmonia Orchester verbietet. Dem englischen Orchester ist Karajan durch seine Schallplattentätigkeit sehr verbunden, ist doch Walter Legge, der Mann, der Karajans Schallplattenarbeit steuert[209], gleichzeitig der Organisator des London Philharmonia Orchesters." Diese Einschätzung bezüglich der weiteren Zusammenarbeit mit Karajan erwies sich für ein knappes weiteres Jahrzehnt als richtig. Die Teilung des Karajan-Zyklus (den die Symphoniker bis zur Saison 1957/58 allein bestritten hatten) zwischen ihnen und den Philharmonikern entsprach sichtlich den Finanzie-

---

203 „d.h. wahrscheinlich, daß Gamsjäger die Position Furtwänglers für genügend unterminiert hält", interpretiert Lustig-Prean.
204 Brief Lustig-Prean — Stadtrat Mandl vom 21. 6. 1950.
205 Brief Lustig-Prean — Stadtrat Mandl vom 13. 11. 1953.
206 Brief Lustig-Prean — Stadtrat Mandl vom 4. 2. 1955.
207 „Die Herrschaften, die heute im Musikleben auf der ganzen Welt tonangebend sind, sehen nicht mehr das strahlende Wien, das als Musikstadt früher einmal alles bedeutet hat und heute immer noch sehr viel geben kann, sie sehen nur die Relation zwischen $, Pfund und DM einerseits und dem Schilling andererseits, an Idealismus kann man bei keinem von ihnen appellieren." (ebda.)
208 Brief Schenker — Lustig-Prean vom 3. 1. 1955. Die Gage Karajans betrug 1954 30.000 Schilling pro Konzert, das Honorar der Philharmoniker 70.000 Schilling.
209 Legge war auch im Direktionsrat der GdM vertreten.

rungsmöglichkeiten der GdM, und das angestrebte Ziel, die absolute Dominanz auch auf dem Wiener Konzertsektor zu erhalten, konnte Karajan nur erreichen, wenn er in seiner Funktion als Konzertdirektor der GdM neben den nur selten konzertierenden Philharmonikern auch weiterhin einige Symphoniker-Konzerte leitete; daß dies bloß aus Opportunitätsgründen und keineswegs aus Verbundenheit mit dem Orchester geschah und daß die allzu betonte Forcierung dieses einen Dirigenten nach dessen vorauszusehendem Abgang für das Orchester ein Vakuum bedeuten könnte, wurde innerhalb des Orchesters klar erkannt. Nachdem Karajan für Tourneen nicht mehr zur Verfügung stand, gerieten die Symphoniker in diesem für die internationale Geltung eines Orchesters so wichtigen Bereich in eine schwierige Situation — nun erwies sich der vermeintliche Ruhm als Eintagsfliege, die an den Namen Karajan gebunden war und nach seinem Abgang dem traditionellen hierarchischen Verhältnis der Wiener Orchester weichen mußte: „Wir müssen alle Kräfte mobilisieren, weil wir mit folgendem zu rechnen haben:

1. Wie lange wird Karajan in Wien bleiben? Wer könnte ihn ersetzen?

2. Wie steht es mit Auslandstourneen? Warum bekommen wir so schwer Auslandstourneen? Die Philharmoniker können es sich dank ihres Weltruhms gerade noch leisten, mit Dirigenten wie Kubelik, Karl Böhm u.a. auf Reisen zu gehen. Ihr Name ist hiefür stark genug, aber auch die Philharmoniker finden, wie man sieht, keinen wirklichen Ersatz für Furtwängler. Karajan hat alle Trümpfe in der Hand und geht leider schon in diesem Jahr mit einem ausländischen Orchester nach dem anderen auf Reisen; er kann heute verlangen was er will und wird natürlich immer überheblicher und unverschämter werden. Die deutschen Orchester werden vom Staat, Land, Gemeinden (Bamberg!), aber auch von den deutschen Rundfunk-Gemeinden aus propagandistischen Gründen so stark subventioniert, daß sie uns im eigenen Lande, z.B. in Graz und Linz in einer Art und Weise unterbieten, daß wir finanziell nicht mehr konkurrieren können."[210] Die weitere Entwicklung brachte eine weitgehende Abkoppelung der Symphoniker von der offiziell akkreditierten Dirigenten-Spitzenklasse hin zur sehr guten zweiten Garnitur bei Tourneen und zweiter bis dritter Kategorie im Konzertalltag, obwohl das Gesamtniveau des Orchesters zweifellos stieg. Die Gründe hiefür liegen (abgesehen von der schwer zu beweisenden, berüchtigten „Sperrklausel", die Dirigenten der Philharmoniker vertraglich verpflichtet, kein anderes Wiener Orchester zu dirigieren) vor allem in der Struktur des Starwesens, das in zunehmendem Maß zur Reduktion der als Spitzenklasse angepriesenen Künstler tendiert — und Orchesternamen haben den Charakter von Kollektivstars, werden mit bestimmten Kennmarken und Identitätsmustern versehen und entsprechend vermarktet — aus der Sicht der Werbestrategie erscheint es unmöglich, zwei Orchester aus der gleichen Stadt im gleichen Maß bekannt zu machen, selbst unter der Annahme, sie wären künstlerisch völlig gleichwertig. Auch auf dem Gebiet des Konzertbetriebs hat das Prinzip der freien Konkurrenz längst abgedankt — zu ungleich sind die Grundvoraussetzungen wie Möglichkeit der Arbeit mit prominenten Dirigenten, Zugang zum Plattenmarkt und sonstige mediale Präsenz, ökonomische Absicherung; die reale künstlerische Leistungsfähigkeit eines Ensembles manifestiert sich unter solchen Umständen nur zufällig — gerade das Karajan-Intermezzo hat dies deutlich gemacht: Die Karajan-Biographen buchen den Aufstieg des Orchesters als alleinigen Verdienst seiner überragenden Fähigkeiten. So schreibt etwa Karl Löbl: „Er wollte mit Wiens zweitem Hausorchester den Philharmonikern Konkurrenz machen. Dank seiner eisernen Energie, seinem Fleiß und unermüdlichen Einsatz, vor allem aufgrund seiner einzigartigen Begabung als

---

210 Brief Lustig-Prean — Vizebürgermeister Honay vom 2. 4. 1955.

Orchestererzieher ist ihm das auch gelungen. Auslandsreisen bestätigten es: die Wiener Symphoniker waren von den Philharmonikern im Klang kaum mehr zu unterscheiden. Allerdings nur dann, wenn Karajan selbst dirigierte. Der Grund: Die Spitzenqualität der Symphoniker war ein Zuchtergebnis, sie war nicht organisch gewachsen. Als Karajan das Orchester später nicht mehr so häufig und schließlich gar nicht mehr dirigierte, fiel es auch sofort wieder in den Rang gediegener, solider Mittelklasse zurück."[211] Aus dem oben Gesagten ergibt sich, wie bereitwillig (oder aufgrund von Uninformiertheit über die spezifische Situation des Orchesters) liebedienerische Biographen dieser Art künstlerischer Genialität zurechnen, was wenigstens teilweise seine Ursache im starken Einfluß auf organisatorische Belange hat. Die Meriten Karajans konnten wohl nur darin gelegen sein, die diesem Orchester immanenten Möglichkeit entfaltet zu haben — es wäre auch ihm wohl kaum gelungen, das Orchester des St. Pöltener Landestheaters auf Philharmonikerniveau zu bringen. Da die Fähigkeit eines Musikers, gut zu intonieren, oder die Schnelligkeit der Zunge bei einem Bläserstakkato unabhängig davon sind, ob Karajan oder ein anderer pantomimisch agiert, ist ja gerade die Frage, weshalb ein Orchester, dessen qualifizierte einzelne Musiker unter günstigen Bedingungen Spitzenleistungen im Ensemblespiel erbringen können, diese Bedingungen nur ausnahmsweise vorfindet. Die künstlerische Inhomogenität der Symphoniker im Vergleich zu den Philharmonikern ist in den ungleich schwierigeren künstlerischen, finanziellen und organisatorischen Bedingungen begründet, unter denen der Orchesterbetrieb der Symphoniker sich entfalten mußte.[212] Die Teilung in eine Eliteformation und eine künstlerische Sekundärgalerie war — bezogen auf längerfristige Interessen des Orchesters — eher eine Scheinlösung denn persönliches Verdienst. Zweifellos konnte man von Karajan, der als Konzertdirektor der GdM einer Institution verbunden war, die die künstlerischen Interessen des Orchesters immer wieder entscheidend behinderte, nicht erwarten, daß er einer umfassenden Reorganisation des Konzertbetriebes das Wort reden würde — im pragmatischen Bereich der Organisation hat er, wenn auch durchaus im eigenen Interesse, dem Orchester wie erwähnt ja durchaus genützt.

Karajan kam als Dirigent erster Kategorie zu einem Orchester, das real zweite Kategorie und potentiell erste war. Solche Konstellationen finden kaum jemals statt, weil einmal getroffene Einstufungen sich wie selbsterfüllende Prophezeiungen immer wieder bestätigen, indem die Verteilung der Chancen sich nach der Einstufung richtet. In diesem einen Fall führten die Zufälligkeiten des Wiener Kulturlebens dazu, daß sich unerwartete Chancen eröffneten und auch genützt wurden. Diese kurzfristige „vertikale Mobilität" innerhalb der starren Hierarchie der Orchesterränge bedeutete aber nur eine Scheinkonjunktur, die sich nicht in Verträge mit anderen erstklassigen Dirigenten umsetzen ließ.

Die Einschätzung der Tätigkeit Karajans bei den Symphonikern durch Paul Robinson ist sicher richtig: „Das Philharmonia Orchestra und die Wiener Symphoniker stellten im Grunde für Karajan Ersatzorchester dar; ersters war vor allem für die Produktion von Schallplatten von Nutzen, die ihm Anerkennung und Geld einbringen sollten, und mit

---

211 Karl Löbl, Das Wunder Karajan, S. 67.
212 So heißt es in einem Bericht über die künstlerischen und finanziellen Probleme des Orchesters, der die Notwendigkeit eines Chefdirigenten-Engagements in Übereinstimmung mit den Veranstaltern betont: „Solange das Orchester von Karajan abwärts bis zu drittrangigen Dirigenten in stetem Wechsel dirigiert wird, kann man eine wirklich gewachsene Leistung und einen einheitlichen Stil nicht verlangen. Man muß im Gegenteil mit Erstaunen feststellen, daß unter derart widrigen Umständen Spitzenleistungen überhaupt noch erzielt werden können." (22. 6. 1956).

Hilfe der letzteren konnte er seine Präsenz in Wien aufrechterhalten und die Öffentlichkeit davon überzeugen, daß er in jeder Hinsicht genauso gut wie Furtwängler war. Als Furtwängler starb und Karajan daraufhin sowohl bei den Wiener wie bei den Berliner Philharmonikern Zugang fand, verließ er die Wiener Symphoniker."[213] Daraus erklärt sich auch, weshalb es den Symphonikern nicht gelang, im Kielwasser Karajans ihren Anteil am Plattenmarkt auszubauen und abzusichern. Sie blieben letztlich, was sie auch vor Karajans Auftreten gewesen waren: „Ein großes Orchester im Schatten", wie es Lustig-Prean in einem Artikel formulierte.

c) Eigenkonzerte

Die Bedeutung von Eigenkonzerten war für das Orchester ebenso groß wie die Schwierigkeit, sie durchzuführen — noch im November 1969 erklärte der Generalsekretär des Konzerthauses der Direktion der Symphoniker gegenüber, „daß das Konzerthaus und der Musikverein niemals Eigenkonzerte der Wiener Symphoniker dulden würden. Begründung wurde nicht gegeben."[214] Der Verein schob in einem Falle sogar die Jeunesse vor, die den Musikvereinssaal auf ihren Namen mietete — die Verantwortlichen in der GdM erfuhren erst knapp vor der Veranstaltung durch die Plakatierung, daß die Symphoniker an diesem Abend ein Konzert gaben, was zu ungeheurer Aufregung führte. Dieser Akt von Piraterie dokumentiert wohl zur Genüge die Art des Verhältnisses zwischen Veranstaltern und Orchester.[215] Weitere Einschränkungen ergaben sich aus der von der Gemeinde verfügten Auflage, daß Eigenkonzerte wenigstens kostendeckend sein müßten, um die defizitäre Bilanz nicht noch weiter zu verschlechtern, was guten Verkaufserfolg nötig machte, der bei der konservativen Wiener Publikumsstruktur nur durch gängiges Repertoire und zugkräftige Namen gewährleistet war. Dies wiederum warf die Frage nach Notwendigkeit und Berechtigung solcher in den Abonnements der Veranstalter ohnehin konsumierbarer Produktionen in Eigenregie auf. Ein mißglückter Versuch eines einzelnen Konzertes brachte überdies die Erkenntnis, daß die Inflexibilität des Publikums sich nicht nur auf die Programmstrukturen, sondern auch auf langfristig gebuchte Erbauungstermine bezog — jenseits von en bloc gekauften Abonnementserien waren Einzelkonzerte kaum absetzbar. Stadtrat Mandl schätzte die kulturelle Situation wohl richtig ein, als er die Rüge über den schlechten Besuch des ersten außerordentlichen Konzerts mit Empfehlungen für die Erzielung eines besseren Einspielergebnisses verband: Entweder die Auflegung eines Abonnements (ähnlich den Philharmonikern), oder die Konzerte „als großes gesellschaftliches Ereignis aufzuziehen ... Wenn schon aus verständlichen Gründen Franco Gallini als Dirigent genommen werden mußte, so hätte man vielleicht den italienischen Gesandten als Vorspann benutzen, das Konzert unter seinen Ehrenschutz stellen und damit das gesellschaftliche Ereignis schaffen können." Dies bezog sich auf das erste von vier Eigenkonzerten, die in der Saison 1954/55 von den Symphonikern veranstaltet und von Rot-Weiß-Rot und Philips unterstützt wurden (Rot-Weiß-Rot zahlte die Übertragungsgebühr, Philips stellte bei zwei Konzerten Diri-

---

213 Paul Robinson, Karajan, S. 35.
214 Bericht E. Bartholomey, 26. 11. 1969.
215 Vgl. auch die Planung eines Handstreichs mit frühzeitiger Abonnementausgabe, S. 143; zu diesem Zeitpunkt war es also für den Verein noch prinzipiell möglich, den Saal zu mieten.

genten und Solisten kostenlos zur Verfügung). Philips hatte ein neuentdecktes und am 7. 10. 1954 in Paris uraufgeführtes Violinkonzert von Paganini[216] mit Arthur Grumiaux als Solisten sofort nach der Uraufführung auf Platte aufgenommen und war an Publicity interessiert — aber trotz einer vorangegangenen aufwendigen Pressekonferenz im Hotel Sacher unter Beisein der „wichtigsten Vertreter des musikalischen Wien" und Vertretern ausländischer Missionen war die Öffentlichkeit nicht zu interessieren.[217] Der Konzertzyklus, der mit Gallini, Schollum, André, Vandernoot und Willem van Otterloo als Dirigenten und einem aus Geldern der Theodor Körner-Stiftung finanzierten Konzert mit Werken zeitgenössischer österreichischer Musik (Walzl, Uray, Schollum, Salmhofer)[218] nicht gerade zum Kassenschlager avancierte und unter der erwähnten finanziellen Absicherung als Versuch konzipiert war, welche Resonanz eigene Veranstaltungen unter den herrschenden Bedingungen erbrachten, fand keine Fortsetzung. Mehrmalige Versuche, das Kulturreferat des Gewerkschaftsbundes für diese Konzerte zu interessieren, schlugen fehl. Entgegen der Skepsis oder Ablehnung solcher Veranstaltungen von seiten der Gemeinde hielt aber Schenker an ihrer Notwendigkeit fest: „Das Orchester wird niemals eine wirklich anerkannte Position erreichen, wenn es nur als ‚Leihklavier' existiert. Und was geschieht dann, wenn es den Gesellschaften gefällt, noch mehr ausländische Orchester heranzuziehen? Die Tendenz dazu ist vorhanden und wird durch die Subventionspolitik der ausländischen Orchestererhalter bestärkt. Deshalb ist es nicht im Interesse des Orchesters gelegen, wenn wir vom Gedanken der Eigenkonzerte abrücken, auch wenn das Beginnen schwer ist und auch wenn alle Interessenten Wiens dagegen intrigieren."[219]

Obwohl es sich strenggenommen nicht um Eigenkonzerte handelt, seien hier noch die Veranstaltungen in den Gemeindebauten kurz erwähnt — fielen sie doch aus der Reichweite der Konzertinstitute und standen unter Patronanz des Kulturamtes. Die unentgeltlich zugänglichen Gemeindebau-Konzerte fanden ab der Saison 1950 in den Sommermonaten statt, das Orchester wurde gratis zur Verfügung gestellt,[220] das betont populäre Programm mit dem Ausschuß der Gemeindemieter und dem Kulturamt gemein-

216 Paganini spielte dieses Konzert nur einmal, am 25. 3. 1831 in Paris, ließ es aber trotz großen Erfolges nicht drucken. In einem Haufen Altpapier, das seine Nachkommen 1936 einem Lumpenhändler aus Parma verkauft hatten, fand dieser die Partitur des Konzerts, in der jedoch die Solostimme fehlte. Nach mühevollen Nachforschungen entdeckte der italienische Musikverleger Natale Gallini, selbst Besitzer eines der größten privaten Archive von Autographen und alten Notenschriften in Europa, die fehlende Solostimme in Crema. Er schenkte sie gemeinsam mit der Partitur seinem Sohn Franco zum 30. Geburtstag (vgl. Natale Gallini, Geschichte des Manuskripts des 4. Violinkonzerts von Paganini).

217 Auf Schenkers Anfrage an die Konzertdirektion Vedder, ob nicht mit diesem Stück im Anschluß an die Wiener Aufführung eine Tournee möglich wäre, erhielt er die Antwort: „Ich fürchte, daß man die Paganini-Konzertreise nicht machen kann, weil Grumiaux (unter uns gesagt) in Deutschland absolut nicht zieht und außerdem kein zugkräftiger Dirigent dabei ist. Die Tatsache des Paganini-Konzertes allein dürfte nicht ausreichen, um die Unkosten hereinzuholen" (Vedder an Schenker, 12. 8. 1954).

218 An Schollum schrieb Schenker,: „Leider haben die Konzerte mit moderner Musik in Wien kein Publikum. Um es nun zu vermeiden, daß wir vor dem leeren Musikverein spielen, habe ich meine Fühler bei der Ravag ausgestreckt, ob es nicht möglich wäre, dort ein Abendkonzert im großen Sendesaal zu machen ... Wir können dabei die gesamte Kritik und das wichtige Publikum einladen — in summa sind das vielleicht 400 Personen — und vermeiden den deprimierenden Eindruck des leeren Musikvereins." (24. 1. 1955)

219 Brief Schenker — Lustig-Prean vom 2. 1. 1955.

220 Zwischen Verein und Kulturamt wurde ein Spesenersatz (für Instrumententransport etc.) vereinbart. In der Frage, ob Substitutenhonorare als Spesen zu bezeichnen seien, kam es zu Differenzen: Das Kulturamt verweigerte die Bezahlung mit der Begründung, das Orchester habe sich unentgeltlich zur Verfügung gestellt und müsse daher für diese Kosten selbst aufkommen. Das dadurch entstehende Defizit hätte aber ohnehin von der Gemeinde beglichen werden müssen — allerdings nicht vom Kulturamt.

sam erstellt, das diese „im kulturerzieherischen Interesse gelegene Veranstaltungsreihe"[221] unterstützte. Dabei spielten die in Bregenz nicht benötigten Musiker. Das Eröffnungskonzert dieser Reihe fand am 15. 7. 1950 im Hanuschhof statt. Schenker betonte ausdrücklich die Bereitschaft der Symphoniker, „Kunst ins Volk und namentlich in die Außenbezirke zu bringen"[222]. Die Konzertdauer war auf ca. eine Stunde beschränkt, weil für das Publikum keine Sitzgelegenheiten vorgesehen waren, die Veranstaltung mußte wegen fehlender Elektroinstallationen für das Orchesterpodium vor Einbruch der Dunkelheit beendet sein. Diese Verfallsform des Arbeiter-Symphoniekonzerts in ihrer äußersten Vulgarisierung des pädagogischen Aspekts der Volksbildung ist ein Musterbeispiel für die „Erleichterung des Zugangs zum Kulturgütermarkt auf psychologische Art"[223], wenngleich durch die Unentgeltlichkeit der Darbietung die Marktfunktion in diesem Fall sogar scheinbar außer Kraft gesetzt ist (durch den „pädagogischen Effekt" aber auf weitere Konsumation innerhalb der Marktbedingungen zielt, sich also als Werbeveranstaltung deklariert).

Das umfängliche Gebiet der Tourneen, deren Gestaltung ja der Eigenverantwortung des Vereins oblag, kann hier nicht behandelt werden. Dazu zählen auch die Aktivitäten des Kammerorchesters der Symphoniker, das vor allem als Tournee-Ensemble in Erscheinung trat und im Rahmen der Dienstverpflichtung agierte. Es liegt dabei auf der Hand, daß die Möglichkeit zur Tourneetätigkeit sowohl von den Verpflichtungen in Wien als auch vom internationalen Renommee und der Preiskalkulation abhängig war. Insofern waren die Chancen auf diesem Gebiet stark geprägt von der internen künstlerischen und kulturpolitischen Situation. Vereinfachend könnte man sagen: Je geringer die autonomen Entfaltungsmöglichkeiten im Konzertalltag sind, desto eingeschränkter erscheint auch die Möglichkeit internationaler Profilierung. Tourneen, in der unmittelbaren Nachkriegszeit noch gewinnbringend, wurden von der finanziellen Kalkulation her zunehmend unrentabler. Zusammenfassend läßt sich folgendes feststellen: Nur in einigen Bereichen der vom Verein angestrebten grundsätzlichen Reorganisation von Konzertwesen und Orchesterstruktur wurden Teilerfolge erzielt, und diese mitunter nur temporär (etwa bei der Subventionsumschichtung). Weder Kommunalisierung oder Orchesterverstärkung, noch größere Mitsprachemöglichkeit in organisatorischen und künstlerischen Belangen oder — am wichtigsten — eine Änderung des Status eines Mietorchesters konnten verwirklicht werden. Theorien des Wandels brauchen in Arbeiten über die jüngere Orchestergeschichte der Symphoniker nur in sehr begrenztem Umfang und hinsichtlich akzidenteller Bestimmungen entwickelt werden. Im Hinblick auf grundlegende Konstellationen und Kräfteverhältnisse blieben die Verhältnisse bemerkenswert stabil.

221 Brief Stadtrat Mandl — Lustig-Prean vom 8. 5. 1951.
222 Brief Schenker — Stadtrat Mandl vom 11. 5. 1951.
223 Habermas, Strukturwandel, S. 200.

5. Spezifische Probleme mit den einzelnen Mietern

Es kann nicht Aufgabe dieser Arbeit sein, eine akribisch genaue Chronologie der Beziehungen des Orchesters zu seinen Mietern nachzuzeichnen, soll sie nicht in Empirie ersticken und dadurch den Blick auf wesentliche Strukturen eher verstellen als freigeben. Es möge genügen, die wichtigsten Problembereiche der Alltagsarbeit anzuführen und durch ein konkretes Beispiel zu illustrieren bzw. sie, soweit sie ohnehin schon Gegenstand der Darstellung waren, zusammenzufassen.

a) Gesellschaft der Musikfreunde

„Seit meinem 23. Lebensjahr stehe ich an der Spitze von großen Unternehmungen, habe Tausende von Menschen in den Fabriken mit meiner ‚burschikosen Art' zur Arbeit angehalten, habe mich ‚burschikos' in den ersten Nachkriegsjahren mit den Alliierten herumgeschlagen, ein für das Wiener und österreichische Musikleben entscheidendes Haus aus dem verstaubten und verschuldeten Zustand in das erste Konzertinstitut Europas verwandelt, und das alles — um Dir mein Geheimnis zu verraten — weil ich, von der Mathematik kommend, Probleme nie zerredet, sondern immer auf eine knappe Formel gebracht und dann einer Lösung zugeführt habe."[224] Diese Selbstcharakteristik des langjährigen Generalsekretärs der GdM, Rudolf Gamsjäger, geziert von einer wuchtigen, zwei Drittel der Seitenbreite einnehmenden, dynamisch-zügigen Unterschrift, die selbst alles andere denn eine knappe Formel dar stellt, verweist mit ihrem Lobpreis der Problemreduktion auf handliche Kürze und der Verachtung differenzierter theoretischer Reflexion auf moderne Management-Tugenden — und tatsächlich besaß sie, wie aus der erhaltenen Korrespondenz hervorgeht, Gamsjäger in so hohem Maß, daß er mit spielerischer Leichtigkeit die dagegen steif und umständlich wirkende Politikergilde der Stadtväter wie auch die Direktoren der Symphoniker immer wieder ausmanövrierte. Waren in der Frühzeit des bürgerlichen Konzertwesens Organisation und Ausführung noch ungetrennte Funktionen der jeweiligen Konzertgesellschaft, die musikalische Aktivität als Aufnahmebedingung in ihren Satzungen vorsah, bahnte sich im 19. Jahrhundert die Trennung des Verwaltungs- und Organisationsbereiches vom musikalischen Sektor an, der zunehmend professionellen Musikern überantwortet wurde, demgegenüber sich ein passives Auditorium von Vereinsmitgliedern konstituierte, so vollendete sich die Spaltung, als mit der Etablierung eines Musikmarktes universell einsetzbare und — nicht notwendigerweise, aber der Möglichkeit nach — abstrakt-branchenfremde Management-Qualitäten zu dessen Lenkung erforderlich wurden. Wer Tausende von Menschen in den Fabriken zur Arbeit anhalten kann, ist auch zur Leitung eines Kulturbetriebs qualifiziert, ohne selbst über mehr als dilettantische Kenntnisse musikalischer Praxis verfügen zu müssen. Der inhaltliche Aspekt, auf den diese Management-Qualifikation angewendet wird, scheint zunehmend austauschbar, ist doch der Kulturmarkt trotz aller ideologischen Verschleierungen in den allgemeinen Markt und seine Gesetze weitgehend integriert.

Die Probleme des Vereins WS mit der GdM lagen in der ungleichen Stärke der Vertragspartner — dies ging aus den bisherigen Ausführungen schon hinlänglich hervor — und in der Tatsache, daß die Interessen der GdM nicht jene der Symphoniker

---

224 Brief Gamsjäger — Lustig-Prean vom 12. 3. 1957.

waren. Unabhängigkeit der Disposition und günstige finanzielle Bedingungen fand die GdM nur unter Beibehaltung der doppelt abhängigen Stellung des Orchesters (ökonomisch von der Gemeinde und auftragsmäßig von den Veranstaltern) vor. So sehr es dabei im Interesse der GdM lag, ein qualitativ hochwertiges Orchester für ihre Veranstaltungen zur Verfügung zu haben, so sehr durfte dieses Orchester im Marktwert nicht absoluten Spitzenrang erreichen, um es an der Kandare halten zu können. Die Entwicklung tendierte dahin, im Routinebetrieb des Abonnement-Zyklus gute Qualität anzubieten, die doch kaum jemals den Rang des Außergewöhnlichen erreicht, die erwirtschafteten Überschüsse aber in glanzvolle außerordentliche Konzerte mit illustren Dirigenten, Orchestern und Solisten zu investieren. Die häufig wiederkehrenden Beschwerden über mangelhafte künstlerische Qualität einzelner Orchestergruppen scheinen objektiv gerechtfertigt, wenn man die gleichzeitige interne Diskussion über dieses Problem im Orchester berücksichtigt, in der abseits von Reklame- und Festschriften Mängel nicht verschwiegen wurden; allerdings erhoben diese Reklamationen eben jene Veranstalter, die durch ihre unkoordinierte Organisation in erheblichem Maße zu dieser Qualitätseinbuße beitrugen, während sie hohes Niveau als ihr Verdienst hinstellten; Gamsjäger argumentierte anläßlich von Honorarverhandlungen wiederholt damit, er habe die Qualitätsverbesserung des Orchesters, die aus der Zusammenarbeit mit Karajan und der größeren Probenanzahl resultierte, quasi aus eigener Tasche finanziert.

Immer wieder finden sich in der Korrespondenz Klagen der Symphoniker über die verletzend deutlich zur Schau gestellte Geringschätzung seitens Gamsjägers, die die Art des Umgangs mit den Verantwortlichen des Vereins prägte und Ausdruck des Abhängigkeitsverhältnisses war, in dem das Orchester sich befand. Zudem machte Gamsjäger aus seiner Ansicht, die Symphoniker seien als Konzertorchester im Grunde überflüssig, kein Hehl: „Ihm erschienen auch drei große Orchester als zuviel. Mit den Philharmonikern könne das gesamte Wiener Konzertleben, soweit Bedarf vorliegt, bestritten werden. Acht plus vier Orchester-, plus vier Chor-Konzerte seien heute ausreichend. Die Symphoniker hätten bei Verlegung einer Filiale der Staatsoper in die Volksoper in diese als Theater-Orchester versetzt werden müssen."[225]

Anläßlich einer personellen Umbesetzung des Direktionsrates versuchte der Verein, die permanente Konfliktträchtigkeit durch Adaptierung Gamsjägers in dieses Gremium zu entschärfen und ihm dadurch Mitverantwortung für die Vereinsgestion aufzubürden: „Was dabei gefährlich sein könnte, ist eine gewisse ‚Auslieferung' des Orchesters an den Musikverein, was aber nützlich sein müßte, wäre der Umstand, daß Gamsjäger uns dann beraten und sogar behilflich sein müßte, ein produktives Verhältnis zwischen den Symphonikern und den Konzertgesellschaften zu erreichen."[226] Diese Option Gamsjägers in den Direktionsrat rief sofort die KH-Ges. auf den Plan: Sie mißtraute der Versicherung, Gamsjäger sei nicht als Vertreter der GdM, sondern „ad personam" als Mitarbeiter der Vereinsleitung und „Bindeglied" zwischen Orchester und Karajan bestellt worden, befürchtete eine Dominanz der GdM zu ihren Lasten und empfand es als Affront gegenüber der ursprünglichen Heimstätte des Orchesters, nicht einen Vertreter der KH-Ges. ebenfalls in den Direktionsrat zu bestellen. Die spätere Vereinsorganisation (Einbeziehung von Repräsentanten aller mit dem Verein in künstlerischer und geschäftlicher Verbindung stehender Gremien) warf hier mit dem Anspruch der KH-Ges. auf Mitspracherecht im Direktionsrat ihre Schatten voraus. Die Vereinsleitung erachtete es

---

225 Brief Lustig-Prean — Stadtrat Mandl vom 6. 10. 1950.
226 Brief Lustig-Prean — Vizebürgermeister Honay vom 2. 4. 1955.

aber zu diesem Zeitpunkt als nicht opportun, den Geschäftspartnern völlige Einsicht in die Gebarung zu geben. Die Erwartungen, die man in Gamsjägers Mitwirkung im Direktionsrat gesetzt hatte, erfüllten sich zudem nicht, und er verließ ihn zwei Jahre später wieder.

Ständiger Konfliktstoff während dieses Jahrzehnts war die Honorarhöhe, die tendenziell einen immer geringer werdenden Prozentsatz der Selbstkosten abdeckte. Während sich der Verein bei jeder neuen Verhandlung bemühte, unter Hinweis auf diese Diskrepanz das Vermietungshonorar möglichst hoch anzusetzen, ging es den Veranstaltern darum, den Aufwand für Orchesterdienste so gering wie möglich zu halten. Die Verhandlungstaktik der GdM bestand dabei darin, konkrete Ergebnisse möglichst lange zu verzögern, inzwischen mit der Abonnement-Ausgabe für die kommende Saison zu beginnen und die Symphoniker mit dem Hinweis auf die Unmöglichkeit einer nachträglichen Erhöhung der Kartenpreise vor vollendete Tatsachen zu stellen; dies wurde durch die jahrelange Gepflogenheit mündlicher Absprachen ohne juristisch eindeutigen schriftlichen Vertragsabschluß[227] sowie durch die stets nur für eine Saison reichende finanzielle und künstlerische Planung erleichtert. Ende der Saison 1950/51 bemühte sich der Verein, mit der GdM „wieder in ein geordnetes Vertragsverhältnis zu kommen. Wir wenden uns daher rechtzeitig an Sie mit der Bitte, die Verhandlungen für einen solchen schriftlich niederzulegenden Vertrag mit uns aufzunehmen. Die rechtzeitige Festlegung des Vertrages soll auch schon deshalb erfolgen, weil sich der Verein WS nicht der Gefahr aussetzen will, daß er seine Belange nicht durchsetzt, weil Sie mit dem Verkauf Ihrer Abonnements früher begonnen haben"[228]. Die Durchsetzung seiner Belange war dem Verein dabei ohnehin nicht zur Gänze möglich. So wollte er anläßlich dieser Honorarverhandlungen eine Erhöhung von 3.100 auf 4.500 Schilling pro Dienst bei Selbstkosten von ca. 7.000 Schilling erzielen, die beiden Konzertgesellschaften erklärten sich aber außerstande, mehr als 3.600 Schilling zu bezahlen. Da sie als private Vereine nicht der Verpflichtung zur Offenlegung ihrer finanziellen Gebarung unterlagen, war es auch nicht möglich, diese Angaben auf ihre Stichhältigkeit hin zu überprüfen. Nach langen Verhandlungen erklärten sich die Gesellschaften schließlich bereit, noch zusätzlich die Umsatzsteuer zu begleichen, wodurch sich das Honorar auf 4.000 Schilling oder ca. 57 % der Selbstkosten erhöhte.

Die Säumigkeit der Zahlungen war für den Verein ein weiteres konstantes Problem. So stellte das Kontrollamt der Stadt Wien anläßlich einer Gebarungskontrolle der Symphoniker etwa zur gleichen Zeit fest, „daß ein namhafter Teil der Einnahmen kassamäßig bisher nicht in Erscheinung getreten ist und der Stand der offenen Forderungen über 400.000 Schilling beträgt, was für die Liquidität des Vereines von maßgebender Bedeutung ist. Von dem genannten Betrag entfallen allein rund 97.000 Schilling auf die GdM und rund 164.000 Schilling auf die KH-Ges., also auf die beiden Hauptveranstalter von Konzerten (ohne Rundfunk) in Wien. In Anbetracht des bekannt guten Abonnementabsatzes dieser beiden Konzertveranstalter für die Saison 1951/52, die also im gegenwärtigen Zeitpunkt nahezu die gesamten Abonnement-Konzerteinnahmen bis etwa Mai

227 Der Grund hiefür geht aus einem Schreiben Gamsjägers vom 9. 1. 1950 hervor: „Beiliegend bestätige ich Ihnen durch die Fertigung der Gedächtnisnotiz die mündlich getroffenen Vereinbarungen über die Vermietbedingungen des Orchesters der WS und erlaube mir darauf hinzuweisen, daß wir aus steuerlichen Gründen von der Abfassung eines schriftlichen Vertrages im gegenseitigen Einvernehmen Abstand genommen haben."

228 Brief Lustig-Prean — Gamsjäger vom 22. 6. 1951.

1952 in Händen haben, erscheint es befremdend, daß sie mit ihren Verpflichtungen gegenüber den WS aus der Saison 1950/51 andauernd mit derartigen Beträgen im Verzug sind"[229]. Die Höhe dieses Betrages resultierte allerdings zum Teil aus strittigen Rechnungen, die von der GdM in der von den WS eingereichten Form nicht anerkannt und daher auch nicht oder nur teilweise beglichen wurden — es ging dabei um die Frage der Orchesterverstärkung, die unterschiedliche Interpretation fand. Die ursprüngliche Vereinbarung, das Orchester in einer Stärke von 83 Musikern zu vermieten und darüber hinausgehende Besetzungsgrößen gesondert in Rechnung zu stellen, wurde vom Verein am Beginn der Saison 1949/50 aufgegeben, um ein Äquivalent zur Honorarerhöhung von 2.500 auf 3.000 Schilling zu schaffen. Die mit dem Abschluß des „Kollektivvertrages" festgesetzten Dienstlimite und höheren Abgeltungen für Überdienste brachten dem Verein im Falle oftmaliger Inanspruchnahme des vollen Orchesters erhebliche finanzielle Belastungen, die er ebensowenig den Veranstaltern anlasten konnte wie die Kosten für dritte Tagesdienste, die aus deren unkoordinierter Planung erwuchsen. Deshalb versuchte Schenker am Beginn der Saison 1950/51 Gamsjäger im Handstreich zu überrumpeln, indem er ihm für sein Entgegenkommen dankte, „Besetzungen, die das normale Ausmaß überschreiten, nur im Einvernehmen mit uns und mit Bedachtnahme auf unsere Möglichkeiten anzufordern"[230], was dieser unter Hinweis auf die Gültigkeit der Vereinbarung aber prompt zurückwies. Allein vom Juni 1950 bis Mai 1952 fielen solcher Art 20 strittige Rechnungen mit einem Gesamtbetrag von knapp 80.000 Schilling an, wobei auch bezüglich der rechtmäßigen Verrechnung von Übertragungshonoraren und Abgeltung solistischer Leistungen Unklarheit bestand. Die GdM übte insofern Entgegenkommen, als sie beispielsweise nur für die Gesellschaftskonzerte große Besetzungen verlangte, während Jeunesse und Gewerkschaft mit reduzierter Streicherbesetzung Vorlieb nehmen mußten. Die Differenzen um Besetzungen, Solohonorare, Überstunden etc. blieben aber auch nach der vertragsmäßigen Neuregelung der Beziehung weiter an der Tagesordnung und bildeten einen wesentlichen Teil der Korrespondenz zwischen GdM und WS.

b) Konzerthausgesellschaft

Die spezifischen Probleme mit der KH-Ges. während des erörterten Jahrzehnts reduzieren sich im wesentlichen auf permanente Zahlungsschwierigkeiten dieser Gesellschaft und Überlegungen, wie die hohen Schulden auf dem Weg von „Naturalleistungen" oder durch Subventionsumlenkungen ab gebaut werden könnten. Vor allem die aufwendigen repräsentativen Musikfeste überstiegen die finanzielle Leistungsfähigkeit der KH-Ges. und belasteten das Schuldenkonto auf Jahre. So belief sich der aus dem Bach-Fest 1950 resultierende offene Saldo gegenüber den WS noch im Jänner 1952 auf 73.000 Schilling (bei einem Diensthonorar von 3.000 Schilling). „Ich bin wirklich sehr für Festwochen in Wien", bemerkte Lustig-Prean und fügte hinzu: „Und dennoch muß man sich fragen, ob Bettler wie das Konzerthaus oder Kridatare wie der Musikverein das Recht haben, Musikfeste zu veranstalten, wie man sie sich in den üppigen Zeiten vor 1914 nicht geleistet hat."[231]

---

229 Kontrollamt der Stadt Wien Ktr. A. IV-3100/51 vom 12. 10. 1951. Die Konstanz dieser Situation führte wie erwähnt 1955 zum Beschluß der Direktsubventionierung der Konzertgesellschaften.
230 Brief Schenker — Gamsjäger vom 30. 10. 1950.
231 Brief Lustig-Prean — Stadtrat Mandl vom 7. 6. 1952.

Eine Zusammenstellung der offenen Saldi während einiger Jahre dokumentiert angesichts der stets prekären finanziellen Situation des Vereins WS die Größenordnung dieses Problems:

	Schulden KH	Diensthonorar
Sept. 1949	90.000	3.100
Mai 1950	62.000	3.100
Juli 1951	170.000	4.000
April 1952	104.000	4.000
Juli 1952	185.000	4.000
Mai 1953	150.000	4.000
Juni 1954	230.000	4.000

In seinem „Geheimbericht" über die finanzielle Gestion der Konzertinstitute[232] gibt Schenker einen guten Überblick über die im Verhältnis zum Musikverein grundlegend andere Struktur von Veranstaltungen, Preisen und Programmen im Konzerthaus, die in diesem Zusammenhang von Interesse ist, obwohl für das Konzerthaus keine detaillierten Zahlenangaben vorliegen, sondern nur pauschale Feststellungen getroffen werden:

„1.) Einnahmen aus den Konzerten dürften keine zu verzeichnen sein. Das Programm ist viel umfangreicher, hat den Mut zum unpopulären Experiment und bringt für Wien neue Namen. Außerdem liegen die Eintrittspreise unter denen der Musikfreunde, ebenso auch die Sätze für Gewerkschaftsveranstaltungen. Wir nehmen eher an, daß der Veranstaltungssektor der KH-Ges. passiv ist.

2.) Die Anzahl der Mitglieder der KH-Ges. ist viel niedriger (400) als die der Musikfreunde. Da auch der Mitgliedsbeitrag niedriger ist, kann das Einkommen aus diesem Titel mit höchstens 8.000 Schilling angenommen werden.

3.) Die Vermietungen an fremde Veranstalter sind ungleich häufiger als im Musikverein. Da auch die Anzahl der Säle größer ist, ergeben sich bedeutend höhere Einnahmen.

4.) Die Vermietungen an Schallplattenfirmen sind speziell im Mozartsaal äußerst zahlreich.

5.) In der abgelaufenen Ballsaison gab es mehr als 22 Bälle.

Das Einkommen aus Hausvermietungen übersteigt 300.000 Schilling.

6.) Außerordentlich hohe Erträge bringen Vermietungen an Kongresse und ähnliche längere Veranstaltungen. Es wird jeder Winkel des Hauses ausgenützt, ja sogar die Gänge werden in provisorische Büros verwandelt ...

10.) Intensivste Raumausnützung und eine größere Anzahl von Mietparteien ergeben höhere Einnahmen aus Mietzinsen."

Schenker kommt zum Schluß, daß die vielfältigen Einnahmemöglichkeiten aus Vermietungen aller Art das durch Eigenveranstaltungen entstehende Defizit zumindest kompensieren müßten. „Würde die Gestion wirtschaftlicher sein, müßte sich ein respektabler Gewinn ergeben."[233] Die enormen Zahlungsrückstände an die Symphoniker wären demnach nicht in tatsächlichen finanziellen Schwierigkeiten begründet, aber selbst wenn man solche annimmt, mußte dem Verein die Höhe der Schulden und deren Permanenz als Ausdruck der Geringschätzung und Demonstration jener Abhängigkeit erscheinen, wie er sie auch der GdM gegenüber beklagte, vor allem, wenn er sehen mußte, wie prompt

---

232 22. 4. 1954.
233 Ebda.

die Forderungen anderer Vertragspartner erfüllt wurden. Ein Beispiel möge dies erläutern: Anläßlich des Musikfestes 1953 gewährte der Wiener Festwochen-Ausschuß dem Konzerthaus eine zusätzliche Subvention von 90.000 Schilling, machte die Auszahlung aber von einer zwischen Konzerthaus und WS zustandekommenden Vereinbarung der Schuldentilgung abhängig. Neben den Symphonikern, die das Gros der Konzerte beim Musikfest spielten, wirkten auch die Philharmoniker bei einem Konzert mit und stellten eine Honorarforderung von 78.000 Schilling. Die KH-Ges. trat an die Symphoniker mit dem Ersuchen heran, diesen Betrag von den 90.000 Schilling abziehen zu dürfen, da sie den Philharmonikern bindend die Begleichung ihrer Honorarforderung zugesagt hätte. Begründet wurde dieses Ersuchen damit, „daß wir mit den Philharmonikern ja nur einmal jährlich in Kontakt treten und es für uns sehr peinlich wäre, unseren Verpflichtungen nicht nachkommen zu können. Mit Ihnen stehen wir in längjähriger ständiger Verbindung und sind dadurch in der Lage und auch gewillt unsere Schuld Ihnen gegenüber wenn auch in Teilbeträgen nach den jeweiligen Eingängen abzustatten"[234]. In der Ablehnung dieses Auszahlungsmodus wies Schenker darauf hin, „daß die WS ihre Honorare, die ohnedies unter der Hälfte der Selbstkosten liegen, zur Bezahlung der Gagen und damit zur Erhaltung der Existenz benötigen. Bei den Philharmonikern ist die Situation wesentlich anders. Die Philharmoniker haben eine durch die Staatsoper gesicherte Existenz. Die Konzerte ... sind Nebendienste und die daraus erfließenden bemerkenswert hohen Honorare sind Nebeneinkünfte".

In der wiederholten Diskussion um die Möglichkeiten der Schuldentilgung tauchte gegen Ende 1950 ein für die Symphoniker interessanter Plan einer „Naturalleistung" auf: Die Übernahme des 2.300 Werke umfassenden Notenarchivs und des Instrumenteninventars der KH-Ges. durch den Verein, der durch den Besitz des Notenmaterials die jeweiligen Entlehngebühren erspart und einen wertvollen Grundstock zu einer orchestereigenen Bibliothek gelegt hätte. Der Vorstand gab mit Schreiben vom 20. 9. 1950 seine Zustimmung zu dieser Lösung und beschloß die Einsetzung einer dreiköpfigen Begutachterkommission,[235] um den Schätzwert des Archivs zu eruieren. Von ihrem Bericht sollte die Höhe der Kompensationsleistungen des Vereins in Form von Gratisdiensten abhängig gemacht werden, da außer Frage stand, daß der Archiv-Wert die vom Konzerthaus geschuldete Summe bei weitem überstieg. In dieser ersten Phase zweifelte aber keine der beiden Seiten an der Möglichkeit eines diesbezüglichen Übereinkommens, wenngleich vorweg unterschiedlichste Versionen der erforderlichen Dienstanzahl kursierten. Die Kommission verfaßte einen vom 4. 11. 1950 datierten Bericht, in dem sie über das Archiv feststellte: „Es vermag durch seinen fast lückenlosen Bestand an gangbarer Konzertliteratur den praktischen Erfordernissen eines modernen Konzertbetriebes vollauf zu entsprechen. Seine häufige Inanspruchnahme durch andere konzertierende Vereinigungen beweist überdies, daß verschiedene begehrte Werke oft nur in diesem einen Exemplar in Wien verfügbar sind, und qualifiziert es solcherart als eine der bedeutendsten Materialsammlungen der heutigen österreichischen Aufführungspraxis."

Von den 2.300 Titeln gehörten 970 dem Unterhaltungsmusikbereich an, die restlichen verteilten sich auf gängige und weniger gespielte symphonische Werke, Ouvertü-

---

234 Brief KH-Ges. — WS 14. 7. 1953.

235 Die Kommission bestand aus dem Direktor der Musiksammlung der Nationalbibliothek, Leopold Nowak, dem Musikreferenten der Wiener Stadtbibliothek, Fritz Racek und dem Leiter von Bibliothek und Archiv des Konservatoriums, Alois Straßl.

ren, Vorspiele, Entreacts und Chormusik. Die Kommission bezifferte den Gesamtwert des Archivs auf 200.000 Schilling. Daraufhin übersandte Seefehlner einen Vertragsentwurf, der vorsah, daß die KH-Ges. trotz der Übertragung der Eigentumsrechte das Archiv für eigene Konzerte weiterhin und unbefristet unentgeltlich benützen dürfe, wobei es ohne Mietenzahlung in den Konzerthausräumlichkeiten verblieben wäre. Die Forderung, während der nächsten vier Jahre je acht Orchesterdienste gratis zu leisten, war allerdings für die Symphoniker nicht akzeptabel, bedeutete dies doch selbst bei einem noch zu niedrig angesetzten Selbstkostenpreis von 5.000 Schilling eine zusätzliche Leistung von 160.000 Schilling und damit eine Überzahlung des Schätzwertes um ca. 30.000 Schilling. Da in diesem Punkt keine Einigung erzielt werden konnte, scheiterte das Projekt. Die KH-Ges. begann daraufhin im März 1951 mit ratenweiser Schuldentilgung, bot aber gleichzeitig als Alternative an, die Schulden durch eine Kompensation mit der Miete für die im Konzerthaus befindlichen Direktionsräume der Symphoniker abzustatten. Aber bereits im Juli 1951 betrug der Schuldenstand wieder 150.000 Schilling. Es entbehrt nicht einer gewissen Ironie, daß Präsident Mautner-Markhof zur selben Zeit an die Symphoniker herantrat und sie ersuchte, zwecks Erhaltung des aufwendigen Konzertbetriebs und fälliger Hausreparaturen förderndes Mitglied der KH-Ges. mit einem Mitgliedsbeitrag von mindestens 1.000 Schilling jährlich zu werden, wofür zwei Plätze bester Kategorie für sämtliche Konzerte der Gesellschaft unentgeltlich in Aussicht gestellt wurden.

Ein neuer Modus der teilweisen Schuldentilgung ergab sich ab 1952 durch direkte Überweisung der vom Stadtsenat der KH-Ges. zur Verfügung gestellten Subventionsmittel (in der Höhe zwischen 75.000 und 150.000 Schilling) an den Verein WS. Dennoch liefen immer wieder hohe Schuldenbeträge auf, vor allem — und hier schließt sich der Kreis — durch aufwendige Musikfest-Veranstaltungen, bei denen Honorarforderungen prominenter Gastorchester und -ensembles prompt beglichen, die „hauseigenen" Symphoniker jedoch vertröstet wurden: „In den kommenden Festwochen werden nun die beiden Konzertgesellschaften zusammen rund 60 Dienste der Symphoniker konsumieren. Aus bitteren Erfahrungen der letzten Jahre gewitzigt, haben wir in unserer Einnahmeübersicht ein Drittel der aus den 60 Diensten zu erwartenden Honorare abgestrichen, weil die Gesellschaften sicher wieder irgendwelche Argumente finden werden, diese Streichungen durchzusetzen. Da anzunehmen ist, daß sich die Konzert-Situation nicht wesentlich bessern wird, ist außerdem zu befürchten, ein finanzieller Mißerfolg der Musikfestveranstaltungen werde die Gesellschaften auch in der Bezahlung der nicht bestrittenen Beträge für unsere Leistungen hindern."[236] Tatsächlich beliefen sich die Schulden der Konzertinstitute nach Ablauf des Musikfestes auf 300.000 Schilling.

Insgesamt gestalteten sich die Beziehungen zum Konzerthaus spannungsärmer als jene zum Musikverein. Jenes war — nach entsprechendem Widerstand — eher bereit, Honorarwünschen der Symphoniker entgegenzukommen, das Gesprächsklima war konzilianter, die Art der Probleme freilich wenig unterschiedlich — sie erwuchsen (wie erwähnt) dem Orchester vor allem aus dem gestörten Verhältnis der Konzertinstitute zueinander.

---

236 Brief Schenker — Stadtrat Mandl vom 8. 5. 1953.

EXKURS III:
Einige Aspekte der Beziehung Musikverein — Konzerthaus

Die organisatorischen Probleme des täglichen Dienstbetriebs, mit denen das Orchester nach Verlust seiner Veranstaltungsautonomie konfrontiert war, ergaben sich teilweise aus der durchaus unterschiedlichen Interessenlage von Veranstaltern und Orchester (etwa was die Anzahl der für eine Qualitätsleistung erforderlichen Proben betraf — der Zerfall der ursprünglichen Einheit von Planung und Ausführung machte eine produktive Zusammenarbeit der nunmehrigen Kontrahenten erforderlich, was nicht immer gelang). Gleichzeitig hatte das Orchester aber auch mit Schwierigkeiten zu kämpfen, die aus der Beziehung der Veranstalter untereinander erwuchsen. Wie sehr die Rivalität der beiden Konzertinstitute eine sinnvolle Planung im Programmbereich und die Koordination von Proben- und Aufführungsterminen mitunter erschwerte und wie sehr hier Fragen der Administration unmittelbar solche der künstlerischen Qualität beeinflußten, wurde bereits aufgezeigt. Das Problemfeld „Vermietung" aber wäre unvollständig behandelt ohne einen Blick auf die wechselhafte Gestaltung des Verhältnisses zwischen den beiden Konzertveranstaltern.

Zur Jahrhundertwende widmeten sich nur zwei Vereinigungen der kontinuierlichen Pflege der Konzertmusik[237]: die GdM und der Verein Wiener Philharmoniker. Die Verbindung zwischen Gesellschaft und Philharmonikern war in personeller Hinsicht ebenso eng wie die Tätigkeitsbereiche im wesentlichen getrennt blieben: Die Professoren des von der GdM unterhaltenen Konservatoriums waren hauptsächlich Mitglieder der Philharmoniker und wirkten auch — gemeinsam mit Studenten der höheren Semester und einzelnen Mitgliedern des Orchestervereins — im Gesellschaftsorchester mit, das die ordentlichen und außerordentlichen Gesellschaftkonzerte spielte. Während das Programm der Philharmoniker-Konzerte aus klassischer Symphonik bestand, brachten die Gesellschaftskonzerte größtenteils Chorwerke (Oratorien) unter Mitwirkung des Singvereins zur Aufführung. Die zentrale Stellung der Chormusikpflege innerhalb der GdM wird auch daran deutlich, daß noch 1872 eine Debatte über die Einrichtung eines stabilen Gesellschaftsorchesters, an der Brahms und Hellmesberger teilnahmen, ergebnislos verlief.[238] Der Instrumentalmusik galt — bei aller Traditionspflege — der ungebrochene Argwohn einer musikästhetischen Position, die unter Verwendung Wagner'scher Argumentationslinien in Wahrheit Denkkategorien des 18. Jahrhundert wieder aufnahm, welche vor der Diskussion um die Dignität absoluter Musik in Geltung standen:

In der Chormusik liege, weil sie „durch die innerste Natur des Menschen bedingt wird, eben darum ein Ewigkeitswert, wogegen die instrumentale Technik, die von dem Bau und der virtuosen Verwendung des musikalischen Werkzeuges abhängt und sich leicht und gern von der naturgemäßen Menschlichkeit entfernt, viel rascher und häufiger Veränderungen unterworfen ist. Auch die Formen der Vokalmusik haben aus diesem Grunde festeren und einen dauernden Bestand. Daher rührt der konservative Charakter von Körperschaften, die wie die Gesellschaft der Musikfreunde vornehmlich sich der

---

237 Zwar existierten 1899 acht Dilettanten-Orchestervereine, 1907 musizierten gar 21 Amateur-Orchester, bei durchschnittlich zwei bis drei statutarischen Aufführungen pro Jahr und Verein, die wohl größtenteils vor Verwandten und Freunden stattfanden, kann aber von kontinuierlicher, öffentlich relevanter Pflege der Konzertmusik kaum gesprochen werden (vgl. dazu Flotzinger/Gruber, Musikgeschichte Österreichs II, S. 391).

238 Vgl. Perger, Geschichte der GdM, S. 128.

Chormusik widmen — ein Konservatismus, der häufig verkannt und als rückständig bezeichnet wird, wiewohl er nur Beständigkeit wahrt. Ein Meisterwerk aus der altklassischen Blütezeit des A-cappella-Gesanges, eine Motette, ja nur ein Choral von Bach wirkt in unverwirrbarer Vollkommenheit fort durch die Zeiten, in denen die rasch veränderliche Orchestertechnik stets neue Empfänglichkeit, neue Ohren, neuen Sinn verlangt. Je rapider die orchestrale Musik unserer Tage sich steigert und in selbstgefällige Effekte verliert, je bewußter sie sich dem allgemein menschlichen Gefühle entwindet und der Verblüffung der Massen oder den eigensüchtigen Zwecken dirigierender Artisten und den Bewunderern dieser Virtuosen dient, desto heisser wird in tief und gesund Empfindenden die Sehnsucht nach natürlicher Befriedigung des Allgemeinsinnes; ganz wie die überfeinerte Kultur den Drang nach einer naturgemäßen Lebensweise und ruhigeren Lebensführung zu vermehren pflegt. Dem Hang zur Natürlichkeit, dem Zuge nach neuerlicher Bekräftigung gesetzmäßiger Kunstformen gibt die Gesellschaft der Musikfreunde nach, indem sie die erhabene Chormusik stets intensiver pflegt und die ihr verwandte Orgelkunst begünstigt, die strenge Tonschöpfungen dem exzentrischen Musiktreiben entgegenstellt ... Wir haben schon bemerkt, daß in dem instrumentalen Tongewühle der Zeit das Begehren nach erhabener, mächtig aufragender Chormusik umso stärker wird. Von den unbestimmt wogenden Gefühlen der instrumentalen Kunst wird der menschliche Geist immer wieder zu der bestimmten, im göttlichen oder poetischen Wort gefestigten Empfindungen der großen Chorwerke hingedrängt."[239]

Bei Gründung des Concertvereins sicherte die GdM dementsprechend sofort ihr Monopol auf die Durchführung von Chorkonzerten, indem sie die Förderung des neuen Unternehmens mit der Auflage verband, „daß der Concertverein sich verpflichten möge, keine Chorwerke zur Aufführung zu bringen"[240] — ausgenommen blieb die IX. Symphonie. Der mit der materiellen Förderung des Concertvereins verbundene Eintritt von Direktionsmitgliedern der GdM in den Vorstand des Concertvereins (der allerdings 1903/04 wieder rückgängig gemacht wurde) und das Abkommen über die Tätigkeitsbereiche beider Vereine spiegelt ebensosehr die „Platzhirschfunktion" des altehrwürdigen Instituts wie die Einsicht, in beiderseitigem Interesse unnötige Konkurrenzierung zu vermeiden. Die GdM stellte dem Concertverein für Proben den Wagner-Saal und für 12 — 16 Aufführungen den zu ermäßigten Preisen vermieteten Musikvereinssaal zur Verfügung, die Administration des Concertvereins bezog im Musikverein ein durch Spenden von Artaria, Bösendorfer und Thonet „gemütlich ausgestaltetes Vereinslocal"[241]. Der Generalsekretär der GdM leistete die administrative Vorbereitung für die Concertvereins-Veranstaltungen; das Orchester wurde für Virtuosen- und Vereinskonzerte herangezogen, wobei vereinbarungsgemäß der Concertverein bis zu 30 Mitglieder seines Orchesters für jedes Gesellschaftskonzert gegen eine Gage von zwei Gulden pro Musiker zur Verfügung stellte — noch bestand das in seiner Besetzung stets wechselnde Gesellschaftsorchester, für dessen Komplettierung (über die Hofopernorchester-Mitglieder und Konservatoriums-Professoren hinaus) die Concertvereins-Orchestermitglieder das Vorzugsrecht eingeräumt erhielten. Die populären Sonntagnachmittags-Konzerte wurden als gemeinsame Unternehmen durchgeführt. Das Abkommen rückte schließlich auch vom rigiden Verbot der Aufführung von Chorwerken ab und erstellte stattdessen

---

239 Perger, S. 259/262.
240 Ebda., S. 260.
241 Jahresbericht des Concertvereins 1901/02.

einen Kanon von symphonischen Werken mit Gesangspartien, die aufzuführen dem Concertverein erlaubt war.[242]

Mit dem Engagement des gesamten Concertvereins-Orchesters für die Gesellschaftskonzerte (ab der Saison 1903/04) verfügte die GdM in der Folge nun endlich über ein ständiges, professionelles Ensemble und konnte ihre Eigenveranstaltungen nunmehr auf den Abend verlegen (was bisher wegen der Opernverpflichtung der philharmonischen Professoren nicht möglich gewesen war). „Trotz diesen Annäherungen ... wurde eine innige Verbindung oder Durchdringung beider Korporationen nicht bewerkstelligt", vermerkt Hirschfeld und verweist auf die Konstituierung der KH-Ges. zum Zwecke des Neubaues eines zweiten Gebäudes für Konzertzwecke. Angesichts des dringenden Bedarfes begrüße die GdM diese Bestrebungen, „doch erachte sie es, ein öffentliches Institut verwaltend, auch für ihre Pflicht, einen aufsteigenden Machtfaktor rechtzeitig zu erkennen und richtig einzuschätzen und durch geeignete Vertragsverhältnisse für die eigenen Gebiete nutzbringend zu machen. In Bekräftigung dieser Anschauung wurden in loyalem und freundschaftlichem Einvernehmen die künftigen Beziehungen der GdM zu dem Concertverein und zur KH-Ges. durch ein Übereinkommen geregelt, welches das Moment der Konkurrenz ganz ausschließt und einzig auf die Basis des gegenseitigen Vertrauens, der gegenseitigen künstlerischen Anerkennung und Achtung gestellt ist"[243]. Zweifellos hatte die GdM neben dem „Interesse der allgemeinen Kunstpflege" auch ihr ureigenes im Blickfeld, indem sie sich sowohl das Concertvereins-Orchester wie auch das 1907 neugegründete Tonkünstler-Orchester für die Mitwirkung bei ihren Gesellschaftskonzerten sicherte; und die Nutzbarmachung des aufsteigenden Machtfaktors durch geeignete Vertragsverhältnisse wurde umso dringlicher, als die Verträge mit dem Concertverein bis 1913 befristet waren und kein hauseigenes professionelles Orchester zur Verfügung stand.

Das Ende 1913 zwischen GdM, KH-Ges. und Concertverein abgeschlossene Übereinkommen anläßlich der Eröffnung des Konzerthauses (womit die räumliche Emanzipation des Concertvereins von der GdM vollzogen war) betont dann ausdrücklich die Absicht zur Kooperation: Es sollten keinerlei Ausschließlichkeitsrechte an Personen oder Unternehmungen bezüglich der Verwendung von Sälen und Orchestern eingeräumt und das Einvernehmen in allen wichtigen, die Interessen eines der beiden anderen Institute berührenden Fragen gesucht werden. Die GdM engagierte den Concertverein zu mindestens zwei ordentlichen und einem außerordentlichen Konzert, sowie nach Tunlichkeit auch bei Veranstaltungen des Konzertbüros der GdM. Die Saalmieten sollten aufeinander abgestimmt und eingeräumte Ermäßigungen monatlich ausgewiesen werden. „Die Direktion der K.K. Gesellschaft der Musikfreunde und der Vorstand des Wiener Concertvereins werden rechtzeitig vor Beginn jeder Konzertsaison zusammentreten, um sich die beiderseitigen Programm-Entwürfe und die Konzerttage vor deren Publizierung mitzu-

---

242 Am 29. 5. 1903 brachte der Concertverein „ein Ansuchen zur Vorlage, betreffend eine Modifikation der beiderseitigen Bestimmungen über die in dem neuen Übereinkommen enthaltene Limitierung der in den Unternehmungen des Concertvereins aufzuführenden, einen Bestandteil eines symphonischen Werkes bildenden Chöre bzw. der in die Programme der Gesellschaftskonzerte aufzunehmenden Symphonien. Nach eingehender Debatte wird mit Stimmenmehrheit dem Concertverein konzediert, Beethovens IX. Symphonie in die Limitierung nicht einzubeziehen, dagegen wird eine Einschränkung der die Programme der Gesellschaftskonzerte betreffenden Bestimmungen abgelehnt." (Gesellschaftsbericht der GdM 1902/03).

243 Perger/Hirschfeld, S. 261/62.

teilen und Kollisionen tunlichst zu vermeiden." Diese Absichtserklärung kehrt in nahezu
identischer Formulierung in der Antrittsrede des neuen Präsidenten Mautner-Markhof
unmittelbar nach Ende des zweiten Weltkrieges wieder: „Als ersten Grundsatz betrachte
ich das unbedingt freundschaftliche Verhältnis zur altehrwürdigen GdM. Es soll immer
das Einvernehmen über Termine, Programme, Dirigenten und Solisten gepflogen werden, um dadurch eine gänzlich sinnlose Konkurrenzierung zu vermeiden. Um die
Freundschaft besonders zu festigen, erscheint es mir richtig, wenn möglichst viele Herren
der beiden Direktionen identisch sind."[244]

Die „sinnlose Konkurrenzierung" sollte dabei nicht nur im Konzertbereich unterbunden werden — die beiden Institute legten Wert auf eigenständige programmatische
Richtlinien, Profile und Aufgabenbereiche, mit dem Ziel, unterschiedliche soziale
Schichten anzusprechen: „Das Konzerthaus soll das Kulturhaus von Wien werden, und
ich glaube, daß dies auch der richtige Weg ist, einen ungesunden Wettbewerb mit der
GdM zu vermeiden ... Die GdM ist ... die große überragende Treuhänderin der konservativen Musikauffassung in Österreich, und wir sollen alldem eine Heimstätte bieten,
das wertvoll und echt ist, aber doch mit Rücksicht auf die besondere Konstruktion der
GdM dort nicht ankommen kann."[245] Das Konzerthaus solle „in weiterer Begrenzung
der Aufgaben zwischen Konzerthaus und GdM das Neue, Moderne stärker betonen und
schließlich soll sich das Konzerthaus um die systematische Pflege der leichten Musik
und Kleinkunst annehmen"[246]. Die Formulierung, das Konzerthaus solle das Kulturhaus
von Wien werden, zeigt, daß es nicht als solches eingeschätzt wurde: allzu bedenkenlos
und unkontrolliert hatte es schon in der Zwischenkriegszeit Veranstaltungen beherbergt,
die zumindest dem an der Hauptfassade eingemeißelten Meistersinger-Zitat („Ehret Eure
deutschen Meister") nicht Genüge taten. In wirtschaftlichen Krisenzeiten zeigte es sich,
daß das Publikumsinteresse nicht ausreichte, um in zwei großen Konzerthäusern vollen
Spielbetrieb zu gewährleisten — auch das Aufkommen des Rundfunkwesens brachte
einen drastischen Zuschauerschwund mit sich. Der Jahresbericht 1931/32 stellt dies
resigniert fest: „Sowohl die allgemeine Wirtschaftslage als auch die Richtung, die das
Kulturleben unserer Zeit in den letzten Jahren genommen hat, erschweren die Erhaltung
und Weiterführung eines rein künstlerischen Zwecken dienenden Unternehmens in
weitestgehender Weise ... Die Anzahl der künstlerischen und gesellschaftlichen Veranstaltungen schrumpft unter dem Druck der Verhältnisse immer mehr und mehr ein; wir
sind bemüßigt, nach anderen Einnahmsquellen Ausschau zu halten ..."

Die Haupteinnahmequelle der KH-Ges. bildete die Saalvermietung[247], während der
(bis 1938 noch offiziell vom Concertverein durchgeführte) Konzertbetrieb den wesent-
lichsten Verlustposten darstellte — es lag nahe, zwecks Budgetkonsolidierung von der
Hauptbestimmung des Hauses als „Konzerthaus" abzurücken: „Was die Natur der in
unseren Sälen stattfindenden Veranstaltungen betrifft, wollen wir darauf hinweisen, daß
wir bei voller Wahrung der Würde und des Ansehens unseres Hauses uns genötigt sehen,
die Räumlichkeiten unseres Hauses nicht bloß für künstlerische und wissenschaftliche

244 Jahresbericht der KH-Ges. 1944/45).
245 Protokoll der Direktionssitzung des KH vom 19. 7. 1946 — Rede des neubestellten Generalsekretärs Egon
    Seefehlner.
246 Ebda.
247 Die „Gesamteinnahmewirtschaft unserer Gesellschaft ist begreiflicherweise auf die Vermietung unserer
    Säle aufgebaut und auf die Erträgnisse der damit in engem Zusammenhang stehenden Nebenbetriebe wie
    Programmverkauf, Garderobe, Restaurationspacht und Provision beim Kartenverkauf" (Jahresbericht
    1932/33).

Veranstaltungen zu vermieten, um unsere künstlerischen Aufführungen und den Bestand und Betrieb des Hauses überhaupt finanziell einigermaßen sicherzustellen."[248]

Das Betriebsergebnis war also umso besser, je mehr Saalvermietungen und je weniger Eigenkonzerte durchgeführt wurden. Beispielsweise konnte in der Saison 1945/46 mit nahezu 1000 Saalvermietungen (großer Saal, Mozart-Saal, Schubert-Saal), wobei ein Großteil aus „Veranstaltungen heiteren Charakters" bestand, der Verlust aus dem quantitativ noch bescheidenen Konzertsektor (45 Veranstaltungen), der immerhin 107.000 Schilling betrug, abgedeckt und sogar ein Überschuß von 14.500 Schilling erwirtschaftet werden. Aber schon die Saison 1946/47 ergab bei stark expandierendem Konzertwesen und infolge der Veranstaltung des ersten Musikfestes trotz einer Gemeindesubvention von 25.000 Schilling ein Nettodefizit von 300.000 Schilling (bei insgesamt 972 Vermietungen der drei Säle). Der neuerliche Publikumsschwund nach der Währungsreform nach 1947 machte die Konzertserien zu noch größeren Verlustposten. In der Direktionssitzung vom 8. 10. 1947 wurde aber die Notwendigkeit der Durchführung von Konzerten durch die beiden großen Institute betont: Bei Wegfall der Konzerthaus- und Musikvereinskonzerte würden nur einige unbedeutende Veranstaltungen der Konzertbüros und viele Unterhaltungsabende der Gastspieldirektion übrigbleiben. Die KH-Ges. stünde zusätzlich unter Zwang, Eigenkonzerte durchzuführen, um das „Konzerthaus von dem Ruf eines Amüsierhauses zu befreien", weil es bei Künstlern und Publikum über beleumundet sei. Gleichzeitig aber müsse, was die Konzertanzahl betreffe, aus Finanzgründen eine restriktive Politik betrieben werden.[249] Während die GdM einen außerordentlich regen Publikumszuspruch und eine aktive Gebarung verzeichnen konnte, erwirtschaftete die KH-Ges. jährlich beträchtliche Verluste — das traditionsbewußte Konzertpublikum gab dem Musikverein den Vorzug. Doch auch dort war die Zahl der Saalvermietungen ab 1948 stark rückläufig und „die Ermächtigung ..., Konzerte der leichteren Muse zu bringen, um die Zahl der Vermietungen zu heben, hat keinen praktischen Erfolg gehabt"[250] — nur sechs Bälle konnten abgehalten werden; das Ballpublikum gab dem Konzerthaus den Vorzug. Dies hatte wiederum Konsequenzen auf die Spielplangestaltung: nur gut besuchte Veranstaltungen garantierten ausreichenden finanziellen Ertrag — und gut besucht waren nur Konzerte mit konservativer Programmierung: „Hinsichtlich der Aufführung moderner atonaler Musik muß sich die Gesellschaft eine gewisse Zurückhaltung auferlegen, da die Aufführungen zeitgenössischer Werke nur einem begrenzten Publikumsinteresse begegnen und demgemäß verminderte Einnahmen bringen."[251] Und einige Jahre später begründete Gamsjäger den immer wieder kritisierten Konservativismus der Programmgestaltung unter Ausklammerung des ökonomischen Motivs gar mit dem Hinweis auf den Charakter der GdM als Liebhaber-Vereinigung — so sehr er die gestiegene Professionalität der Darbietungen sonst immer betonte: „Unser

---

248 Was der Würde und dem Ansehen des Hauses noch angemessen schien, wurde von den Verantwortlichen allerdings recht großzügig interpretiert — in der nationalsozialistischen Ära etwa ganz im Geiste jener Rede des Präsidenten Philipp Schoeller, in der er den vollzogenen Anschluß Österreichs als befreiende Tat gepriesen hatte — „Melodramen im Geiste Hitlers", Weiheabende des Alpenvereins, Freicorps-Weihestunden, Studententage, Turnabende der Deutschlandriege, Bühnenschauturnen des Deutschen Turnerbundes, Wehrmachtskonzerte, KdF-Feierabende, um nur einige Veranstaltungen zu nennen (vgl. dazu Fritz Rebhann, Wien war die Schule, S. 109 f).

249 Protokoll der Direktionssitzung vom 8. 10. 1947.

250 MV-Direktionssitzungsprotokoll vom 11. 10. 1948.

251 MV-Direktionssitzungsprotokoll vom 13. 6. 1946 (Referat Hryntschak).

Verein ist eine Gesellschaft von Musikfreunden und kein musikwissenschaftlicher Club. Dadurch ergibt sich die künstlerische Linie. Freund der Musik bedeutet aber Liebe zu Polyhymnia, und wenn Sarastro zu Pamina weise sagt: ‚Zur Liebe kann ich Dich nicht zwingen‘, so wird es auch dem dialektisch versiertesten Kritiker nicht gelingen, einen das Schöne und Erbauende und Erhebende in der Musik suchenden Musikfreund zur Dodekaphonie zu bekehren."[252]

Diesen Weg konnte dagegen das Konzerthaus nicht in gleicher Weise einschlagen — zu sehr hatte es sich immer wieder auf die Avantgarde eingelassen, und deren Wirkung tat sich in den von ihr dominierten und von Bund und Gemeinde subventionierten Musikfesten nicht mehr wie einst in Schlägereien als vielmehr in schlecht verkauften Sälen kund.[253] Kein Wunder, daß die Leitung der KH-Ges. Auswege suchte, um dem schädlichen Image eines sozusagen musikwissenschaftlich infiltrierten Amüsierhauses zu entkommen. Am 2. 12. 1948 stellte Mautner-Markhof in seiner Funktion als Präsident der KH-Ges. den Antrag auf Fusionierung der beiden Konzertinstitute. Zwar wurden Fusionsverhandlungen eingeleitet (dem Komitee gehörten auf Seite des KH Stadtrat Mandl und Baron Dr. Otto Mayr, auf Seite der GdM Hofrat Marx und Gen. Dir. Landertshammer an), der Plan stieß aber bei der GdM auf Widerstand — einflußreiche Direktionsmitglieder sprachen sich gegen die Schaffung einer Monopolgesellschaft aus, die sie als künstlerischen Rückschritt werteten. Angesichts der Tatsache, daß die GdM nach Kriegsende eine Satzungsänderung ihrer Statuten vornahm, die ihr ermöglichen sollte, Zweigvereine in ganz Österreich zu errichten, um „den Tätigkeitskreis nicht allein auf Wien beschränken zu müssen",[254] was in Verbindung mit der Tätigkeit des angeschlossenen Konzertbüros durchaus in Richtung monopolistischer Tendenzen zur Beherrschung des österreichischen Musiklebens interpretierbar erscheint, bildeten zweifellos andere als künstlerische Gründe den Haupteinwand gegen die Fusion — sieht man vom zweifelhaften Image des möglichen Juniorpartners einmal ab: Zur Jahreswende 1948/49 waren bereits deutlich die Folgen der Theater- und Konzertkrise spürbar; das Direktionssitzungsprotokoll der GdM vom 18. 11. 1949 spricht in bezug auf die Saison 1948/49 von sinkenden Erträgen, die durch Einsparung im Bereich der Verwaltung und beim Betriebsaufwand wettgemacht werden konnten, wobei letzterer aber dennoch steigende Tendenz aufweise. Günstiger Kartenverkauf sei nur durch Preisermäßigungen zu erzielen gewesen. Die alarmierende Folgerung lautet:

„Ohne staatliche Subvention wird es nicht möglich sein, den Konzertbetrieb in einem Wiens würdigen Umfang aufrechtzuerhalten." Da Subventionierung aber jedenfalls zumindest latente Abhängigkeit bedeutet, war es sicher eine kulturpolitisch nicht unwesentliche Entscheidung, in wessen Abhängigkeit man sich eher begab. Ein Blick auf die Zusammensetzung der Vorstände der beiden Konzertinstitute ist in diesem Zusammen-

---

252 Gen-Versammlung MV am 17. 12. 1953, S. 11 — Karajan als Musikdirektor des MV versuchte sich getreu dieser Vorgabe mit seinem mehrjährigen Aufbauprogramm für Chor und Orchester an der Quadratur des Kreises — sah es doch u.a. vor, die „Programmgestaltung einesteils weitestgehend den Wünschen des Wiener Konzert-Publikums anzupassen, andernteils jedoch so zu gestalten, daß im Laufe der Jahre keine Sterilität eintritt." (Vollversammlung 20. 12. 1954) Die Lösung dieses Problems lag bekanntlich darin, die qualitative Differenz der Werke auf den gemeinsamen Nenner „Karajan" zu bringen. Präsident Hryntschak sah das Problem der Synthese von Tradition und Moderne folgendermaßen: „Wir werden an einem gesunden Konservativismus festhalten, aber wir werden zu gleicher Zeit für das Neue aufgeschlossen sein, soweit es schön und gut ist". (General-Versammlung 21. 1. 1952)

253 Die triste wirtschaftliche Lage zwang die KH-Ges. sogar dazu, kurzfristig den Mozart-Saal in ein Kino umzuwandeln (Direktionssitzungsprotokoll vom 7. 2. 1949).

254 Protokoll der Vollversammlung MV 12. 6. 1946.

hang lehrreich: Ab der Saison 1945/46 gehörten Dr. Matejka als Leiter des Kulturamtes der Stadt Wien, sowie die Gemeinderäte Planek und Trautzl dem Direktionsrat der KH-Ges. an, zusätzlich zählten Mag.-Dir. Dr. Kritscha als Delegierter der Gemeinde, Min.-Rat Dr. Wisoko-Meytsky und Hofrat Dr. Thomasberger als Delegierte des Bundesministeriums für Unterricht zu den Direktoriumsmitgliedern. Wisoko war auch Direktionsmitglied in der GdM und bildete zusätzlich mit Präsident Hryntschak und Komm.-Rat Hutterstrasser einen dem Präsidium angegliederten Arbeitsausschuß für Entscheidungen über die Geschäftsführung. Thomasberger hatte hier als Delegierter des Bundesministeriums für Unterricht die Funktion eines kooptierten Mitglieds. Kooptiert wurden am 7. 8. 1946 Dr. Matejka und GR Planek (als „Vertreter der Arbeiterschaft"). Ist hier schon die unterschiedliche Präsenz von Vertretern der („roten") Gemeinde und des („schwarzen") Unterrichtsministeriums in den beiden Konzertinstituten auffällig, so verstärkt sich diese Polarisierung später noch: Anläßlich der Neuwahl ins Präsidium der GdM am 15. 12. 1949 erhalten zwar u.a. Raoul Aslan als Vertreter des Burgtheaters, Hanzl als jener der Philharmoniker, Mr. Legge als Aufnahmeleiter von „His Masters Voice" und Dr. F. Kosch von der Kirchenmusikabteilung der Musikakademie Virilstimmen, jedoch kein Vertreter der Gemeinde Wien (von den Symphonikern ganz zu schweigen). Bedenkt man des weiteren die guten Beziehungen der GdM zu zweifellos konservativ dominierten Geldinstituten und Industrieunternehmungen (Spenden kamen z.B. von der Länderbank, deren Generaldirektor Landertshammer Direktionsratsmitglied war, vom Hypotheken- und Creditinistitut samt angeschlossenen Konzernindustrien;[255] aufgrund eines Appells traten 25 große Industriefirmen der GdM als Gründer und Stifter bei[256]), so liegt der Schluß nahe, daß sie es vermeiden wollte, sich durch eine Fusion mit der KH-Ges. der Gefahr des Versuchs verstärkter Einflußnahme seitens der sozialistischen Gemeindeverwaltung auszusetzen. Dies bestätigt u.a. eine Äußerung Dr. Mayrs anläßlich der offenen Kontroverse zwischen den Konzertinstituten 1953/54: „Ich habe damals schon meiner Meinung Ausdruck gegeben, daß in dem verkleinerten Wien eine große, eine fusionierte Gesellschaft genügt, und daß infolgedessen beide Gesellschaften beieinander sein sollten. Das war aus dem Grund unmöglich, weil die KH-Ges. statutenmäßig an die Stadt Wien gebunden ist, die GdM dagegen mehr an den Bund".[257] Diese Begründung entsprach zwar nicht ganz den objektiven Tatsachen (was schon daraus hervorgeht, daß Stadtrat Mandl am 31. 10. 1955 eine Erweiterung der Satzungen der GdM dahingehend verlangte, daß sowohl Ministerium wie auch Kulturamt das „Recht haben sollten, je ein Mitglied in die Direktion zu entsenden"[258]), beleuchtet aber doch die realen Interdependenzen und unterschiedlichen Einflußbereiche in der Kulturpolitik, in der die Spannungen Bund-Gemeinde ebenso Erbstück der Zwischenkriegszeit waren wie im politischen Bereich. Es lag im dringenden Interesse der GdM, daß die ihr über den Umweg der Symphoniker von der Gemeinde Wien gewährte hohe indirekte Subvention, die jedenfalls in dieser Form die Aufwendungen des Bundes bei weitem überstieg, in dieser Indirektheit verblieb und in der Öffentlichkeit als Subventionierung des Orchesters aufschien, während die direkte Gemeindesubvention an die GdM ab 1950 nur das Äquivalent für die verbilligten Gewerkschafts- und Theater der Jugend-Konzerte darstellte.

---

255 Direktionssitzungsprotokoll MV, 27. 11. 1950.
256 Protokoll der Vollversammlung, 16. 12. 1948.
257 Generalversammlung, 17. 12. 1953.
258 Direktionssitzungsprotokoll MV 31. 10. 1955.

Eine Fusion zwischen der Hochburg bürgerlicher Musikkultur und einem Mischbetrieb aus Avantgarde, Kino, Restaurant und Ballhaus lag also nicht im Interesse des stärkeren Verhandlungspartners, wohl aber eine säuberliche Trennung der Aufgabenbereiche unter Beibehaltung der unterschiedlichen Vereinskonstruktionen — so kam es am 6. 5. 1949 zur Ratifizierung eines Übereinkommens zwischen GdM und KH-Ges. „zum Zwecke der beiderseitigen Unterstützung und sinnvollen Reorganisation des von beiden Gesellschaften unterhaltenen Konzertbetriebes" mit folgendem Inhalt:

1. Die KH-Ges. verpflichtete sich ab der Saison 1949/50, keine eigenen Konzerte mehr im großen Konzerthaussaal abzuhalten, diese vielmehr (inkl. der Musikfestveranstaltungen) im Musikverein durchzuführen. Ein Solistenkonzert der GdM pro Jahr sollte im großen Konzerthaussaal stattfinden.

2. Der große Konzerthaussaal wurde als Mietobjekt zum Zwecke ernster Musikdarbietungen gesperrt. Eine Ausnahmeregelung betraf die Konzerte des Schubertbundes, des Gesangvereines Österreichischer Eisenbahnbeamter, der Singakademie, des Kammerorchesters der KH-Ges., deren Anzahl aber insgesamt sechs Abende pro Jahr nicht übersteigen durfte. Darüberhinaus mußte die KH-Ges. Mietanträge an die GdM weiterverweisen, der es freistand, bei Annahmeverweigerung eine Freigabe für eine Aufführung im großen Konzerthaussaal zu erteilen. Für jedes dieser Konzerte war von der KH-Ges. ein Betrag von 500 Schilling an die GdM zu bezahlen.

3. Der große Musikvereinssaal wurde für alle jene öffentlichen Veranstaltungen gesperrt, „die nicht auf dem Gebiet seriöser Musik liegen", mit Ausnahme des Techniker- und Philharmoniker-Balles sowie jenes der Musikfreunde selbst. Alle anderen Veranstaltungsanträge mußten an die KH-Ges. weiterverwiesen werden, dabei galten dieselben Bestimmungen wie in Punkt 2.

4. Die KH-Ges. war berechtigt, im großen Musikvereinssaal sechs Abonnementkonzerte und ein außerordentliches Konzert mit je einer Voraufführung für Jeunesse und Theater der Jugend zu veranstalten, die GdM verpflichtete sich, die dabei gespielten Werke nicht in ihre eigenen Programme aufzunehmen.

5. Drei gemeinsam vom Singverein und der Singakademie veranstaltete Chorkonzerte sollten im großen Konzerthaussaal stattfinden.

6. Mozart- und Schubertsaal durften weiterhin für Kammermusik- oder Liederabende verwendet werden.

7. Gegenseitiges Einsichtsrecht in Veranstaltungskalender und Abrechnungen war vorgesehen, die Propaganda sollte im Einvernehmen und in Verbindung mit der Herausgabe eines eigenen Konzertblattes erfolgen. Ein Kartenvorkaufsrecht für Mitglieder der anderen Gesellschaft wurde vereinbart, Preisermäßigungen erhielten aber nur Mitglieder der eigenen.

Wesentlich war der Punkt 12.: Die KH-Ges. verpflichtete sich, 10% der administrativen Einnahmen aus Saalvermietung, Garderobenbetrieb etc., maximal aber 100.000 Schilling pro Jahr an die GdM „im Interesse der ungestörten finanziellen Abwicklung des Wiener Konzertbetriebes" zu zahlen. Hinter dieser Formulierung verbirgt sich die Leistung einer Ausgleichtaxe für den Verzicht der GdM auf die finanziell lukrative Durchführung von Bällen und ähnlichen Veranstaltungen.[259]

---

259 Aus dem Direktionssitzungsprotokoll der GdM vom 25. 4. 1949: „Auf die Frage Min.-Rat Wisoko, wieso die bis jetzt in Nöten befindliche KH-Ges. dazu käme, der relativ besser situierten GdM eine jährliche Zahlung von 100.000 Schilling zu leisten, erwidert Präsident, daß das Übereinkommen eine wohlabgewogene Abstimmung der gegenseitigen materiellen und künstlerischen Vor- und Nachteile beinhalte."

Weiters wurde ein gemeinsames Büro zum Engagement und zur Vermittlung von Künstlern (die „Austria Concert-Agentur" — ACA) im Konzerthaus mit gleicher Gewinn- und Verlustbeteiligung, aber selbständiger Geschäftsgebarung eingerichtet, wobei Seefehlner die Interessen im Ausland, Gamsjäger jene im Inland vertreten sollte.[260]

„Frühere Planlosigkeit ist einer Ordnung gewichen", vermerkt das Direktionssitzungsprotokoll der KH-Ges. vom 8. 9. 1950 bezüglich der abgelaufenen Saison — allerdings nur auf dem Papier, wie aus der Symphonikerkorrespondenz hervorgeht. Koordinationsbemühungen scheiterten immer wieder an der mangelnden Gesprächsbereitschaft der beiden Generalsekretäre und an zunehmenden Spannungen zwischen den beiden Instituten: „Im Laufe der Diskussion hat der Geschäftsführer, Herr Georg Schenker, darüber berichtet, daß sich seit geraumer Zeit schwere Zerwürfnisse zwischen den verantwortlichen Persönlichkeiten des Musikvereins und des Konzerthauses ... abspielen und daß sich die Rivalitäten und Versuche, einander zu schädigen, bereits in Schwierigkeiten und Schädigungen der Symphoniker auszuwirken beginnen. Der Kampf der führenden Dirigenten und der Kampf um diese, der Streit um die Termine von Konzerten und Reisen der Symphoniker u.ä. haben einen Umfang angenommen, der nicht nur den Symphonikern, sondern dem ganzen Wiener Konzertleben in absehbarer Zeit zum Schaden gereichen muß."[261] Lustig-Prean ersuchte um Intervention des Bundesministeriums für Unterricht in der Überzeugung, „daß nur die beiden für das Kulturleben verantwortlichen obersten Stellen in der Lage sein würden, die streitenden und intrigierenden Teile zu einem Übereinkommen zu veranlassen"[262]. Wie verhärtet die Fronten vor allem seitens der GdM waren, geht aus einer Anregung Seefehlners hervor, der im März 1951 anläßlich einer Besprechung mit Lustig-Prean ersuchte, „es möge von Herrn Stadtrat Mandl ehebaldigst der Versuch unternommen werden, eine Aussprache zwischen ihm (Seefehlner) und Direktor Gamsjäger herbeizuführen, da nicht nur das persönliche Verhältnis, sondern auch das zwischen den beiden großen Konzertgesellschaften unerträglich und für das gesamte Musikleben schädlich geworden sei. Eine Intervention seitens des Bundesministeriums für Unterricht halte er für unwahrscheinlich und seine wiederholten Versuche, mit Gamsjäger direkt in Verbindung zu kommen, seien gescheitert"[263]. Zu einer Intervention kam es tatsächlich nicht — „erst kürzlich habe ich bei einer Unterredung mit SR Dr. Lafite gesehen, daß, obwohl auch er mit den Zähnen knirscht, sein Minister und sein Ministerium den Musikverein als tabu betrachten", schreibt Lustig-Prean[264] und räumt gleichzeitig — immerhin als Vorsitzender des Direktionsrates — ein: „Meine Stellung ist, wie ich sehr offen zugebe, Gamsjäger gegenüber viel zu schwach, weil bisher von keiner Seite, die höher und einflußreicher ist als ich, auch nur einmal Herrn Gamsjäger bewiesen worden wäre, daß man sich von ihm nicht alles gefallen lassen muß."[265]

Da sowohl Seefehlner als auch Gamsjäger außerdem im Management von Konzerttourneen aktiv waren, erwuchsen dem Orchester abseits vom Saison-Kleinkrieg auch noch auf diesem Gebiet Schwierigkeiten — so versuchte Gamsjäger laut Schenker, die im Anschluß an das jährliche Perugia-Gastspiel geplante Italienreise unter Karajan mit

---

260 Die Symphoniker-Gastspiele in Perugia sowie Opernaufführungen in Florenz wurden von der ACA gemanagt, die auch die Generalvertretung einiger Schallplattenfirmen innehatte.
261 Brief Lustig-Prean — Stadtrat Mandl vom 17. 2. 1951.
262 Ebda.
263 Brief Lustig-Prean — Liebermann vom 13. 3. 1951.
264 Brief Lustig-Prean — Stadtrat Mandl vom 31. 3. 1951.
265 Ebda.

allen Mitteln zu vereiteln: „Wir haben Karajans Manager letzthin dringlichste Vorstellungen gemacht, er möge doch seine Reisepläne unter Mitnahme Italiens erstellen und möge Karajan, auf den er großen Einfluß besitzt, zur Annahme unserer Forderungen bewegen. Als Antwort erhalten wir dann ein lakonisches Telegramm, welches uns den Rat gibt, wir möchten wegen der Italienreise uns mit Gamsjäger in Verbindung setzen — der ja alles tut, um diese von Seefehlner kommende Reise zu inhibieren."[266] Im gleichen Schreiben stellt Schenker bezüglich der erhofften Bereinigung des Klimas zwischen den Konzertinstituten fest, „daß der von uns ersehnte Effekt nicht erzielt worden ist, denn die Rauferei um die Termine und die praktische Animosität laufen auf Hochtouren weiter".

Im Juni 1951 wurde das Abkommen zwischen Konzerthaus und GdM mit nur unwesentlichen Änderungen erneuert. Zusätzlich wurde vereinbart: „Zwecks Vermeidung einer schädlichen Hypertrophie von Konzerten mit ernster Musik verpflichtet sich die KH-Ges. insgesamt, also im großen Saal und im Mozart-Saal nicht mehr als 45 Konzerte mit ernster Musik zu veranstalten, während sich die GdM verpflichtet, während der Vertragsdauer nicht mehr Konzerte als in der Saison 1950/51 zu veranstalten." Die Höhe der von der KH-Ges. zu leistenden Ausgleichstaxe wurde mit maximal 150.000 Schilling festgesetzt. Allerdings war die KH-Ges. aus diesem Titel bei Ablauf des ersten Vertragsabschnitts bereits 76.000 Schilling schuldig,[267] und laut Vollversammlung der GdM vom 26. 4. 1954 waren die Ausgleichszahlungen für 1952/53 und 1953/54 überhaupt ausgeblieben. Überdies warf die GdM der KH-Ges. vor, entgegen den vertraglichen Bestimmungen zuviele Eigenkonzerte zu veranstalten.

Der Ausbruch des öffentlich viel beachteten und in diesem Ausmaß ungewöhnlichen Konflikts zwischen den beiden Instituten Ende 1953 kann als Indikator für die trotz aller vertraglichen Vereinbarungen und beschwörenden Harmonie-Beteuerungen bestehenden Rivalitäten während dieser gesamten Zeitspanne gelten: Nachdem Mautner-Markhof als Direktionsmitglied der GdM unter dem Hinweis auf die Notwendigkeit der heimischen Industrieförderung den geplanten Ankauf eines Steinway-Flügels vereitelt hatte, entdeckte die GdM plötzlich die Unvereinbarkeit der Direktionsmitgliedschaft in beiden Instituten (die bisher gerade der Garant für eine möglichst enge Zusammenarbeit sein sollte) und beschloß in der Generalversammlung vom 17. 12. 1953, nur mehr solche Herren seien künftig in die Direktion wählbar, die sich verpflichteten, ihre in der KH-Ges. innegehabten Stellen zurückzulegen oder solche nicht anzunehmen, was jedenfalls den Ausschluß der vier Konzerthausfunktionäre mit Mautner-Markhof an der Spitze zur Folge haben mußte. Dieser Gewaltstreich fand die erforderliche Mehrheit nur, wie aus den Protokollen eindeutig hervorgeht, durch massive Manipulation der Generalversammlung, für die Einladungen nur selektiv verschickt worden waren; nur 10% der Mitglieder waren anwesend, bei einem Großteil von ihnen herrschte „völlige Unorientiertheit ... am Beginn der Diskussion".[268]

Zweifellos hatte die „Verschwörergruppe" sowohl die massiven Proteste aus eigenen Reihen als auch die Reaktion der für Skandale in der Kulturszene sensiblen Wiener Öffentlichkeit unterschätzt. Es sollen hier nicht die Einzelheiten jener Vorgänge referiert werden, die einige Monate später über die Einberufung einer ao. Generalversammlung

266 Brief Schenker — Lustig-Prean vom 27. 4. 1951.
267 Direktionssitzungsprotokoll GdM vom 29. 6. 1951.
268 Präsident Hryntschak, 26. 2. 1954 in einem Schreiben an die Direktionsmitglieder, Stadtrat Mandl und
    Minister Kolb.

und umständliche Rochaden im Bereich der Direktionsmitglieder und Virilisten zur erneuten Aufnahme der ausgeschlossenen Konzerthausfunktionäre führten. Wesentlich erscheint vielmehr, daß die Veranstalter während des ersten Nachkriegsjahrzehnts keine kooperativ geschaffene organisatorische Basis erstellen konnte, die maßgebliche Vorbedingung für effiziente künstlerische Arbeit gewesen wäre — und hier berührten die Auseinandersetzungen unmittelbar Orchesterinteressen. Der Sender Rot-Weiß-Rot resümierte in seiner „Musikalischen Rundschau" vom 2. 1. 1954: „Auch im Konflikt Musikverein — Konzerthaus, der bisher allerdings ein einseitig, nämlich vom Musikverein ausgeführter Kampf ist, scheint man zu glauben, daß eine glänzende Fassade genügt, um nicht ganz saubere Machinationen, die hinter dieser Fassade geschehen, verbergen zu können ... Daß die von Zeit zu Zeit auftauchenden Monopolbestrebungen der GdM nach einer Alleinherrschaft im Wiener Musik- und Konzertleben dessen Entwicklung gefährden, ist schon mehrmals ausgesprochen worden ... Was wir brauchen, ist eine möglichst enge und intensive Zusammenarbeit zwischen beiden Häusern und kein Konkurrenzkampf, bei dem es nur einen Verlierer gäbe: das Wiener Publikum."

Ein erfolgreich durchgeführter Ausschluß der Konzerthaus-Mitglieder hätte tatsächlich die weitgehende Monopolisierung des Konzertlebens bedeutet: Räumlich durch vertraglich fixierte Reduzierung des im Konzerthaus stattfindenden Konzertbetriebs auf rudimentäre Formen, funktionsmäßig durch Festlegen des Konzerthauses auf Stadthallen- bzw. Ballsaalcharakter, organisatorisch durch Entzug des Mitspracherechts bezüglich der Geschehnisse im Musikverein. Die Kündigung des Vertrags durch die KH-Ges. am 31. 5. 1954 stellte den organisatorischen status quo von 1948 her, allerdings unter geänderten Kräfteverhältnissen: Das Ansehen der GdM hatte unter der für sie blamablen Affäre gelitten; auf dem finanziellen Sektor bilanzierte die KH-Ges. zwar noch immer mit Verlust, konnte aber nun über gesicherte Subventionen durch Bundesministerium für Unterricht, Gemeinde, Festwochenausschuß[269] und (fallweise) Handelsministerium verfügen, die im Bedarfsfall auch aufgestockt wurden: Die Schulden aus der Ausgleichsaxe an den Musikverein konnten aus einer zu diesem Zweck erhöhten Jahressubvention durch Bund und Gemeinde beglichen werden. Die relative Stärkung der KH-Ges. geht auch daraus hervor, daß es nun die GdM war, die den Antrag stellte, über einen neuen Vertrag zu diskutieren, die Zahlung einer Ausgleichsaxe vom Konzerthaus aber zurückgewiesen wurde. Zudem erübrigten der einsetzende wirtschaftliche Aufschwung, die auch in soziologischen Wandlungsprozessen (in Richtung Angestelltenkultur) begründete Zunahme der potentiellen Kundenschicht und die dadurch bewirkte weitere Verbreiterung des Angebots, die Diskussion bezüglich der Existenzmöglichkeit und -notwendigkeit zweier unabhängiger Konzertinstitute. Am Ende des besprochenen Zeitraums zeichnete sich jene Form der Koexistenz ab, die im wesentlichen auch heute noch besteht: Zwei Häuser mit unterschiedlicher Programmatik und teilweise auch divergierender Publikumsstruktur, im gemeinsamen Konzertsektorbereich organisatorisch koordiniert, inhaltlich jedoch ohne Konzeption, die aufeinander abgestimmt wäre, was immer wieder zu ärgerlichen Parallelveranstaltungen gleicher Programme führt — zwei unbestrittene Faktoren der kulturellen Szene, die eben deshalb (keineswegs zu ihrem Nutzen) kulturpolitischer Diskussion weitgehend entzogen sind.

---

269 In der Saison 1954/55: Bund 500.000 Schilling, Gemeinde Wien 360.000 Schilling, Festwochenausschuß 300.000 Schilling (Jahresbericht KH-Ges.).

c) Ravag

Die Beziehung zur Ravag bildete seit der Konstituierung des Vereins Wiener Symphoniker im Jahr 1933 die existentielle Grundlage des Orchesters, der Bedarf an Musikprogrammen war im Vergleich zur schwankenden Konjunktur des Konzertwesens konstant und vor Einführung der Magnetophon-Technologie zu einem Gutteil nur durch Live-Konzerte zu decken. Die beiden wöchentlichen Ravag-Konzerte waren der Grundstock der Beschäftigung des Orchesters (vom Unterhaltungsorchester ganz abgesehen), absorbierten 50% des Arbeitsaufwandes, erbrachten einen ebenso großen Anteil der Einspielergebnisse, entzogen das Orchester aber auch in diesem Ausmaß öffentlich-wirksamer, sichtbarer Präsenz. Der Status als „halbes" Rundfunkorchester behinderte die Entfaltung repräsentativer öffentlicher Konzerttätigkeit, war aber gleich zeitig aufgrund mangelnder kommunaler oder staatlicher Unterstützung Vorbedingung, um sie — in eingeschränktem Maß — überhaupt durchführen zu können. Die Ravag war nicht nur der größte Diensteabnehmer und wichtigste Mieter, die Art des Verhältnisses zwischen ihr und dem Orchester unterschied sich wegen ihrer öffentlich-rechtlichen Stellung auch grundlegend von jenem zwischen Orchester und Konzertinstituten. Die Neuregelung der Geschäftsverbindung zur Ravag nach Kriegsende im Sinne des Erhaltens oder gar des Ausbaus der Dienstverpflichtung, und der Weiterbestand des Monopols auf dem Sektor des vom Rundfunk veranstalteten Live-Konzerts waren angesichts des völlig ungeklärten Subventionsmodus durch die öffentliche Hand die wichtigsten Ziele des Vereins in der Phase des Neuaufbaus der WS. Die Aufrechterhaltung möglichst intensiver Rundfunktätigkeit lag auch nach dem Erreichen bindender Zusagen bezüglich der Subventionierung durch Bund und Gemeinde im Interesse des Vereins, so sehr der künstlerische Wert dieser Veranstaltungen auch zweifelhaft und der Reputation des Orchesters sogar abträglich war: Die mit der Subvention verbundene Auflage, möglichst hohe Einspielergebnisse zu erzielen, verstärkte die Abhängigkeit von der Ravag — zahlte sie doch als nicht nach privatwirtschaftlichen Kriterien kalkulierende Organisation höhere Honorare als die Konzertinstitute.

Obwohl die Ravag auch während des Nachkriegsjahrzehnts ein wichtiger Geschäftspartner der Symphoniker blieb, verloren diese sukzessiv Marktanteile, mußten prozentuell niedrigere Gagen in Kauf nehmen und wurden allmählich aus ihrer beherrschenden Stellung als inoffizielles Funkorchester gedrängt. Ehe diese Entwicklung nachgezeichnet wird, ist ein Blick auf Organisation und Struktur des Rundfunkwesens zu Kriegsende angebracht[270] — die Politik der Ravag gegenüber den Symphonikern bestimmt sich wesentlich aus diesen Voraussetzungen.

Die Ravag hatte nach 1938 ihre ursprünglichen Eigentumsrechte an allen technischen Einrichtungen des Rundfunkwesens verloren, ebenso ihre freie Verfügbarkeit über die einfließenden Hörergebühren: Entsprechend der Regelung im Deutschen Reich gelangten die Sendeanlagen durch Ankauf in den Besitz der Reichspost, die das Fernmelde-Hoheitsrecht innehatte und 55% der Hörergebühren für den Betrieb der Rundfunksender aufwendete, während über die restlichen Gelder das Reichspropaganda-Ministerium verfügte, indem es der für das Programm verantwortlichen Reichs-Rundfunkgesellschaft entsprechende Mittel zuwies, die ihrerseits den einzelnen Reichssendern finanzielle Mittel zur Verfügung stellte. Nach Kriegsende wurde diese Regelung in den Grundzügen beibehalten: Zwischen Finanzministerium und Verkehrsministerium (dem

---

270 Die folgenden Angaben basieren auf: Viktor Ergert, 50 Jahre Rundfunk in Österreich, Bd. 2, 1945 — 1955.

die Postdirektion unterstand) wurde vereinbart, daß nur maximal 50% der Hörergebühren von der Post an die auf Wien, NÖ. und Burgenland beschränkte öffentliche Verwaltung des Rundfunkwesens bzw. die einzelnen Sendergruppen weiterzugeben seien. Als Teilbetrieb der Post schien der Rundfunk als Budgetposten im österreichischen Bundeshaushalt auf, die Post führte den Vorsitz im Radiobeirat. Nur das Entgelt aus Werbedurchsagen etc. galt als echte Einnahme des Rundfunks, während die Hörerbeiträge eine staatliche Gebühr waren. „Sie dem Rundfunk zur Deckung der Kosten für technische Ausrüstung, das Personal und das Programm zu fließen zu lassen, lag im Ermessen des Staates."[271] Von 22 Mio. Schilling Hörergebühren, die im Juli 1946 an die Post flossen, gingen 9,5 Mio. an die öffentliche Verwaltung sowie an die Programmdienste der Sendergruppen, Radio Wien erhielt davon 5,8 Mio. Schilling. Nach einer drastischen Verschlechterung der finanziellen Lage des Rundfunks 1947, bedingt durch gestiegene Kosten und gleichzeitige Kürzung des Budgetvoranschlages des öffentlichen Verwalters durch den Finanzminister verblieb nur die Alternative: Änderung des Teilungsschlüssels zugunsten des Rundfunks oder Erhöhung der Teilnehmergebühr von zwei auf drei Schilling. Die Wahl der letzteren Variante brachte eine vorübergehende Entspannung der Finanzlage, dennoch erwies sich eine Änderung der Hörergebühr-Aufteilung als unumgänglich: Ab 1. 1. 1948 erhielten die Sender Wien I und II 73,5% der in der Sowjetzone eingehobenen Hörergebühren, mußten aber nun selbst für den Senderbetrieb aufkommen. Die generelle Einführung des Werbefunks ab 1947 ergab für Radio Wien im Verlauf des Jahres 1948 Einnahmen von knapp 1 Mio. Schilling. Eine neuerliche Gebührenerhöhung auf 4,50 Schilling ab 1. 7. 1949 kam allerdings zum Großteil dem Aufbau eines Investitionsfonds zugute, aus dem die nötigen Mittel zur Herstellung der gesamtösterreichischen Rundfunkversorgung fließen sollten, womit die Vorbedingungen für die Zurückdrängung der Sendergruppen-Autarkie zugunsten einer einheitlichen Rundfunkorganisation im Bundesgebiet geschaffen waren. Dennoch verblieb der Rundfunk in Abhängigkeit von branchenfremden Gruppen (Post, öffentliche Verwaltung, Verkehrsministerium, von den Zensurmaßnahmen der Alliierten ganz zu schweigen.) Im Sender Rot-Weiß-Rot, der am 25. 10. 1946 ein eigenes Wiener Studio eröffnet und infolge massiver amerikanischer Zuschüsse keine finanziellen Schwierigkeiten hatte, erwuchs der Ravag starke Konkurrenz — vor allem auf dem Kultursektor ermöglichte die Finanzkraft das Engagement zahlreicher bedeutender Künstler, und die abwechslungsreiche Programmgestaltung von Rot-Weiß-Rot stellte das Programmangebot der Ravag in den Schatten. 1951 konnte der Betrieb von Radio Wien wegen neuerlicher Verschlechterung der finanziellen Lage nur mühsam aufrecht erhalten werden — einer Steigerung der Verbraucherpreisindexzahlen seit 1938 um mehr als 500% stand eine Erhöhung der Rundfunkgebühren um ca. 53% gegenüber; deren Anhebung auf 7 Schilling im September 1951 (1,50 Schilling davon flossen in den Investitionsfonds) und die Verringerung des Einnahmenanteils der Post auf 30% führte den Rundfunk aus den ärgsten Schwierigkeiten.

Der Monatsvoranschlag September 1951 soll verdeutlichen, in welcher Größenordnung sich die Aufwendungen des Rundfunks für die Symphoniker bewegten:[272] Für Einnahmen wie Ausgaben waren knapp 3,4 Mio. Schilling präliminiert. Auf der Einnahmenseite war als finanzieller „Polster" eine „Reserve für endgültige Programmausgestaltung und für eventuelle Zahlungen an Wiener Symphoniker, NÖ-Tonkünstler-Orchester,

---

271 Rudolf Henz (zit. in Ergert, S. 119).
272 Monatsvoranschlag September 1951 (erstellt am 6. 8. 1951 vom öffentlichen Verwalter für das Österreichische Rundspruchwesen).

Generaldirektor Czeija, Austro-Mechana und Sozialversicherung" in der Höhe von
164.000 Schilling in Abzug gebracht. Bei den Betriebsausgaben bildete der Bereich
„Personalausgaben" mit knapp 1,3 Mio. den größten Sektor, wobei 200.000 Schilling auf
Großes und Kleines Rundfunkorchester entfielen. Das Budget für den Bereich „Programm" betrug 1,1 Mio. (davon 310.000 Schilling Künstlerhonorare, 180.000 Schilling
für AKM, 107.000 Schilling Autorentantiemen, 175.000 Schilling Magnetophonbänder).
Der Posten „Wiener Symphoniker" war mit 66.000 Schilling präliminiert, wurde dann
aber aufgrund von Interventionen auf 82.000 Schilling angehoben, auf das NÖ-Tonkünstler-Orchester entfielen 22.000 Schilling. Die verbleibende knappe Million verteilte sich
auf Technik (245.000), Zeitschrift „Radio Wien" (125.000), Verwaltungskosten
(225.000) und „verschiedene Zahlungen" (347.000). Die Kosten für die Symphoniker
betrugen also etwa 7,5 % des Programm-Budgets bzw. 2,5 % der gesamten Betriebsausgaben, während Großes und Kleines Funkorchester 16 % der Personalausgaben bzw. 6 %
der gesamten Betriebsausgaben beanspruchten. Dieser Monatsvoranschlag dokumentiert
zugleich die Entwicklungsrichtung der folgenden Jahre: Die allmähliche Zurückdrängung der Symphoniker zugunsten eines funkeigenen Orchesters und die Konkurrenzierung durch billigere Ensembles (wie etwa die Tonkünstler). Die permanente Finanzkrise
in der Nachkriegszeit veranlaßte den Rundfunk, Sparmaßnahmen mit nicht immer
sauberen Mitteln zu ergreifen: Mehr noch als die Konzertinstitute konnte der Rundfunk
als wichtigster Vertragspartner der Symphoniker damit rechnen, beim Verein, dem zur
wirksamen Ergreifung von Gegenmaßnahmen aufgrund seiner Angewiesenheit auf diese
Dienste die Hände gebunden waren, auf wenig Gegenwehr zu stoßen.

Nach Kriegsende bestand zunächst auf beiden Seiten die Absicht, wie bisher die
Hälfte der zur Verfügung stehenden Symphonikerdienste an die Ravag zu vergeben, die
dafür bereit war, die Hälfte der Orchester-Gesamtkosten zu tragen, d.h. also, den
Selbstkostenpreis pro Dienst zu bezahlen. Strittig war nur, ob die vom Verein angebotenen 240 Dienste tatsächlich die Hälfte der Dienstverpflichtung ausmachten, schließlich
akzeptierte die Ravag jedoch diese Anzahl, nachdem vom Verein nachgewiesen worden
war, daß nach Abzug von Urlaubszeit, freien Tagen und vom Mieter nicht bezahlten
eigenen Studienproben nur 480 vermietbare Dienste übrigblieben. Doch schon am 26. 1.
1946 kündigte die Ravag diesen Vertrag per 31. 8. 1946 mit der Begründung, er
entspräche nicht in allen Teilen den Notwendigkeiten einer Rundfunk-Gesellschaft. Die
daraufhin folgenden Verhandlungen über neue Vertragsgrundlagen erfolgten unter der
Voraussetzung einer deutlichen Reduktion der Dienste für die Ravag, die nur mehr ein
Symphoniker-Konzert wöchentlich zu veranstalten und direkt zu senden gewillt war.
Dies kam in der Konzert-Hochkonjunktur der Saison 1946/47 dem Verein sogar eher
gelegen, bot sich doch damit die Möglichkeit zu verstärkter Tätigkeit im Konzertsaal.[273]
Der Vorschlag des Vereins umfaßte 47 Konzerte in elf Monaten (insgesamt 166 Dienste)
und vermerkt: „Zusätzliche Konzerte können wir bis Ende Mai 1947 nur nach Maßgabe
eventuell freiwerdender Termine nach fallweisem Übereinkommen übernehmen."[274] Die
Gage sollte 2.000 Schilling pro Dienst betragen, die künstlerische Gesamtleitung unter-

---

273 Die von der Ravag weiterhin benötigten zwei Konzerte wöchentlich hätte das Orchester nur in den
   dienstschwachen Monaten nach Ende bzw. vor Beginn der Konzertsaison übernehmen können. Hier war
   eine wesentliche Einbruchstelle der Konkurrenz anderer bzw. des ausgebauten funkeigenen Orchesters
   gegeben, und diese Gefahr spielte eine wesentliche Rolle bei den zu dieser Zeit angestellten Überlegungen,
   den Orchesterstand zu vergrößern, um diese Marktanteile nicht einzubüßen.
274 Brief Symphoniker — Ravag vom 16. 9. 1946.

stand dem neuen Chefdirigenten Hans Swarowsky. Obwohl die Ravag dazu keine schriftliche Stellungnahme abgab, wurden ab September 1946 die vom Verein vorgeschlagenen Konzert- und Probendienste von ihr konsumiert, ehe gegen Ende Oktober der Radiobeirat unter Hinweis auf eine diesbezügliche Stellungnahme eines Ministerialrats im Finanzministerium wissen ließ, er könne in Anbetracht der niedrigeren Diensthonorare für die Konzertinstitute diesem Satz keineswegs zustimmen.[275] Trotz des vertragslosen Zustands lief die Konzerttätigkeit reibungslos weiter, die Symphoniker verrechneten 2.000 Schilling pro Dienst und erhielten von der Ravag Akontozahlungen. Ende Februar stellte dann die Ravag in einem Schreiben an die Symphoniker fest, sie könne bis zum Abschluß eines definitiven Vertrages das vorgeschlagene Honorar von 2.000 Schilling nicht akzeptieren und werde unter entsprechender Berichtigung aller seit September 1946 aufgelaufenen Rechnungen nur 1.500 Schilling[276] (den Satz für die Konzertinstitute) pro Dienst bezahlen. Im Protestbrief des Vereins hieß es, bei Selbstkosten von 2.400 Schilling könne keineswegs von einer Subvention des Orchesters durch den Rundfunk gesprochen werden, und das niedrigere Honorar für die Konzertinstitute sei eine die öffentliche Hand belastende indirekte Subvention des Musiklebens, die gegenüber einer öffentlich-rechtlichen Rundfunkanstalt nicht vertretbar sei. Die Mitteilung der Ravag nach einem halben Jahr Dienstbetrieb käme überraschend: „Wir wären aus Eigenem nicht in der Lage gewesen, auf dieser Verrechnungsbasis unsere Konzerte für die Ravag zu leisten."[277] Der Verein interpretierte die Reaktionslosigkeit der Ravag auf die ihr mitgeteilten Vermietungsbedingungen als stillschweigendes Einverständnis, aus dem die Rechtskraft für die bereits konsumierten Dienste erwachsen sei. „Wir haben es in Anbetracht der loyalen Beziehungen unterlassen, von Ihnen darüber ausdrücklich eine schriftliche Bestätigung zu urgieren", schrieb Apold. Auf die Bitte um Revision dieser einseitig getroffenen Maßnahme erfolgte keine Antwort. Im September 1947 erklärte die Ravag, aufgrund eines Gutachtens der Kammer der gewerblichen Wirtschaft, in dem die gesonderte Verrechnung der Umsatzsteuer als gesetzwidrig bezeichnet werde, könne sie diesen Betrag in den Rechnungen der Symphoniker nicht anerkennen. In der Gesamtjahresabrechnung verrechnete die Ravag ohne weitere Erklärungen oder Stellungnahmen 1.500 Schilling pro Dienst, was den Symphonikern einen Einnahmen-Ausfall von ca. 84.000 Schilling brachte. Aufgrund fehlender schriftlicher Vereinbarungen blieb es beim ohnmächtigen, wirkungslosen Protest. „Es wurde ... von der Ravag unser Anspruch grundsätzlich nicht bestritten, mit Rücksicht auf ihre schwierige Situation jedoch darauf hingewiesen, daß wir den uns dadurch entstandenen Schadensbetrag ... im direkten Verkehr mit dem Finanzministerium bzw. evtl. in bezug auf den Kulturfonds aus Ravag-Mitteln des Unterrichtsministeriums zu erhalten trachten sollen."[278] Drastisch dokumentiert sich die Hilflosigkeit des Vereins und die Schwäche seiner Position gegenüber dem Rundfunk: „Um nur Bruchteile des früheren Ravag-Geschäftes dem Verein zu erhalten, haben wir dem Druck der Ravag bisher immer nachgegeben."[279]

Die Vereinbarungen für die Saison 1947/48 brachten eine neuerliche Dienstreduktion: Für die Pauschalvergütung von 36.000 Schilling monatlich waren 12 Dienste vorgesehen, was demnach 131 Dienste während der Saison und ca. 70% der Selbstkosten

---

275 Brief Apold — Dr. Kraus vom 25. 10. 1946.
276 Das sind 62,5% der Selbstkosten.
277 Brief Symphoniker — Ravag vom 27. 3. 1947.
278 Gedächtnisprotokoll über Ravag-Vereinbarungen, September 1948.
279 Ebda.

pro Dienst bedeutete. Der Verein erklärte sich bereit, gegebenenfalls für Besetzungen, die die vereinbarte Orchestergröße von 75 Musikern überstiegen, die erforderlichen zusätzlichen Kräfte kostenlos beizustellen.[280] Die Regelung bezüglich der Dienstanzahl wurde ziemlich genau eingehalten, auch bei der Honorarzahlung gab es keine Differenzen. In der Saison 1948/49 erfolgte eine nochmalige Reduktion auf zehn Dienste pro Monat bei gleichbleibender Vergütung von 3.000 Schilling pro Dienst, allerdings wurden ab nun Orchesterverstärkungen wieder gesondert in Rechnung gestellt.

Ende 1948 konstituierte sich der neue Vereinsvorstand und der Direktionsrat, in dessen Kompetenz nun Verhandlungen mit der Ravag fielen. Dessen Versuch, anläßlich der ersten Besprechung mit dem Rundfunk die alten Forderungen aus der Saison 1946/47 zu aktualisieren, schlug fehl, bezüglich der Dienstanzahl erklärte sich die Ravag bereit, eine Erhöhung auf 15 Dienste vorzunehmen, sollten ihr aus einem vom Finanzministerium zur Rücklagenbildung gesperrten Betrag monatlich 20.000 Schilling freigegeben werden; im Falle eines erweiterten finanziellen Spielraums ließ sie auch die Bereitschaft zur Zahlung eines höheren Honorars erkennen, sah sich aber unter den gegebenen Umständen dazu außerstande.[281] Tatsächlich erfolgte eine Erweiterung auf 15 Dienste monatlich ab 1. 2. 1949. Der Verein versuchte zunächst vergeblich, von der Ravag auch für den Urlaubsmonat 15 Dienste zugestanden zu bekommen, die entsprechend auf die Saisonmonate verteilt werden sollten.[282]

Die Dienstzahlerhöhung ist als Reaktion des Rundfunks auf die existenzbedrohende Krise des Orchesters zu verstehen. Ebenso erklärte sich die Ravag bereit, die auf 4.000 Schilling gestiegenen Selbstkosten vorbehaltlich der Zustimmung des zuständigen Referenten im Finanzministerium, über den alle Honorarverhandlungen liefen, zu übernehmen.

Der Abschluß des „Kollektivvertrages" im Jahr 1950 war mit erheblichen Mehrbelastungen für den Verein verbunden, die durch das vierte Lohnabkommen noch verstärkt wurden, wodurch sich ein zusätzliches Defizit von 600.000 Schilling ergab. Die an die Ravag herangetragene Bitte, zur Milderung der finanziellen Lasten des Vereins einer Honorarerhöhung zuzustimmen, fand kein Gehör — die Ravag wies auf die eigene passive Gebarung hin und bot eine Reduzierunq der Dienstleistung bei unveränderter Zahlungsgröße von 66.000 Schilling monatlich an.[283] Die Ravag selbst war aufgrund der trotz diverser Lohnabkommen seit Mai 1949 unveränderten Hörergebühren und starker Preissteigerungen Ende 1950 in Schwierigkeiten, Löhne und Gehälter auszuzahlen. Prompt erklärte sie sich nicht mehr in der Lage, den mit den Symphonikern abgeschlossenen Vertrag zu erfüllen und kündigte eine Reduktion der Dienste auf die Hälfte an, was dem Verein einen — gemessen an seiner Finanzsituation — katastrophalen Verdienstentgang von 400.000 Schilling jährlich beschert hätte.[284] Diese Maßnahme wurde aber einen Monat später wieder rückgängig gemacht — Bürgermeister Körner persönlich hatte interveniert.

Überhaupt spielten in Verhandlungen mit der Ravag geeignete politische Kontakte eine wesentliche Rolle — dies erwies sich kurze Zeit später, als ein neuer Vertragsentwurf zur Debatte stand, in dem das Orchester eine starke Erhöhung von Dienstvolumen

---

280 Brief Wiener Symphoniker — Ravag vom 3. 11. 1947.
281 Besprechung vom 27. 1. 1949.
282 Brief Symphoniker — Ravag vom 23. 5. 1949.
283 Brief Dr. Guggenberger — Lustig-Prean vom 18. 12. 1950.
284 Brief vom 26. 1. 1951.

und Honorar anstrebte. Wie bei den Konzertgesellschaften bestand auch gegenüber der Ravag der für vorteilhafte Verhandlungsführung entscheidende Nachteil, die genaue finanzielle Situation des Kontrahenten nicht zu kennen — die Symphoniker waren nicht einmal über die Aufwendungen des Rundfunks für sein hauseigenes Orchester informiert und argwöhnten, weit unter dessen Selbstkosten zu liegen. Deshalb ersuchte Schenker Stadtrat Mandl, der prinzipiell Zugang zu den Unterlagen der Ravag besaß, diesbezüglich ein vertrauliches Exposé zu erstellen. Die finanziellen Möglichkeiten der Ravag waren wiederum von den Chancen, die geplante Gebührenerhöhung durchzubringen, abhängig, was im Wahljahr 1951 ein delikates Politikum darstellte. Mandl versprach daher, „fraktionell vorzufühlen"[285], vertraulich teilte er wenig später mit, daß das für 1951 erstellte Budget des Rundfunks für die Symphoniker ca. 170.000 Schilling mehr als 1950 vorsah, also intern mit einer Honorarerhöhung bei gleichbleibender Dienstleistung ohnehin gerechnet wurde, und die Aufwendungen für das Funkorchester die dreifache Höhe aufwiesen.[286] Aufgrund dieser Geheiminformation verlangte der Verein nahezu die Verdoppelung des monatlichen Aufwandes, entweder in Form der Erhöhung der Diensteanzahl von 15 auf 25 oder einer Steigerung des Diensthonorars von 4.000 auf 7.000 Schilling. Die Folge war ein Scheitern der Verhandlungen und ein drohender status quo für den Saisonbeginn 1951. Wiedereinmal erwies sich, daß unter Zeitdruck der Verein gezwungen war, im Interesse halbwegs geordneter Finanzen auch weit geringere Angebote akzeptieren zu müssen — die von der Ravag zugestandenen 5.500 Schilling pro Dienst lagen allerdings immer noch beträchtlich über den Leistungen der Konzertgesellschaften (4.000 Schilling). Außerdem mußte den Symphonikern an einer Erhöhung des Dienstevolumens noch mehr gelegen sein — der Kampf um Marktanteile verschärfte sich gerade durch die Etablierung und Expansionsbestrebungen der beiden Rundfunk-Orchester: Infolge des zusätzlichen Engagements von Symphonikern und Tonkünstler-Orchester und der daraus resultierenden zu geringen Beschäftigungsmöglichkeit wurden diese hauseigenen Ensembles, die im Dienst der „Russischen Stunde" standen, für Veranstaltungen in der Scala, im Porrhaus und in den USIA-Betrieben eingesetzt (und zwar im Rahmen des Ravag-Dienstes) — der erste Schritt in die Öffentlichkeit, der von den Symphonikern mit Argwohn beobachtet wurde. Wie Lustig-Prean an Stadtrat Mandl berichtete, habe der Ravag-Direktor und Fraktionskollege Dr. Pristow als Lösung dieses Problems ins Auge gefaßt, die Tonkünstler aus dem Rundfunk zu drängen und ihren Anteil von 22.000 Schilling monatlich dem Symphoniker-Honorar zuzuschlagen, vorausgesetzt, der Kampf mit der Post verliefe für die Ravag erfolgreich.[287] Im Verhandlungsteam des Funks saß andererseits Dr. Hans Sachs, der gleichzeitig Intendant des Tonkünstler-Orchesters war und sich bemühte, einen erfolgreichen Abschluß zwischen Ravag und Symphonikern zu blockieren. Die persönliche Intervention Mandls via Parteigenossen Dr. Pristow führte dann Ende Oktober zu einer 45%igen Anhebung des Diensthonorars — die inzwischen durchgeführte Erhöhung der Teilnehmergebühren bot der Ravag größeren finanziellen Spielraum. Die vertraglich festgelegten Konditionen (180 Dienste jährlich gegen eine Vergütung 6.380,— Schilling pro Dienst) blieben für die nächsten fünf Jahre verbindlich[288] — das Tauziehen um Dienstvolumen und höheres

---

285 Brief Stadtrat Mandl — Lustig-Prean vom 4. 4. 1951.
286 Brief Lustig-Prean — Schenker vom 12. 5. 1951.
287 Brief Lustig-Prean — Stadtrat Mandl vom 24. 9. 1951.
288 Bei einer Erhöhung der Selbstkosten von 6.570 Schilling im Jahr 1951 auf ca. 12.000 Schilling im Jahr 1956.

Entgelt fand damit ein (vorläufiges) Ende. Gegenüber der Ausgangsposition von 1946 hatte der Verein 25% seines Beschäftigungsanteils im Rundfunk eingebüßt, die Honorare deckten nur mehr 90% des Selbstkostenpreises — dies war aber ein beträchtlich höherer Prozentsatz, als er bei den Konzertinstituten erreicht werden konnte. Vergleicht man dieses Ergebnis mit dem Tiefpunkt des Jahres 1948, so wird ersichtlich, daß die neue Vereinsorganisation mit Hilfe ihrer Verbindungen zu politisch einflußreichen Vertretern der Gemeinde immerhin in der Lage war, diese Beziehungen für Verbesserungen der Situation des Orchesters zu nützen — und wie sehr Kultur- und Parteipolitik miteinander verfilzt waren. Wo die unmittelbare politische Interventionsmöglichkeit nicht (oder nur sehr eingeschränkt) bestand (wie gegenüber den Konzertinstituten), erreichte der Verein bei weitem ungünstigere Verhandlungsergebnisse.

Der jahrelange Kampf um Erhaltung eines entsprechenden Marktanteils im Rundfunk wurde allerdings von anderen Problemkreisen begleitet, die sich aus der Entwicklung der Reproduktionstechnologie ergaben und urheberrechtliche Belange betrafen. Laut österreichischem Urheberrechtsgesetz von 1936 erforderten die Ausstrahlung von Orchesterdarbietungen und die Aufnahme bzw. Vervielfältigung auf Schallträger die Zustimmung des Rechtsträgers des Orchesters. Schon vor dem Krieg hatte die Ravag Wachsaufnahmen und Schwarzpressungen von Orchesterkonzerten hergestellt. Während erstere nur einmal abgespielt werden konnten, waren letztere bereits öfter benützbar, weshalb der alte Ravag-Vertrag eine Abgeltung von 10% des Verkaufs- bzw. Leihpreises für die Wiederverwendung vorsah.[289] Das Schallplattenarchiv der Ravag wurde im Krieg zerstört; der Reichssender Wien hatte aber bereits die Magnetophontechnologie eingeführt, welche die Verwertungsmöglichkeit einer Aufnahme fast unbegrenzt erhöhte, von den solcherart archivierten Konzerten etliche Kopien hergestellt und an verschiedene Sendergruppen weitergegeben, ohne daß der Verein dafür vertragsmäßig entsprechende Vergütung erhielt.[290] Die Ravag trat zwar nicht die Rechtsnachfolge des Reichssenders an (dadurch erloschen die alten Vertragsbedingungen), gelangte aber in den Besitz der alten Bänder und benützte sie ohne Abgeltung an den Verein. Der Nachweis über erfolgte Ausstrahlungen gestaltete sich schwierig, weil Musikprogramme häufig ohne detaillierte Ansage gesendet wurden. Unzweifelhaft waren aber die übrigen in Österreich stationierten Sendergruppen (Rot-Weiß-Rot, Alpenland, West) im Besitz von Bandkopien und verwendeten sie ebenfalls ohne Honorar. Auf Urgenz der Symphoniker stellte sich die Ravag auf den Rechtsstandpunkt, sie halte die Ausstrahlungsrechte gemäß dem Vertrag mit dem Reichssender für abgegolten, konnte dafür aber keine Beweismittel erbringen. Unverhohlen wiesen die Vertreter der Ravag darauf hin, sie könnten — unabhängig von der rechtlichen Meinungsverschiedenheit — die alten Symphoniker-Aufnahmen mit jedem beliebigen Orchesternamen etikettieren.[291] War es solcherart ein hoffnungsloses Unterfangen für den Verein, Verwertungsgebühren für die Reichssender-Aufnahmen zu erzielen, so erschien die vertragliche Regelung der Abgeltung für aktuelle Aufnahmen, die Frage der Übertragungshonorare und die Weitergabe von Bändern an andere Sendergruppen von weit größerer Dringlichkeit. Dieser Bereich wurde schon kurz erörtert — die Abgeltung der Übertragungsrechte direkt an den Veranstalter statt wie bisher an den Verein war für diesen ebenso von Nachteil wie die Gepflogenheit der Ravag, Konzert-

---

289 Vertrag WS — Ravag vom 16. 6. 1934 § 12.
290 Ausdrücklich war als Vertragsbedingung festgehalten, daß sich diese Vereinbarung nur auf die Dauer des Vertrages bezöge (27. 6. 1939 § 17, 11. 7. 1940 § 13, 1. 9. 1942 § 12).
291 Bericht Lustig-Prean über die Konferenz in der Ravag am 8. 12. 1950.

mitschnitte anderen Sendern für spätere Sendetermine zur Verfügung zu stellen. Der Nutzen für die Ravag lag nach Ansicht des Vereins auf der Hand: Jeder der österreichischen Sender verfügte als eigener Wirtschaftskörper über eigene Einnahmen und ein entsprechendes Programmbudget; vom angeschlossenen Sender erhielt die Ravag die jeweilige Sendezeit im Austauschweg rückvergütet und verringerte somit ihre eigenen Aufwendungen für die Programmgestaltung.[292] Unter Berufung auf das Urheberrecht und die Vermietungsverträge bestritt der Verein die Berechtigung der Veranstalter, Orchesterleistungen ohne sein Wissen weiterzugeben, und jene des Rundfunks, sie ohne ausdrückliche Zustimmung in Anspruch zu nehmen. Weiters machte er sowohl eine direkte Sendung wie auch die Herstellung einer Bandaufnahme innerhalb Österreichs von einer vorherigen Vereinbarung mit dem Veranstalter bzw. der Rundfunkgesellschaft abhängig. Im letzteren Fall wurde zwischen einmaliger Sendung innerhalb von zehn Tagen nach der Aufnahme und öfterer Verwendung des Bandes unterschieden. Dagegen unterlag der Anschluß ausländischer Sender bei einer Direktübertragung im Rahmen des internationalen Kulturaustausches keinen gesonderten Regelungen mit Ausnahme des Verbots einer entgeltlichen Abtretung der Orchesterleistung seitens der Rundfunkgesellschaft. War diese selbst der Veranstalter, so umschloß der Vertrag die einmalige, direkte Ausstrahlung, untersagte jedoch die Herstellung einer Magnetophonaufnahme ohne entsprechendes vorhergehendes Übereinkommen. Übernahm eine Rundfunkgesellschaft ein Konzert der Symphoniker, das diese für einen Dritten leisteten, mußte sie in einem Revers bestätigen, ausschließlich eine Direktsendung durchzuführen, wobei der Verein seine Zustimmung zur Übertragung vom rechtzeitigen Einlangen dieses Reverses abhängig machte.[293]

Diese im Einvernehmen mit dem Bundesministerium für Unterricht und dem Kulturamt erstellten Bedingungen enthielten als Anhang den Passus: „Das Recht auf die Benützung der Orchesterleistung der Wiener Symphoniker für Aufnahmen auf Schallträger behält sich der Verein ausnahmslos vor. Für die Verwertung von Aufnahmen von Orchesterleistungen der WS wird eine besondere Einrichtung geschaffen, die bereits in ganz kurzer Zeit an Interessenten für Orchesteraufnahmen der WS solche Aufnahmen in jeder gewünschten Art zur Verfügung stellen kann“[294] — in diesem monströsen Satzgebilde klingt die Gründung der „Symphonia“ an, deren Existenzform den Intentionen des Vereins dann allerdings diametral entgegengesetzt war. Die Gründung der „Symphonia“ kann durchaus auch als Reaktion auf die Schwierigkeit (oder Unmöglichkeit) verstanden werden, angesichts der noch immer relativ hohen Diensteanzahl für die Ravag und der zahlreichen Übertragungen von Konzerten für andere Veranstalter eine mißbräuchliche Verwertung bzw. illegale Herstellung von Bandaufnahmen zu verhindern oder die weitere vertragsmäßig reelle Verwendung des Bandmaterials zu kontrollieren — die im Vergleich zum Verein WS mächtige Institution der Ravag nützte ihre Dominanz im Vertragsverhältnis zu mitunter recht eigenwilligen Interpretationen von Vertragstreue, wie die häufigen Klagen der Symphoniker über eigenmächtige Produktionsaufnahmen seitens der Ravag ohne Zustimmung des Vereins (trotz Revers-Unterzeichnung) erweisen (etwa die Aufnahmen von „Rheingold“, der „Alpensymphonie“ und des Hindemith-Requiems im Jahr 1948). Der Verein war deshalb bestrebt, in Eigenregie Tonaufnahmen des Orchesters zu produzieren, deren Vervielfältigung und Verwendung überwachbar blie-

---

292 Memorandum über die Betriebsorganisation der WS, November 1948, S. 16.
293 Aussendung an die österr. Rundfunkgesellschaften im September 1948.
294 Ebda.

ben. Nach internationaler Gepflogenheit fielen Aufnahmen solcher Art aber in die Sphäre privater Aktivität des Orchesters, das im Falle der Symphoniker bis 1948 keine Rechtspersönlichkeit besaß. Diese entstand mit Schaffung der „Symphonia". Der Verein, dessen Ziel es war, Aufnahmen anderer Stellen nach Möglichkeit zu verhindern, mußte dafür in Kauf nehmen, daß seine eigenen Angestellten im Unternehmerstatus Privatgeschäfte betrieben und diese — nach Ansicht des Vereins — auf Kosten des Hauptdienstes forcierten.

Die Verhandlungen des neugebildeten Vereinsvorstandes mit der Ravag im Jänner 1949 führten zu einem Kompromiß: Für direkte und einmalige Rundfunkübertragungen von Konzerten für andere Veranstalter war von diesen eine Abgeltung in der Höhe eines Diensthonorars zu verlangen (= eines Ravag-Diensthonorars nach Verständnis der WS — die Ravag hatte, wie erwähnt, unter Berufung auf den vertragslosen Zustand eine nachträgliche Reduktion um 25% vorgenommen); für die Weitergabe einer Sendung an einen ausländischen Sender bezahlte die Ravag eine Jahrespauschale von drei Diensthonoraren, für eine einmalige Wiederholung einer Eigensendung 10% der Produktionskosten (also für Proben und Aufführung). Weiters verpflichtete sie sich, Bandaufnahmen bloß für Zwecke der Eigensendung herzustellen. Dagegen entfiel der Anspruch auf Entgelt bei Weitergabe an andere österreichische Sender, weil, wie die Ravag erklärte, „sie selbst im Geschäftsverkehr mit diesen österreichischen Sendern kein Entgelt erhält. Sie muß im Gegenteil bessere Sendungen zur Verfügung stellen, als sie erhält, und dies im Interesse der Hebung des Niveaus des Österreichischen Rundfunks und um eine gewisse vorherrschende Stellung der Ravag im Sinne einer Zentralisierung des österreichischen Rundfunkwesens zu schaffen."[295]

Bereits etwas mehr als ein Jahr später war diese prinzipielle Regelung allerdings schon wieder durchlöchert: Nach Inbetriebnahme eines neuen Senders sollte ein für Auslandsösterreicher abhörbares Nachtprogramm installiert werden: Die Ravag wandte sich in diesem Zusammenhang mit der Bitte an die Symphoniker, aufgrund der angespannten finanziellen Lage auf dem Programmsektor eine jeweils einmalige unentgeltliche Wiederholung von Eigenproduktionen nach Mitternacht zu gestatten und bot dafür die Erfüllung einer alten Symphoniker-Forderung an: Die Abnahme weiterer 15 Dienste als „Urlaubsmonats-Rate", die auf die Saison aufgeteilt konsumiert werden sollten. Der Verein, in dessen finanziellem Interesse eine Erweiterung des Dienstvolumens bei der Ravag gelegen war, mußte nach kurzer Gegenwehr diesen Vorschlag, der eine Einschränkung der eben erst errungenen Rechte bedeutete, akzeptieren, nachdem die Ravag mit dem Zaunpfahl gedroht hatte: „Wir bitten Sie zu bedenken, daß wir mit den 15 Diensten, d.h. mit den 60.000 Schilling, die monatlich den Symphonikern bezahlt werden, bestenfalls vier Konzerte erzeugen können. Um die gleiche Summe können wir ungefähr dreimal so viel philharmonische oder Gesellschaftskonzerte unseren Hörern präsentieren."[296]

Die anfangs der fünfziger Jahre abgeschlossenen Verträge hinsichtlich Dienstanzahl, Honorarhöhe, Übertragungs- und Wiedergaberechte blieben bis zur Umwandlung der Ravag in den Österreichischen Rundfunk in den wesentlichen Bestimmungen in Kraft. Der am 26. 11. 1951 zunächst bis 31. 8. 1952 und dann jeweils für ein weiteres Jahr

---

295 Brief Ravag — Verein WS vom 29. 1. 1949.
296 Brief Ravag — WS (Dr. Kraus) vom 1. 7. 1950.

abgeschlossene Vertrag zwischen dem Verein WS und der Ravag beinhaltete bezüglich der Übertragungs- und Urheberrechte folgende Bestimmungen:
— Zustimmung des Vereins zu einer Direktübertragung mit etwaigen ausländischen Sendeunternehmen[297]
— Zedierung des Veranstaltungsrechtes an Dritte nur im Einvernehmen[298]
— Mitteilungspflicht der Ravag über Herstellung einer Bandaufnahme, Verbot der Vervielfältigung oder Verbreitung durch Verleih, Vermietung oder Verkauf[299]
— Recht zur einmaligen unentgeltlichen Ausstrahlung als Mitternachtssendung
— Bezahlung von jeweils 10% der Produktionskosten für jede weitere Sendung im In- oder Ausland[300]

Mitte der fünfziger Jahre standen einander zwei hochverschuldete Unternehmungen gegenüber: Radio Wien — nun Vertragspartner der Symphoniker — war, nachdem der Hauptausschuß des Nationalrates einen Antrag auf Gebührenerhöhung abgelehnt hatte, in einer schwierigen finanziellen Situation. Überdies blieb nach Einstellung der „Russischen Stunde" und des Senders Rot-Weiß-Rot noch offen, ob nicht aufgrund einer Vereinbarung zwischen der Regierung und den zuständigen russischen bzw. amerikanischen Stellen eine Übernahme des Apparates und des Personals dieser beiden ausländischen Senderstellen erfolgen sollte.[301] Restriktionen im Programmbereich schienen unvermeidlich. Der Schuldenstand der Symphoniker wiederum war nicht zuletzt wegen der seit 1951 unveränderten Honorare aus Rundfunkdiensten auf eine Höhe angewachsen, „die die Bedeckungsmöglichkeiten durch alleinige Zuwendungen der öffentlichen Hand bereits problematisch erscheinen lasse"[302]. Der schon von Schenker eingeschlagene problematische Kurs einer maximalen Dienstanzahl wurde nach seinem plötzlichen Tod durch den unglücklich agierenden interimistischen Direktor Schönfeld bis zum vollständigen terminlichen Chaos fortgeführt, dem nur mehr durch ebenso massiven wie niveaumindernden Einsatz von Substituten beizukommen war.[303] Selbst der Direktionsrat der Wiener Symphoniker mußte Beschwerden des Rundfunks über die mangelnde Qualität bei Orchesterleistungen als berechtigt anerkennen. In diese Situation platzte die für die Symphoniker völlig unerwartete Vertragsaufkündigung seitens des Rundfunks vom 12. 10. 1955; in vorhergegangenen Verhandlungen war bloß die Reduktion der Dienstanzahl bei gleichbleibender monatlicher Honorarhöhe zur Debatte gestanden. Die angekündigte wesentliche Herabsetzung der Pauschalsumme für die Symphoniker (bzw. ihrer Dienstverpflichtung) im Budget 1956 statt der vom Verein angestrebten Gagener-

---

297 Der Vertragsentwurf für die Saison 1952/53 schloß auch die inländischen Sender mit ein.
298 Damit sollte die vom Konzerthaus geübte Praxis, Symphoniker-Dienste als offiziell deklarierte Ravag-Dienste in Anspruch zu nehmen, unterbunden werden.
299 Der Ravag wurde aber das Recht der Vermietung oder des Verleihs eines Bandes unter der Bedingung eingeräumt, daß sich der in- oder ausländische Sender verpflichtete, die Aufnahme nur zu einer einmaligen Ausstrahlung innerhalb von drei Monaten nach der Originalsendung zu benutzen.
300 Der Vertragsentwurf für die Saison 52/53 sieht hier die Einschränkung vor, daß nach zehnmaliger Sendung das Band in den mit freiem Verfügungsrecht verbundenen Besitz der Ravag übergehen sollte.
301 Besprechung mit Radio Wien vom 16. 5. 1955.
302 Verhandlungen mit dem Österr. Rundfunk 23. 9. 1955; das Rundfunkhonorar deckte 1955 nur mehr ca. 58% der Selbstkosten.
303 „Die Zahl der Dienste kann man nicht mehr steigern, zumal paradoxerweise in unserem Fall die Mehrarbeit das Defizit vergrößert" (Lustig-Prean in einer Stellungnahme zum Aufsatz „Glanz und Elend der WS" von Dr. H. Fiechtner, erschienen in der „Furche" am 20. 10. 1955) In einer Rundfunkproduktion am 23. 10. 1955 unter Kurt Wöss spielten nach dessen Angaben fast 50% Substituten.

höhung hätte im Fall der Realisierung dieses Vorhabens eine ernstliche Existenzgefähr-
dung des Orchesters bedeutet. Das Kündigungsschreiben hatte aber einen anderen
Adressaten: „Dieser Brief wurde meines Wissens deshalb geschrieben, weil wir endlich
einmal den maßgebenden Persönlichkeiten klar machen müssen, welche Konsequenzen
es hat, wenn man uns die notwendigen finanziellen Mittel für die Gestaltung eines
anständigen Programms vorenthält."[304] Der Versuch, via Symphoniker eine bessere
Dotierung des Programmetats zu erreichen, war aber nur ein Teilaspekt: Parallel dazu
liefen die Aktivitäten bezüglich des Aufbaus eines rundfunkeigenen Konzertorchesters.
Lustig-Prean beklagte, „daß in stetig steigendem Maße die Orchesterkonzerte, die früher
den WS vorbehalten waren, nunmehr vom ‚Großen Wiener Rundfunk-Orchester' gespielt
werden. Es herrscht offensichtlich die Tendenz, den Klangkörper des Rundfunkorchesters zu einem symphonischen Orchester auszubauen, mit dem Ziel, sich auf diese Weise
der Verpflichtungen, die der Rundfunk den WS gegenüber hat, ganz oder zumindest
teilweise zu entledigen"[305].

Die Darstellung dieses Prozesses fällt nicht mehr in den Behandlungszeitraum dieser
Arbeit. Die Gegenstrategie des Vereins, den in der Musikabteilung tätigen Dr. Hans
Sachs zum künstlerischen Konsulenten des Orchesters zu ernennen, um solcherart eine
bessere Position im Rundfunk zu erreichen, scheiterte, ja erhöhte das Konfliktpotential
in erheblichem Ausmaß. Der Ausbau des Funkorchesters veränderte in der Folge nachhaltig das Orchesterprofil der WS: Der relativ hohe Anteil von Produktionen neuer
Musik — als wenig publikumswirksamer Bereich dem „freien" Musikmarkt weitgehend
entzogen und dem Bildungsauftrag des Rundfunks zugeordnet — fiel nun in die Kompetenz des neuen Orchesters, die Programme der Symphoniker bewegten sich zunehmend in traditionellen Bahnen von Klassik und Romantik. Zwischen Avantgarde und
philharmonischen Ewigkeitswerten eine eigene Linie zu finden, bedeutete für das Orchester indes kein Problem — hatte es doch kaum Einfluß auf eine Art der Programmgestaltung, die als Antwort auf diese Suche nach unverwechselbarem Profil hätte verstanden werden können.

d) Sender Rot-Weiß-Rot

Die Reduktion der Dienstanzahl bei der Ravag und die Ungewißheit über die Art des
weiteren Vertragsverhältnisses im Frühjahr 1951 veranlaßten den Verein, neue Abnehmer für die freigewordenen Kapazitäten zu suchen. Dabei lag es nahe, zu versuchen, in
engeren Kontakt mit dem Sender Rot-Weiß-Rot zu gelangen,[306] der ein umfangreiches
Kulturprogramm bot und infolge der amerikanischen Gelder finanziell weit fundierter
war als die Ravag. Rot-Weiß-Rot hatte gegen Ende der Saison 1950/51 eine eigene,
hochsubventionierte Konzertreihe mit den Philharmonikern im Musikverein begonnen,
die für erhebliche Unruhe unter Konzertveranstaltern und Agenturen sorgte: So befürchtete die Konzertdirektion Cieplik, daß die zum Einheitspreis von drei Schilling zugäng-

---

304 Dr. Glaser (Programmleitung Radio Wien) an Stadtrat Mandl, 19. 10. 1955.
305 Brief Lustig-Prean — Österr. Rundfunk vom 1. 10. 1956.
306 Einzelne Produktionen hatten schon vor 1951 stattgefunden; wegen der von Rot-Weiß-Rot geforderten und
    nicht in Einklang mit den Anstellungsbestimmungen der Symphoniker stehenden Arbeitsbedingungen war
    es dabei ebenso zu Unstimmigkeiten gekommen wie infolge starker Substitutenkontingente.

lichen Veranstaltungen[307] „jede gesunde Kalkulation, jeden mühsam ausbalancierten Konzertetat über den Haufen werfen, staatliche oder städtische Subventionen zu einer Bagatelle herabdrücken" und zu einer „musikalischen Selbstaufgabe und zur Politisierung unseres Konzertlebens" führen könnten.[308] Der Verein reagierte diesbezüglich gelassener (war doch kaum zu erwarten, daß die Philharmoniker auf Dauer mit diesen Propaganda-Konzerten ihrem eigenen Abonnement Konkurrenz machen würden) und bot die Symphoniker für eine eigene Konzertreihe an. Die Amerikaner machten aber unmißverständlich deutlich, daß für sie nur die Philharmoniker „Marke" seien, offerierten zunächst lediglich eine Tätigkeit in der „gehobenen Unterhaltungsmusik" unter anderem Orchester-Namen, um die Reputation als Symphonie-Orchester nicht zu gefährden[309], akzeptierten dann aber eine zumutbare Mischung aus beiden Musiksparten. Das den Symphonikern erreichbare Dienstvolumen bei Rot-Weiß-Rot war weiters von vornherein dadurch beschränkt, daß entsprechend den aus Salzburg und Oberösterreich einfließenden Hörergebühren zwei Drittel der zur Verfügung stehenden Sendezeit von in diesen Bundesländern ansässigen Orchestern bestritten wurde.[310] Dagegen erwiesen sich Direktveranstaltungen in Form pädagogischer Konzerte als Hoffnungsgebiet: Aus Mitteln der ERP-Hilfe führte Rot-Weiß-Rot Konzerte für „minderbemittelte Schichten" durch, „die sich normalerweise Konzerte nicht leisten können"[311], und stellte die Maseten dem Amt für Kultur und Volksbildung zur Verfügung. Die Anregung des Vereins, einen Großteil dieser Veranstaltungen als Jugendkonzerte abzuhalten und die Besuchsorganisation dem Stadtschulrat zu übertragen, fand die Zustimmung der Verantwortlichen bei Rot-Weiß-Rot.

Im Juli 1951 wurde ab 1. 9. eine wöchentlich wechselnde Produktion von ernster und Unterhaltungsmusik in Aussicht genommen, die wöchentlichen großen Rot-Weiß-Rot-Konzerte spielten weiterhin die Philharmoniker, die aber — wie vom Verein vermutet — Tendenzen zeigten, sich von diesen Produktionen zurückzuziehen. Die Tätigkeit bei Rot-Weiß-Rot erbrachte dem Verein in der Saison 1951/52 118.000 Schilling Einnahmen (etwa denselben Betrag, der durch Gastspielreisen erwirtschaftet wurde[312]). Im September 1952 kam es dann tatsächlich zu aussichtsreichen Gesprächen bezüglich der Übernahme der Samstagnachmittags-Konzerte; die Philharmoniker hatten Rot-Weiß-Rot nur die Standardwerke ihres Abonnement-Repertoires angeboten, was dem Sender nicht genügte. Der Vertragsentwurf sah allerdings nur 20.000 Schilling Pauschalbetrag pro Konzert vor (die Philharmoniker hatten 35.000 Schilling erhalten), ohne die Probenanzahl genau festlegen, und die Senderechte für zusätzliche spätere Ausstrahlungen sollten ohne Vergütung bestehen.[313] Weiters verlangte Rot-Weiß-Rot vierstündige Probendienste, die den diesbezüglichen dienstvertraglichen Regelungen zuwidergelaufen wären. Der am 1. 10. 1952 zwischen der für Rot-Weiß-Rot zuständigen USCOA (Amerikanisches Außenamt) und dem Verein für eine Saison abgeschlossene Vertrag bedeutete einen Kompromiß: Die Symphoniker gaben sich mit dem angebotenen Pauschalbetrag zufrieden, es wurden zumindest 10 Konzerte mit je zwei Proben vereinbart, zu dem Fixum von

---

307 Die Eintrittspreise der normalen Philharmoniker-Konzerte lagen zwischen 5 und 25 Schilling.
308 Konzertdirektion Cieplik an Gamsjäger 4. 6. 1951.
309 Brief Lustig-Prean — Stadtrat Mandl vom 22. 5. 1951.
310 Brief Lustig-Prean — Stadtrat Mandl vom 28. 6. 1951.
311 Ebda.
312 Vergleichszahlen: Ravag 960.000 Schilling, GdM 500.000 Schilling, KH 210.000 Schilling, verschiedene Veranstaltungen 196.000 Schilling (in: Stellungnahme zum Kontrollamtsbericht 16. 6. 1952).
313 Direktionsratssitzung vom 10. 9. 1952.

200.000 Schilling für 30 Dienste kam die Sonderhonorierung für jeden etwaigen zusätzlichen Dienst in Höhe von 8.000 Schilling. Rot-Weiß-Rot stand es frei, das 60 — 70 Minuten dauernde Konzert einmal direkt oder als Wiedergabe zu senden und anderen österreichischen Sendern das Anschlußrecht bzw. die Bandaufnahme anzubieten, ohne dafür an die Symphoniker kostenpflichtig zu sein. Ebenso war es Rot-Weiß-Rot gestattet, die Bänder zu archivieren, jede nochmalige Sendung mußte jedoch dem Verein mit einem Sonderhonorar in der Höhe von 15% der Produktionskosten vergütet werden. Es gab keine Limitierung der Orchesterstärke, Rot-Weiß-Rot verpflichtete sich bloß zur Zahlung der aus Beschaffung von orchesterfremden Instrumenten und abzugeltenden Solistenhonoraren entstehenden Kosten. Die Wahl von Dirigenten und Programmen sollte einvernehmlich erfolgen, die aufgenommenen Werke unterlagen einer vierwöchigen Sperrfrist für die Produktion bei anderen Rundfunkanstalten.[314]

Bereits zwei Monate nach Inkrafttreten des Vertrags gab es auf beiden Seiten Beschwerden: Rot-Weiß-Rot sah den Vertragspunkt, wonach das Orchester in erster Besetzung zur Verfügung zu stellen sei, durch den Einsatz von Substituten und das Fungieren eines Tutti-Geigers als Konzertmeister verletzt und beklagte das mangelnde Niveau der Aufnahmen.[315] Die Symphoniker dagegen protestierten gegen den Versuch, die übliche Probenzeit von zweieinhalb Stunden andauernd zu überziehen und möglichst umfangreiche und schwierige Werke auf diese Weise in kurzer Zeit aufzunehmen, ohne darüber das vertraglich vorgesehene Einvernehmen herzustellen. Das Versiegen jeder Korrespondenz ab 1953 deutet aber darauf hin, daß die weitere Zusammenarbeit im wesentlichen störungsfrei verlaufen sein muß und der Vertrag für die nächste Saison verlängert wurde. Im September 1954 wurden für die neue Spielzeit (die letzte von Rot-Weiß-Rot) neue Vereinbarungen getroffen: demnach veranstaltete der Sender nur mehr vier Konzerte gegen insgesamt 88.000 Schilling Honorar, sagte aber die Übertragung von drei Eigenkonzerten der Symphoniker zu und versprach den Einsatz des Orchesters im neuen „Studio Bürgertheater". Der Verein räumte im Gegenzug Rot-Weiß-Rot die Übertragungsrechte der Musikvereinskonzerte ein und einigte sich mit Gamsjäger bezüglich eines Übertragungshonorars von 4.000 Schilling pro Konzert[316]. Repräsentative Dirigentennamen schienen bei diesen Veranstaltungen nicht auf — „Rot-Weiß-Rot benützt unsere Konzerte ... dazu, aus Kompensationsgründen unbekanntere Künstler hinauszustellen"[317].

Am 5. 5. 1955 fand das letzte Konzert für Rot-Weiß-Rot statt; für die Symphoniker hatte die Zusammenarbeit mit diesem Nachkriegssender Episodencharakter, dennoch bedeutete sie eine willkommene Zubuße und Substitution für die geringere Beschäftigungsmöglichkeit bei der Ravag.

---

314 Vertrag Amerikanisches Außenamt — WS vom 1. 10. 1952.
315 Brief Rot-Weiß-Rot — WS vom 26. 11. 1952.
316 Brief Schenker — Lustig-Prean vom 23. 9. 1954.
317 Brief Schenker — Lustig-Prean vom 13. 10. 1954.

III. Symphonia:
die Musiker als Unternehmer

Ende des Jahres 1948 wurde der Gesellschaftsvertrag der „Symphonia — Wiener Symphoniker Tonaufnahmegesellschaft mbH." niedergelegt. Die beim Verein Wiener Symphoniker angestellten Musiker fungierten in der Symphonia als Gesellschafter und brachten ein Stammkapital von insgesamt 67.000 Schilling (ca. 500,— Schilling pro Gesellschafter) ein. Gegenstand des Unternehmens bildeten laut Vertrag (§ 2)

1. Die Herstellung von Tonträgern, wie Schallplatten, Tonbandaufnahmen usw. für alle Zwecke in allen gegenwärtig bekannten und in Hinkunft bekannt werdenden Arten
2. alle den Tonfilm betreffenden Aufnahmen
3. die Vermietung von Aufnahmestudios und Apparaturen
4. Reportagen
5. die Verlegertätigkeit
6. der Betrieb einer Konzertdirektion
7. der Vertrieb und Verleih von eigenen und anderen Erzeugnissen
8. die Wirtschaftswerbung im gesamten Bundesgebiet
9. die Verwertung aller Tätigkeiten des Unternehmens auf allen Gebieten

Der Zweck des Unternehmens war „die auf sozialen Erwägungen aufgebaute, durch persönliche Zusammenarbeit ermöglichte Erschließung dauernder weiterer Einnahmequellen für die Angehörigen und Mitarbeiter des Orchesters der Wiener Symphoniker und deren nächste versorgungsberechtigte und versorgungsbedürftige Hinterbliebenen" (§ 7). In dieser Formulierung verschränken sich ökonomische und soziale Funktion der Neugründung: sowohl sollten die erschlossenen (bzw. erst zu erschließenden) Einnahmequellen eine aktuelle Verbesserung der finanziellen Situation zur Folge haben, als auch (hierin der bewährten Tradition der Benefizveranstaltungen zugunsten der eigenen Altersversorgung folgend) zum Aufbau einer Pensionszuschußkasse aus Eigeninitiative dienen. Schon lange vor Gründung der Symphonia hatte der Wohlfahrts- und Unterstützungsverein der Wiener Symphoniker „Bruckner-Fonds" sozial-caritative Leistungen erbracht: Gewährung von Unterstützungen an Mitglieder in Fällen von Notlage, Invalidität, Alter, bei Todesfällen sowie Unterstützung von Witwen und Waisen.[318] Die Geldmittel hiefür stammten aus den Monatsbeiträgen der Mitglieder (wurden also vom regulären Gehalt einbehalten), teilweise aber auch aus Spenden auf Basis privaten Mäzenatentums (die Liste der Stifter reichte von Furtwängler, Andrae, Ormandy über verschiedene Institutionen wie die GdM, die Creditanstalt, die Gewerkschaft bis zu Graf Esterhazy, Prinz A. Thurn-Taxis und verschiedenen Vertretern des Großbürgertums), waren aber insgesamt nicht ausreichend, um nach dem Zweiten Weltkrieg die Differenz

---

318 Statuten des Bruckner-Fonds Wien 1931, § 2.

zwischen ASVG-Pension und Ruhegenüssen, wie sie die ehemals im Bundesdienst stehenden Musiker erhielten, auszugleichen. Wesentlicher als die im Gesellschaftsvertrag bezeichneten Ziele der neuen Gesellschaft sind aber die Mittel, durch die man sie erreichen wollte, und deren Auswirkungen auf die Veränderung des Berufsbildes im sozialen Feld: die Verbindung zu den Medien bestand zwar seit der Neukonstituierung des Orchesters als „Wiener Symphoniker" im Jahr 1933, ohne aber den Status der Musiker als lohnabhängige Dienstnehmer zu verändern (es sei denn, zum Schlechteren durch die vom Rundfunk diktierte Annullierung längerfristiger Verträge). Der Versuch, in privatwirtschaftlicher Organisationsform Marktchancen innerhalb des Mediums Langspielplatte wahrzunehmen,[319] kennzeichnet nicht nur den Beginn eines neuen Abschnitts der Orchestergeschichte, sondern auch die einsetzende Veränderung des Sozialstatus und -charakters der Orchestermusiker im allgemeinen: erstmals vergegenständlicht sich ihre Arbeitsleistung (als handelbare Schallplatte), wird aus einer Dienstleistung, die sich im Moment ihres Erbringens auch schon wieder spurlos verflüchtigt, handfeste Warenproduktion — abseits aller offiziell bekundeten Hochachtung vor der am meisten vergeistigten Kunstform kein geringer Zuwachs an Reputation inmitten einer Gesellschaft von Warenproduzenten. Nicht länger ist Musik prinzipiell das „Andere" der bürgerlichen Gesellschaft — indem deren Produktionsformen wenigstens teilweise auf Musik anwendbar werden, erhöht sich der Integrationsgrad der Interpreten: in der jederzeitigen technischen Reproduzierbarkeit künstlerischer Leistung feiert die Gesellschaft ihren eigenen technischen Leistungsstandard. Erstmals tritt weiters das Kollektiv der Musiker (nun im speziellen Fall der Wiener Symphoniker) im Rahmen von Platteneinspielungen in unternehmerische Funktionen ein, wird zum Verhandlungs- und Vertragspartner großer Plattenproduzenten: so schwer es fallen dürfte, empirisch fundiert die Auswirkungen dieses Schrittes auf Selbstverständnis und Sozialverhalten nachzuweisen, so unabweisbar schlagen sich für den Beobachter großbürgerliche Leitbilder im Habitus der Orchestermusiker der Gegenwart nieder, was mitunter zu reizvollen soziologischen Don Quichotte-Effekten, zur Divergenz zwischen herkunftsgeprägtem Verhalten und prestigeorientiertem Darstellungswillen neuerrungener sozialer Positionen führt — der Frack des Musikers ist weit eher der des Kellners als jener des Diplomaten, jedenfalls aber Dienstkleidung und keineswegs ungezwungen präsentierter Ausdruck der Anciennität einer gesellschaftlichen Eliteformation. Die Aufwertung des Berufs (dokumentiert im steigenden Anteil der Musiker mit höheren Bildungsabschlüssen) ist freilich das Ergebnis verschiedenster Faktoren, so etwa Folge erhöhter Leistungsansprüche durch die von der Platte hervorgerufenen veränderten Hörgewohnheiten und -erwartungen, was zu verlängerten Ausbildungszeiten und höherem Stellenwert der Ausbildungsinstitute führte. Die neuerdings zu Hochschulen avancierten ehemaligen Kunstakademien legitimieren diesen Status ihrerseits durch Intellektualisierung der Ausbildung (im Falle der Musikhochschule durch den Ausbau theoretischer Nebenfächer beim Instrumentalstudium) und verleihen ihren Absolventen akademische Grade, wodurch die soziale Wertschätzung und Attraktivität des Musikerberufes nochmals erhöht wird. Dieser erscheint nun für Klassenfraktionen sozial akzeptabel, in deren Gesichtsfeld er noch vor wenigen Jahrzehnten nicht getreten wäre — es sei denn als philharmonischer Musiker, dem zumindest die Anciennität eines Kollektivs verbürgt war, das als tradierbares Relikt monarchischen Glanzes noch immer eine Sonderstellung innehatte. Um die Verringerung des Abstandes (in ökonomischer, künstlerischer und sozialer Hinsicht) ging es nicht

---

319 1948, im Gründungsjahr der Symphonia, brachte Columbia die ersten Langspielplatten auf den Markt.

zuletzt bei der Gründung der Symphonia, und die Schallplatte sollte auch diesbezüglich ein Medium sein: die durch sie eröffneten Chancen und die Möglichkeit ihrer Nutzung entschieden nun in der Regel über den Stellenwert eines Orchesters im internationalen Maßstab und hatten Rückwirkung auch auf die lokale Bedeutung. Dabei stellt die Orchestergeschichte der Symphoniker ein Exempel für die Ungleichheit von Wettbewerbsbedingungen auf dem „freien" Markt dar: die hervorragenden Erfolge der Karajan-Ära waren medial wegen dessen anderweitiger Bindung nicht verwertbar, das System exklusiver Verpflichtungen schuf eine hermetisch abgeschlossene Elite, in die einzubrechen einem „Newcomer" kaum möglich war. Die Kritik mochte noch so oft die Gleichwertigkeit des künstlerischen Niveaus der Symphoniker-Konzerte unter Karajan mit jenem der Philharmoniker konstatieren — auf dem Plattenmarkt waren die Symphoniker in keiner Phase ihrer jüngeren Geschichte eine ernsthafte Konkurrenz für die Philharmoniker.

1. Die Gründung: Motive und Projekte

Das Jahr 1948 bedeutet hinsichtlich der organisatorisch-rechtlichen Situation des Orchesters einen wesentlichen Wendepunkt: Die neue Vereinskonstruktion setzte der Improvisation der erste Nachkriegsjahre ein Ende und war gleichzeitig Ausdruck des öffentlichen Interesses an dieser Institution des Kulturlebens:[320] Erstmals innerhalb der demokratischen Verfassung trat die öffentliche Hand in geregelter Form als Mäzen auf und substituierte den Ausfall privater Initiative. Diese Förderung galt dem unmittelbaren Konzertbetrieb — neben ihm (und ihn in der Quantität der Konsumentenschicht alsbald überflügelnd) begann die erstarkende privatwirtschaftliche Tonträger-Industrie eine dominierende Rolle zu spielen; mit der Möglichkeit von Platten- und Bandaufzeichnung vollendete sich der Warencharakter der Musikproduktion und ihre Auswertung im Rahmen der expandierenden Kulturindustrie. Im Zeichen des Starwesens bekam das Konzert tendenziell den Charakter einer (nicht immer, aber häufig öffentlich subventionierten) Werbeveranstaltung für die jeweiligen Platteneinspielungen — das philharmonische Konzert als werbewirksames „Abfallprodukt" der Plattenproduktion, bei dem konkretes und synchrones Erleben Ausdruck sozialen Privilegs darstellt, bezeichnet den Endpunkt einer Entwicklung, in der Musikkultur und Markt deckungsgleich werden; daß die Internationalität und der Einfluß von Plattenkonzernen, Konzertagenturen und ihren Stars sowohl Bedeutung wie Eigenart lokaler Konzertinstitutionen schmälerte, das Werk zum Mittel interpretatorischen Exhibitionismus und dessen ökonomischer Verwertbarkeit degradierte und durch die künstlerische Personalisierung die Idee der Volksbildung unterlief, wurde von den kulturpolitisch Verantwortlichen deutlich gesehen: Die Klage Lustig-Preans, das Musikleben sei in „unanständiger Weise merkantil geworden" weist

---

320 Gemessen am Prozentsatz der Bevölkerung, der tatsächlich Konzerte besucht bzw. an „klassischer" Musik interessiert ist, wird es fragwürdig, von öffentlichem Interesse an Symphonik zu sprechen. So besehen steht die Höhe der öffentlichen Zuwendungen in keinem Verhältnis zur Minderheit der solcherart subventionierten Konsumentenschicht. Im Grunde dienen die Subventionen hauptsächlich der Herstellung und Aufrechterhaltung des Images vom Kultur- und Musikland und verdecken das — statistisch gesehen — reale private Desinteresse. Im Pflichtauftritt des völlig amusischen Politikers beim repräsentativen Festkonzert verkörpert sich diese Divergenz von öffentlichem Ansehen der Musik und privatem kulturellem Banausentum recht eindrucksvoll.

ebenso in diese Richtung wie die Beteuerungen der leitenden Funktionäre der Konzert-institute, es solle „bei allen Solistenkonzerten das Starwesen streng vermieden sein. Jeder, auch der berühmteste Künstler hat nach unserer Auffassung nur dem Werke zu dienen"[321] oder: „Unser ganzes Bestreben soll dahingehen, das Werk wiederum in den Mittelpunkt des Interesses zu stellen ... Die Interpreten müssen selbstverständlich mög-lichst hervorragend sein, trotzdem aber hinter dem Werke zurücktreten."[322] Gleichzeitig jedoch engagierte die GdM Karajan, den Prototyp des neuen „techokratischen" Stars, zum Konzertdirektor, stellte ihn in den Mittelpunkt des Interesses und ließ im „Karajan-Zyklus" das Werk hinter den Interpreten zurücktreten. Die von der GdM und der KH-Ges. gemeinsam gegründete ACA (als Konzertbüro und Generalvertretung einiger Plattenfir-men) und die Zweigstellenpläne der GdM dokumentieren den Versuch, den lokalen Rahmen und die Beschränkung auf die Wiener Konzertorganisation zu sprengen und solcherart aus der zunehmenden Internationalisierung des Konzertwesens selbst Nutzen zu ziehen. Gleichzeitig bemühte sich vor allem die GdM um Kontakte zu renommierten Schallplattenfirmen zwecks Vermietung des großen Saales für Produktionen — so wurde die Kooptierung des Aufnahmeleiters der „His Masters Voice" und „Columbia Co.", Walter Legge, in den Direktionsrat der GdM durchgeführt[323], und anfangs der fünfziger Jahre existierten feste Verträge mit Decca, Philips, Vox-Supraphon, Columbia, Electrola und Deutsche Grammophon.[324] Die Konsequenzen der technischen Entwicklung von Platte und Magnetophon für die Orchester lagen auf der Hand: verstärkter Leistungs-druck durch wachsende Vergleichbarkeit mit anderen Ensembles bei gleichzeitiger Zerschlagung künstlerischer Kontinuität, die bisher in Form jahre- oder jahrzehntelan-ger Arbeit mit ein- und demselben Orchesterleiter gewährleistet schien — selbst wenn das Engagement eines Chefdirigenten gelang, stand dieser in der Regel nur für den Bruchteil einer Saison dem Orchester zur Verfügung. Ausnahmen bildeten nur einige Orchester der ersten Garnitur und Provinzensembles, die keine internationale Bedeutung erlangt hatten; diese resultierte aber fast ausschließlich aus der Präsenz am Plattenmarkt, dessen Selektionsmechanismus keineswegs allein durch künstlerische Motive bestimmt wird: So sind selbst zwei künstlerisch gleichwertige Orchester aus derselben Stadt aufgrund mangelnder Differenzierungsmöglichkeit im Bereich der Werbung und Image-bildung praktisch unverkäuflich, und die Monopolisierungstendenz bei den Star-Orche-stern gehorcht denselben Gesetzmäßigkeiten wie bei den berühmten Solisten: „Wenn 500 Menschen berühmt sind, ist keiner berühmt. Um also erkennbare Persönlichkeiten, herausragende Gestalten zu schaffen, muß man von den 500 mindestens 490 in den Hintergrund drängen. Dabei handelt es sich nicht um ein wohlwollendes Übersehen — jenen 490 muß aller Lohn für ihre Mühe entzogen werden, um ihn den 10 Glücklichen zukommen zu lassen ... Die höchsten Profite erzielt man, wenn man in die kleinstmög-liche Zahl von Darstellern oder Interpreten investiert. Diese sind die ‚Stars'. Stars gibt es nur, wenn die Mehrheit der praktizierenden Künstler ausgeschaltet wird."[325]

Aus dieser Perspektive gesehen war die Gründung der Symphonia im Jahr 1948 der ebenso verständliche wie längerfristig hoffnungslose Versuch, durch Errichtung einer eigenen Tonaufnahme-Gesellschaft Marktpräsenz zu erlangen und die Verwertung der

321 Vollversammlung GdM 12. 6. 1946, Präsident Hryntschak.
322 Direktionssitzung Konzerthaus, 11. 12. 1951, Seefehlner.
323 Direktionssitzungsprotokoll GdM, 5. 11. 1947.
324 Direktionssitzungsprotokoll, 28. 9. 1953.
325 R. Sennett, Die Tyrannei der Intimität, S. 367f.

Produktionen selbst kontrollieren zu können. Die Konstituierung dieser Gesellschaft entsprang im wesentlichen der Initiative des organisatorisch außerordentlich befähigten, ideenreichen Betriebsratsobmannes Schenker, und es ist eine Pointe der Orchestergeschichte, daß er nach seiner Ernennung zum geschäftsführenden Direktor des Vereins WS beide Direktionsposten jahrelang (bis zu seinem Tod im Jahr 1955) gleichzeitig bekleidete: Ein klassischer Fall von Inkompatibilität angesichts der Tatsache, daß er als Direktor der Symphonia die Interessen der Musiker als Unternehmer zu vertreten hatte, in seiner Eigenschaft als Direktor der WS aber deren unmittelbarer Vorgesetzter und weisungsgebundenes Organ innerhalb der von Gemeinde und Bund dominierten Vereinsorganisation war. Vergeblich erinnerte Lustig-Prean Schenker immer wieder an sein gegebenes Versprechen, in absehbarer Zeit den Symphonia-Direktions-Posten zurückzulegen. Auf die Organisation der Symphonia hatte er keinen Einfluß und Schenker konnte keine Vernachlässigung der Vereinsinteressen vorgeworfen werden — während seiner Direktionszeit stieg die Auslastung des Orchesters auf die künstlerisch bereits problematische Anzahl von 700 Diensten pro Jahr, und damit erfüllte er den Auftrag, ein maximales Einspielergebnis zu erzielen. Verein und Subventionsgeber konnten außerdem auf Schenkers unumstrittene Autorität dem Orchester gegenüber bauen und hatten in ihm gerade aufgrund seiner Doppelfunktion und der daraus entspringenden Notwendigkeit zu Kompromissen mitunter einen wertvollen Verbündeten, der sich nicht scheute, Maßnahmen vorzuschlagen und durchzusetzen, die zu Lasten der ehemaligen Kollegen gingen und Bestimmungen des einst von ihm selbst ausgehandelten Orchestervertrags unterliefen: So gelang es ihm unter Hinweis auf die schlechte finanzielle Situation des Vereins, die Überdienstabgeltung entgegen den Vertragsbestimmungen auf die Pauschalsumme eines Substituten-Probenhonorars zu drücken; diese für ein Jahr limitierte Maßnahme wurde dann jahrelang nicht mehr zurückgenommen. Weiters wurden die Alterszulagen bedeutend geringer bemessen als in anderen Orchestern und zudem nur bei einer der fünf gesetzlichen Lohnbewegungen geringfügig miterhöht, gleiches galt für die Funktionszulagen, deren als provisorisch bezeichnete niedrige Dotierung ebenfalls definitiven Charakter annahm.[326] Schenker half also mit, daß wesentliche Teile des 1950 in Kraft getretenen Anstellungsvertrages unerfüllt blieben; auf der anderen Seite brachte den Musikern seine Personalunion insofern Nutzen, als Haupt- und Nebendienst dadurch problemlos koordinierbar war und es ihm gelang, Zugriffsgelüste der Gemeinde auf die Symphonia erfolgreich abzuwehren.

Die Gründung der Symphonia stellte in Schenkers Konzeption nur den ersten Schritt in die Richtung des Aufbaus einer umfassenden österreichischen Tonaufnahmegesellschaft dar — er erkannte deutlich die Divergenz von künstlerischem Produktivitätspotential und mangelnder Fähigkeit, es wirtschaftlich effizient zu verwerten: „Wenn man bedenkt, daß Österreich dank seiner künstlerischen Tradition und dem Können seiner musikalischen Institutionen in kultureller Hinsicht eine führende Stellung einnimmt, so ist es bedauerlich, wie wenig Nutzen aus dieser Tatsache im Interesse des Landes gezogen wird. Das Ausland bemüht sich zwar immer wieder, Gastspiele unserer großen Orchester oder der Staatsoper zu arrangieren, doch bringen solche Reisen kaum mehr als ideelle Erfolge. Dagegen zieht das Ausland reichen Gewinn aus der Verwertung unserer künstlerischen Fähigkeiten, indem es dieselben auf dem Gebiete der mechanischen Musik, wie Schallplatte und Rundfunk oder Tonfilm und Television fast zur Gänze allein auswertet. So sind, um nur Beispiele orchestraler Natur vom Schallplattensektor anzu-

---

326 Vgl. Sirowys Ausführungen in der Direktionsratssitzung vom 22. 3. 1956.

führen, die Wiener Symphoniker mit ihrer Aufnahmearbeit in erster Linie an eine Gruppe gebunden, die sich aus Philips-Holland, Deutscher Grammophon und Columbia New York zusammensetzt. Die Philharmoniker, die bisher mit His Masters Voice gearbeitet haben, sind neuerdings bei Decca London verpflichtet. Den Orchestern erwachsen aus dieser Tätigkeit zwar Einnahmen, doch sind diese gering, gemessen an den Einnahmen, die aus dem Weltvertrieb dieser Platten resultieren. Im Gesamtinteresse Österreichs wäre daher die Errichtung einer Gesellschaft anzustreben, die einerseits die Aufnahmen durchführt, d.h., die Verbindung der Orchester zur Schallplattenbranche unterbricht und an sich zieht, und andererseits diese Aufnahmen dann selbst in der ganzen Welt und in jeder technisch möglichen Form vertreibt."[327]

Philharmoniker und Symphoniker sollten je zu einem Viertel Teilhaber an dieser Gesellschaft sein und insgesamt die Hälfte des Betriebskapitals einbringen — die Philharmoniker durch Bereitstellung ihres Namens (als „Wiener Philharmoniker Tonaufnahme Ges.m.b.H."), die Symphoniker durch Nutzungsrechte an den technischen Anlagen der Symphonia, beide Orchester durch unentgeltliche Tonaufnahmen. Die zweite Hälfte des benötigten Betriebskapitals sollte durch eine nicht näher bezeichnete Kapitalgruppe aufgebracht werden. Als Arbeitsgebiete waren Erzeugung repräsentativer, von den Philharmonikern bespielter Platten (Schneide- und Kopierarbeit in eigener, Matrizieren und Pressen in fremder Arbeit), Herstellung von Programmen für in- und ausländische Sender (durch Konzert- und Opernmitschnitte), Betreuung des Tonsektors bei Fernsehfilmen (inkl. Synchronisationsarbeiten bei Werbe- und Kulturfilmen), Akustikwerbung (für Warenhäuser, Messen, Werbeaufnahmen für div. Sender) und die Errichtung eines eigenen Musikverlages vorgesehen. Gleichwohl sollten die bestehenden Bindungen der beiden Orchester an die Plattenkonzerne unangetastet bleiben, die „Wiener Philharmoniker Tonaufnahme Ges.m.b.H." hätte als Dachgesellschaft fungiert. Die Verbindung mit den Philharmonikern in einer Gesellschaft wäre dabei im Hinblick auf Verminderung der Konkurrenzierung, aber auch bezüglich späterer Gewinnbeteiligung für die Symphoniker von Vorteil gewesen, und vermutlich hatte Schenker abseits offiziell bekundeter patriotischer Interessen die Absicht, der Abhängigkeit von kommunalen Stellen durch Errichtung einer effizient konstruierten privatwirtschaftlichen Organisation teilweise entgegen zu wirken.[328]

Parallel zu diesem — nicht zustande gekommenen — Projekt liefen andere Versuche, durch Vertragsabschlüsse mit verschiedenen musikalischen Institutionen auf breiterer Basis Interessensgemeinschaften zur kommerziellen Verwertung künstlerischer

---

327 Vorschlag zur Errichtung einer Österr. Tonaufnahmegesellschaft 6. 5. 1953. Der Symphonia stand als Tonaufnahmegesellschaft die Möglichkeit offen, dem „Verband der österreichischen Schallträger-Industrie" beizutreten; dieser bestand aus den Firmen Philips, Columbia, Austrophon, Musica, Harmonia und war seinerseits Mitglied bei der „International Federation Phonographic Industry" (IFPI), die über die „Union International de Diffusion" (UIR) Abgeltungen für Rundfunk-Abspielungen eines Industrieschallträgers bezog. Weiters hatte die IFPI einen Gesamtvertrag mit der „Austro-Mechana" (als österr. Zweigstelle des „Bureau International d'Edition mecanique" (BIEM), die alle mechanischen Rechte an nicht bühnenmäßigen Werken der Tonkunst mit oder ohne Text besaß), demzufolge sie 8 % des Schallträgerpreises an letztere abführte.

328 Die Philharmoniker betonten zwar ihre Bereitschaft, „nach gemeinsamen Grundsätzen und in kameradschaftlichem Geiste zusammen zu arbeiten" (Dr. Peter an Symphonia 31. 3. 1953), wollten sich aber nicht binden. Sie waren bereit, sich den von der Symphonia ausgearbeiteten Muster- Vertragstexten für Dirigenten und Solisten anzuschließen — „damit ist den Vertragspartnern die Möglichkeit genommen, die beiden Orchester gegeneinander auszuspielen" (ebda.).

Produktionen zustande zu bringen: So erfolgte am 19. 3. 1953 eine Vereinbarung zwischen Symphonia und GdM über die Gründung einer „Gesellschaft bürgerlichen Rechts zur gemeinsamen Auswertung von Tonbandaufnahmen, die auf eigene Rechnung hergestellt werden, unter der Bezeichnung ‚Arbeitsgemeinschaft Konzert aus Wien‘“.[329] Vertragsgemäß brachte die GdM „ihre Leistungsschutzrechte als Veranstalter von Aufführungen ..., die Symphonia die ihr zu Gebote stehende Möglichkeit ein, mittels ihrer eigenen Apparaturen Aufführungen auf Tonbändern festzuhalten und diese zu vervielfältigen.“ Die Vertragspartner waren zu gleichen Teilen an Herstellungskosten und Gewinnen beteiligt, von jeder erstmaligen Verwertung eines Tonbandes sollte die Arbeitsgemeinschaft „einen angemessenen Betrag an den Verein WS als Beitrag zur Deckung des Fehlbetrages für die Erhaltung des Orchesters“ abführen. Die Symphonia erlangte nach längeren Schwierigkeiten vom Österreichischen Patentamt das Wortmarkenrecht am Titel „Konzert aus Wien“ als Bezeichnung der Schallträger[330], die Eintragung als internationale Marke wurde vom holländischen und westdeutschen Patentamt allerdings zurückgewiesen, weil sie jedes unterscheidenden Charakters entbehre und ebenso anderen Wiener Orchestern freigehalten werden müßte.

Die neukonstituierte Arbeitsgemeinschaft schloß eine Vereinbarung mit der Universal-Edition, die ersterer das Recht zusicherte, jede Aufführung eines urheberrechtlich geschützten Werkes, dessen Verlagsrechte bei der UE lagen, auf Tonband festzuhalten und dieses durch Vermietung oder Verkauf von Vervielfältigungsstücken an Rundfunk- oder Fernsehunternehmen kommerziell zu verwerten; in diesem Fall waren nur Eigensendungen der Sender zugelassen, und die Aufführungsmaterialgebühren flossen an den Verlag bzw. dessen ausländische Vertretung. Die Werbung für die hergestellten Bänder sollte über deren Ankündigung im Verlagsprospekt und direktes Anbot an die diversen Sender erfolgen.[331] Im wesentlichen entsprach diese Vereinbarung einem bereits im Mai 1952 geschlossenen Übereinkommen zwischen UE und Symphonia, in dem allerdings jeder einzelne Verwertungsfall und die Konditionen der jeweiligen Herstellung des Einvernehmens unterlagen.[332]

Weiters versuchte die Symphonia, sich durch Erwerbung von Ausschließlichkeitsrechten an Aufführungen verschiedener künstlerischer Institutionen zwischen Veranstalter und Rundfunk- bzw. Fernsehsender zu schieben — so existiert z.B. ein Vertragsentwurf mit der IGNM, in dem der Symphonia die europäischen Sonderrechte (ausgenommen eine einmalige Direkt- oder Indirektsendung) sowie die Aufnahme- und Vervielfältigungsrechte aller Veranstaltungen des 26. Internationalen Musikfestes in Salzburg (vom 20. 6. — 3. 7. 1952) eingeräumt werden. Die Symphonia sollte als Gegenleistung eine Ausfallshaftung für die Kosten des Musikfestes in der Höhe von 150.000 Schilling übernehmen und etwaige darüber hinausgehende Reineinnahmen aus Vertrieb, Verleih und sonstiger Verwertung der Ausschließlichkeitsrechte mit der IGNM teilen.[333] Ein ähnliches Übereinkommen bezüglich der „Einräumung eines ausschließlichen Optionsrechtes für die mechanischen Rechte“ schloß die Symphonia mit dem „Internationalen

329 Brief Symphonia — GdM vom 21. 3. 1953.
330 Bescheid vom 9. 6. 1953.
331 Brief Schenker — UE vom 26. 3. 1953.
332 Brief Schenker — UE vom 29. 5. 1952.
333 Entwurf einer Vereinbarung Symphonia — IGNM, 2. 3. 1952.

Musikolympischen Komitee" (IMOK) für die in Salzburg stattfindende Internationale Musikolympiade im Jahr 1952.[334]

Voraussetzung für diverse Eigeninitiativen im Bereich der mechanischen Musik war die Existenz eines modernen, hochqualifizierten Aufnahmestudios und das Engagement versierter Tontechniker: diese Bedingungen wurden am 1. 1. 1952 durch den Ankauf von Maschinen und Betriebseinrichtungen der Firma Telefunken im Wert von 113.800 Schilling erfüllt.[335] Die von ihr um 40.000 Schilling erworbene Galvanik erstand die Firma Schmidt & Kastner ihrerseits um 70.000 Schilling und erklärte sich bereit, die bei der Symphonia geschnittenen Wachse zu ermäßigtem Preis zu galvanisieren. Die Symphonia übernahm weiters von Telefunken zwei Toningenieure, einen Tontechniker und eine Bürokraft. Schlagartig erhöhten sich allein die Einnahmen aus der Vermietung der Technik innerhalb der ersten fünf Monate des Jahres 1952 auf das Dreifache des gesamten Vorjahreswerts, umgerechnet auf einen Monat ergab sich eine Umsatzsteigerung um 184% gegenüber 1951. Die Symphonia verfügte in dieser Zeit über eine modernere Aufnahmetechnik als die Ravag und konnte im Rahmen des Schallplattenvertrages mit Philips anfänglich sogar durchsetzen, daß die Aufnahmen ausschließlich von der hauseigenen Technik durchgeführt wurden. Allerdings entsprach bei der Rasanz technischer Weiterentwicklung die Qualität der Anlage schon nach wenigen Jahren nicht mehr den neuen Möglichkeiten und Anforderungen. Schon Ende 1956 galten die Maschinen als veraltet, und der sowohl von der Symphonia wie auch vom Verein wiederholt konsultierte Urheberrechts-Spezialist Dr. Peter schätzte die weitere Entwicklung illusionslos ein: Die immer weiter verfeinerte Aufnahmetechnik verlange Investitionen, die nur Weltfirmen tätigen könnten. Zudem amortisiere sich die in eine Aufnahme klassischer Musik investierte Summe erst nach 50.000 verkauften Exemplaren. Von der seitens der Symphonia produzierten „Rosenkavalier-Aufnahme" etwa wurden 54.000 Platten auf den Markt gebracht, was die Aufteilung des Gewinnerlöses von 4.000 Stück unter die 128 Gesellschafter bedeutete — ein marginaler Betrag gemessen am Zeitaufwand der Produktion. Skepsis scheint angebracht, ob einer österreichischen Tonaufnahmegesellschaft gelungen wäre, woran die Symphonia scheitern mußte: der Kapitalkraft von Weltkonzernen gegenüber auf längere Sicht konkurrenzfähig zu bleiben. Die Absatzmöglichkeit im Inland war viel zu gering, eine exportorientierte Plattenherstellung in Österreich angesichts der ungleich größeren Produktionsquanten im Ausland preislich auf Dauer kaum konkurrenzfähig:[336] Die Anzahl der Platten-Gesellschaften in den USA stieg von elf im Jahr 1949 auf 200 im Jahr 1954, Mitte der fünfziger Jahre wurden dort 252 Mio. Platten produziert, in Deutschland waren es 31 Mio. Neugründungen auf dem europäische Plattensektor basierten auf der Kapitalkraft bereits bestehender großer Firmen: So hielten die englische Decca und die deutsche Telefunken je 50% der Anteile an der 1950 gegründeten Teldec, die sich auf klassisches Repertoire spezialisierte, das sie teilweise von Decca London übernahm. Letztere Firma führte in den fünfziger Jahren 3.500 Platten in ihrem Katalog. Die explosionsartige Vermehrung amerikanischer Plattenfirmen angesichts der ungeheuren Expansion dieses Industriezweiges in der Nachkriegszeit spiegelte insgesamt in trügerischer Weise wirtschaftlichen Pluralismus und damit gleichmäßige Verteilung der Chancen vor. Der Versuch der Symphonia, durch Verträge mit kleineren

---

334 Übereinkommen Symphonia — IMOK vom 1. 5. 1952.

335 Die folgenden Angaben basieren auf dem Protokoll der Generalversammlung der Symphonia vom 13. 6. 1952. Der Ankauf wurde durch Darlehen der Gesellschafter mitfinanziert.

336 Vgl. dazu: Curt Riess, Weltgeschichte der Schallplatte.

amerikanischen Plattenproduzenten am Geschäft zu partizipieren, erwies sich in der
Folge eher als Hemmschuh für die Möglichkeit einer Verbindung mit großen Konzer-
nen — denn in Wahrheit setzte sich der wirtschaftliche Konzentrationsprozeß mit seinen
Monopolisierungstendenzen ungebrochen fort. Die Verbindung mit Philips glückte auch
nur deshalb, weil dieser Konzern erst neu in die Plattenproduktion eingestiegen war und
die großen europäischen Orchester bereits Exklusivverträge mit anderen Plattenproduzenten hatten (so hatte beispielsweise Decca neben den Wiener Philharmonikern außerdem das Concertgebouw-Orchester, London Symphony und London Philharmonic,
Conservatoire de Paris, Santa Cecilia Rom, Maggio Fiorentino, Tonhalle Zürich und
Swiss Romande unter Vertrag). Ein Blick auf die Verflechtung und Kapitalkraft der
europäischen Plattenindustrie genügt, um die objektiven Chancen abschätzen zu können,
die ein neugegründetes Unternehmen mit 67.000 Schilling Stammkapital zur Errichtung
einer eigenen Plattenproduktion (§ 2 Pkt. 1 des Gesellschaftsvertrages) besaß.

2. Symphonia und Wiener Symphoniker: ein prekäres Verhältnis

Wiener Philharmoniker GesmbH., Verträge mit IMOK, UE, „Konzert aus Wien", Vermietung der Aufnahmestudios — all dies waren Projekte oder geschäftliche Aktivitäten,
die von der Symphonia gesetzt werden konnten, ohne dadurch direkt vor das Problem
gestellt zu werden, wie sich ihre Beziehung zum Verein Wiener Symphoniker in organisatorischer und rechtlicher Hinsicht gestalten sollte, wenn sie das Orchester (als Vereinigung bürgerlichen Rechts) für ihre Produktionen engagierte. Mit anderen Worten: die
Musiker als Gesellschafter der mechanische Musik produzierenden Tonaufnahme
Ges.m.b.H. zogen sich selbst (als Mitglieder der Vereinigung bürgerlichen Rechts „Orchester Wiener Symphoniker") zu musikalischen Dienstleistungen heran, welche auf den
Dienstplänen jenes Vereins WS aufschienen, in dem sie als Dienstnehmer engagiert
waren. Die unternehmerischen Aktivitäten hingen also von den Freiräumen ab, die der
lohnabhängigen Betätigung entsprangen, und die Personalunion der Musiker als Vereins-
angestellte und Symphonia-Inhaber hatte Konsequenzen auf Organisationsstruktur und
Kompetenzaufteilung innerhalb der Symphonia: So beschloß z.B. ihr Aufsichtsrat, „nur
als Vertreter der einzelnen Gesellschafter zu fungieren ..., soweit eine Vertretung dieser
in ihrer Eigenschaft als Gesellschafter, d.h. als Mitinhaber der Symphonia, mithin als
Geschäftsleute erforderlich ist. Mit wenigen Ausnahmen arbeiten die Gesellschafter aber
als Musiker in der Symphonia, d.h. in ihrem eigenen Geschäft. Ist es nun noch eine
selbstverständliche Pflicht des Aufsichtsrates, die bevorzugte Beschäftigung der einzelnen Gesellschafter in der Symphonia ständig zu vertreten und wenn erforderlich auch
durchzusetzen, so fällt die Vertretung der Gesellschafter in ihrer Tätigkeit als Musiker
einzig und allein dem Betriebsrat zu"[337] — also der Dienstnehmervertretung innerhalb
des Vereins WS. Ebenso übernahm der Betriebsrat „für jeden durch die Symphonia
durchgeführten Nebendienst ... die Verantwortung für dessen einwandfreie künstlerische
und disziplinierte Durchführung"[338], d.h. er überwachte die von den „Nebendiensttur-
nusführern" vorgenommene Einteilung, bestellte fallweise im Einvernehmen mit der

---

337 Bericht des Aufsichtsrates der Symphonia in der Generalversammlung vom 13. 6. 1952, S. 2.
338 Nebendienstordnung der WS (undatiert).

Geschäftsführung Substituten und sorgte für die nötige Disziplin während der Aufnahmen.

Die juristische Finesse der Differenzierung zwischen dem Orchester, das als Nebenbeschäftigung in fremdem Auftrag Leistungen für Zwecke der mechanischen Musik erbrachte, und der Tonaufnahme Ges.m.b.H. Symphonia, deren im Gesellschaftsvertrag festgelegter Zweck die Herstellung von Tonträgern aller Art war, wurde anfänglich von Vertretern der Subventionsinstanzen nicht begriffen — unterschiedslos erschienen ihnen die Aktivitäten der Musiker als Mitglieder des privat agierenden Orchesters und als Gesellschafter der Symphonia den Charakter einer Nebenbeschäftigung zu haben, auf die Einfluß auszuüben jedenfalls Recht des Vereins sei. Nur aus diesem Mißverständnis sind die rechtlich irrelevanten Versuche der Gemeindevertreter erklärbar, die Symphonia unter Vereinskuratel zu bekommen: So forderte der Finanzreferent des Vereins, Generaldirektor Liebermann, anläßlich der finanziellen Krise 1949 eine Sanierung des Vereins via Symphonia — im Zuge „finanzieller Sicherstellung" sollte „die Übernahme der Symphonia und ihrer Geschäfte durch den Verein" erfolgen[339], und noch fast zwei Jahre später wollte Lustig-Prean laut interner Rathauskorrespondenz „in breiterer Front einmarschieren"[340], nachdem Auftragsstand und Bilanz der Symphonia sich wider Erwarten positiv entwickelt hatten. Deren Geschäftsführung verwahrte sich gegen diese Interventionsabsichten, indem sie das Recht der Gesellschafter auf autonome Gestaltung der dienstfreien Zeit betonte und auf den im Gesellschaftsvertrag verankerten sozial-caritativen Zweck (den Aufbau einer entsprechenden Altersversorgung für die Musiker und ihre Angehörigen) der Vereinigung verwies: „Der eventuelle Gewinn aus dieser Tätigkeit soll ausschließlich den besonderen Zwecken einer Altersversorgung usw. der Orchestermitglieder dienen. Wenn dieser Zweck auch nicht von heute auf morgen erreicht werden kann, so ist doch ein Anfang gemacht und, was von besonderer Wichtigkeit ist, der Zusammenschluß der Orchestermitglieder als Gesellschafter der Symphonia bildet eine außerordentlich wirksame Bindung der Orchestermitglieder untereinander und zur Körperschaft, wie sie der Verein bisher nicht erreichen konnte, die aber für das Gesamtinteresse von allergrößter Bedeutung ist. Wir können nachweisen, daß infolge der sich fortschleppenden Bedrücktheit und Unsicherheit unserer ganzen Betriebsverhältnisse bereits einige unserer besten Kräfte das Orchester verlassen hätten, wenn dieser Zusammenhalt nicht geschaffen worden wäre."[341] Nach Ansicht der Symphonia-Vertreter bestand nicht nur kein Gegensatz zwischen Verein und Symphonia, sondern es mußte vielmehr im Interesse des Vereins liegen, die Symphoniageschäfte nach besten Kräften zu unterstützen: wurde er doch von einer wesentlichen Aufgabe entlastet, die er zu leisten nicht imstande oder willens war — eine Pensionsregelung zu schaffen, die einigermaßen den Verhältnissen im Staatsopern-Orchester entsprach, um dadurch den starken Abwanderungstendenzen mit all ihren negativen Auswirkungen auf die künstlerische Qualität des Orchesters entgegenzuwirken. Gerade letztere jedoch wurde seitens des Vereins zum Gegenstand der Sorge, als die Symphoniaaktivitäten expandierten: denn nicht sosehr die Herstellung von Tonträgern beunruhigte die Vereinsleitung, sondern vielmehr die Tatsache, daß hiefür das „Orchester Wiener Symphoniker" herangezogen und damit wenigstens teilweise vom Hauptdienst abgelenkt wurde. Mochten auch die Symphonia-Gewinne in den Aufbau einer Pensionseinrichtung fließen und damit dem Verein indirekt zugute

---

339 Direktionsratssitzung WS vom 11. 1. 1949.
340 Brief Lustig-Prean — Vizebürgermeister Honay vom 21. 12. 1950.
341 Schenker — Vizebürgermeister Honay vom 23. 5. 1949.

kommen: die direkten Einkünfte aus der Teilnahme an den Schallplattensitzungen bildeten für die Musiker einen starken Anreiz, diese Tätigkeit bis zu einem Maß zu steigern,
daß sich infolge von Überbeanspruchung negative Folgen für die Konzerttätigkeit
ergeben mußten — und hier waren nach Ansicht des Vereins die Grenzen autonomer
Freizeitgestaltung und gleichzeitig berechtigte Interventionsansprüche gegeben. Dem
wiederum hielt die Orchestervertretung entgegen, daß nicht neurotisch-zwanghafte
Arbeitswut, sondern fehlende existentielle Absicherung (sei es als klar definierte, kol-
lektivvertragsmäßig verankerte Patronanz der Gemeinde mit entsprechenden Subven-
tionsgarantien oder ein vom Dienstgeber gewährtes, angemessenes Pensionsstatut) die
Musiker in die Aufnahmestudios triebe — mangelnde Einhaltung des Orchestervertrags
von 1950, nie verstummende Gerüchte über Restriktionspläne und eine im Grunde
verfehlte Subventionspraxis erforderten die Schaffung alternativer Einkommensquellen.

Der Verein versuchte noch anläßlich der Verhandlungen über einen neuen Orchestervertrag Mitte der fünfziger Jahre Einfluß auf die Symphonia-Belange zu gewinnen: so
forderte Gamsjäger in seiner Eigenschaft als Mitglied des Direktionsrates die Junktimie-
rung von Gehaltsverhandlungen und dem Recht des Vereins, Einteilung der Nebendienste
und deren Verrechnung vorzunehmen, bzw. Mitspracherecht in künstlerischen Belangen
zu erhalten.[342] Der Direktionsrat verlangte die Einschränkung der Schallplattendienste
zugunsten des Hauptdienstes, und verschiedene Varianten einer Neugestaltung des
Verhältnisses zwischen Symphonia und Verein standen zur Diskussion — etwa eine
generelle Dienstverminderung durch Ausbau der Symphonia-Geschäfte bei gleichzeitiger teilweiser Übernahme der Erträgnisse durch den Verein zu erreichen[343] oder die
Schallplattenproduktion überhaupt in den normalen Dienst einzugliedern, dafür aber eine
Anwartschaft auf entsprechenden Ruhegenuß in Form eines verbindlichen Anspruchs an
die öffentliche Hand zu schaffen.[344]

Im Orchestervertrag von 1950 hatte der Verein Leistungen für Aufnahmen auf
Schallträger als Nebenbeschäftigung anerkannt (§ 8 Pkt. 5) und diesen Tätigkeitsbereich
den Musikern de facto überlassen: formal hielt er sich zwar die Möglichkeit offen,
Aufnahmen dieser Art mit dritten Personen zu vereinbaren, Rechtsverbindlichkeit konnten solche Verträge aber nur mit ausdrücklicher Zustimmung des Betriebsrates erhalten,
was gleichbedeutend mit ihrem Nichtzustandekommen war. Allerdings sperrte der
Verein im Gegenzug auch die Verwendung des Namens „Wiener Symphoniker" im
Nebengeschäft mit Ausnahme eines jährlich zugunsten des Bruckner-Fonds stattfindenden Konzertes. Noch ein Jahr zuvor schien eine andere Form der Zusammenarbeit
zwischen Verein und Symphonia in greifbarer Nähe: in einem Merkblatt zur „Ordnung
der Beziehungen zwischen dem Orchester Wiener Symphoniker und dem Verein hinsichtlich der Mitwirkung bei Film-, Schallplatten- und Magnetophonaufnahmen" vom
Juni 1949 war beiden Partnern das Recht eingeräumt, Aufnahmen durchzuführen; der
Verein als Auftraggeber konnte das Orchester gegen gewerkschaftlich festgesetzte Son-
dervergütung zu Aufnahmesitzungen im Rahmen des Dienstes heranziehen (unter Anerkennung des „Umstandes, daß grundsätzlich die Mitwirkung der Orchestermitglieder bei
Aufnahmen von mechanischer Musik ... in den Bereich der Nebenbeschäftigung fällt"
und unter Bedachtnahme auf „allenfalls bestehende Ausschließlichkeitsverträge der
Orchestermitglieder"). Grundsätzlich stellte der Verein laut diesem Merkblatt seinen

---

342 Protokoll Direktionsratssitzung vom 12. 3. 1956.
343 Direktionsratssitzung vom 23. 1. 1956 (OAR Janko).
344 Direktionsratssitzung vom 17. 1. 1956 (Dr. Peter).

Namen auch für außerdienstlich durchgeführte Aufnahmen zur Verfügung, wobei er an den Einnahmen aus Filmmusikproduktion zu 5% beteiligt werden sollte. Die Gegenleistung bei Schallplatten- und Magnetophonaufnahmen stellte allerdings einen schweren Eingriff in die Autonomie der Symphonia dar: wurde das Orchester von ihr zu derartigen Dienstleistungen herangezogen, dann war sie verpflichtet, „mit dem Verein WS die entsprechende Dienstvereinbarung wie jeder andere Konzertveranstalter zu treffen und die fälligen Diensthonorare zu zahlen" — d.h. die Symphonia mußte, um den Orchesternamen verwenden zu können, das Orchester mieten, womit die prinzipielle Anerkennung des Nebengeschäft-Charakters wieder unterlaufen war. Aufgrund fehlender Unterlagen läßt sich nicht beurteilen, wieweit diese Bestimmungen innerhalb des Zeitraumes bis zum Abschluß des Orchestervertrages von 1950 tatsächlich zur Anwendung kamen. Wie erwähnt bestanden auch nach der Trennung von Haupt- und Nebendienst Ambitionen des Vereins, Kontrolle über die Symphonia zu erlangen (sei es in Form einer Fusion oder durch weitgehende Mitspracherechte) bzw. selbst im Plattengeschäft aktiv zu werden. Auch hier betrieb Schenker in seiner Doppelfunktion als Direktor des Vereins und Geschäftsführer der Symphonia eine nicht ganz durchsichtige Strategie, indem er dem Verein im Rahmen seiner Idee der Gründung einer österreichischen Plattenproduktion den Vorschlag unterbreitete, eine offizielle Schallplattenmarke „Wiener Symphoniker" zu initiieren, wobei er den möglichen Ertrag als hinreichend einschätzte, um damit einen orchestereigenen Pensions-Fonds zu finanzieren, ja sogar den Subventionsbedarf des Orchesters abzudecken.[345] Allerdings wäre zur Gründung eines solchen Unternehmens ein Produktionskredit notwendig gewesen — und hier konnte der Direktionsrat keinen anderen Rat erteilen, als sich ausgerechnet an Stadtrat Resch zu wenden.[346] Außerdem gefährdete die mögliche Angliederung eines auf Gewinn orientierten Unternehmens an den bei der Finanzbehörde als gemeinnützig existierenden Verein dessen Steuerfreiheit.[347] Es erscheint kein Zufall zu sein, daß Pläne dieser Art zu einem Zeitpunkt diskutiert wurden, als die Symphonia kurz vor Abschluß eines Vertrages mit Philips stand. Der Aufbau einer vereinseigenen Plattenmarke hätte die Symphonia zur Bedeutungslosigkeit verurteilt; daß angesichts der expandierenden Plattenindustrie Bekanntheitsgrad, Renommee und internationale Reputation eines Orchesters von dessen Fundierung am Plattenmarkt abhängig waren, erkannten wohl alle Kontrahenten — wohl auch, daß ein Gegeneinander von Verein und Symphonia kaum dieses Ergebnis zeitigen würde. Eine kurzfristig sich anbahnende Zusammenarbeit (die Aufnahmen von Bergs „Lulu", der „Nacht in Venedig", ein Querschnitt durch die „Verkaufte Braut" durch die Symphonia, wobei die Aufnahmen und ihre Erträge zu gleichen Teilen dem Verein und der Symphonia gehören sollten[348]) fand keine Fortsetzung. So stand anfangs der fünfziger Jahre der Verein, der über keinen direkten Zugang zum Plattenmarkt verfügte, der Symphonia gegenüber, die nicht über den Namen verfügte, unter dem allein Plattenproduktionen international vielversprechend sein konnten: jenem der Wiener Symphoniker. Da trotz aller diesbezüglichen Klarstellungen die von Gemeinde und Bund gewährten Subventionen nach wie vor auf das Konto der Symphoniker liefen, schien es tatsächlich so, als wären die Verluste sozialisiert, die aus der Nebenbeschäftigung der Musiker fließenden Gewinne aber privatisiert. Gleichzeitig legte Philips Wert darauf, die mit dem

345 Brief Schenker — Lustig-Prean vom 28. 2. 1952.
346 Direktionsratssitzung vom 9. 2. 1952.
347 Brief Schenker — Lustig-Prean vom 4. 3. 1952.
348 Brief Schenker — Lustig-Prean vom 21. 7. 1951.

Orchester der WS geplanten Aufnahmen auch unter dem originalen Orchesternamen zu publizieren; das Verfügungsrecht über den Namen war aber nicht ohne entsprechende Gegenleistung (in Form von Lizenzgebühren) an den Verein zu erhalten. Dabei schien das Projekt, die anfallenden Lizenzgebühren zum Aufbau eines Pensions-Fonds zu verwenden, ein für beide Seiten gangbarer Weg zu sein: die Symphonia versprach sich vom Abschluß des Philips-Vertrages den Einstieg ins große Plattengeschäft, der Verein schien der schon lange geforderten Verpflichtung zur Errichtung eines den Bundestheatern entsprechenden Pensionsstatuts endgültig enthoben. Um Philips-Vertrag, Lizenzrechte und Pensionsregelung kreist denn auch fast die gesamte erhaltene Korrespondenz der Symphonia in den fünfziger Jahren.

3. Der Philips-Vertrag

In den ersten Jahren ihres Bestehens nahm die Symphonia Kontakt zu einigen kleineren amerikanischen Plattenproduzenten wie Supraphon, Westminster, Die Haydn-Society, SPA (mit Charles Adler), Grenell (D. Dixon) auf, und innerhalb kurzer Zeit kamen zahlreiche Platten mangelhafter Aufnahmequalität auf den amerikanischen Markt, die wohl auch vom künstlerischen Standpunkt aus keine Reputation für das Orchester bedeuteten. Der Grund für die wahllose Annahme jedes sich bietenden Geschäftes lag im mit der Gründung der Symphonia verbundenen Kapitalbedarf und in der Notwendigkeit des Studioauf- und -ausbaues.[349]

Zusätzlich bemühte sich die Symphonia, auch mit repräsentativeren Firmen ins Geschäft zu kommen: über die Konzertdirektion Winderstein liefen Verhandlungen mit der Deutschen Grammophon und gleichzeitig mit der amerikanischen Firma Vox über Exklusivverträge. Die Vorverhandlungen mit Vox waren dabei bereits in einem aussichtsreichen Stadium und sahen die exklusiven Rechte für Nord- und Südamerkia, Japan und die Philippinen, aber auch das Verwertungsrecht der Bänder für die Symphonia auf dem europäischen Markt gegen entsprechende Entschädigung vor. Nach Vorstellung Windersteins hätte die DGG durch Gewährung eines großzügigen Kredits an die Symphonia zwecks Studioausbaues (und Rückzahlmöglichkeit durch Zurückbehaltung eines Teils der Einspielhonorare) den Vox-Vertrag noch ausschalten, sich die Exklusivitätsrechte sichern bzw. das Vertriebsrecht ihrer Aufnahmen in Amerika und Japan durchsetzen können. Die Symphonia unterbreitete der DGG mehrere Vertragsvarianten, die von einem Exklusivvertrag (mit Honorargarantie von 320.000 DM pro Jahr bei 72 Sitzungen und einer 2,5%igen Umsatzbeteiligung) über die Parallelität beider Verträge (mit oder ohne Vertriebsrecht der DGG-Aufnahmen in Amerika und einer entsprechenden Reduzierung der Aufnahmequantität) bis zur Durchführung fallweiser Aufnahmen ohne Exklusivrecht reichten.[350] Die letztgenannte Variante wurde dann auch realisiert, Aufnahmen für Vox erfolgten auch nach Abschluß des Philips-Vertrages in größerer Anzahl, allerdings ohne Verwendung des Namens „Wiener Symphoniker"; ebenso blieb die Verbindung zur DGG in den fünfziger Jahren aufrecht, die Aufnahmetätigkeit unter dem Originalnamen war aber an die Erlaubnis von Philips gebunden, wobei die beiden Firmen in einzelnen Fällen ohne Einschaltung der Symphonia entsprechende Arrangements

---

349 Generalversammlung Symphonia, 24. 2. 1960 (Wegricht).
350 Brief Europäische Konzertdirektion Winderstein an DGG vom 2. 4. 1949.

trafen — so trat etwa Philips Aufnahmeserien an die DGG ab, rechnete die Anzahl der Sitzungen aber im Rahmen des Philips-Vertrages an.

Die knapp einjährigen Verhandlungen, welche schließlich Ende 1952 zum Abschluß dieses Vertrages führten, sind infolge fehlender Unterlagen leider nicht dokumentierbar — aber der Vertrag selbst ist es auch nur in Umrissen, soweit die Vereinbarungen zwischen der Symphonia und Philips in juristischem Sinn überhaupt als solche zu bezeichnen sind: Laut Aussagen des Rechtskonsulenten der Symphonia, Dr. Alexander Bartosch, wurde der „seinerzeitige Philips-Vertrag nicht rechtsgültig abgeschlossen, ... es existieren aber tatsächlich Abmachungen, die irgendwie eingehalten werden"[351], weiters seien einige Entwürfe vorhanden, wovon „einer als letzter, bzw. als rechtsgültig angesehen wird"[352]. Dr. Peter resümierte: „Es gibt also keinen Vertrag mit bestimmten Richtlinien, sondern vertragsartige mündliche Vereinbarungen zwischen der Philips und der Symphonia, welche die Schallplattensitzungen regeln."[353] Und Lustig-Prean ergänzte: „Durch das Ableben von Direktor Schenker ist der Verein in einer etwas schwierigen Lage, da er den Philips-Vertrag nicht besitzt und den Inhalt auch nicht kennt. Wahrscheinlich hat Direktor Schenker in seiner Eigenschaft als Direktor des Vereines und der Symphonia nur *ein* Exemplar des Vertrages gehabt, von dem der Verein keine Kenntnis hat."[354] Stellt man in Rechnung, daß die Symphonia einerseits ihre Autonomie in Art und Umfang der Geschäftsführung gegenüber dem Verein betonte und daher dessen wiederholt verlangtes Einblicksrecht verweigerte, andererseits der Philips-Vertrag von Anbeginn mit der Regelung einer Pensionszuschußkassa in Verbindung gebracht wurde (wobei die Höhe der Beitragsleistungen zweifellos durch die Vertragsbedingungen bei Philips mitbestimmt war), so gewinnen die o.a. Darstellungen des Sachverhalts an Plausibilität und verleihen gleichzeitig dem geschickten Doppelspiel Schenkers Kontur: Gegenüber dem Verein verschaffte er der Symphonia relativen Bewegungsspielraum, indem er ihm sowohl Art wie Inhalt des Vertragabschlusses erfolgreich vorenthielt, dennoch erschien er als akzeptabler Vertreter von Vereins- (bzw. Gemeinde-)interessen, weil er — wie erwähnt — sowohl die Einspielergebnisse durch maximale Dienstauslastung steigerte als auch die Ausgaben durch teilweise Nichteinhaltung einiger Paragraphen des Orchestervertrages 1950 senkte. Dieser Balanceakt zwischen den Interessen des Vereins und jenen der Symphonia, zwischen Haupt- und Nebendienst, hatte die Personalunion beider Direktorenstellen zur Voraussetzung[355] — als sie nach dem Tod Schenkers zerfiel, verstärkten sich sogleich die Versuche des Vereins, auf die Symphonia Einfluß zu

---

351 A.o.Sitzung bei Lustig-Prean am 13. 5. 1957, S. 3.

352 Noch im Juli 1952 war eine juristisch stichhaltige Textierung des Vertrages gar nicht möglich, weil „die Rechtsgelehrten in Eindhoven eben einen für die ganze Welt gültigen Mustervertrag ausarbeiten, an dessen rechtliche Formulierungen auch Philips-Wien gebunden sei" (undatierter Brief Dr. Peter an Schenker). Philips war erst Anfang der fünfziger Jahre in die Plattenproduktion mit der Gründung eines neuen Konzerns eingestiegen, dem die holländische und französische Decca und die neuen Marken Fontana und Durium angehörten. Eine Assoziation mit der amerikanischen Columbia, der Ankauf der Aktienmajorität von Mercury-Record Corp. und Verträge mit der Firma Riverside sicherten Philips zudem Präsenz am amerikanischen Markt.

353 A.o.Sitzung bei Lustig-Prean am 13. 5. 1957, S. 3.

354 A.o.Sitzung bei Lustig-Prean am 13. 5. 1957, S. 3.

355 In Schenkers eigenen Worten: „Die Nebendienste richten sich hauptsächlich nach den freien Zeiten, die der Hauptdienst beläßt. Der Hauptdienst ist daher das beste Regulativ des Nebendienstes und die zentrale Lenkung beider Sparten gewährleistet Rationalität und reibungslose Abwicklung." (Brief an Lustig-Prean vom 2. 1. 1955)

bekommen, indem er u.a. das in § 8 Pkt. 5a des Orchestervertrages verankerte Einspruchsrecht des Vereins gegen Beschäftigungen „außerhalb des Rahmens einer Tätigkeit in einem Symphonie-Orchester" aus Dienstrücksichten als auf die Symphonia-Aktivitäten anwendbar interpretierte und daraus das Recht ableitete, auf die Anzahl der Nebendienste Einfluß zu nehmen.

Wie aus einem Brief Schenkers hervorgeht, wurden die Vertragsverhandlungen mit Philips am 13. 12. 1952 beendet. Es handelte sich dabei aber nur um den formalen Abschluß schon länger bestehender Vertragsverhältnisse. Bereits im Juli 1952 hatte Karajan Schenker vom Interesse der Firma Decca an einer Aufnahme von Bachs h-moll Messe unterrichtet und ihn aufgefordert, eine Möglichkeit zu finden, „wie Sie von Philips die Genehmigung zu dieser Aufnahme bekommen, da es mir bekannt ist, daß Sie bei der betreffenden Firma in Alleinvertrag stehen"[356]. Die Vorverhandlungen bezüglich der Vertragsbedingungen waren schon Ende April 1952 abgeschlossen, wobei Philips der Symphonia gegenüber betonte, „daß es weder in Ihrem noch in unserem Interesse liegt, den mit Ihnen abzuschließenden Vertrag schon jetzt in allen Details festzulegen"[357]

Was nun den Inhalt der Vertragsvereinbarungen betrifft, so ist er nur mehr auszugsweise aus Generalversammlungs-Protokollen der Symphonia, aus der Korrespondenz seit 1955 und aus Entwürfen zur Veränderung bzw. Neugestaltung des Vertrages (ebenfalls aus der Mitte der fünfziger Jahre) zu erschließen:

1. Es handelte sich um einen vierjährigen Vertrag (1952 — 1956), der das Orchester exklusiv an Philips band. Dabei bezog sich die Exklusivität auf die Verwendung des Namens „Wiener Symphoniker"; ohne diesen Namen durfte das Orchester bei jeder anderen Firma aufnehmen. Die Namenslizenz erhielt die Symphonia vom Verein zunächst mündlich und gegen die Zusage, aus den anfallenden Lizenzgebühren eine eigene Altersversorgung aufzubauen. Mit Schreiben vom 8. 1. 1954 übertrug der Verein dann aktenkundig der Symphonia das Recht, „die Verwertung von Tonaufnahmen, die mit Hilfe von Orchestermitgliedern der Wiener Symphoniker oder einer Organisation dieser Orchestermitglieder hergestellt werden, unter der Bezeichnung ‚Wiener Symphoniker‘ zu gestatten". Die Symphonia ihrerseits gab dieses Recht der Namensverwendung exklusiv an Philips weiter. Die in einem frühen Vertragsentwurf zwischen Philips und Symphonia vorgesehene direkte Abgeltung der Lizenzgebühr durch Philips an den Verein kam nicht zur Durchführung (in diesem Falle hätte der Verein Einblicksrechte in die Vertragsausfertigung beanspruchen können), in den gültigen Vereinbarungen war dem Verein keine Stellung als Empfänger von Lizenzgebühren eingeräumt. Philips hielt im übrigen die Ausschließlichkeitsrechte durch die Erklärung des Vereins vom 8. 1. 1954 für juristisch nicht abgesichert, begnügte sich aber mit dieser Formulierung unter Androhung des Entzugs der Mindestaufnahmeregelung bei Vertragsverletzung.[358] Nach Ablauf des ersten Vertragszeitraumes strebte die Symphonia in den Neuverhandlungen eine Lockerung der eher beengenden Exklusivität an, von Philips nicht wahrgenommene Aufnahmetermine sollten für Dritte disponibel bleiben und Werke außerhalb des von Philips innerhalb eines Jahres projektierten Aufnahmerepertoires für andere Produzenten offen stehen. Philips hatte sich gegen eine Konkurrenzierung weitgehend abgesichert, indem ein Vertrags-

---

356 Brief Karajan — Schenker vom 10. 7. 1952.
357 Brief Dr. Schönherr (Rechtsvertretung Philips) — Schenker vom 4. 7. 1952.
358 Brief Philips — Schenker vom 15. 4. 1954.

punkt besagte, daß im Falle von Aufnahmen für andere Firmen nur jeweils 25 Orchestermitglieder spielberechtigt seien (was gleichbedeutend gewesen wäre mit der Aufstellung eines Substitutenensembles).

2. Der Vertrag sah 144 Sitzungen pro Jahr (mit jeweils 60 Musikern) vor — also 576 innerhalb der Vertragsdauer[359]. Diese hohe Quote wurde allerdings auch nicht annähernd erreicht, im ersten Vertragszeitraum wurden nur ca. 270 Sitzungen absolviert — „jedenfalls entspricht die Summe, die Dir. Schenker seinerzeit als Grundlage für den Philips-Vertrag angenommen hat, gerade dem Gesamtumsatz der Symphonia.[360] Nachteilig für die unmittelbaren Verdienstmöglichkeiten wirkte sich zudem aus, daß Philips eine Gesamtaufnahme der Orchesterwerke Mozarts in kleinen Besetzungen nahe der Kammerorchestergröße durchführte, wodurch wenige Sitzungshonorare anfielen und einzelne Orchestergruppen kaum zum Einsatz kamen. Während Philips darauf drängte, anläßlich der neuen Vertragsverhandlungen eine deutlich reduzierte Sitzungszahl festzulegen, wollte die Symphonia durchsetzen, daß pro Sitzung unabhängig von eventuell kleinerer Besetzungsgröße jedenfalls 34 Musikerhonorare zu bezahlen wären und bei Verwendung von weniger als 44 Musikern nur eine halbe Sitzung eingerechnet werden dürfe.

3. Es wurde auf Beteiligung am Umsatz abgeschlossen, wobei, wie in diesem Falle üblich, das Aufnahmehonorar als Anzahlung auf die Lizenz galt. Im Jahr 1955 betrug es 75,— Schilling pro Musiker für eine dreistündige Sitzung (andere Firmen, wie etwa Union-Records, zahlten 55,— Schilling, Aufnahmen für Filmmusiken wurden gar nur mit 46,— Schilling honoriert — ein von der Symphonia angebotener und vielumstrittener Dumpingpreis, um etwaige Konkurrenz auszuschalten). Im neuen Vertragsentwurf war eine Beteiligung von 4% am Detailhandelspreis vorgesehen, weiters nun doch eine direkte Lizenzabgabe von Philips an den Verein für die Namensrechte. Sie sollte aus der „Anzahl der Aufnahmestunden und der tatsächlich zur Herstellung der Aufnahmen tätigen Musiker errechnet" werden und pro Aufnahmestunde und Musiker 25,— Schilling betragen. Um diese Summe verringerte sich entsprechend der Royalities-Ertrag.

4. Im ersten Vertrag war es der Symphonia gelungen, Philips zur Benützung der symphoniaeigenen Technik zu verpflichten, wofür entsprechende Honorare — für Normalaufnahmestunden (250,— Schilling), Tonschnitt (65,— Schilling), Kopierschnitt (100,— Schilling), Bandüberspielung (100,— Schilling pro Stunde) — verrechnet wurden. Dieser Vertragspunkt war in der Folge nicht haltbar, spätestens seit Mitte der fünfziger Jahre ergab sich dadurch für die Symphonia ein finanzieller Verlust durch Nichtbeschäftigung der Technik während der Philips-Aufnahmen.[361]

5. Im ersten Vertrag war vorgesehen, die Dirigenten im gegenseitigen Einvernehmen zu bestimmen. Das Fehlen prominenter Dirigentennamen wurde in späteren Jahren von den Symphonia-Verantwortlichen selbst auf die allzu unüberlegt auf bloße Quantität ausgerichtete Aufnahmepolitik der „Gründerzeit" zurückgeführt: Die Überschwemmung des amerikanischen Marktes mit minderwertigen Aufnahmen, die unter dem Orchesternamen „Vienna Symphony Orchestra" produziert wurden, habe bedeutende Dirigenten davon abgehalten, mit den Symphonikern in Verbin-

---

359 Protokoll der Generalversammlung der Symphonia vom 13. 6. 1952, S. 2.
360 Sitzung der Symphonia vom 13. 5. 1957, S. 6.
361 Protokoll der Generalversammlung der Symphonia vom 24. 2. 1960.

dung zu treten.[362] Während der inoffizielle, aber faktische künstlerische Leiter des Orchesters, Karajan, mit Plattenaufnahmen vorwiegend an London gebunden war, produzierte das Wiener Orchester den Mozart-Zyklus von Philips mit Otterloo, Moralt und Paumgartner — Dirigenten mit einiger Reputation, aber ohne jene Zugkraft des Namens, die im Plattengeschäft jenseits aller Sachkompetenz allein über die Absatzmöglichkeiten entscheidet. Nach vielversprechendem Beginn mit einigen großen Opernproduktionen kristallierten sich zwei Schwerpunkte der Aufnahmetätigkeit heraus, die im wesentlichen einer Symphonia-Initiative entsprangen[363]: Der erwähnte, finanziell nicht sehr lukrative Mozart-Zyklus und eine Johann Strauß-Edition in Zusammenarbeit mit der Johann Strauß-Gesellschaft. Daneben wurden zahlreiche Begleitaufnahmen (Opern-, Operettenarien) eingespielt. Es fehlte fast völlig die große Symphonik von Beethoven bis Mahler, Prüfstein und Aushängeschild jedes Orchesters von Weltrang. Insgesamt zielte das Spektrum des aufgenommenen Repertoires in die Richtung kleinbürgerlichen Geschmacks, wie Pierre Bourdieu ihn charakterisierte: „Ihr Geschmack tendiert in den besonders legitimen Kunstgattungen Malerei und Musik mit ausnehmender Häufigkeit zu ‚mittleren' Werken oder solchen, die ihren einstigen Rang verloren haben: Buffet oder Vlaminck; Scheherazade, Rhapsodie in Blue, La Traviata, L'Arlesienne oder der Säbeltanz."[364] Allerdings lag diese Musiksparte noch immer näher am gesellschaftlich approbierten Betätigungsfeld eines Orchestermusikers als Tonaufnahmen für die Filme „Sonnenschein und Wolkenbruch", „Das Mädchen vom Pfarrhof", „Heimatland", „Rendezvous" oder „Die Deutschmeister", die parallel zur Tätigkeit bei Philips für Sascha-, Wien-, Donau- und Erma-Film teilweise in den Nachtstunden (unter Hinzurechnung einer „Nachtmahlpausenablöse") produziert wurden.[365]

Der Philips-Vertrag wird in der Rückschau von alten Musikern überwiegend ungünstig beurteilt, als Fehlentwicklung, die auf ein Nebengeleise des Plattenmarktes führte. Vereinzelt werden zur Erklärung Dolchstoßlegenden herangezogen: Philips habe mit dem Exklusivitätsvertrag nichts anderes bezweckt, als die mögliche Konkurrenz der Symphoniker gegenüber anderen Orchestern ihres Vertragsbereiches auszuschalten — also quasi eine Stillegung durch Pseudoaktivierung. Diese Meinung sagt wohl einiges über das Selbstverständnis der Musiker aus, der Wahrheitsgehalt dieser Hypothese scheint aber eher gering: Nichts vertragen Musiker eines zweiten Orchesters schlechter als die unleugbare Tatsache, daß dieses der internationalen Einschätzung nach eben erst in zweiter Linie rangiert und Plattenfirmen dieser Gegebenheit entsprechend ihre Verträge gestalten. Zugespitzt formuliert: Erste Orchester spielen *auch* Scheherezade und den Säbeltanz ein (allerdings in der unvergleichlichen Interpretation berühmter Pultvirtuosen), zweite Orchester *nur* (und zwar unter Otterloo oder Moralt).

Zweifellos hemmte indessen die Ausschließlichkeitsklausel bezüglich der Namensverwendung den Ausbau der Beziehungen zu anderen Firmen. So verringerte die Namensbindung an Philips das Geschäft mit Vox und brachte den Verlust der Beziehung

---

362 Aus dem Protokoll einer Besprechung der Symphonia und Philips vom 25. 6. 1954: „Beinum ... habe erklärt, die Symphoniker hätten nicht immer mit erstklassigen Dirigenten Aufnahmen gemacht, weshalb er derzeit keine Aufnahmen mit den Symphonikern machen wolle."

363 Brief Schenker — Lustig-Prean vom 14. 1. 1953.

364 P. Bourdieu, Die feinen Unterschiede (Kritik der gesellschaftlichen Urteilskraft), S. 512.

365 Von März bis August 1955 in den Studios in Grinzing und am Rosenhügel.

zum Schallplattenring Bertelsmann mit sich, nachdem die Volksoper als Konkurrent aufgetreten war: nicht zuletzt wegen des wirklich existenten Namens (als „Orchester der Wiener Volksoper"), aber auch wegen niedrigerer Honorarsätze und der Ersparnis an Probenzeit wechselte Bertelsmann zwecks Aufnahme ganzer Operetten zur Volksoper und warb gleichzeitig den Cheftechniker der Symphonia ab. In zunehmendem Maß substituierte die Symphonia diese Ausfälle durch Verlagerung ihrer Tätigkeit in Richtung Aufnahmen für den Werbefunk.[366] Die großen Hoffnungen, die Schenker in die Geschäftsverbindung mit einer Weltfirma (die allerdings ein Neuling auf dem Plattensektor war) gesetzt hatte, erwiesen sich als trügerisch.

4. Namensrechte und Pensions-Fonds

Untrennbar mit dem Philips-Vertrag verbunden sind die jahrelangen Bemühungen, eine zufriedenstellende Pensions-Fonds-Regelung zu erreichen. Die angespannte finanzielle Situation des Vereinsbudgets ließ (zumindest nach Darstellung des Vereins) keinen Spielraum, um die Begleichung der Differenz zwischen ASVG-Pension und Bundespension als Leistung des Dienstgebers zu ermöglichen. Der Verein zahlte zwar einen Pensionszuschuß, der aber mit 5,5 Schilling pro absolviertem Dienstjahr sehr gering (Musiker mit 30 Dienstjahren erhielten somit 165,— Schilling) und außerdem nirgends vertraglich verankert, also jederzeit widerrufbar war. Die Bruckner-Fonds-Rente betrug für Musiker mit 30 Dienstjahren ab 1. 1. 1958 53,— Schilling monatlich, im Jahr 1954 120,— Schilling (bei einer Mitgliedsgebühr der Aktiven von 25,— Schilling monatlich). Bemühungen, den unbefriedigenden pensionrechtlichen Status im Rahmen des Orchestervertrages von 1950 zu korrigieren, waren gescheitert, obwohl der Betriebsrat immer wieder darauf hingewiesen hatte, daß die im Vergleich zu den Bundestheatern weit ungünstigere Pensionsregelung einer der Hauptgründe für die hohe Abwanderungsfrequenz in Richtung Staatsoper, aber sogar Volksoper und Bühnenorchester sei. Die Erhaltung bzw. Steigerung künstlerischer Qualität war somit direkt von einer Verbesserung dieser sozialrechtlichen Aspekte abhängig. Während die Gewerkschaft den Standpunkt vertrat, die Pensionseinrichtung sei ausschließlich Sache des Vereins, gab es vor dem Zustandekommen des Philips-Vertrages Bestrebungen, einen Fonds auf mäzenatischer Basis (durch private Institutionen und Einzelpersonen) und unter Patronanz des Bürgermeisters oder gar des Bundespräsidenten zu errichten.[367] Die erfolgreichen Verhandlungen mit Philips führten dann aber zu einer prinzipiellen Übereinstimmung zwischen Gemeinde (bzw. Verein) und Symphonia, Namenslizenz und Errichtung des Pensions-Fonds zu junktimieren.[368]

---

366 Generalversammlung der Symphonia vom 24. 2. 1960.

367 Brief Lustig-Prean — Vizebürgermeister Honay vom 15. 1. 1952.

368 Stadtrat Mandl schrieb diesbezüglich an Honay: „Ich halte es für unmöglich, daß das Orchester sich auf der einen Seite zusätzliche Einnahmemöglichkeiten durch eigene Produktionen schafft und auf der anderen Seite dauernd die gewiß berechtigte Forderung stellt, für einen Pensions-Fonds der Mitglieder Vor sorge zu treffen. Ich bin überzeugt, daß sich beides verbinden läßt und damit den Symphonikern von sich aus Gelegenheit gegeben werden kann, einen Pensions-Fonds zu schaffen, dessen Auffüllung den Verein nicht belastet, dessen Betreuung aber doch in die Kompetenz des Vereins fallen sollte" (24. 5. 1952 — eine weiteres Zeugnis, wie seitens der Gemeinde Forderungen der Musiker, die der Art des Dienstverhältnisses entsprangen, mit legitimer Beschäftigung innerhalb des Nebendienstes inkorrekt vermengt wurden).

Die Widmung der Lizenzgelder sollte in einer Weise erfolgen, daß steurrechtlich die Gemeinnützigkeit des Vereins erhalten bliebe, gleichzeitig standen verschiedene Arten einer gewinnbringenden Anlage zur Diskussion. Dabei wurde folgende rechtliche Konstruktion erwogen:[369] Die aus den Philips-Gagen für den Pensions-Fonds abgezweigten Gelder (Schenker präliminierte sie innerhalb der vierjährigen Laufzeit des Vertrags auf ca. 4 bis 5 Mio. Schilling) fließen unter dem Titel „Lizenz" an den Verein, der sich verpflichtet, sie ungeschmälert an eine neu zu bildende Gesellschaft als Vereinseinlage weiterzugeben. Der Vorstand dieser Gesellschaft sollte dabei aus Vertrauensleuten des Vereins und der Symphonia gebildet werden. Die Gesellschaft richtet mit den zur Verfügung gestellten Geldern einen Betrieb ein oder beteiligt sich an einem größeren Projekt, das die (bei unangetastetem Kapital) zur Deckung der Pensionszahlungen nötige Verzinsung garantiert. Die steuerrechtlich bescheinigte Gemeinnützigkeit des Vereins sollte dabei ausgenützt werden, um die Philips-Gelder unversteuert in die Gesellschaft transferieren zu können. Schenkers bevorzugtes Projekt angesichts der zu erwartenden Motorisierungswelle war dabei der Bau und Betrieb einer Großgarage, verbunden mit einem Neu- und Gebrauchtfahrzeughandel. Anlageberater empfahlen demgegenüber die Verteilung des Kapitals auf mehrere kleine Unternehmen (Beteiligung an Benzinstationen in Fremdenverkehrszentren, an Tiroler Seilbahnprojekten, an Finanzierungsunternehmen für den Verkauf landwirtschaftlicher Maschinen, am Bau von Elektroheizungen). Die im Vergleich dazu einfach scheinende Variante, aus den Philips-Geldern direkt die Pensionen zu zahlen, schied wegen der zeitlichen Begrenzung des Vertrags von vornherein aus. Seitens der Symphonia wurde betont, „daß das Orchester mit der Schaffung einer Altersversorgung keinesfalls seine Bemühungen aufgeben werde, den Status des Orchesters durch Überführung in einen öffentlichen Dienst zu stabilisieren, was auch von Vereinsseite anerkannt wurde"[370].

Um den Geldfluß via Verein an die neu zu bildende Gesellschaft und damit etwaige entstehende Haftungen des Vereins bei deren Zusammenbruch zu vermeiden, erstellte Dr. Peter eine Alternativkonstruktion, die den Verein finanziell überhaupt nicht mehr in die Pensionsregelung einband: demnach hätte er einem neu zu gründenden „Verein Wiener Symphoniker Pensions-Fonds" als Spende die Nutzbarmachung der Namensrechte eingeräumt, der „Pensions-Fonds" für die Weitervergabe dieser Rechte an die Symphonia oder direkt an Philips Lizenzgebühr eingehoben, die statutengemäß für den Aufbau einer zusätzlichen Altersversorgung der Musiker verwendet werden sollten, ohne daß dadurch den Orchestermitgliedern gegenüber dem Verein WS oder der Symphonia irgendwelche direkte Ansprüche entstanden wären. Steurrechtler hielten diesen Umweg jedoch für unnötig und empfahlen dem Verein, die Namensrechte direkt der Symphonia unter der Auflage zu überlassen, daß diese die Lizenzgebühren auf ein Sonderkonto überweise und für den Aufbau des neuen Pensionsstatuts verwende. Darin war inkludiert, daß der Verein die Namensrechte nicht selbst verwerte und auch keinen Einfluß auf Verwaltung und Verwendung des Pensions-Fonds nehme (andernfalls wäre die Gefahr der Haftung oder der Verlust der Gemeinnützigkeit gegeben gewesen). Auf dieser Basis wurde am 5. 5. 1953 eine Vereinbarung zwischen Verein und Symphonia geschlossen, doch bereits zwei Tage später machte der mit der Abfassung der wechselseitigen Erklärungen betraute Generaldirektor Liebermann diese Abmachung durch einen völlig anders lautenden Textvorschlag wieder zunichte. Darin war die Lizenzgebühr wieder als

369 Brief Schenker — Lustig-Prean vom 14. 1. 1953.
370 Schenker in „Nachrichten für Symphoniker Nr. 2", 5. 3. 1953.

direkte Abgeltung an den Verein vorgesehen und die Symphonia sollte auf die Gelder des Kontos nur mit Zustimmung des Vereins Zugriff haben, was gleichbedeutend war mit dem Versuch des Vereins, Verfügungsrecht über Finanzmittel zu erlangen, die die Dienstnehmer in selbständiger Tätigkeit erarbeitet hatten. Verfügungsrecht wäre aber für den Verein nur durch Übernahme der Pensionslast oder Wertsicherungsgarantie bzw. Verzinsung des Kapitals legitim erwachsen, also durch jene Mitbeteiligung an der Finanzierung des Pensions-Fonds, die der Verein ja umgehen wollte.[371] Es bedurfte eines weiteren halben Jahres an Verhandlungen, ehe am 29. 12. 1953 eine Regelung getroffen wurde, deren Inhalt aber mehr Fragen offen ließ, als er löste: weder war die Höhe der Lizenzgebühren darin festgelegt noch gab es detaillierte Bestimmungen über Art und Höhe der Pensionzuschüsse, die genauso später erst festgelegt werden sollten wie der detaillierte Wortlaut der Verpflichtungserklärung des Vereins und die Einzelheiten über die rechtliche Gestaltung der Nutzbarmachung der Beträge. Die Symphonia verpflichtete sich, vorläufig 900.000 Schilling auf ein Sperrkonto einzuzahlen, über das zu gleichen Teilen je zwei Vertreter von Verein und Symphonia verfügungsberechtigt sein sollten, und erlegte am 30. 12. 1953 500.000 Schilling mit der Zusicherung, den Restbetrag bis Ende März 1954 einzuzahlen. Dazu kam es aber nicht mehr, denn der sensibelste Bereich des Abkommens — die Art der Nutzbarmachung und die Frage einer Aufteilung des Verfügungsrechtes — war so vage formuliert, daß — analog zum Mai 1953 — schon beim Austausch der Verhandlungsprotokolle wieder unüberbrückbare Differenzen zwischen Verein und Symphonia auftraten: Jene interpretierte die Vereinbarung dahingehend, daß innerhalb einer Dreimonatsfrist volle Einigung über das alleinige Verfügungsrecht der Symphonia erzielt werden sollte, andernfalls dessen Teilung zwischen Verein und Symphonia einzutreten hätte, dieser hingegen sah die Teilung der Verfügungsgewalt von vornherein als vertraglich vereinbart an. Da außerdem in der Folge keine Einigung über die Anlage des Kapitals erzielt werden konnte, führten die jahrelangen Bemühungen um den Aufbau eines lukrativen Pensions-Fonds zu einem blamablen Ergebnis: Die Symphonia hatte zwar am 8. 1. 1954 die Namensrechte übertragen bekommen, eine halbe Million Schilling lag aber unbenützbar auf einem Sperrkonto (bzw. reichte es — als Minimalkonsens — zum Zeichnen von Energieanleihe. Aus diesen Zinserträgen wurde ab 1. 1. 1957 den Pensionisten ein Zuschuß bezahlt); der Verein erlangte somit kein Verfügungsrecht, die Pensionisten erhielten keine Zusatzpension und die Symphonia hielt wohlweislich den Restbetrag von 400.000 Schilling zurück. „Es ist zwar Geld da, aber es konnte keine einvernehmliche Lösung gefunden werden, wie es verwertet werden soll", heißt es noch drei Jahre später in einem Sitzungsprotokoll des Direktionsrates[372], und Dr. Peter resümierte, eine Altersversorgung „in Form eines Fonds zu machen ist nicht gut, weil dieser nicht als 100% sicher gewertet werden kann. Wirkliche Sicherheit bietet nur ein Anspruch an die öffentliche Hand"[373]. Es sollte weitere 15 Jahre dauern, ehe die Zahlung der Differenz zur Bundespension vom Verein übernommen wurde.

   Als in den sechziger Jahren einige Zeit hindurch Formen möglicher Orchesterselbstverwaltung diskutiert wurden, bezeichneten einige mit der Materie vertraute Musiker die Konstruktion des Vereins als den eigentlichen Hemmschuh jeder Entwicklung. Im Fall der Symphonia mag dahingestellt bleiben, ob auf längere Sicht ihre Aktivitäten auf dem Plattenmarkt durch entsprechende Unterstützung seitens des Vereins (und damit der

---

371 Brief Schenker — Dr. Peter vom 11. 5. 1953 und Antwortbrief mit rechtlichem Gutachten vom 26. 5. 1953.
372 Vom 18. 11. 1957, S. 6.
373 Direktionsratssitzung vom 17. 11. 1956, S. 5.

Gemeinde) mehr Erfolg gezeitigt hätten (fest steht nur, daß die Symphonia weder ein Budget für Marketing-Bereiche wie Repräsentationsausgaben, Dienstreisen zwecks Anknüpfung von Beziehungen, Werbung, noch diesbezüglich geschultes Personal zur Verfügung hatte) — das Gegeneinander von Verein und Symphonia schuf jedenfalls denkbar ungünstige Voraussetzungen. Die ständigen Interventionsabsichten des Vereins nährten bei den Musikern jenes Mißtrauen und jene Unzufriedenheit ihm gegenüber, denen sich die Gründung der Symphonia u.a. verdankt hatte. Nicht nur bildete er als „private" Konstruktion einen Schutzschild vor Ansprüchen an die öffentliche Hand (wie Kommunalisierung, Kollektivvertrag, Pensionsregelung), durch ihn hindurch versuchte diese sogar Einfluß auf die Gestaltung und den Ertrag der Freizeitaktivitäten der Vereinsangestellten zu gewinnen, um ihre eigenen Verpflichtungen reduzieren zu können. Der permanente Versuch des Vereins, die Quantität der Plattenproduktionen zu reduzieren und die Zahl der Hauptdienste zu steigern, war der sicherste Weg der Selbstausschaltung aus der internationalen Konkurrenz durch Verminderung des künstlerischen Niveaus. Von September bis Dezember 1953 spielte das Orchester (um nur ein Beispiel zu nennen) 275 Dienste — also ca. 68 Dienste monatlich, daneben fanden 41 Plattensitzungen statt (20 davon allerdings in einer Besetzung unter 34 Musikern)[374]. Die Summe aus Vereinsintentionen (Maximierung des Einspielergebnisses) und Symphonia-Intentionen (Maximierung des Nebendienstes) ergab schlechte Kritiken, die von Übermüdung des Orchesters sprachen. Während der Verein argwöhnte, jede Reduzierung des Hauptdienstes würde bloß eine Steigerung der Nebendienstanzahl zur Folge haben, berief sich die Symphonia darauf, daß durch ihre Aktivitäten erst die Konkurrenzfähigkeit des Orchesters auf dem „Binnenmarkt" erzeugt werde, weil nur die Aussicht auf entsprechende Nebenverdienste eine Anstellung bei den Symphonikern überhaupt lukrativ erscheinen lasse.

Wurde das Konfliktpotential organisatorischer und ökonomischer Art nach außen durch die Konstellation Gemeinde — Verein — Konzertveranstalter auf stets gleichbleibender Höhe gehalten, so entsprach ihm nach innen die dauernde Spannung zwischen Verein und Symphonia. Beim Studium der Akten aus dem Nachkriegsjahrzehnt fällt es mitunter schwer, nicht aus den Augen zu verlieren, auf welchen Punkt hin der ungeheure Aufwand an Aktivitäten eigentlich orientiert war (oder sein sollte): auf qualitätvolle Musikproduktionen. Freilich: die Verselbständigung des Verwaltungsapparates gegenüber dem ihm immanenten Zweck ist kein Spezialproblem der Orchesterorganisation. Dennoch ist in diesem Zusammenhang daran zu erinnern, daß die frühe bürgerliche Konzertpraxis organisatorische und musikalische Tätigkeit verbunden und letztere in bewußter Betonung der Distanz zur bürgerlichen Lebenspraxis als „Kompensation entfremdeter Arbeitsteilung und als spielerische Verwirklichung des Polisideals"[375] empfunden hatte. Die Identität früh- und spätbürgerlichen Konzertwesens ist demnach eine des Namens.

---

374 Brief Schenker — Lustig-Prean vom 6. 1. 1954.
375 Vgl. Heister, Das Konzert — Theorie einer Kulturform I, S. 144.

3. TEIL
Einige Überlegungen zur Sozialpsychologie des Musikerberufs am Beispiel der Alltagsgeschichte des Orchesters in der Nachkriegszeit

Generalsekretär Dr. Bischof in seiner Begrüßungs-
ansprache zum Saisonbeginn 1989/90:

„Und eines muß ich Ihnen noch sagen: Sie haben
einen herrlichen Beruf — ich beneide Sie darum!"
Stimme aus dem Orchester: „Tausch ma?"

Disziplin

Zwei Texte sehr unterschiedlicher Provenienz mögen als Einstieg in die Problematik dienen:

1. „Ich weiß nicht, ob es Ihnen schon einmal aufgefallen ist, daß kaum eine zweite Vereinigung arbeitender Menschen in zweierlei Hinsicht von jeher so im Sinne nationalsozialistischer Gemeinschaft gewirkt hat wie die Orchester. Hier ist in vollster Reinheit das Führerprinzip durchgeführt, der Leiter hat unbedingte Autorität; aber nicht als Diktator, sondern als der, der das Vertrauen seiner Gefolgschaft hat und dieses Vertrauen beständig neu erwerben muß, nicht indem er sie zwingt, sondern indem er sie überzeugt. Und zweitens vereinigt sich in jedem Orchestermusiker der Handarbeiter mit dem Kopfarbeiter.“[1]

2. „Die Verhaltensweisen der Orchestermusiker zu beschreiben, liefe auf eine Phänomenologie der Renitenz hinaus. Primär ist der Widerwille dagegen, sich zu unterwerfen. Er muß besonders heftig sein bei solchen, die durchs Material und die Gestalt ihrer Arbeit sich als Künstler und damit als Freie fühlen. Weil aber die Unterwerfung unter die Person von der Sache technologisch gefordert wird; weil beim Dirigenten persönliche und Sachautorität trüb sich vermischen, muß der ursprüngliche Widerstand nach Begründungen suchen ... Aber Renitente sind bereit, sich unterzuordnen, wo sie Kraft wittern. Die Sozialpsychologie des Orchestermusikers ist die des ödipalen Charakters, schwankend zwischen Aufmucken und sich Ducken. Der Widerstand gegen die Autorität hat sich verschoben: was einmal Rebellion war und als solche stets noch sich fühlen mag, heftet sich an solche Momente der Autorität, in denen sie, als nicht autoritär genug, sich blamiert.“[2]

Es mag abwegig erscheinen, eine Arbeit, die einen Abschnitt der Symphonikergeschichte vorwiegend unter vereins- und organisationsgeschichtlichen Aspekten beleuchtete, mit einem Exkurs in sozialpsychologische Bereiche zu beenden. Hier mündet jedoch die Deskription des Einzelfalles (der speziellen Orchestergeschichte) in Strukturprobleme des Verbandes „Orchester“ im allgemeinen, gewinnt das gewiß auch für sich interessante Exempel neuen Stellenwert innerhalb einer noch zu schreibenden Geschichte des Wandels einer „soziologischen Konfiguration“ (im Sinne Elias'). Daß Disziplin zum Problem wurde, verweist auf Entfremdungserscheinungen innerhalb des Kollektivs, läßt massenpsychologische Kategorien, die im Kasernenhof oder in der Schulklasse entwickelt wurden, auch auf das Orchester anwendbar erscheinen. Längst hat sich herumgesprochen, daß das harmonische Produkt gemeinsamen Musizierens nicht das Ergebnis

---

1 Aus einer Rede des Komponisten Peter Raabe, der Mitglied des Verwaltungsausschusses der Reichsmusikkammer war, zitiert in Prieberg, Musik im NS-Staat, S. 178.
2 Adorno, Einleitung in die Musiksoziologie, darin „Dirigent und Orchester“.

einer harmonischen Gemeinschaft ist — entlarvend genug, daß die Vorstellungen vom Vorschein versöhnter Volksgemeinschaft, wie sie den alten collegia musica utopisch vorgeschwebt sein mögen,[3] ausgerechnet vom NS-Regime wieder in Dienst genommen wurden (wie der erste Text beweist, der im Aufbau des Orchesters eine von ästhetischen Sachgehalten gewährleistete Entsprechung zu autoritären Vorstellungen gesamtgesellschaftlicher Strukturierung suggeriert). Damit räumt Adornos Text auf, der gleichzeitig die vom common sense der Alltagswahrnehmung nach wie vor individuell-psychologisch begründete Neigung einzelner zu Renitenz, Querulantentum etc. auf sozialpsychologische Kriterien zurückführt, ohne dabei freilich die Vielzahl der beeinflussenden Faktoren auseinanderzuhalten — die jeweilige Stellung des Einzelnen im Kollektiv, seine Klassenherkunft, der daraus entspringenden Habitus, die Stellung des Orchesters als gesamtes im Vergleich zu anderen, die ökonomische Fundierung und Einkommensstruktur, die in der jeweiligen Organisationsstruktur gründende Möglichkeit von Mitsprache, teilweiser Autonomie, Anzahl und Qualifikation der Dirigenten, etc.

Es muß hier nochmals betont werden, daß die in der Folge zum Thema „Disziplin" angestellten Überlegungen sich auf die spezifische Erscheinungsform dieses Problems in der historischen Konstellation der Jahrhundertmitte beziehen und — so sehr die Problemstellung an sich eine gewisse Invarianz besitzt — daher keinerlei Rückschlüsse auf die heutige Situation gestatten. Worum es damals ging, mag der Auszug eines Briefes illustrieren, den das Orchestermitglied Rosensteiner an die Intendanz am 21. 4. 1939 schrieb:

---

3 Vgl. dazu Heister, Das Konzert, Bd. 1.

Zu der Scene mit Hausner kam es nur weil ich es
einfach nicht länger mehr ertragen kann, fast
bei jeder Probe Schreiereien mit Schimpfworte
wie: Dreckfink, das geht Sie einen großen Dreck
an, ja schlechter Sackerl u. s. f. mit an-
hören zu müssen. – Jeder der vor dem Hausner sitzenden Kollegen, wird Ihnen bestätigen
daß er es angenehm empfindet wenn Hausner
gerade dienstfrei ist – Und wenn es nur
das wäre – Seit Jahren besudelt u.
beschimpft er jeden Solisten Kapellmeister etc.
so, um nur ein (1) Beispiel zu nennen;
Professor Kabasta. "Es ist eine Schande, daß
ein Kapellmeister" seine Alte dazu braucht"
(Weil nämlich Frau Kabasta die Radioproben
abhorcht.) Statt daß Sie Herr Intendant nun
Hausner wegen diesen Schreiereien u. Bemerkungen die dem Orchester schwer schaden können.
zur Rechenschaft ziehen, greifen Sie mich
nur weil ich darüber empört bin nur
ihm einen groben aber verdienten Brief
geschrieben habe. –––– ––––
            Mit Heil Hitler   Rosensteiner Leopold

Von Kommunikationsformen dieser Art ist es nicht mehr weit zu tätlichen Auseinandersetzungen: Anfangs der fünfziger Jahre fanden innerhalb weniger Monate zwei Disziplinarverfahren statt, weil Kollegen in der Garderobe übereinander hergefallen waren, wobei der Kontrabassist Nadlischek Würgespuren am Hals davongetragen hatte. In Interviews erwähnten einige pensionierte Symphoniker, über den rüden Umgangston und die rauhen Sitten, die damals im Orchester geherrscht hätten, könne man sich heute kaum mehr eine Vorstellung machen[4] — zu sehr habe sich persönliche Kultur und Bildungsniveau der einzelnen gewandelt. Es ist allerdings zu vermuten, daß sich — unabhängig von diesen Parametern — im internen Orchestergeschehen zusätzlich der — verglichen zu heute — viel stärkere und direktere autoritäre Druck entlud, dem die Dienstnehmer der Vorkriegs- und Kriegsgeneration durch diverse vorgesetzte Instanzen ausgesetzt waren. Heute ist demgegenüber das Autoritätsgefälle diffus geworden und hat sich weitgehend entpersonalisiert, in die von der Sache geforderten Zwänge verschoben — Orchesterorganisation, Intrumentaltechnik und Verhaltensweisen sind in gleichem Maß einem Rationalisierungsprozeß unterlegen, der für spontane Aktionen keinen Raum mehr läßt. Der Nachsatz in Adornos Manuskript der 1961 gehaltenen Vorlesung:
„Nicht verschweigen möchte ich die Beobachtung, daß neuerdings ein Typus von jüngeren Orchestermusikern sich abzeichnet, der von den beschriebenen sich entfernt" verweist darauf, daß die Konstellation zwischen Dirigenten und Orchester als eine von unumschränkter Autorität und renitenter Unterwerfung Moment eines historischen Prozesses dieser Figuration und keineswegs unabänderliche Gegebenheit ist. Im Bewußtsein, hier nur eine Metapher zu geben, ohne kurzschlüssige Parallelisierung zwischen politischen und künstlerischen Phänomenen anstreben zu wollen, könnte man die Entwicklung des von Adorno erwähnten neuen Musikertyps als Folge eines beginnenden Aufklärungsprozesses interpretieren, der eine seiner vielfältigen Ursachen im gehobenen Sozialstatus der Orchestermusiker hat: nicht länger waren sie eine aus ehemaligen Kaffeehausmusikern, Zigeunern, halben Autodidakten und Mitgliedern von Blasmusikkapellen bunt zusammengewürfelte Truppe am Rand der Proletarisierung. Wie der Flötist R. Kukula in einer Rede anläßlich einer Festsitzung des Vereins Nikolai 1895 bemerkte, habe Beethoven aus Musikanten Musiker und Wagner aus Musikern Künstler gemacht[5] (zumindest dem Anspruch nach), und diese partizipierten zumindest teilweise am märchenhaften Aufstieg des Dirigenten: war er doch gerade in seiner Rolle als virtuoser Hochleistungsmusiker in zunehmendem Maß auf ebenso hochleistungsorientierte Instrumentalspezialisten angewiesen: nach 1950 war die Situation von 1900, wo ein Orchestermusiker von der Klarinette zur Geige wechseln konnte, undenkbar geworden. Extrem spezialisierte Hochleistung kann aber in der geltenden gesellschaftlichen Werthierarchie mit entsprechender Honorierung rechnen[6]: die steigende Akzeptanz des Orchestermusi-

---

4 „Das waren Musikanten, die gekommen sind aus dem dritten Kaffeehaus, dort haben sie gespielt und
   konnten nicht mehr so richtig im Unterhaltungsorchester unterkommen, weil ihre Qualität nicht reichte,
   da sind sie zu den Symphonikern gekommen ... Es waren Uhrmacher da, die Geige gespielt haben, oder
   der Ehrenvorstand Dörfler, ein Klarinettist minderen Ranges, der hat nicht mehr blasen können, hat einmal
   a bissl Geige gespielt, der ist dann zweiter Geiger geworden ... Das persönliche Niveau der Musiker war
   glatt Hilfsarbeiterniveau, von den meisten, und die Umgangsformen im Orchester waren entsprechend."
   (Interview mit dem Geiger Dr. Schmidt vom 12. 3. 1986). Die Aussage mag in dieser krassen Formulierung
   übertrieben und vom Distinktionsstreben eines sich deplaciert fühlenden Akademikers geprägt sein —
   angesichts der erhaltenen Dokumente kann man sie aber nicht als völlig unbegründet verwerfen.
5 Zit. in Blaukopf, Die Wiener Philharmoniker, S. 250.
6 Zumindest so lang sie sich in gesellschaftlich legitimierten Bereichen (also nicht in Form des Kafkaschen
   „Hungerkünstlers") betätigt.

kerberufes führte demgemäß in den letzten Jahrzehnten zu einer deutlichen Veränderung der sozialen Zusammensetzung des Kollektivs. Verstärkt traten junge Musiker mit höheren Bildungsabschlüssen bzw. aus höheren Klassenfraktionen des Kleinbürgertums in Orchester ein (wobei allerdings genauer analysiert werden müßte, wie weit die relative Entwertung der Titel das Bild nicht verfälscht). Dabei blieb jedoch die hochspezialisierte Einzelleistung (Produkt vieljähriger Bemühung) weiterhin Funktion eines immer mehr perfektionierten Kollektivs und verschwand darin in unterschiedlichem Maß: das ungelöste Problem des einzelnen Musikers im Zeitalter des Starwesens besteht in der relativen künstlerischen Abwertung seines Tuns gegenüber dem Dirigenten bei gleichzeitiger Aufwertung der Anforderungen und des Sozialstatus. Auf hohem technischem Niveau bleibt er, ökonomisch und sozial relativ wohl fundiert, dennoch Fußvolk im Kulturbetrieb, Handlanger des Ruhms anderer. Das wiegt umso schwerer, als Niveau und Status der Ausbildung sich den gehobenen Berufsanforderungen anglichen: die Aufwertung der alten Musikakademie zur Musikhochschule ist dafür im organisatorischen Bereich der sichtbare Ausdruck. Sie brachte gleichzeitig die Verpflichtung mit sich, den neuen Hochschulstatus durch Schwerpunktverlagerung des Studiums in Richtung Intellektualisierung zu legitimieren. Die Integration von theoretischer Reflexion und technisch-praktischer Instrumentenbeherrschung war bislang weitgehend jenen Ausbildungszweigen vorbehalten, die Interpreten mit völlig autonomer Entscheidungskompetenz heranbildeten (also Pianisten, Organisten), während im sonstigen Instrumentalstudium die handwerklich-technische Komponente eindeutig den Vorrang hatte. Damit aber war das Verhältnis von Dirigenten und Orchester zunehmend das Abbild der gesellschaftlich-realen Spaltung von Kopf- und Handarbeit: die Autorität des Dirigenten legitimierte sich im Fachlichen durch den Wissensvorsprung, der ihm als dem den Gesamtprozeß des Werkes Überblickenden im Unterschied zum ausführenden Musiker, dem seine atomisierte einzelne Stimme zum Sammelsurium mehr oder weniger schwieriger Stellen ohne Bezug auf die Gesamtheit des Erklingenden geriet, zufiel. Die Wechselwirkung zwischen höherem Sozialprestige und einer Ausbildung, die die engen Grenzen spieltechnischer Fertigkeiten zugunsten vermehrten theoretischen Wissens und höherer allgemeiner Bildung zu durchbrechen sucht, hat beiden Dirigenten Verhaltensmodifikationen bewirkt: zwar muß sich (laut gültigen Anstellungsbestimmungen der Wiener Symphoniker) der Musiker nach wie vor widerspruchslos den Anordnungen des Dirigenten unterordnen, aber der Dirigent sieht sich in zunehmendem Maße genötigt, durch die höfliche Form, in der er seine Anweisungen erteilt, deren autoritären Charakter zu mildern und sie vor allem durch Begründungen zu rechtfertigen — der Rekurs auf Editionsprobleme, die Erörterung verschiedener Spielvarianten etc. appelliert an Entscheidungsfindung durch kritische Überlegung statt selbstherrliche Inspiration und symbolisiert durch Einbeziehung der Musiker in diese Überlegungen ihre Anerkennung als gesprächsfähige Partner. Man könnte also unter Weiterführung obiger Metapher sagen, daß der Absolutismus der Dirigenten zu einem aufgeklärten wurde, was ihnen von der älteren Musikergeneration, die noch unter dem alten Dirigentenbild groß wurde und die Betonung der sozialen und künstlerischen Distanz geradezu erwartet, eher als Versagen denn als Fortschritt angerechnet wird.

Mit Nachdruck wurde anläßlich eines Symposiums über Probleme der österreichischen Orchester im Juni 1985 von dem schon zitierten Dr. Schmidt die Ansicht vertreten, Orchester seien nicht demokratisierbar. Andererseits wurde von Diskussionsteilnehmern beklagt, daß junge Musiker häufig Engagements in Orchestern wegen der Starrheit und

Versteinerung dieser Organisation mieden. Das grundlegende Mißtrauen der alten Musiker gegen eine Intellektualisierung des Instrumentalstudiums hat hier einen Schimmer von Berechtigung: je höher das intellektuelle Niveau und damit die theoretische Fundierung, desto schwerer fällt es, sich auf Dauer mit den Bedingungen des Orchesterspiels abzufinden — so könnte gerade eine umfassendere Ausbildung (bzw. Bildung überhaupt) dazu beitragen, die Einsicht in die (künstlerische) Unattraktivität des Ausbildungszieles reifen zu lassen.[7] Es scheint einleuchtend, daß Absolventen eines 16semestrigen Studiums, das in anderen Berufsbereichen die Gewähr für die Erreichung von Positionen mit einiger Autonomie bietet, wenig Interesse an einer vergleichsweise subalternen Betätigung in Abhängigkeit von Dirigenten unterschiedlichster Qualifikation haben.[8] Darin dokumentiert sich der Anachronismus des sozialen Gebildes „Orchester", das in seiner heutigen Form den Stempel des gesellschaftlichen Zustandes seiner Blütezeit — des 19. Jahrhunderts — trägt, indem es Macht- und Abhängigkeitsverhältnisse personalisiert.

Der folgende Blick in die Orchester-Alltagsgeschichte läßt Rückschlüsse auf die Art der Konflikte und auf Sozialcharaktere in einer spezifischen historischen Situation zu — „Ein-Blicke", die durch keine soziologische Fragebogenaktion zu gewinnen sind. Die Klagen über Disziplinlosigkeit und — daraus resultierend — die Androhung von Maßnahmen reißen während der in dieser Arbeit behandelten Zeitspanne nicht ab. Es soll zunächst ein Überblick über die Art dieser inkriminierten Verhaltensweisen gegeben werden:

Eine Verlautbarung am 11. 7. 1945 nimmt Bezug auf „gewisse Disziplinlosigkeiten", die ihre Ursache in der unmittelbaren Nachkriegssituation haben (wie Verlassen des Stadtgebietes, entgeltliche Betätigung außerhalb des Orchesterdienstes), fordert aber die Musiker auch auf, „während des Dienstes auf ihrem Platz zu bleiben und sich dort ruhig zu verhalten". Es wird darauf verwiesen, da es im Interesse jedes einzelnen Mitglieds sei, „dem Orchester nicht nur in künstlerischer Beziehung, sondern auch in jeder anderen Weise den besten Ruf zu sichern und zu halten. Die Schwierigkeiten, die uns aus den gegenwärtigen Zeitumständen erwachsen, ergeben an sich eine große Belastung für den Dienstablauf. Es ist daher ganz ausgeschlossen, daß dieser auch noch durch Disziplinlosigkeit im Orchester selbst gestört werden darf"[9]. Diese Ermahnungen zeitigten sichtlich keinen Erfolg, den am 25. 3. 1946 erging folgende Verlautbarung: „Nachdem alle bisherigen, wiederholten und eindringlichen Ermahnungen bezüglich Einhaltung der Dienstvorschriften und der Orchesterdisziplin im allgemeine in einer Weise unbeachtet geblieben sind, die den Ruf des Orchesters und seine Stellung schwer schädigt, wurde zwischen der Geschäftsführung und dem Betriebsrat im Einvernehmen beschlossen, ab

---

7 Im schon zitierten Interview mit Dr. Schmidt, der vehement jede Intellektualisierung des Studiums ablehnt, lautet eine Passage: „Allerdings nach Aufnahme in das Orchester hatte ich eine ziemliche Depression, weil das Orchesterspiel nicht das ist, was man sich eigentlich vorstellt ... deswegen habe ich auch das Doktorat gemacht, ich habe es aber doch nicht über mich gebracht, as Geigenspielen aufzugeben ...".

8 „Was anfänglich etwas niederschmetternd ist, ist das völlige Zahnrädchentum im Orchester und die völlige Unmöglichkeit für einen Streicher, sich individuell irgendwie zu entwickeln oder irgendeine persönliche Verantwortung zu tragen ... Der Tuttist muß sich ununterbrochen in einer Weise unterordnen, die es in gar keinem anderen Beruf mehr gibt. Es gibt keinen Beruf, der derartig von außen reglementiert wird wie ein Streicher ... man kann nicht einmal den Fingersatz selbständig aussuchen, vom Strich gar nicht zu reden. Ich hatte dann kein Interesse mehr am Orchesterspiel und habe dann eben studiert." (Dr. Schmidt) Dieses Studium hatte er 1949/50 abgeschlossen und war dann noch 36 Jahre im Orchester als Primgeiger tätig.

9 Verlautbarung Nr. 9, 11. 7. 1945.

sofort jedes solche Vergehen mit einer Geldbuße zu bestrafen."[10] Die in Erinnerung gerufenen Dienstvorschriften geben Einblick in die Art der Vergehen: eigenmächtige Bestellung von Substituten, außerdienstliche und unstandesgemäße Beschäftigung, Dienstetausch innerhalb einer Produktion, Verzögerungen bei Probenbeginn wegen Zuspätkommender, eigenmächtiges zeitweises Entfernen aus der Probe, Verlängerung der Pause, Unterhaltungen, Lesen, Essen während der Probe, „Verhandlungen mit dem Dirigenten", die nur dem Orchesterinspektor zustehen, Verzögerungen bei der Krankmeldung sowie folgende zwei Punkte: „Bei den öffentlichen Veranstaltungen haben die Herren des Orchesters in dunkler Kleidung mit weißer Wäsche und schwarzen, geputzten Schuhen zu erscheinen" und „Das Kritisieren von Leistungen der Mitglieder untereinander ist zu unterlassen. Jedes Mitglied hat sich seiner äußersten, künstlerischen Leistungsfähigkeit zu befleißigen und im Verkehr mit den Kollegen eines standesgemäßen, kollegialen Tones zu bedienen."

Eine weitere Verlautbarung vom November 1947 wegen „wiederholt grober Verstöße gegen die Dienstordnung und Disziplin in der letzten Zeit" bringt jene vom März 1946 in Erinnerung. Neben den dort bereits erwähnten Punkten wird hier den Stimmführern eine strenge Beachtung der Diensteverteilung nach künstlerischen, und nicht nach Gesichtspunkten gleichmäßiger Dienstebelastung empfohlen und bezüglich der Nebenbeschäftigungen festgestellt, daß die Übernahme ständiger Dienstverpflichtungen in anderen Orchestern untersagt sei und fallweise sonstige Nebenbeschäftigungen nur übernommen werden dürften, „wenn sie durchaus standesgemäß sind und zwar auch in der Vergütung und wenn dadurch die Dienstanforderungen in unserem Orchester in zeitlicher und leistungsmäßiger Hinsicht nicht beeinträchtigt werden". Weiters heißt es: „Als besonders rücksichtslos und störend bezeichnen es die Dirigenten, daß in den Proben bei Unterbrechungen und Erklärungen des Dirigenten im Orchester, trotz allem Ersuchen, keine Ruhe zu erreichen ist. Dadurch leidet der gute Ruf des Orchesters und die Probenarbeit wird empfindlich gestört ... Pünktlichkeit, Ordnung, standesgemäßes persönliches Verhalten und die bestmöglichen künstlerischen Leistungen, alles für unser Orchester, damit es auch in diesem Spieljahr in jeder Beziehung wieder ein Stück weiter in die erste Reihe kommt, damit dient jedes Orchestermitglied sich selbst am besten!" Im Oktober 1948 wird die Störung des Probenbetriebes wieder bekrittelt: „Die Orchestermitglieder sind verpflichtet, mindestens fünf Minuten vor dem angegebenen Probenbeginn mit spielbereiten Instrumenten ihren Platz im Orchester einzunehmen ... Zeitweilig nicht beschäftigte Herren haben bei kürzerer Nichtbeschäftigung auf ihrem Platz und bei längerem Pausieren so in der Nähe zu bleiben, daß sie, wenn sie benötigt werden, ohne Störung der Probe sofort auf ihrem Platz sein können ... Essen, Lesen, Gespräche während der Probe sowie das Rauchen am Podium sind strengstens untersagt. Sobald der Dirigent an seinem Pult steht und während seiner Unterbrechungen des Spieles, ist im Orchester absolute Ruhe zu bewahren und Präludieren und Probieren ist zu unterlassen. Die Herren Dirigenten empfinden die Außerachtlassung dieser Rücksichtnahme als eine grobe Mißachtung ihrer Person und ihrer Arbeit und führen immer wieder darüber Klage. Die Orchestermitglieder werden daher zum wiederholten Male ersucht, in den Proben alles Störende zu unterlassen und der Probenarbeit mit größter Aufmerksamkeit zu folgen, bzw. nach bestem Vermögen dabei mitzuarbeiten. Dies ist notwendig für die Erarbeitung der besten künstlerischen Leistung und es ist zugleich auch ein Ausdruck

---

10 Verlautbarung, 25. 3. 1946.

einer würdigen persönlichen Haltung jedes einzelnen Orchestermitgliedes gegenüber dem Dirigenten, dem Werk und dem Ernst der künstlerischen Arbeit."

Am 10. 2. 1949 werden strenge Disziplinarstrafen für jene Mitglieder angedroht, die sich direkt vom Dirigenten Freistellungen für einzelne Proben zugunsten von Nebenbeschäftigungen erbitten. Selbst eine Zustimmung des Dirigenten enthöbe sie nicht vom Verbot, ohne Wissen der Direktion dem Dienst fernzubleiben. Am 14. 4. 1950 bringt der Vorsitzende des Direktionsrates, Dr. Kraus, den Musikern zur Kenntnis, es seien in letzter Zeit Klagen darüber laut geworden, „daß sich Mitglieder des Orchesters bei Proben disziplinwidrig benehmen und insbesondere durch das Verlassen der Sitze während der Proben stören. Die Wiener Symphoniker werden von den maßgebenden Stellen und in der Öffentlichkeit als *das* führende Konzertorchester Wiens betrachtet. Diese Wertung verpflichtet auch die einzelnen Orchestermitglieder, die entsprechende Würde zu wahren. Mitglieder des Orchester, das von der öffentlichen Hand wesentlich gefördert und von der Öffentlichkeit als ein Repräsentant des Wiener Musiklebens gewertet wird, müssen daher schon im eigenen Standesinteresse bei Verrichtung ihrer Dienstverpflichtungen durch ihre Disziplin beispielgebend wirken ... Der Direktionsrat rechnet bei der Aufrechterhaltung der Orchesterdisziplin vor allem auch auf die verständnisvolle Mitwirkung der Vertrauensmänner des Orchesters, die damit vor allem das Interesse der Orchestermitglieder selbst wahren werden".

Am 14. 3. 1951 schreibt Direktor Schenker: „Die Wiener Konzerthausgesellschaft und Herr Prof. Markevitch haben sich heute sehr energisch über die immer mehr überhandnehmende Disziplinlosigkeit bei den Proben beschwert ... Es waren größte Anstrengungen nötig, um Herrn Prof. Markevitch davon abzuhalten, das Konzert abzusagen. Ich ersuche Sie nachdrücklich, eine Wiederholung derartiger Vorkommnisse zu vermeiden, da dieselben zu sehr unangenehmen Weiterungen führen könnten. So hat z.B. Herr Prof. Markevitch es schon in Frage gestellt, bereits begonnene Verhandlungen betreffs einer Mitwirkung der Symphoniker bei Festspielen in Frankreich in unserem Sinne weiterzuführen. Ich brauche Ihnen wohl nicht zu erklären, welche Folgen Ihnen aus einen solchen ablehnenden Bescheid von Seite des Vereines erwachsen würden. Ich appelliere daher nochmals in Ihrem eigenen Interesse an Sie und bitte Sie, bei Proben und Aufführungen größte Disziplin zu halten." Und am 11. 12. 1951 wiederholt er die Anordnungen vom 10. 2. 1949: „Aufgrund verschiedener Beschwerden bringe ich Ihnen in Erinnerung, daß eine Abänderung des Dienstes, sei es durch früheres Weggehen, späteres Kommen oder gänzliches Fernbleiben von Proben nur im Einverständnis mit der Direktion bzw. mit dem Orchesterinspektor erfolgen darf."

Der Dirigent Herbert Häfner, spezialisiert auf Interpretation moderner Musik, verlor wegen der herrschenden Unruhe in einer Probe am 20. 5. 1952 die Nerven und ließ sich gegenüber einem Musiker zur Bemerkung: „Lachen Sie nicht so blöd!" hinreißen.[11] Der Orchestervorstand verlangte daraufhin eine schriftliche Entschuldigung, Häfner betonte, es sei ihm ferngelegen, „irgendeinen Ihrer Herren persönlich zu beleidigen. Andererseits darf es Sie nicht verwundern, wenn ich durch die beispiellose Undiszipliniertheit einiger Orchestermitglieder in Anwesenheit des Komponisten, dessen Werk gerade probiert wurde, nervös wurde".[12] In einem Beschwerdebrief, den Häfner seinerseits an den Direktionsrat sandte, schrieb er, „daß die Disziplinlosigkeit einiger Orchestermitglieder bei der Probenarbeit den guten Ruf, den das musikalisch so ausgezeichnete Orchester

---

11 Brief Schenker — Lustig-Prean vom 19. 6. 1952.
12 Brief Häfner — Orchestervorstand vom 11. 6. 1952.

bisher besaß, völlig zu untergraben droht. Diese Feststellung mache nicht ich allein, sondern fast alle Dirigenten, die mit dem Orchester in Berührung kamen, haben ihren Unwillen darüber kundgetan"[13].

Am 25. 2. 1953 erschien die erste Ausgabe einer Orchesterzeitung, deren Aufgabe es sein sollte, aktuelle Fragen zu behandeln und über Projekte zu informieren, die aber innerhalb kürzester Zeit zum Agitationsfeld von gehässigen Privatfehden wurde und am 8. 5. mit der elften Nummer ihr Erscheinen einstellte. Sie bestand damit etwa genau so lang, wie die letzte Amtszeit des Betriebsratsobmannes Fenz währte. Es ist nicht verwunderlich, daß diese Zeit starker interner Spannungen Auswirkungen auf die Probendisziplin hatte. In der Zeitung nimmt die Erörterung dieser Frage denn auch breiten Raum ein; Betriebsrat Schreier hatte Mitte März den Vorschlag unterbreitet, bei allzu großer Unruhe sollte jeder Kollege, der bei dieser Probe anwesend gewesen sei, drei Schilling zugunsten der Orchesterkasse einzahlen — „ganz gleich, ob er Disziplin gehalten hat oder nicht ... Ich kann mir vorstellen, daß sich die ,ruhigen Kollegen' etwaige Disziplinlosigkeiten anderer nicht so ohne weiteres werden gefallen lassen, ganz einfach aus dem Grunde, weil es auch sie Geld kostet. Es wäre auch anzunehmen, daß die ,Unruhigen' von selbst ruhiger werden, weil auch ihr Geldsäckel erleichtert wird und die ,Unschuldig-Schuldigen' ein mehr oder minder notgedrungenes Erziehungswerk in dieser Hinsicht erbringen würden"[14]. Disziplin sollte also durch die Errichtung einer orchesterinternen Disziplinarinstanz und gegenseitiges Unterdrucksetzen durch drohende finanzielle Einbußen hergestellt und disziplinäre Probleme, die nicht zuletzt aus der autoritären, hierarchischen Struktur der Orchesterpraxis erwuchsen, sollten mittels weiterer autoritärer Maßnahmen im Sinne einer Symptomkur niedergehalten werden. Der Vorschlag stieß mehrheitlich auf Ablehnung, wobei die Art der Gegenargumentation interessant ist. Wie haben es hier mit einem jener seltenen Fälle zu tun, in dem Orchestermusiker in der Auseinandersetzung mit dem speziellen Problem der Disziplin schriftlich zu grundlegenden Fragen des Selbstverständnisses und der Beziehung zwischen Dirigenten und Orchester Stellung nehmen. In seiner Polemik gegen den Schreierschen Vorschlag schreibt der Musiker H. Wegricht:

13 Brief Häfner — Direktionsrat vom 11. 6. 1952.
14 Nachrichten für Symphoniker Nr. 4, ohne Datum.

Stellungnahme zu einem Vorschlag des Kollegen Schreier, die Aufrechterhaltung der Disziplin betreffend. In der Propagierung der Kollektivhaftung
begegnen wir Begriffen und Gepflogenheiten, die jedem ehemaligen Angehörigen
der deutschen Wehrmacht sehr vertraut sind. Für jedes kleinste Vergehen wurde
dort die ganze Gruppe, Stube, Kompanie usw. zur Bestrafung herangezogen. In
der Fachsprache nannte man das "Schliff". Eine Gruppe von individuell verschiedenen Personen wurde zu einem Kollektiv zusammen "geschliffen". Die
Persönlichkeit wurde gewaltsam unterdrückt und in ein persönlichkeits-
f ndliches Kollektiv hineingepresst. Die Vernichtung der Persönlichkeit
war das "probate" Mittel, um diesen Grad von Disziplin (Kadavergehorsam)
herzustellen, der für die Kriegsführung erforderlich erschien.
Es hiesse die Erfordernisse unseres Orchesters vollkommen verkennen, ja
geradezu auf den Kopf stellen, wollte man versuchen hier mit gleichen Metho-
den ähnliches zu erreichen. In einem Orchester mit grossen künstlerischen
Aufgaben ist ja gerade die individuelle Persönlichkeit des Kriteriums seines Niveaus! Eine Nivellierung erfolgt nämlich immer nach unten, das heisst
eine Vermassung würde das künstlerische Niveau des Orchesters zweifellos
sehr abgleiten lassen. Ein wirklich guter Dirigent wird daher auch niemals
die Persönlichkeit des Musikers unterdrücken, sondern diese im Dienste des
zu interpretierenden Werkes sinngemäss zur Entfaltung bringen. Diese propagierten Gedanken scheinen mir persönlich auf jener Ebene des verhängnisvollen Irrtums zu liegen, der mit der Diffamation des unehelich geborenen
Kindes beginnt, mit der Verurteilung der Zugehörigkeit zu einer bestimmten
Rasse sich weiter fortsetzt und schliesslich in dem Wahne von der Kollektivschuld und Sippenhaftung endet. Das alles sind nämlich "Vergehen", an deren
Zustandekommen der Verurteilte nicht den geringsten Anteil hat! Aber abge-

Die logische Schwäche dieser Argumentation, die sich innerhalb eines Satzes in Bereiche verrennt, die mit dem zur Diskussion stehenden Thema nicht das geringste zu tun haben, liegt auf der Hand. Schwerlich begünstigen chaotische Arbeitsbedingungen die Entfaltung der Persönlichkeit des Musikers, noch stehen sie im Dienste des zu interpretierenden Werkes. Wodurch schließlich die Beachtung der für die effiziente Erarbeitung eines Werkes unumgänglichen Verhaltensmaßregeln zu einer „Vermassung" oder „Nivellierung nach unten" führen sollte, scheint schlechthin unverständlich. Der in diesem Zusammenhang logisch unsinnige Rekurs auf die „individuelle Persönlichkeit" als Kriterium des Orchesterniveaus gewinnt erst in der (sozial)psychologischen Dimension seinen Stellenwert: der Schreiber dieser Zeilen war zweiter Geiger, hatte also eine Position inne, die zu den stärksten „Vermassungsfeldern" im Orchester zählt (vgl. auch die weiter unten angeführten Belegstellen im Tagebuch Ernst Dörflers), in denen es so gut wie unmöglich ist, inmitten eines Dutzends Kollegen, die die gleiche Stimme spielen, den Traum von der „individuellen Persönlichkeit" je zu verwirklichen. Aber eben deshalb muß er weitergeträumt werden. Kein Student träumt von einer Laufbahn eines Tuttisten der zweiten Geiger in einem zweiten Orchester. Die Animosität gegen Begriffe wie „Vermassung" und „Nivellierung" bezeichnet genau die künstlerisch reale Situation, der diese Begriffe angemessen sind — hier wird der empfindlichste Punkt im Selbstbild des individuierten Künstlers getroffen, nämlich daß es bloßer Schein ist. Die Beschwörung individueller Künstlerschaft an unpassender Stelle, ausgelöst durch die Assoziationsreihe: Vereinheitlichung (einer Strafmaßnahme) — Nivellierung — Vermassung verrät, wie ideologisiert die Selbsteinschätzung in diesem Fall ist.

In der Verteidigung gegen die erhobenen Vorwürfe führt Schreier u.a. aus: „Übrigens, wenn wir schon von Schliff reden: jeder gute oder auch schlechte Dirigent ‚schleift' das Orchester so lange, bis das Werk so erscheint, wie er es sich vorstellt — auch wenn z.B. Herr Wegricht aus irgendwelchen Gründen ein anderes Tempo oder eine andere Auffassung wünschte: er richtet sich schön brav nach dem vorgegebenen Taktschlag, weil er es muß und alle anderen Kollegen es auch müssen! Hat das nicht eine große Ähnlichkeit mit Kompaniechef und Kompanie und den dazugehörigen Späßen? ... Und wenn Sie von Vermassung sprechen, so muß ich Ihnen leider sagen, daß es Ihnen anscheinend noch nie zum Bewußtsein kam, daß das Orchesterspiel gegenüber dem Einzelspiel oder dem Kammermusizieren an sich schon eine solche ist, was Ihnen jeder nach innen gerichtete Musiker bestätigen wird. Die Vermassung besteht schon darin, daß Musiker und Instrument ihre individuelle Eigenart zugunsten des wiederzugebenden Werkes aufgeben. Ob ein Orchester gut oder schlecht ist, hängt nur immer wieder von dem Können der Musiker ab; in weiterem Abstand erst davon, wie weit soviel Selbstdisziplin aufgebracht wird, die jeweilig zu spielenden Werke in bester Wiedergabe zu Gehör zu bringen. Eine preußische Disziplin schwebt mir nie vor, denn wir sind ja Wiener, und eine solche würde nur bezwecken, daß wir Gefahr liefen, das zu verlieren was die Musiker aus Wien auch heute noch eigentlich allein dastehen läßt: Musik mit Herz und Gefühl wiederzugeben!"[15]

Damit ist die Diskussion vollends vom Ausgangspunkt — Diszipliniertheit als Voraussetzung einer produktiven Arbeitsatmosphäre — zur Disziplin als Taktstockgebundenheit des Musikers übergegangen — zwei grundverschiedene Aspekte; daß sie hier so vermengt werden, scheint weniger durch die Unfähigkeit, sie auseinanderzuhalten, als durch die nicht explizit formulierte Einsicht, sie hätten doch miteinander zu tun,

15 Nachrichten für Symphoniker Nr. 6, 1. 4. 1953.

entstanden zu sein: die Musiker sind gegenüber dem Dirigenten bezüglich der großräumigen Gestaltung eines Werkes im Konzert wehrlos und bessere Einsicht machte sie doppelt ohnmächtig (in der Detailgestaltung allerdings kann es mitunter der Dirigent dem Musiker gegenüber sein) — darauf bezieht sich der Vergleich mit einer militärischen Formation. Die von Adorno angesprochene Renitenz, im Konzert höchstens durch undifferenziertes Spiel ausdrückbar, entlädt sich gegenüber einem zumindest von einem Teil der Musiker nicht akzeptierten Dirigenten (also fast jedem gegenüber) in der Probe durch mangelnde Disziplin, die sich im Schutz der Anonymität genüßlich entfaltet (Konzentrationslosigkeit, Kaffeehausatmosphäre, Stimmen, Üben etc.) Im renitenten Störmanöver überlebt ein Relikt jenes so heftig propagierten individuellen Freiraums, der den Musikern (mit Ausnahme der wenigen Solisten) durch werkimmanente Struktur und Dirigenten weitgehend versagt wird — paradox genug, daß es sich unter dem Schutzmantel des Kollektivs betätigt. Die prinzipiell kollektivistische Struktur des Orchesterverbandes erkennt das obige Zitat illusionslos — daß es von einem Tuttibratscher stammt, zeigt, daß ein relativ niedriger Prestigerang[16] innerhalb des Orchesters nicht unbedingt zu Positionen führen muß, die quasi als Selbstschutzmaßnahme dem Kult des Individuellen huldigen; die Deutung der Interpretation als Selbstaufgabe schießt aber in der anderen Richtung kraß übers Ziel und verkennt zudem die in der Romantik vollzogene Individualisierung der Instrumentalfarben — die Polarisierung von isolierter Einzelstimme und Kollektivklang als gedachter Synthese aller Einzelfarben ist ja gerade für die Kompositionstechnik im 19. Jahrhundert konstitutiv. Selbstschutzfunktion hat hier wohl die unterschiedslose Einbeziehung aller in das „Vermassungsphänomen". Am Rande vermerkt sei, daß hier das unausrottbare Klischee wienerischen Selbstverständnisses, wonach eine gewisse Portion unbezähmbarer Disziplinlosigkeit Voraussetzung für eine gefühlvolle Interpretation sei, wieder auftaucht.

Als Schlußwort dieser Debatte lenkt Dr. Schmidt den Diskurs auf die Ebene der Wissenschaftlichkeit:

---

16 Was für den Österreicher der Burgenländerwitz, sind für die Orchestermusiker die Bratscherwitze.

"Ich"-Problem und Vernassung. (Von der Konsequenz des Körpers).
Die Propagierung von Begriffen wie Nivellismus, Alkoholismus und Kollektivismus scheint mir auf jener Ebene des verhängnisvollen Irrtuns zu liegen, der Orchestermusiker, Bläser, Streicher, Schlagwerker und sogar Direktoren in einen Topf wirft und vergisst, dass das Orchester ein Haufen gezählter kleiner Teilchen ist, von denen jedes für sich eine eigene, von den anderen durchaus unabhängige Existenz besitzt, aber alle völlig abhängig sind von den Körper, den sie bilden, denn auch dann, wenn sie längst verfallen sind, besteht er dennoch weiter. Wie soll nun aus den einzelnen Vielheiten ein Gefühl der inneren seelischen Einheit entstehen? Durch das probate Mittel der Vernichtung der Persönlichkeit? Nein! Nein! Dreimal Nein! Ist jene mit Dreischillingstücken gepflasterte Strasse der richtige Weg? Obwohl das Kriterium des Niveaus jedes Einzelnen seine individuelle Persönlichkeit ist, war doch eine Wahrheit schon altbekannt: Das "Ich bin", dies ist der einzige, aber auch tiefste Satz, dessen Wahrheit völlig unmittelbar gewiss ist. Und dieses Ichbewusstsein ist völlig unzerstörbar, auch durch Kollektivschuld, Schliff und Sippenhaftung, obwohl es durch jahrelanges, von Dirigenten, Komponisten und Inspektoren erduldetes Leid derart zugeschliffen würde, dass es sich mit den anderen Ichs meistens nicht allgemein merkbar reibt. Die Diffamation der Nivellierung nach unten bedeutet eine diskontinuierliche Konstellation, die ad finitum das Kollektiv selbst kollektiviert. Nein, die Individualität, der freie Geist lässt sich in keine Kollektivität zwingen, nur in eine unheimliche Behausung ist die Individualität, der freie Geist geraten, als er sich einen Körper schuf. Zu einem furchtbaren Kerker, zu einer schrecklichen Folterbank kann dieser werden. Und die wühlende Pein seiner zuckenden Nerven hat schon manchen Fleischgewordenen dies gezeigt. Es gibt viele Eigenschaften des Leibes, die für ihn zu einer Geissel werden. So vor allem die Schwatzsucht, die, da der Geist zwar willig, aber das Fleisch schwach ist, nur durch Kadavergehorsam und Gruppenhaftung überwunden werden kann. Soviel zu diesem Thema. -Ich hoffe, mich völlig einfach verständlich und sachlich ausgedrückt zu haben. In diesem Sinne wünsche ich allen Kollegen alles Gute für diesen Frühjahrsmonat und schliesse mit dem Dichterwort: "TÖNE WEM EIN TON GEGEBEN IN DEM INSTRUMENTENWALD DAS IST JA EIN LÄUTES LEBEN WENNS VON ALLEN SAITEN SCHALLT.
Dr.Schmidt.

Das empirische Ich hat hier also alle Schwächen des Kollektivs und verdient daher die Maßregelung, während die unverbrüchliche Freiheit des metaphysischen Ichs davon nicht berührt wird. Dies schien vor allem für Tuttisten wichtig — waren sie doch noch zusätzlich der Autorität der Stimmführer unterworfen, die teilweise „ein sehr strenges Regiment führten"[17] und ihr Recht, Anweisungen zu geben und Vorschriften zu erteilen, rigid handhaben. Das Autoritätsgefälle zwischen Dirigenten und Orchester wiederholte sich also in letzterem zwischen Stimmführern und Tuttisten, und selbst bei diesen gab es eine Distanzierung zwischen alten und jungen Musikern, wobei letztere zur strengen Einhaltung eines Grußzeremoniells verpflichtet wurden. Übel vermerkt wurde, daß junge Musiker die Anweisungen der Stimmführer „nicht immer stillschweigend zur Kenntnis"[18] nahmen — „Tatsache ist, daß die jungen Mitglieder den älteren Kollegen über den Kopf wachsen und machen, was sie wollen"[19]

Die Frage nach den Ursachen für die das Arbeitsklima so außerordentlich belastenden disziplinären Schwierigkeiten führt auf eine Fülle von Faktoren, die teilweise — unabhängig von der spezifischen Situation eines bestimmten Orchesters — in ungelösten Widersprüche innerhalb dieses sozialen Mikrokosmos begründet liegen, teilweise aber die individuelle Problemlage eines Klangkörpers widerspiegeln. Disziplinlosigkeit — als mangelnde Motivation, bestimmte vom Kollektiv geforderte Verhaltensweisen als notwendig zu akzeptieren — ist ein latentes Problem jedes Orchesters; ob und wieweit es ein manifestes wird, hängt vom Zusammenwirken eines Vielzahl von speziellen Gegebenheiten ab. Im Durchgang von allgemeinen zu spezifischen Bedienungen soll abschließend versucht werden, thesenhaft Erklärungsversuche anzubieten.

1. Zur künstlerischen Stellung des Orchestermusikers

Einiges aus diesem Problemkreis ist in den obigen Ausführungen schon angeklungen. Mit dem allmählichen Erstarken des Dirigenten als Vermittlungsinstanz zwischen Werk und Ausführung wurde die Position der Musiker geschwächt. Der Aufstieg des Dirigenten ist einerseits Folge des Durchbruchs zur werkzentrierten Ästhethik, die einen verantwortlichen Sachwalter des unumstößlich gewordenen Komponistenwillens erfordert und Improvisationen, Auszierungen etc. seitens der einzelnen Musiker zunehmend aus dem musikalischen Kontext verbannt, und ist andererseits in der Vergrößerung der Säle (nach Konstituierung einer musikalischen Öffentlichkeit) und — als Folge dieser baulichen Maßnahmen — des Orchesterapparates begründet. Die relative Autonomie der Musiker dem Text gegenüber wird also vom Werk her durch immer präzisere Spielvorschriften, vom Dirigenten her durch Zentrierung der Interpretationskompetenz in seiner Hand wesentlich eingeschränkt.[20] In der Folge erweiterte sich die — musikalische, soziale, ökonomische — Kluft zwischen Orchester und Dirigenten infolge der weitgehenden Erstarrung des Repertoires, wodurch das Hauptinteresse der unter dem Originalitätszwang stehenden Interpretationsleistung den letzteren galt und die Werke immer mehr

---

17 Schenker im Protokoll der Sitzung des Disziplinarsenats vom 19. 2. 1953.
18 Ebda.
19 Ebda.
20 Vgl. dazu Schleuning, Das 18. Jahrhundert: Der Bürger erhebt sich, S. 459ff.

zum Objekt und Schaustück dirigentischer Virtuosität zu verkommen drohten.[21] Verdis mißbilligende Äußerung, nach der Tyrannei der Primadonnen folge nun die der Dirigenten, bezeichnet den historischen Punkt des außerordentlichen Machtzuwachses ebenso wie die Einbeziehung der Funktion des souverän waltenden, „schlagenden" Kapellmeisters in die kompositorische Struktur durch Wagner[22] und Mahler[23]. Demgegenüber kann das Orchester zwar als Kollektiv über einen klingenden Namen verfügen, dem einzelnen — mit wenigen Ausnahmen — dennoch anonymen Musiker muß dieses Kollektiv aber tatsächlich wie eine metaphysische Wesenheit erscheinen, der unabhängig von seiner persönlichen Mitwirkung reale Existenz zukommt. Aufschlußreich ist diesbezüglich die Definition des Orchesters als „kollektive Individualität" (wohl gegenüber dem Dirigenten als „individuelle Individualität") im Lichte des (bürgerlichen) Sprachgebrauchs dieser beiden Begriffe (also der positiven Konnotationen von „Individualität" und der eher negativen von „Kollektiv"): die Summe aller vorgeblichen Individualitäten (die sich bekanntlich durch ihre spezifische Differenz zu traditionellen Verhaltensmustern und kollektivem Sprachgebrauch definieren) soll demnach ein Kollektiv ergeben, in dem individualistische Regungen zwar größtenteils unerwünscht sind (vor allem der Fall der Streicher: Zwang zu einheitlichem Strich, Timbre — ihre paradoxe Tugend besteht in teilweiser Selbstaufgabe, aber gleichzeitiger Aufrechterhaltung individualistischer Illusionen, um an ihr nicht zu scheitern), das aber anderen Kollektiven gegenüber jene differentia specifica aufweist, die Individualität auszeichnet: Zession persönlicher Autonomie, um sie auf nächsthöherer Abstraktionsstufe zu bewahren — die fatalen historischen Assoziationen zu diesem Modell sollen nicht weiter ausgeführt werden. Daß Individualität sich solcherart nur kollektiv verwirklichen kann, wo doch die originär bürgerliche Ideologie gerade dem Künstler ungehemmte Entfaltung seiner je eigenen Individualität zubilligt, ist das Trauma jedes Orchestermusikers und die Grundlage des Spannungsverhältnisses zum Dirigenten: damit dieser „Persönlichkeit" ausstrahlen kann, muß jener die Folie dazu abgeben.

Im Dirigenten verkörpert sich der Anschein, daß Aufhebung der Entfremdung unter den herrschenden gesellschaftlichen Bedingungen möglich, das Hegelsche Subjekt-Objekt zu verwirklichen sei: Kraft subjektiver Anschauung (der Imagination des Textes) erweckt er das Objektivierte (das Werk) erst zum Leben, der interpretatorische Akt bildet die versöhnende Vermittlung. Und eben jene erweckte Illusion aufgehobener Entfremdung ist es, die gesellschaftlich so hoch — und in jedem Fall in keinem Verhältnis zur tatsächlichen musikalischen Leistung des Dirigenten — honoriert wird: Wenn das Märchen vom geglückten Leben unter den Verhältnissen entwickelter Warenproduktion und Tauschgesellschaft aufgrund individueller Begabung und Leistung Wirklichkeit werden kann, darf niemand, dem dies nicht gelingt, die gesellschaftlichen Umstände für sein Scheitern verantwortlich machen — der Dirigent ist der einsame Millionär unter den tausenden (geistigen) Tellerwäschern, die zeitlebens den Orchesterdienst verrichten. Geflissentlich wird dabei verschwiegen, daß die Anstrengung, sich zu höchsten musikalischen Ehren emporzuarbeiten, in den allermeisten Fällen eine von Anbeginn wohl fundierte ökonomische Basis zur Voraussetzung hatte (man denke nur an die großen Dirigenten aus adeligen oder großbürgerlichen Kreisen — Weingartner, Furtwängler,

---

21 Vor einigen Jahren wurde nach der Absage Karajans für eine Aufführung der „Schöpfung" im Musikverein, die der ungarische Dirigent Antal Dorati übernahm, sofort mehr als ein Drittel der Karten retourniert.

22 Vgl. dessen Ausruf: „Nicht Kaiser nicht König — aber dastehen wie ein Dirigent!"

23 Vgl. Adornos Monographien über Mahler und Wagner.

Krauss, Karajan, um nur einige zu nennen) — vom hohen kulturellen Kapital der Elternhäuser gar nicht zu reden, das in keiner Weise mit den engen kleinbürgerlichen Verhältnissen vergleichbar ist, dem die allermeisten Orchestermusiker entstammen (oder wenigstens entstammten). Legitimer Zugang zu den (gesellschaftlich legitimen) kulturellen Werten und Entwicklungsmöglichkeit in einer kulturgesättigten familiären Atmosphäre — diese unsichtbaren Klassenschranken eröffnen (bzw. begrenzen) die Chancen und stabilisieren gleichzeitig klassenspezifische Privilegien. In diesem Sinne wäre die Beziehung Dirigent-Orchester durchaus als (ästhetischer) Ausdruck eines Klassenkonflikts interpretierbar und das ambivalente Verhältnis des Orchestermusikers zum Dirigenten aus seinem spezifischen Habitus zu erklären: einerseits durchschaut er als Praktiker wie kein anderer (am wenigsten die Kritiker, die völlig kritiklos am Mythos des Dirigentenbildes mitweben) die Fragwürdigkeit der Heroisierung — der Mythos Karajan erscheint in anderem Licht, wenn die mit ihm arbeitenden Musiker wissen, daß er nicht imstande ist, präzis die Ursache eines schlecht stimmenden Akkords zu orten[24] oder einem „ausgestiegenen" Solisten wieder „hineinzuhelfen"[25]; bei vielen anderen großen Dirigenten wird jede Fermate zum Problem, andere sind nicht imstande, einen unmißverständlichen Auftakt zu geben — häufig allerdings stilisieren sich solche handwerkliche Mängel zur Ingredienz magischer Praktik: weder das Orakel noch der Medizinmann sind „deutlich", und die Spannung so mancher Aufführung ist das Resultat erhöhter Konzentration, die sich dem Wissen jedes einzelnen Musikers verdankt, selbst retten zu müssen, was aufgrund der Zeichengebung des Dirigenten permanent am Rand des Chaos sich bewegt. Kraß divergiert meist die offizielle Einschätzung der Dirigenten (die ihren Marktwert bestimmt) von jener der Musiker, die „unter ihm" spielen, wobei sie diese ihre wahre Meinung aus begreiflichen Rücksichtnahmen auf finanzielle und diverse taktische Erwägungen kaum jemals öffentlich äußern. Andererseits scheint der Musiker seiner eigenen Urteilskraft doch wieder zu mißtrauen und letztlich — quasi wider besseres Wissen — der öffentlichen Geltung der zuvor noch Kritisierten Tribut zu zollen; die konservative Persönlichkeitsstruktur der Orchestermusiker bringt ein hohes Maß an sozialer Akzeptanz dessen, was ist, mit sich. Wem selbst „Nivellierung" ein Reizwort ist, der findet sich mit drastischen Rangunterschieden auch ab, wenn sie zu seinen eigenen Ungunsten bestehen, zumal der Glanz der so Hochdotierten doch auch auf das künstlerische Fußvolk der Orchestermitglieder abstrahlt. Gegenüber höchsten Dirigentenrängen verstummt jede (als inadäquat empfundene) Frage nach der sozialen Berechtigung des märchenhaften Entgeltes — was der Gesellschaft soviel wert ist, daran muß schließlich etwas sein. Die finanziell ausgedrückte Wertschätzung wirkt zurück auf die künstlerische Autorität — eine weitgehende Lähmung der Urteilskraft bei Musikern, Publikum und Kritik sanktioniert auch noch die anfechtbarsten Aufführungen.

Die Unterwerfung unter die Großen bekommen die Kleineren zu spüren. Unerbittlich wird ihnen von den Musikern die Rechnung dafür präsentiert, daß sie nur in zweiter oder dritter Reihe stehen, vor allem seitdem die sozialrechtliche Situation der Musiker gesicherter und die gewerkschaftliche Vertretung effizienter ist. Hier haben die zermür-

---

24 Dies wurde von pensionierten Symphonikern immer wieder — und unabhängig voneinander — berichtet.
25 Mit unverhohlener Schadenfreude berichten alte Symphoniker von einer Aufführung der h-moll Messe in Luzern, für die Karajan ausdrücklich den philharmonischen Oboisten Kamesch verlangt hatte, der sich bei der Oboenarie allerdings nach wenigen Takten verzählte und daraufhin bis zum Schluß des Stücks nicht mehr hineinfand. Während Karajan vorne „gestaltete", blies der verzweifelte Kamesch schließlich nur mehr einen Halteton.

benden Grabenkämpfe, die oben dokumentiert sind, ihren Ort, hier büßen die Häfners, Markevitchs etc., daß sie nicht jene Autorität besitzen, die ideell dem Dirigentenposten zukommt. „Zwar soll Autoritäten etwas am Zeug geflickt werden, aber nur solchen ohne bestätigte Autorität: sie seien Nichtskönner."[26] Und die von Adorno in diesem Zusammenhang beobachtete Tatsache, daß auch die gesellschaftlich nicht approbierte Autorität der modernen Musik Opfer der Aggressivität seitens der Musiker wird, scheint durch die oben zitierte „Causa Häfner" bestätigt. („Der Sabotageakt ... sucht sich ... sein Objekt dort aus, wo er vorweg die stärkere Autorität, die der communis opinio hinter sich hat: die moderne Musik."[27]). Wenn gesagt wurde, daß — nach Auseinandertreten und Spezialisierung der Funktionen von Komponisten und Interpreten und der Verpflichtung der letzteren zu absoluter „Texttreue" — dem Musiker wesentliche Entfaltungsmöglichkeiten im Bereich musikalischer Spontaneität und schöpferischen Anteils verlorengingen, soll das nicht bedeuten, daß er etwa diesem verlorenen Paradies nachtrauerte und die mangelnde Gelegenheit, im „Sacre du Printemps" Verzierungen anzubringen, beklagte. Die geänderten Ansprüche haben im Gegenteil bewirkt, daß neue Verhaltensweisen anerzogen wurden, die vor plötzlicher Eröffnung der alten Freiräume in große Verlegenheit kämen. Infolge der am klassisch-romantischen Repertoire orientierten Ausbildung wäre kaum ein Orchestermusiker imstande, prima vista den langsamen Teil einer Händel-Ouverture auszuzieren und ist in seinem Kleben am Notentext der geistesgegenwärtigen Improvisationsfähigkeit eines guten Jazzmusikers hoffnungslos unterlegen. Die Einbuße an autonomen Gestaltungsmöglichkeiten und -fähigkeiten wurde längst zur Tugend der Gewissenhaftigkeit gegenüber dem Komponistenwillen umgedeutet, der durch musikalische Disziplinierung bewirkte Verlust an Phantasie zu verantwortungsbewußter Seriosität — dennoch ist das (unterschiedlich große) Defizit musikalischer Erfüllung unter den künstlerisch regressiven Bedingungen des Orchesterspiels nicht zu leugnen. „Was ein Orchestermusiker zu tun hat — sie nennen es ‚Dienst' —, steht nach geistig-musikalischer Bedeutung und auch der Befriedigung nach, die der einzelne empfängt, außer allem Verhältnis zu der Utopie, der ein jeder einmal nachhing; die Routineaufführung, die Abgedroschenheit oder geringe Qualität der meisten Einzelleistungen, die im Tutti verschwinden, schließlich auch die oft bloß fiktive Überlegenheit des Dirigenten zeitigen Überdruß."[28] Die Qualität der Einzelleistungen ist zweifellos seither markant gestiegen, der Abstand zur Utopie aber weiter beträchtlich.[29]

Exkurs: Zum Konservativismus der Musiker

Die Sozialpsychologie des alten Typs von Orchestermusikern, wie sie Adorno entwirft, scheint über weite Strecken wie eine Konkretion seiner Studie über den autoritären Charakter (und würde die überdurchschnittlich hohe Zahl von NS-Parteimitgliedern und -anwärtern unter den Musikern nicht nur als opportunistisches Mitläufertum klassifizieren). Es sei an dieser Stelle ein Exkurs über das Phänomen des Konservativismus der Musiker eingefügt, der als homogenes charakterliches Merkmal der so inhomogenen

---

26 Adorno, Musiksoziologie, S. 123.
27 Ebda.
28 Adorno, Musiksoziologie, S. 123.
29 „70% des Orchesterspiels ist Geldverdienen, 30% Freude" — so formulierte ein hervorragender hochmotivierter Bläsersolist des Orchesters.

Gruppe bezeichnet werden könnte — ein Konservativismus, der sich sowohl auf den berufsspezifischen musikalischen wie auch auf den politischen, „weltanschaulichen" Bereich erstreckt. Wie eine jüngst erschienene soziologische Studie feststellt, sei der musikalische Geschmack der Musiker konservativ, orientiert an der Musik, die sie täglich spielen.[30] Erschreckend, wie sogar der Publikumsgeschmack langsam jenen der Interpreten zu überflügeln scheint (der Erfolg des Festivals „Wien modern" läßt dies zumindest vermuten).

Eine Studie über die politischen Präferenzen der Musiker steht aus, beinahe einein-halb Jahrzehnte geduldigen Zuhörens bei Pausen- und Tourneegesprächen lassen jedoch kaum Zweifel daran, daß ungeachtet der beschriebenen sozialen Heterogenität das Orchester einen nahezu geschlossenen konservativen Block bildet (mit Tendenzen zum rechten Flügel). Es ist reizvoll, bei der Lektüre der ersten hundert Seiten von Bourdieus „Die feinen Unterschiede" an die soziale Identität der Orchestermusiker zu denken; Bourdieus Verdienst ist es bekanntlich, Geschmackspräferenzen nicht als unhinterfrag-bare individuelle Eigentümlichkeiten anzusehen, sondern sie als Indikatoren einer um-fassenden Lebenspraxis zu analysieren, die in sozialer Herkunft, Mobilitätsrichtung der Klassenfraktion, kulturellem und ökonomischem Kapital, Bildungsweg etc. wurzelt und gleichzeitig den jeweiligen Habitus konstituiert. Die folgenden Überlegungen sind als „Lektüre- Assoziationen" zu verstehen und gleichzeitig als thesen- und bruchstückhafte Erklärungsversuche für die konservative Haltung der Musiker. Dabei wurden einige Gedanken, die in ähnlichen Zusammenhängen schon auftauchten, gleichsam als variierte Wiederholungen „konserviert".

Im allgemeinen Verständnis ist Musik die am meisten vergeistigte Kunst, die Kunst der Innerlichkeit, „umfassendste Gestalt jener Verleugnung der Welt, zumal der gesell-schaftlichen, welche das bürgerliche Ethos allen Kunstformen abverlangt"[31] — d.h. die Kunst mit der höchsten sozialen Wertschätzung. Ihre Meisterwerke haben unwiderspro-chene (unwidersprechbare) autoritative Kraft, die Vertrautheit mit ihnen verschafft entsprechenden Distinktionswert. (Besser: ihre respektvolle Akzeptanz als normative, freilich in dieser Form verdinglichte kulturelle Instanz). Ihnen gegenüber gewinnen Werke der Moderne leicht den Charakter des schäbig Experimentellen, zumal ihr stili-stisch-formaler Nominalismus sie zwangsläufig zu punktuellen, folgenlosen Erscheinun-gen macht. Es kommt zu einem paradoxen Ergebnis: die Musiker sind heute, verglichen noch mit der Entstehungszeit der klassischen Werke, die sie unausgesetzt interpretieren, eingeengter in ihrer künstlerischen Entfaltungsmöglichkeit, was werkimmanente, auf-führungspraktische und soziologische Gründe hat. Ihrer sozialen Stellung nach verdan-ken sie dem Fetischcharakter der von ihnen interpretierten Kunst jedoch ihren relativen Aufstieg. Weit weniger als der Dirigent, immerhin aber als im Kollektiv anerkannte Spezialisten partizipieren sie an der öffentlichen Geltung der Fetische, die weit über die speziell bürgerliche Privatsphäre hinaus so etwas wie sozialintegrative, nationale Iden-tität verbürgen. Die soziale Geltung der Musiker hängt also an der ungebrochenen sozialen Wertschätzung der von ihnen vermittelten Kunst — also an „konservierender" kultureller Gesinnung. Die konservative Haltung des Musikers ist jene des Aufgestiege-

---

30 Mario Prinz, Untersuchung der subjektiven Wahrnehmung der Qualität von Orchestermaterialien unter besonderer Berücksichtigung institutioneller Rahmenbedingungen und persönlicher Disposition, Wien 1988.

31 Bourdieu, S. 42.

nen, der die Bedingungen seines Aufstiegs bewahren möchte. Mit anderen Worten: hier gewinnen die in der Regel bloß ästhetisch klassifizierten Werke tatsächlich soziale Bedeutung für eine Gruppe von Akteuren, die „vermittels dieser Werke ihre Auszeichnung erfahren"[32], ist die von Bourdieu geforderte Beachtung der sozialen Gebrauchsweisen, die zwischen unabhängigen und abhängigen Variablen erst soziologisch einsichtige Relationen schaffen, erfüllt. Es ist einleuchtend, daß sich dieses Grundmuster auf die gesamte Lebenspraxis überträgt und ebenso politische Einstellung wie Wahl der Zeitungslektüre etc. prägt.

In den Interviews wie auch in „Streß und Kunst" ist belegt, daß die Mehrzahl der jetzt bereits pensionierten Musiker aus kleinbürgerlich-gewerblicher Schicht stammten. Die Kleingewerbler waren zweifellos eine absinkende Sozialschicht, sodaß für die Söhne wenig Motivation bestand, die Berufstradition ihrer Väter fortzuführen. Das in den Familien vorhandene Bildungskapital war sicher ziemlich gering, die meisten Musiker hatten nur Pflichtschulabschluß. Immerhin gab es aber doch die für diese Schicht typische Imitationspraxis (groß)bürgerlicher Verhaltensweisen: die Kinder ein Instrument lernen zu lassen. Dabei fällt auf, daß die Ausbildung zum Musiker nicht nur keinen höheren Bildungsabschluß verlangte, sondern in ihrer Betonung der praktisch-technischen Beherrschung des Instruments alten handwerklich-gewerblichen Tugenden entgegenkam: Geschicklichkeit, Fleiß, Ausdauer, Präzision. Die alten Musiker waren Praktiker ohne viel Verlangen nach theoretischer Reflexion — diese blieb ohnehin der interpretatorischen Kompetenz des Dirigenten vorbehalten.

Also: die Vermittlung des hohes Bildungskapital zur Rezeption voraussetzenden „Bildungsgutes" hatte keineswegs eigenes hohes Bildungskapital zur Voraussetzung. Darin wurzelt auch heute noch die verbreitete Anti-Intellektualität der Musiker: Zielscheibe ihres Spottes ist dabei weniger der Dirigent (bzw. nur der redende), der wenigstens rudimentär noch (in Form konkret beurteilbarer Schlagtechnik) musikalische Praxis repräsentiert bzw. sie erst ermöglicht, sondern vielmehr der Musikwissenschaftler: seine theoretische Betätigung (vor allem wo sie nicht wie bei Editionswerken auf unmittelbare praktische Umsetzbarkeit zielt) beargwöhnen die Musiker als Kompensation unzureichender praktischer Qualifikation, als windiges, ewig strittiges Geschwätz, das nie die Evidenz eines gut stimmenden Akkords erreichen wird, wobei provozierenderweise gerade diese suspekte Tätigkeit von akademischen Titelträgern ausgeübt wird, worin eine dem Musiker verwehrte gesellschaftliche Approbierung höchsten Grades zum Ausdruck kommt. Da im Orchester niemand nach der Herkunft des erworbenen Könnens fragt, ja Studienabschluß-Nachweise nicht einmal vonnöten sind, zählen Musiker zu jenen „Inhabern eines kulturellen Kapitals ohne schulische Beglaubigung"[33], denen man immer abverlangen kann, den Beweis für ihre Fähigkeiten anzutreten, da sie nur sind, was sie tun, schlichte Produkte ihrer kulturellen Leistung"[34], während Titelträger bekanntlich nur zu sein brauchen, was sie sind, „da doch der Wert ihrer Handlungen und Taten sich einzig und allein am Wert ihrer selbst, deren Urheber, bemißt". Von daher sind die Bemühungen ebenso verständlich wie obsolet, den Sozialstatus durch institutionalisierte Ausbildung und Titelerwerb abzusichern.

Die theoretische Defizienz, die etwa in der Ablehnung moderner Werke mit der Begründung „Da ist keine Melodie drinnen" (wie sie immer noch zu hören ist) schlag-

---

32 Ebda., S. 42.
33 Bzw. führt schulische Beglaubigung (in Form eines Diploms) zu keinerlei Bevorzugung in der Praxis.
34 Bourdieu, S. 48.

lichtartig die Unvertrautheit mit Ausgangspositionen und Problemstellungen, denen sich
Komponisten im 20. Jahrhundert gegenüber sahen, manifestiert, ist ein Indikator von Art
und Umfang des mit dem praxisbezogenen Musikerberuf verbundenen Bildungswissens:
es ähnelt diesbezüglich dem „illegitimen" Wissen des Autodidakten, das ausschließlich
in seiner technischen Effizienz anerkannt, aber ohne sozialen Mehrwert ist.[35] Kraß
formuliert: die Mehrzahl der Musiker war unter dem gegebenen Herkunfts- und Ausbil-
dungsbedingungen in musikalisch-technischem Sinn hochspezialisiert, im ästhetischen
Wahrnehmungsmodus dessen, was sie selbst reproduzierten, teilweise laienhaft:[36] ihre
borniert-hartnäckige Gefühlsästhetik, die unterschiedslos die Erfüllung funktionaler
Aspekte (Erbauung, Erregung von Freude, Schmerz etc.) erwartete, wo der Anspruch der
Werke längst den „reinen Blick" interesselosen Wohlgefallens erheischt, verweist einerseits auf den historischen Prozeß ihrer kollektiven Herkunft, andererseits auf schichtspe-
zifische Formen der Wahrnehmung künstlerischer Produkte, in denen Musiker und der
Großteil ihres Publikums konvergieren: unmittelbare Verständlichkeit und die Möglichkeit sympathetischer „Einfühlung" werden in eins gesetzt und zu Kriterien erhoben, an
denen Werke scheitern müssen, die sich polemisch gegen solche Identifikationserwar-
tung sperren.[37] Unausgesprochen bestimmt sich die Wertigkeit der Kompositionen nach
dem Grad eigener expressiver Entfaltungsmöglichkeit — solcherart wird vom Werk
eingeklagt, was seine Reproduktionsbedingungen (im Kollektiv des großen Orchesters,
unter der Leitung des Dirigenten) nur sehr eingeschränkt gestatten. Die Animosität gegen
Theorie und Erklärung formaler Strukturen leitet sich wohl aus der Ansicht ab, diese
stünden quer zum expressiven Gehalt, den auszudrücken einziges Ziel des Musizierens
sei. Übersehen wird dabei, daß auch das expressivste Werk Emotion stilisiert und sowohl
Schönheit als auch Ausdruckskraft Resultat stimmiger Konstruktion sind. Folgt man
Bourdieus Überlegungen — daß moderne Kunst „eine Art Zensur des expressiven
Gehalts" ausübe, „... eine inmitten der Kommunikation selbst verborgene Weigerung zur
Kommunikation", analog zum „Rahmen bürgerlicher Höflichkeitsrituale, deren makel-
loser Formalismus auch nichts anderes ist als eine permanente Warnung vor jedem
Versuch von Vertraulichkeit"[38], während der populäre Geschmack eben jene Distanz
negiere — so ergäbe sich daraus der Schluß, daß der Konservativismus im Bereich der
Lebenspraxis zwar Produkt eines vollzogenen sozialen Aufstiegs, bezüglich der Geschmackspräferenzen aber durch das Festhalten von Einstellungen determiniert ist, die
auf den früheren Sozialstatus, als dessen Ausdruck der „populäre Geschmack" erscheint,
verweisen. „Offenes Drauflos-Reden und offenes Gelächter"[39], die Lust an deftiger
Konversation und Wortspielen unterschiedlichsten Niveaus, dabei gleichzeitig Lektüre
der „Presse" — nichts könnte besser das Fluktuieren zwischen zwei gesellschaftlichen

---

35 Ebda., S. 51.
36 Zumindest im Sinne Kants: „Der Geschmack ist jederzeit noch barbarisch, wo er die Beimischung der
   Reize und Rührungen zum Wohlgefallen bedarf, ja wohl gar diese zum Maßstabe seines Beifalls macht"
   (Kritik der Urteilskraft, Werkausgabe, Bd. 10, S. 138).
37 Wie sehr diese selbst bei theoretisch gebildeten Musikern als Bestandteil ihrer Erwartungen überdauern,
   machte die Bemerkung eines hervorragenden Instrumentalisten über Strawinsky klar: er könne bei dieser
   Musik nicht warm werden, in ihr sei zu wenig Herz — die Masken Strawinskys als eine der möglichen
   Antworten auf die von den Komponisten thematisierte Krise authentischen „Ausdrucks" in der Musik
   blieben hier unerkannt.
38 Bourdieu, S. 67.
39 Ebda.

Positionen charakterisieren: zwischen unzensurierter Expressivität und bürgerlichen Leitbildern.[40]

Um die ästhetischen Wertungen der Musiker zu verstehen, bedarf es weiters eines Hinweises auf die materiellen Bedingungen ihrer Existenz: noch zur Jahrhundertwende lag das erreichbare Einkommen etwa beim Existenzminimum, und auch später waren die dem steigenden Sozialstatus adäquaten Bedürfnisse nur durch zusätzliches Einkommen aus Nebengeschäften zu befriedigen — d.h. die Musiker der Jahrhundertmitte spielten tatsächlich ununterbrochen, unterlagen gleichsam einer blinden Praxis, die keinerlei Spielraum ließ für theoretische Reflexion. Weder war also die zur Erreichung einer „legitimen" ästhetischen Einstellung erforderliche „Distanz zur Notwendigkeit"[41] vorhanden, noch gab es eine Motivation, sie anzustreben. Weil sie große Musik andauernd reproduzierten, wurden die Musiker ihrer nicht teilhaftig, weil sie — unter Zeitdruck — Mittel des Broterwerbs war, konnte sie nicht gleichzeitig Objekt ästhetisch distanzierter Betrachtungsweise sein. Die auf den ersten Blick erstaunliche Tatsache, daß altgediente Musiker oftmals Hauptthemen populärer Symphonien untereinander verwechseln, resultiert nicht aus einem Mangel, sondern einem unverdaulichen Überschuß an Praxis, der letztlich alles gleich wird. Im Gegensatz etwa zu den produktiven Künstlern (Malern, Literaten etc.), die ihre Kunst auch zur „Grundlage ihres Lebensstils"[42] — und dem anderer — machen konnten, war sie für die Orchestermusiker vorwiegend bloß Grundlage der Reproduktion ihrer Existenz — kein Wunder also, daß die unterschiedlichen Positionen im sozialen Raum zu inkohärenten ästhetischen Einstellungen führten.

2. Aspekte des Musikbetriebs

Der „von der Sache technologisch geforderten" Unterwerfung im engeren Bereich künstlerischer Produktion entspricht die Abhängigkeit von Verwaltungsinstanzen, die das Musikleben lenken und für den einzelnen Musiker im verhängten Fatum des „Dienstplanes" sichtbar werden, der nicht nur die Tagesgestaltung der Musiker im „Dienst", sondern darüberhinaus auch die Inhalte ihrer privaten Übungstätigkeit bestimmt. Im gruß- und blicklosen Vorbeischreiten eines Generalsekretärs von Musikverein oder Konzerthaus bei einem zufälligen Zusammentreffen im Stiegenhaus offenbart sich dem einzelnen Musiker jäh die Stellung, die er in der Hierarchie des Kulturbetriebs einnimmt: diejenigen, die über seine Arbeitsleistung und die Art ihres Einsatzes verfügen, nehmen ihn in der Regel gar nicht wahr (ausgenommen die exponierten Solospieler, was wiederum hinlänglich über das hierarchische Gefälle innerhalb des Kollektivs belehrt) — als exekutives Organ, das die vom gigantisch darübergetürmten Verwaltungsapparat angeordneten Vorhaben bloß realisiert, gleicht der Musiker dem Mann an der Straßenwalze

---

40 Die Gegenüberstellung von „reinem Blick" und „populärem Geschmack" hat zweifellos Züge einer idealtypischen Konstruktion und darf weder als Disqualifizierung des letzteren verstanden werden noch dazu verleiten, aus ihr eine handliche Unterscheidung zwischen groß- und kleinbürgerlichem Verhältnis zur Kunst abzuleiten: schon Proust bemerkt, er habe „jedenfalls genügend mit Damen und Herren der Gesellschaft verkehrt um zu wissen, daß sie die wahrhaft Ungebildeten sind und nicht die Elektrizitätsarbeiter. In dieser Hinsicht wäre eine der Form nach volkstümliche Kunst eher für die Mitglieder des Jockey-Clubs als für die der Gewerkschaft angebracht" (Recherche, S. 3.965).

41 Bourdieu, S. 100.

42 Ebda., S. 106.

und dessen Stellung zum Genossen Bautenminister. Aber auch abgesehen von solch privater Demütigung wurde nach der historischen Trennung von Organisation und Ausführung im Kulturleben die grundsätzliche Beziehungslosigkeit der beide Bereiche zueinander zur Regel, vor allem seit sich der Verwaltungsaufwand nach Einführung von Rundfunk, Reproduktionstechnologien und der Angewiesenheit des Konzertwesens auf öffentliche Förderung vervielfacht hat. Zweifellos ist die Verwaltung von Musik, die kraß von deren ursprünglich intendiertem gesellschaftlichen Sinn, wie ihn das Bürgertum verstand (Einspruch zu sein gegen blinde Reproduktion und den Leerlauf des Betriebs), differiert, kein ausschließliches Produkt der Nachkriegssituation, und keineswegs dürften „naturwüchsige" Formen der Konzertorganisation stets befriedigendere Ergebnisse gezeitigt haben (man denke nur an Reichardts Schilderung von Beethovens Konzertabend am 22. 12. 1808) — unleugbar jedoch ist die Distanz von finanzieller und organisatorischer Verwaltung zum Endprodukt (dem konkreten Konzertabend) gewachsen: nur noch zufällig haben die Repräsentanten ökonomischer Entscheidungsgremien Beziehung zu ihrem — kulturpolitisch neutralisierten — Förderungsobjekt, während die künstlerisch Tätigen (zumindest im Fall der Orchestermusiker) weitgehend einflußlos auf die organisatorischen Belange ihres Tuns verbleiben, die solcherart neben den rein musikalischen eine zweite Kette von Abhängigkeitsverhältnissen schaffen, die sich zudem schnell ins Abstrakt-Sachfremde erstrecken: im Falle der Wiener Symphoniker setzt sich bereits der Vereinsvorstand aus Repräsentanten öffentlicher Institutionen zusammen, die nicht mehr dem musikalischen Fachbereich zugehören, sondern vielmehr den gesellschaftlichen Konsens bezüglich der Förderungswürdigkeit des Konzertlebens symbolisieren. Die Subventionierung durch Gemeinde und Bund ermöglicht und bestimmt auf direktem oder indirektem Weg zwar den Bereich der künstlerischen Organisation, nimmt aber auf konkrete Inhalte keinen Einfluß — was im Detail gefördert wird, ist weder Sache der öffentlichen Stellen, noch des Vereins, sondern der Veranstalter. Der Beziehungslosigkeit der Musiker zu den formal-organisatorischen Aspekten ist jene der Subventionsinstanzen zu den inhaltlich-ästhetischen genau proportional, und beiden gemeinsam ist die Beziehungslosigkeit zum eigentlichen Adressaten der ganzen Veranstaltung: dem Publikum. Dieses mit entsprechendem Musikangebot zu konfrontieren, ist Aufgabe der Konzertveranstalter — der Warencharakter der Musik dokumentiert sich in diesem Bereich am sichtbarsten: die Subventionsvergabe konnte als Zeichen einer Wertschätzung gelten, die den künstlerischen Bereich aus wirtschaftlichem Rentabilitätsdenken (einmal abgesehen von Fremdenverkehrs-Erwägungen) ausnimmt und sich Kultur etwas kosten läßt, und ebenso brauchte der mit technischen Detailproblemen befaßte Musiker sein Augenmerk nicht auf die gesellschaftliche Rolle jener Tätigkeit zu richten, der er diente. Die Beziehung der Konzertveranstalter zu den einzelnen Werken jedoch steht allein unter dem Aspekt, ob durch sie ein Saal zu füllen ist — oder genauer: weniger durch sie als durch ihre Interpreten. Das setzt ihrem Entscheidungsspielraum mitunter nicht unwillkommene Grenzen und reizt unter Berufung auf den Publikumsgeschmack zur allzu gefügigen Präsentation von in jeder Hinsicht Approbiertem — auch im Hinblick auf die teilweise Abhängigkeit von Konzertagenturen, Schallplattenfirmen etc., deren vertraglich gebundene Meisterinterpreten ohnehin meist nur gängige Meisterwerke interpretieren. Der bekannte Zirkel — die Berufung der Anbieter auf die Nachfrage und die widerstandslose Hinnahme des Angebots durch die Konsumenten — gründet in der hemmungslosen Entfaltung eines Starwesens, vor dem den Verantwortlichen selbst graute (wie etliche Belegstellen aus Briefen und Protokollen von Direktionsratssitzungen der Symphoniker und der GdM beweisen), dessen „Barbarei der Vollendung" (Adorno) sie sich jedoch auslieferten.

Es soll damit nicht behauptet werden, daß diese Kette der Abhängigkeiten als „psychisches Faktum" im einzelnen Musiker Realität oder Gegenstand der Reflexion wird: gerade die Einflußlosigkeit aufs bzw. Abgeschnittenheit vom Verwaltungsgeschehen, das doch die Basis der Möglichkeit ihrer Berufsausübung bildet, wirkt entlastend — zumindest solange diese Verwaltung einigermaßen funktioniert. Die begleitend zu dieser Arbeit geführten Interviews manifestieren teilweise eine kaum glaubliche Ahnungslosigkeit bezüglich des organisatorischen Fundaments — auch hier ist das Orchester Abbild der Gesellschaft: Delegation von Verantwortung, mangelnde Information und Desinteresse an effizienter Kontrolle gehen Hand in Hand. Insofern darf die detaillierte Darstellung der zum Teil krisenhaften Entwicklung des Orchesters nicht zur Fehlinterpretation verleiten, die Musiker hätten unter ständiger Existenzangst gelitten: nur ein geringer Bruchteil der in den „oberen Verwaltungsetagen" aufgetretenen, aus der Korrespondenz dokumentierbaren Konflikte und Schwierigkeiten dürfte nach „unten" gedrungen sein und dort entsprechende Auswirkungen gehabt haben. Überdies dünken sich die Musiker im allgemeine weit autonomer, als die tatsächlich sind: der Selbsteinschätzung nach zählen sie weit eher zu den freien Berufen als zur Gruppe der Angestellten. Die Vorstellung von der Freiheit der Kunst und der Künstler mag dabei ebenso eine Rolle spielen wie die Tatsache, daß sie nach allgemeiner Einschätzung ein immaterielles, ideelles Gut herstellen, sosehr es auch durch Einführung der Reproduktionstechnologien Warencharakter annahm.[43]

Wie weit sich nun die allgemeine Situation des bürokratischen, auf der Stelle tretenden und auf Stars ausgerichteten Musikbetriebs und die spezielle der Wiener Musikszene mit ihrem durch die Trennung von Veranstalter und Orchestererhalter nochmals verlängerten Instanzenzug negativ auf Berufszufriedenheit und Leistungsmotivation der Musiker auswirkt, ist zweifellos schwer eruierbar und schon gar nicht quantifizierbar. Zudem scheint eine aus verschiedenen Quellen stammende Motivation zu einer guten punktuellen musikalischen Leistung durchaus mit prinzipiellem Desinteresse an unbefriedigenden Organisationsstrukturen vereinbar zu sein, das der Einsicht in die Ohnmacht entspringt, hier etwas ändern zu können — wenn die Theorie vom „autoritären Syndrom" im Sozialcharakter der Orchestermusiker stimmt, müßte die Akzeptanz von Fremdentscheidungen außerdem relativ groß sein. Ein Indiz dafür, daß diese dennoch als belastend und letztlich auch dem musikalischen Niveau abträglich empfunden wurden, ist die in den sechziger Jahren lebhaft geführte Debatte um mögliche Formen der Selbstverwaltung, die von scharfer Kritik an der Organisation des Vereins ihren Ausgang nahm und in deren Verlauf Musiker konkrete Alternativmodelle entwickelten, die Mitbestimmungsmöglichkeiten im Bereich von Planung und Engagementpolitik vorsahen. Parallelen zum Selbstverwaltungsmodell der Wiener Philharmoniker sind dabei unübersehbar, das ja einen klassischen Fall des positiven Zirkels von Leistungsanreiz, finanziellem Erfolg und Sozialprestige darstellt — allerdings auf der gesicherten ökonomischen Basis des Bundesdienstes. Ohne zu verkennen, daß auch die philharmonische

---

43 Der Bereich der Kulturgüter „erscheint in der Warenwelt ... als von der Macht des Tausches ausgenommen, als einer der Unmittelbarkeit zu den Gütern, und dieser Schein ist es wiederum, dem die Kulturgüter ihren Tauschwert allein verdanken ... Setzt sich die Ware allemal aus Tauschwert und Gebrauchswert zusammen, so wird der reine Gebrauchswert, dessen Illusion in der durchkapitalisierten Gesellschaft die Kulturgüter bewahren müssen, durch den reinen Tauschwert ersetzt, der gerade als Tauschwert die Funktion des Gebrauchswertes trügend übernimmt." (Adorno, Dissonanzen, S. 19/20).

Demokratie eine repräsentative ist, in der eine Vielzahl von Entscheidungen durch ein kleines Gremium getroffen wird und in weiten Bereichen von Bedingungen des internationalen Musikmarktes und -managements determiniert ist, muß man doch die gravierenden Unterschiede zwischen den Organisationsmodi der beiden Orchester und den daraus resultierenden unterschiedlichen Motivationsgrad der Musiker betonen: hier autonome Konzertplanung, Dirigentenwahl, Entscheidung über Medienprojekte, Abonnementauflage etc., wobei einzelne Musiker spezielle Ressorts bearbeiten (wozu auch die Herstellung und Aufrechterhaltung wertvoller gesellschaftlicher Kontakte in Form von Kammermusiken bei Ärzten, Juristen etc. gehört, die sich in Form inoffizieller Möglichkeiten der Einflußnahme auf Vergabe von Hochschulposten, der Durchsetzung von Gehaltswünschen, der Garantie erstklassiger, bevorzugter ärztlicher Betreuung u.v.a. bezahlt machen), dort Dienst nach Vorschrift der Veranstalter ohne wesentlichen Einfluß auf deren Gestion, Programmgestaltung etc., bei gleichmäßiger Honorierung ohne spezifische Leistungsanreize, niedrigerem gesellschaftlichem Renommee und mit dem Wissen, daß das Werkel aus Subvention, Verein und Veranstaltern ohne eigenes Zutun weiterläuft, ja eigene Initiativversuche es nur stören würden. Mit anderen Worten: was den Philharmonikern die Oper, ist den Symphonikern der Konzertbetrieb — wobei allerdings die musikalische Identität der Mitglieder des Staatsopernorchesters erst beginnt, wenn sie den Orchestergraben verlassen und auf dem Podium des Musikvereinssaales als Wiener Philharmoniker konzertieren, während die Möglichkeit der Symphoniker-Identität deckungsgleich mit den von fremder Seite verfügte Vorgaben ist und nicht darüber hinausreicht, weil der Anteil an der medialen Verwertung, die via Symphonia ja theoretisch in der Hand der Musiker liegt, nach vielversprechendem Beginn kontinuierlich und bis zur völligen Bedeutungslosigkeit abnahm.[44]

Die unleugbare Überlegenheit philharmonischer Reputation im In- und Ausland, bei Konzertbesuchern und (viel wichtiger heute) bei Plattenfirmen ist (neben der Anciennität der Vereinigung, die in einer so traditionsbelasteten Sparte des Kulturlebens naturgemäß schwer wiegt) im Grunde Produkt einer überlegenen Organisationsstruktur, die jene künstlerischen Reserven dauernd zu mobilisieren und in finanzielle Erfolg umzusetzen in der Lage ist, welche unter den Arbeitsbedingungen bei den Symphonikern nur ausnahmsweise zum Vorschein kommen, dann aber die beiden Orchester von ihrer künstlerischen Kapazität her entgegen der offiziellen Einschätzung als gleichwertig erweisen[45]: die Karajan-Zeit der Symphoniker ist dafür ein beredtes Beispiel. Aus ihr haben die Philharmoniker die Lehre gezogen, die Dirigenten ihrer Abonnementkonzerte exklusiv an sich zu binden und sie solcherart den Symphonikern zu entziehen. In allen Erzählungen der pensionierten Symphoniker schwingt in der Euphorie über die damaligen Glanzleistungen des Orchesters die Trauer mit, daß sie nicht auf Dauer erzielbar waren. Sie hätten gewollt, konnten aber nur selten verwirklichen, wozu sie sich befähigt fühlten. Diensteanzahl, Gagen-, Subventionshöhe, soziale Sicherheit spielten dabei zweifellos eine wichtige Rolle — aber alle diese Parameter sind, wenn nicht überhaupt auf die Organisationsform rückführbar, doch mit ihr in Verbindung zu sehen. Das spezielle Problem eines „jüngeren" Orchesters, gegenüber dem alteingesessenen beste-

44 In jüngster Zeit bahnte sich hier aufgrund wachsender Möglichkeiten zu Eigenveranstaltungen und einigen erfolgreichen Plattenprojekten ein Wandel an, der Konturen einer neuen „Symphoniker-Identität" erkennen läßt.

45 Vgl. dazu die Angaben in „Streß und Kunst": 78% der Befragten erklärten, „daß ein hohes künstlerisches Potential nicht effizient gemacht wird und brachliegt" (S. 45).

hen und zu eigener künstlerischer Identität finden zu müssen, wird hier dadurch verschärft, daß die Philharmoniker ein Orchester absoluter Weltgeltung sind, das konsolidiert ist und als staatlicher Repräsentationsfaktor hohen Beliebtheits- und Bekanntsheitsgrad genießt. Es mag stimmen, daß die Aufgabenbereiche der beide Orchester divergieren und Konkurrenzierung daher sinnlos erscheint: die Symphoniker sind das *Konzert*orchester Wiens — aber in einer Aufstellung der Wiener Konzertveranstalter aus dem Jahr 1961, die das statistische Zentralamt lieferte, sind sie in einer respektablen Liste (von GdM über KH, Philharmoniker bis zur Jeunesse, dem Theater der Jugend, der Gewerkschaft und dem Kulturamt) namentlich gar nicht erwähnt. Sie spielten zwar 150 Konzerte pro Jahr, waren aber der Öffentlichkeit nicht annähernd so bekannt wie die Philharmoniker — diese sind *das* Konzertorchester Wiens, denn ihre Veranstaltungen haben jenen Festcharakter des Außergewöhnlichen bewahrt, der im wöchentlichen Routinebetrieb zwangsläufig verlorengeht. Die permanente Verwechslung mit den Philharmonikern (nicht nur im Ausland und bei Bahnhofdurchsagen) durch Uninformierte erleben die Musiker weniger als Kompliment denn als Defizit an klarer Identität. Schwerer wiegt, daß bisweilen nicht einmal Fachliteratur in der Lage ist, die nötige Trennschärfe zu wahren: in Friedrich Klausmeiers Buch „Die Lust, sich musikalisch auszudrücken" wird die Studie „Streß und Kunst" als „empirische Untersuchung der Wiener Philharmoniker" ausführlich besprochen, wobei wenig später zitiert wird, 43% der Bläser seien „sehr zufrieden als Mitglieder der Wiener Symphoniker"[46], während im letzten Kapitelabschnitt wieder die Philharmoniker zum Gegenstand der Studie werden.[47] Damit kommen wir nochmals zum Problem des einzelnen Musikers inmitten des Kollektivs: „Es gehört zu den unauflöslichen Widersprüchen der Orchesterkunst, daß das Ensemble alles gilt und der einzelne Musiker wenig, obgleich die Leistung des Ensembles von den vielen persönliche Leistungen herrührt."[48] Der Erfolg eines Orchesters wird demnach umso größer sein, je besser es ihm gelingt, die relative Enttäuschung über die nötige Selbstentäußerung durch starke Identifikationsmöglichkeiten mit dem Kollektiv zu kompensieren — und dies wurde den Musikern der Symphoniker sicherlich nicht leicht gemacht.

3. Binnenstruktur des Orchesters

Mit den aus der internen Organisationsform des Orchesters erwachsenden Konflikten sind die Musiker täglich konfrontiert, sie sind am handgreiflichsten und waren schon häufig Gegenstand soziologischer Untersuchungen. Dabei ist — wie schon erwähnt — zwischen systemimmanentem Konfliktpotential und den Bedingungen zu unterscheiden, unter denen es in einem Maß aktualisiert wird, daß man von störender Disziplinlosigkeit sprechen kann. Gestützt auf die allgemeine Soziologie der Organisationen hat beispielsweise Klausmeier[49] ein theoretisches Modell des Orchesters mit speziellen Konfliktprognosen erarbeitet und es dann an der empirischen Untersuchung von „Streß und Kunst" erprobt. Er differenziert die Organisation „Orchester" nochmals, indem er die sozusagen

---

46 Klausmeier, S. 198.
47 Ebda., S. 208.
48 Kurt Blaukopf, Die Wiener Philharmoniker, S. 101.
49 Die folgenden Ausführungen basieren auf Klausmeier, Kap. 7, „Das Orchester als soziale Organisation", S. 175ff.

externe Organisationsstruktur vom internen Organisationsmodell unterscheidet; erstere wäre demnach im Sinne Max Webers als bürokratisch zu definieren: mit klarer Amtshierarchie bei weitgehender Zentralisierung und Formalisierung des Arbeitsprozesses. Als „hochgradig normative Organisation" besitzt das Orchester zudem den Rang einer tradierten kulturellen Institution mit ästhetischem und ethischem Anspruch, deren verbindliche Normen von der jeweils nachfolgenden Musikergeneration spätestens im Rahmen der Instrumentalausbildung internalisiert werden — die institutionelle Schwerkraft der Organisation verbürgt also bereits die konservative Grundstruktur der ästhetischen Wertungen ihrer Mitglieder. Daraus ergeben sich laut Klausmeier zwei Folgerungen: einmal erklärt sich die Schwierigkeit mit der Moderne daraus, daß jeder bürokratische Apparat, der eine rationale Bewältigungsstrategie bestimmter Problemkonstellationen darstellt, mit Anpassungsschwierigkeiten zu kämpfen hat, wenn ihm unter geänderten Bedingungen neue Aufgaben gestellt werden, zu deren Lösung er nur eingeschränkte Kompetenz besitzt — also das Dinosauriersyndrom (was z.B. der Fall ist, wenn Komponisten dem traditionellen Orchester Klangproduktionen abverlangen, die dem Erfahrungsbereich elektronischer Musik entstammen); zum anderen erhöht sich die Konflikträchtigkeit, wenn ein ungewohnter, der hierarchischen Orchesterstruktur und gewohnten Rollenverteilung widersprechender Einsatz die kollektive Identität gefährdet und die gemeinsame Produktion nicht mehr ohne weiteres als künstlerischer Wert erlebbar ist, zumal die Entscheidung, solche Werke aufzuführen, kaum jemals Produkt der Willensbildung im Orchester ist. Allerdings war aus dieser Perspektive die Geschichte des Orchesters eine der dauernden Adaptationskrisen — schienen doch Berlioz' Neuerungen nicht weniger skandalös als die Anforderungen des „Tristan" oder jene Strawinskys, ja selbst Schuberts C-Dur Symphonie wurde u.a. wegen der seitenlangen stereotypen Geigenfiguren im letzten Satz einst als absolut inakzeptabel klassifiziert. Immerhin erklärt diese Theorie, weshalb ein Orchester, dessen kulturpolitischer Auftrag es ist, sich verstärkt der Avantgarde zu widmen, auch bezüglich seiner internen Struktur einen schwierigeren Stand hat als eine Vereinigung, die bloß die Ärgernisse von einst als gesicherten Besitz von heute unablässig reproduziert.

Was nun das interne Organisationsmodell betrifft, so wird es nach Klausmeier durch eine Arbeitsgemeinschaft[50] gebildet, die in dreierlei Weise tätig ist: in Form von

1. Arbeitshäufung: Erhöhung der physischen Kraft des Einzelnen durch gleiche rhythmische Tätigkeit im Kollektiv — der Fall der Streichergruppen
2. Arbeitsverkettung: Eine sich ergänzende Tätigkeit im gleichen Takt als Koordination verschiedener Klangfarben — der Mischklang verschiedener Blasinstrumente (und wohl auch von Streicher- und Bläsergruppen, was also bedeutet, daß die Streicher, bezogen auf die eigene Gruppe Arbeitshäufung, auf das Gesamtorchester aber Arbeitsverkettung betreiben).
3. solistischer Tätigkeit, zu der die hohen Instrumente ihrem Klangcharakter nach eher tendieren als tiefe (wobei allerdings zu untersuchen wäre, ob der prozentuelle Anteil von Arbeitsverkettung in diesen Parts nicht den der solistischen Abschnitte übertrifft).

Weiters ist die Art der Beziehung wesentlich, die zwischen den formellen Gruppen (in Form der unterschiedlich großen partiturgemäßen Instrumentalgruppen) und den

---

50 Sofern hier Arbeit nicht im Sinn einer Veränderung der Natur zwecks Erleichterung der Reproduktionsbedingungen menschlicher Existenz verstanden wird, sondern als rein sozial bedingte Leistung, die sowohl Ausübenden wie Konsumenten erhöhtes Prestige verschafft.

informellen, die sich durch soziale Kontakte verschiedener Statusränge und Positionsinhaber untereinander bilden, besteht. Diesbezüglich hat bereits Schulz die „eindimensionale informelle Struktur" im Orchester hervorgehoben, wonach musikalischer Rang und persönliche Beliebtheit korrelieren und demgemäß für einen Musiker relativ wenig Möglichkeit besteht, „daß sich ein Mangel an Gratifikationen im künstlerischen Bereich ... durch soziale Gratifikationen ... ausgleicht"[51] In diesem Modell entscheiden nun Art des spezifischen Instrumenteneinsatzes, Grad der Übereinstimmung zwischen diesem Einsatz und der künstlerischen Erwartung bzw. Selbsteinschätzung der jeweiligen Musiker sowie ihr Leistungsstandard gemessen an den ihren Positionen inhärenten Anforderungen über Häufigkeit, Ausmaß und Art möglicher Konflikte. Demnach treten diese umso leichter auf, je größer die Arbeitshäufung und die Leistungsdifferenz der Musiker ist (der klassische Fall der Streicher — zumal der Geigengruppe, die laut Swarowsky aus „einem Konzertmeister und 15 Unzufriedenen" besteht[52], wobei ehrgeizige, ausgezeichnete junge Musiker neben ebenso ehrgeizigen alten, die zum Teil nicht mehr im Vollbesitz ihrer Kräfte, aber ihres Selbstbewußtseins sind, oder neben lethargisch-resignierten sitzen, denen kein sicht- und schon gar kein hörbares Vibrato mehr zu entlocken ist), während die Konflikttendenz bei zunehmender Spielverkettung rückläufig ist. In größeren formellen Gruppen steigt die Tendenz zur informellen Gruppenbildung, werden Konflikte eher von der Gesamtgruppe absorbiert, während in Kleingruppen Sympathie- und Antipathiegefühle intensiver sind und die Konflikte direkter ausgetragen werden. Insgesamt setzt Klausmeier die Effizienz der gesamten Organisation umso höher an, je mehr formelle und informelle Gruppen übereinstimmen.

Das hier zitierte Modell scheidet wohl allzu schematisch die verschiedenen Arbeitstypen, wie erwähnt agieren Sektoren mit vorwiegender Arbeitshäufung gleichzeitig in Arbeitsverkettung, ja in heiklen, exponierten Passagen durchaus „kollektiv solistisch" (man denke an die Bratschen im Adagio aus der X. Mahler), andererseits gehört zu den wesentlichen Tugenden des Solisten, von einem Moment zum anderen seine Tongebung auf Verhältnisse der „Verkettung" umstellen zu können. Um festzustellen, daß die Konfliktneigung zwischen einem Piccolospieler und einem Kontrafagottisten eher niedrig ist, hätte es nicht der Einführung des Terminus von der „Arbeitsverkettung" bedurft, und die Folgerungen aus der vermuteten Beziehung zwischen Gruppengröße, Arbeitsform und Konflikttendenz müßten auch für die gruppensoziologisch geänderten Verhältnisse im Kammerorchester anwendbar sein: hier steht man jedoch vor dem von dieser Theorie nicht gelösten Paradox, daß aufgrund der weit geringeren Besetzung der Streicher sich deren Arbeitsweise der Arbeitsverkettung nähert, was konfliktmindernd wirken müßte, während gleichzeitig die so entstandenen Kleingruppen zu intensiverem emotionalen Kontakt und offenerer Konfliktaustragung tendieren sollen. Tatsächlich ist zu beobachten, daß es im Kammerorchester am schwierigsten ist, die „Problembereiche" des Orchesters bezüglich der Disziplin (also vorwiegend zweite Geigen und Bratschen) so zu besetzen, daß die im großen Orchester unterschwellig schwelenden Konflikte in der „Intimsituation" der Kleingruppe nicht sofort offen ausbrechen. Vor allem aber gestattet das Modell zwar Prognosen über die Wahrscheinlichkeit von Konflikten, sagt aber nichts aus über die für das Orchester entscheidende Frage, in welcher Art sie ausgetragen werden. Die organisationssoziologische Untersuchungen beziehen sich häufig auf Gruppen, die bezüglich der sozialen Herkunft, des Bildungsganges und damit des

---

51 Streß und Kunst, S. 55.
52 Persönliche Erinnerung des Verfassers an einen Vortrag in der Musikhochschule.

gesamten Habitus ihrer einzelnen Mitglieder eine relativ homogene Struktur aufweisen, die man dem Orchester nicht zusprechen kann. In einem Punkt nämlich hat sich die Ursprungssituation musikalischer Vereinigungen des 18. Jahrhunderts erhalten: da für die Einstufung im Orchester ausschließlich die musikalische Qualifikation, unabhängig von allen Titeln, Diplomen, sozialen Rängen etc. maßgeblich ist, bietet das Orchester in einzigartiger Weise einen sozialen Querschnitt durch fast alle Klassenfraktionen und Bildungsniveaus vom aufgestiegenen Klein(st)bürger bis zum verbürgerlichten Adeligen — es gibt wohl kaum eine zweite Berufsgruppen, in der bezüglich Herkunft, Bildungsgang, Geschmack und Interessen derart heterogene Elemente im selben Arbeitsvorgang ein gemeinsames Produkt herstellen (um es einmal völlig prosaisch auszudrükken). Deutlich wurde bei den begleitend zur vorliegenden Arbeit geführten Interviews, die zum Teil in den Wohnungen pensionierter Musiker stattfanden, daß Herkunft und aktueller sozialer Status in den meisten Fällen nicht konvergierten: die Interieurs verraten nach verschiedene Richtungen den Wandel des Berufsstatus. Einerseits gibt es Fälle, in denen der mit einer früheren sozialen Position verbundene Habitus hartnäckig überdauerte — tatsächlich leben auch heute noch einige pensionierte Musiker in Substandardwohnungen, deren Verhältnisse einem Quartier türkischer Gastarbeiter ähneln. Andererseits dokumentieren lächerliche Biedermeier-Imitationen, protzige Kristalluster etc. in ihrer aufdringlich neureichen Geschmacklosigkeit, wie sehr dieser „Lebensstil" nicht der originäre der Bewohner ist.

Ebenso vertreten ist die entgegengesetzte Richtung: Plüsch-samtdrapierte Salons, Möbel aus altem Familienbesitz, Atmosphäre der Richard Wagner-Zeit verweisen darauf, daß bisweilen der Standard der Herkunft weit über jenem lag, den der ergriffene Beruf vermitteln konnte (auch wenn es sich in diesem Fall um einen namhaften Orchestersolisten handelte). Daß die individuelle Reaktionsweise auf gegebene hierarchisch-autoritäre Strukturen und Anforderungen von Disziplin und Gehorsam je nach sozialer Herkunft und mit ihr verbundenem schichtspezifischem Verhaltenskodex, Sprachduktus etc. differieren, also von rüden Ausfällen bis zur streng reglementierten Konfliktaustragung reichen können, liegt auf der Hand. Zudem gestatten die verschieden hoch gestuften Orchesterpositionen auch eine unterschiedliche Art, den Druck zu verarbeiten, dem prinzipiell alle ausgesetzt sind (je nachdem, ob sie ihn teilweise weitergeben können oder absobieren müssen): derselbe, vom Konzertmeister infolge seiner Stellung als legitim klassifizierte Einwand gegen eine angeordnete Maßnahme des Dirigenten gerät im Munde eines Tuttisten an den Rand der Frechheit. Im Grunde besitzen nur die Stimmführer und Bläsersolisten das legitime Recht der (Gegen-)Rede, während die angemessene Verhaltensweise der übrigen in Stummheit besteht. Man muß sich tatsächlich in aller Drastik vergegenwärtigen, daß ein Tuttist während seiner 35- bis 40jährigen Dienstzeit völlig schweigend seine Arbeit verrichten kann (und auch soll). Dementsprechend liegt bei jeder Wortmeldung eines Tuttisten ein Skandal in der Luft und wird auch bisweilen zu einem solchen, weil sich lange aufgestauter Unmut explosionsartig entlädt und verständlicherweise in der Wahl der Worte nicht wählerisch ist (zusätzlich signalisiert allein schon die körperliche Aktion Agressivität — um sich bei der weiten Entfernung zum Dirigenten überhaupt bemerkbar machen zu können, springt der Musiker meist auf) — meistens jedoch geben die Kollegen in einem solchen Fall durch ironische Zurufe deutlich die Lächerlichkeit der Anmaßung zu verstehen und entschärfen dadurch die Situation. Weiters entspricht im allgemeinen das Gewicht auch der legalen Rede (etwa in Probespielkommissionen) der jeweiligen Stellung des Redners: wenn der Konzertmeister einem Kandidaten Persönlichkeit bescheinigt, wird ohne weitere Rückfragen vermutet, daß er sozusagen per analogiam weiß, wovon er spricht, und es wird einem Tuttisten schwerfallen, eine gegenteilige Ansicht plausibel zu machen, selbst wenn er über gute Gründe verfügt. Dabei zeigt sich bei Veranstaltungen, die das Orchester jenseits des Alltags präsentieren (bei „Tagen der offenen Tür"), daß gerade in den niedrigeren Prestigerängen erstaunliche kreative Potentiale verschiedenster Richtung zutage treten und Musiker der „zweiten Linie" den Solisten des Orchesters an Vielseitigkeit der Interessen, Bildung und Begabung in anderen Kunstsparten oft überlegen sind. Tuttisten, die komponieren, malen, halbprofessionelle Clowns sind, musik- und geschichtswissenschaftliche Studien betreiben, Medizin studieren, chinesisch oder japanisch lernen, Fachleute auf dem Gebiet des Eisenbahnwesens, der Renaissance oder barocker Wegkreuze sind, dies alles ist ebensowenig eine Seltenheit wie die bis zum Spleen gesteigerten leidenschaftlichen Hobbies im Bereich der Photographie, Hifi-Technologie, Kochkunst, Briefmarken- oder Teddybärensammlungen.

Bei Besuchen in Musikerwohnungen eröffnen sich — vom Interieur einmal abgesehen — mitunter bizarre Welten mit riesigen Kleinbahnanlagen, streunen Katzenhorden durch die Zimmer oder türmen sich gigantische Bücherberge: Individualitätsreservate (oder -surrogate, wenn man den Spleen als spezialisierte Zerrform von Universalitätswünschen — die Komplettheit der Sammlung — ansieht), Duftmarken, die unschwer entsprechende Defizite in der Berufsarbeit erahnen lassen. Dem Rückzug der — im Wortsinn — schweigenden Mehrheit des Orchesters in beredtes, „charakteristisches" Privatleben komplementär ist die Arbeit im Betriebsrat, der sich ebenfalls zuallermeist aus Tuttisten (womit auch niedrigere Bläserchargen gemeint sind) zusammensetzt, die solcherart durch eine institutionalisierte Position Profil gewinnen, gewisse Einfluß- und Machtpositionen sowie Sitzplätze an Honoratiorentischen erringen, die ihnen als bloßen Musikern verwehrt geblieben wären.[53] So sind die Tuttistenpositionen Quelle kompensatorischer Kreativitäten und Aktivitäten, aber mitunter auch Widerstandsnester der Renitenz und des Querulantentums. Hier findet die rituell-verbale Schlachtung der Dirigenten statt, hier paradieren die jeweils abwesenden Kollegen als gnadenlos heruntergemachte Objekte der Spottlust auf einer imaginären Ankeruhr der Lächerlichkeit. Unschätzbares Anschauungsmaterial bezüglich informeller Gruppenbildungen liefern in diesem Zusammenhang längere Tourneen, in denen regelmäßig aufgrund der „Kasernierungssituation" die internen Spannungen steigen und Konstellationen sichtbar werden, die sich in der Wiener Alltagssituation eher im Untergrund abspielen. Schon die Flug- und Bahnlisten, in die sich jeder nach freiem Ermessen einträgt, ergeben einen guten Überblick bezüglich Gruppen- und Cliquenbildungen, sozialen Schichtungen, Spielgemeinschaften (vom Schnapsen über Schach zu Bridge), ebenso weisen die Hotelzimmerlisten mit ihrer Trennung von Einbett- und Zweibettbestellungen stabile Freundschaften ebenso aus wie Schnorrergemeinschaften, die sich bilden, um die Differenz zum Einbettzimmerpreis rückvergütet zu bekommen. Der Umgang mit den Diäten, vor allem in Verbindung mit den Eßgewohnheiten, liefert weiteres Material zur Beobachtung von schichtspezifischen Verhaltensweisen, „Don Quichotte-Effekten" infolge des Statuswechsels und demonstrativer Selbstdarstellung: da gibt es die Prasser, die in Form von Gourmetrunden die teuersten Lokale aufsuchen, innerhalb kürzester Zeit die Diäten verbraucht haben und bei jeder sich bietenden Gelegenheit lange Nachbesprechungen

---

53 Aber auch das Gegenteil kann der Fall sein: Abstinenz bezüglich „gesellschaftlicher Anlässe", die deutlich die Verachtung der Funktionärs- und Macherclique zum Ausdruck bringt.

und Berichte der Speisenfolge veranstalten (eine altersmäßig homogen zusammengesetzte Gruppe reiferer Jahrgänge, bestehend aus gehobenen Orchesterpositionen und
einigen Tuttisten im Kielwasser), weiters die Selbstversorger, welche ihre kleinbürger-
liche Sparsamkeit mittels vollgestopfter Plastiksäcke zur Schau stellen, die sie ungeniert
durch luxuriöse Hotelhallen tragen, sowie die fast-food-Esser, immer auf der Suche nach
dem billigsten Lokal (die beiden letzteren Gruppen bemessen den Erfolg einer Tournee
am Gewinn aus den Diäten).

Die karge Tournee-Freizeit schließlich scheidet das Kollektiv in Kulturbeflissene,
die kein Museum auslassen und in jeder Kathedrale anzutreffen sind, in Konsumgenos-
senschaften, die zwanghaft Warenhäuser durchstreifen, oder allgemeiner: in Gruppenak-
tivitäten (Gruppen stabiler Art wie die unzertrennliche, hermetische Blechbläser-Forma-
tion und solche, die je nach Anlaß wechseln), Paarbildungen (meist ident mit den
Zimmergemeinschaften) und notorische Einzelgänger (die ebenso leidenschaftliche Mu-
seums- oder Tiergartenbesucher wie Jogger oder Schürzenjäger sein können), wobei zur
Schau gestellter Individualismus Folge niedriger „sozialer Gratifikation" sein, aber auch
gesteigerte Sensibilität gegenüber eingeschränkter privater Rückzugsmöglichkeit bedeuten kann. Gegen Ende der zweiten Tourneewoche tritt gewöhnlich jene explosive Lage
auf, die von den Musikern als „Tourneekoller" bezeichnet wird und gleichzeitig als
Laboratoriumssituation sozialer Prozesse im Orchester gelten kann, weil wie in einer
eigens geschaffenen Versuchsanordnung aggressive Potentiale unverhüllt zutage treten.
Aus den obigen Ausführungen ergibt sich, wie vielschichtig das Problem der Disziplin
ist, und wie vieldimensional ein Modell sein müßte, das Bedingungen der „Berufszufriedenheit" erfaßt. Objektive Faktoren (eine „Phänomenologie des Musiklebens", die
Stellung des jeweiligen Orchesters, der soziale Rang des Musikerberufes, die Hierarchie
der Ränge, die Konstellation Dirigent-Orchester, spezifische Organisationsformen) und
subjektive Faktoren (Grad der Identifikation, der Übereinstimmung von Fremd- und
Selbsteinschätzung, von Angestrebtem und Erreichtem, von ursprünglichem Berufsbild
und Berufsrealität, weiters soziale Herkunft und Richtung der Mobilität — ob der Beruf
als sozialer Auf- oder Abstieg empfunden wird —, Beziehung zwischen intellektuellem
Niveau und diesbezüglichen Berufsanforderungen) müßten miteinander vermittelt und
in einer soziologischen Momentaufnahme die verschiedenen historischen Zeithorizonte
(als Geschichte der Institution, der Organisation, der Entwicklung des Berufsstatus etc.)
transparent gemacht werden.

4. Zum Abschluß: „Streß und Kunst" oder die bare Münze der Statistiker

Wer viel fragt, geht viel in die Irre, wer es direkt tut, noch viel mehr — man muß sich
nur vergegenwärtigen, zu welchem Ergebnis die berühmte „Studie über den autoritären
Charakter" gekommen wäre, hätte das Soziologenteam den Probanden die Frage vorgelegt, ob sie für oder gegen die Judenvernichtung seien, ob es minderwertige Rassen gäbe
etc. Die aufwendige Erarbeitung der „F-Skala" hatte bekanntlich den Zweck, auf dem
Weg über scheinbar unverfängliche Fragen zur Lebenspraxis autoritäre Einstellungen
dingfest machen zu können, die offen auf direkte Befragung zu äußern nur wenige
Personen gewagt hätten. Von dergleichen methodischen Skrupeln waren die Soziologen

nicht geplagt, die in „Streß und Kunst" direkt nach der Berufszufriedenheit fragten und als Ergebnis präsentierten, 84 % der Musiker würden den Beruf, noch einmal vor die Wahl gestellt, wieder ergreifen. Nun mag die Frage nach Erfüllung im Beruf weniger brisant sein als jene nach der Wertung des Faschismus, immerhin aber berührt sie einen intimen Bereich persönlicher Identität (vor allem im Falle des Scheiterns früherer Hoffnungen oder partiellen Versagens vor den Anforderungen), den umstandslos einem befragenden Soziologen zu offenbaren nicht jedermanns Sache ist. Und selbst wenn man konzediert, alle hätten „ehrlich" geantwortet, bleibt angesichts der Situation des Orchesters um 1970, die aufgrund reduzierter Dienstverpflichtungen (im Vergleich zur Nachkriegssituation) mehr Freiräume für Kammermusik und Nebenbeschäftigungen aller Art eröffnete, die Frage offen, wie die Antworten zu interpretieren seien: waren die zum Beruf uneingeschränkt positiv eingestellten 84 % nun mit der beruflichen Arbeit als solcher hochzufrieden, oder hätten sie den Beruf des Orchestermusikers nur deshalb nochmals ergriffen, weil er ihnen eine sichere soziale Basis verschaffte und den benötigten Freiraum gewährte, um musikalisch erfüllendere, aber von der Beschäftigungsmöglichkeit auf längere Sicht ungesicherte Aktivitäten nebenher entfalten zu können?

Die Studie stellt zum Thema „künstlerische Zufriedenheit" fest, daß sich etwa bei der Hälfte der Befragten eine negative Haltung bezüglich der künstlerischen Zufriedenheit mit den Leistungen des Orchesters zeige — „damit stark im Zusammenhang steht eine am einzelnen nachweisbare negative Einstellung zur Arbeit ... Freudlosigkeit an der Arbeit, Reizbarkeit, mangelnde Konzentrationsfähigkeit sind die psychischen Erscheinungsformen. Sich im Orchester nicht entfalten zu können, das Gefühl des Untergehens im Orchester sind bereits artikulierte, auf Ursachen bezogene Entfremdungserscheinungen. Grundsätzlich glauben wir sagen zu können, daß die Ausprägung bzw. Intensität dieser Reaktion mit individuellen Dispositionen variiert ... Je höher die Aspiration, d.h. der Wunsch, künstlerische Ansprüche zu realisieren, desto eher läßt sich ein ‚Entfremdungserlebnis' nachweisen. Nicht so dominant, aber statistisch nachweisbar ist der zusätzliche Einfluß von Position (Stimmführer vs. Nichtstimmführer). Die Entfremdung der Nichtstimmführer ist höher, weil sie schon von ihrer Rollenzuweisung im Orchester her geringere Realisationschancen haben".[54] Umgekehrt formuliert: je niedriger die Aspiration, desto eher ließe sich prinzipielle Zufriedenheit feststellen? Die Renitenten wären demnach jene produktive kritische Elite, die ihren Wunsch, künstlerische Ansprüche zu realisieren, noch nicht ganz begraben haben — die Äußerungsformen ihrer Renitenz lägen aber schwerlich im „Essen, Zeitunglesen und Rauchen während der Proben". Und da anzunehmen ist, daß jeder junge Musiker mit hoher Aspiration ins Orchester kam (wobei das Aspirationsniveau als individuelle Variable „am künstlerischen Leistungsstreben gemessen wird"), liegt der Schluß nahe, daß der Prozeß des Absackens von hohem zu niedrigerem Aspirations-Niveau nicht so sehr von „individuelle Dispositionen" als vielmehr von künstlerischen und organisatorischen Struktureigentümlichkeiten des Orchesterbetriebes verursacht wird und eine der Ursachen der Renitenz doch eher, wie Adorno meint, in der gefühlten Differenz zwischen einstigem Traum und realer Situation liegt.

Einige Zitate aus der schon mehrmals erwähnten Autobiographie Ernst Dörflers mögen das oben Gesagte illustrieren. Sie trägt den Untertitel: „Nur ein zweiter Geiger" und nimmt gleich zu Beginn auf ihn Bezug, „der wie Verbitterung klingt. Dem ist aber nicht so, ich war mit Begeisterung zweiter Geiger, denn nur den Mittelstimmenspielen-

---

54 Streß und Kunst, S. 51.

den ist es möglich, das Gesamtwerk zu hören, der erste Geiger (auch Bläser) ist zu viel mit der technischen Ausführung beschäftigt, der kann nicht *so* mithören. Es existieren bei mir auch keine Minderwertigkeitskomplexe, sondern ich fühlte mich immer als Teil eines Ganzen und stolz, diesem Ganzen (ob Orchester oder Werk) überhaupt dienen zu können". Dörfler besuchte von 1894 bis 1902 das Konservatorium und lernte Geige zunächst in der II. Vorbereitungsklasse; die Fortschritte waren mäßig — „der Prof. erklärte eines Tages, da ich schon ganz verzagt war, daß ich nur ‚ein kleiner Geiger' bliebe (und so war es auch — ‚nur ein Sekund-Geiger'). Er riet bei meiner Musikalität zu einem Blasinstrument (das ist der regelmäßige Weg. Untalentierte gehen von der Geige zum Bläser evtl. zum Schlagwerk um endlich als *Kapellmeister* zu landen!)" Dörfler wechselte daraufhin zur Klarinette — „Prof. Bartholomey versprach mir immer, daß er mich in die Oper bringt, ich war sogar nahe daran, *Mahler* vorgestellt zu werden. Daß es nicht dazu kam ... Ich war schon dazu bestimmt, ‚nur ein zweiter Geiger' zu bleiben." Wenig später findet sich folgende Passage: „Aber ehe ich weiterschreibe, will ich noch einmal auf mein Hinweisen: ‚Nur ein Sekundgeiger' kommen und wenn ich es auch immer wieder erwähnen werde, es soll keinen Minderwertigkeitskomplex aufzeigen. Nein es ist nur der *Grad* in dem ich mich einzustufen für nötig befinde. Mein Gott man kann kein zweiter Paganini und Kubelik sein, wenn einem vom lieben Gott nicht die Befähigung dazu verliehen wird — es *muß* auch zweite Geiger geben und es ist nur gut wenn sie *als solche* ihren Platz ausfüllen und ich saß mit derselben Begeisterung am Pult wie der Konzertmeister. Mein Gott ich spielte auch andere Instrumente und habe es am Klavier zum guten Begleiter gebracht und blieb ich auch auf der Klarinette nur ein zweiter so hat das seine Gründe, die ich umstehend erörtern will. So wie es bei Wunderkindern stets geschieht, daß sie fast nachtwandlerisch ihre Partie absolvieren bis — ja bis sie auf einmal vor der Klippe stehen und es mit der Angst zu kriegen bekommen und es dann mit dem Wunderkindsein aus ist, so hatte ich schwere Hemmungen als mir der erste ‚Gikser' passierte. Das Publikum lacht sich krumm über einen solchen, ahnt aber nicht, daß ein Wasserbläschen ein Luftbläschen den blamablen Versager verursacht (Richard Wagner hat einmal den Kritiker zurechtgewiesen als sich dieser über den ‚Gikser' des Hornisten mokierte) Und nun war während des Blasens eine ständige *Furcht* vor diesem *Unheil*. Daß einem das *sehr* behindert wird jeder Psychologe verstehen (hoffentlich auch der wohlwollende *Laie*). Mir geschah das Malheur in einem Schülerkonzert ... und war nicht mehr wegzubringen. Ein zweites Mal in der ‚Grünen Insel' bei einer Bläserkammermusik und das dritte Mal beim Militär (im Hotel Post — *so* prägt sich *das* ein ohne Tagebuch!!) Da als hatte ich das Pech daß mir einer in der Pause den Kopf der Klarinette aus der Hand schlug; das Blatt zerbrach und ich war auf einem neuen nicht eingeblasen (Kennst Du Herr Kritiker nun diese Hemmung?) So war und blieb ich zweiter auch auf diesem Instrument. Und war stolz auch als dieser im Rahmen der Symphoniker zu sein. Nedbal hat sich einmal in meiner Abwesenheit darüber ausgesprochen was für wohlgestimmtes Trio wir drei: Ortlieb, Schneider und ich sind!! Auch das tut wohl, zu wissen an füllt auch den bescheidensten Platz *voll* und *ganz* aus, er wird einem oft genug von engstirnigen Dirigenten streitig gemacht was ahnen *die*, wie tief sie einem durch hämische Bemerkungen verletzen — ich will keine Namen nennen —"

Im Dezember 1899 schreibt Dörfler: „Nun Glück auf ins 20. Jahrhundert" und fügt beinahe 60 Jahre später hinzu: „Es brachte so manche Enttäuschung und da glaubt man als Junger sie warten auf Einen ja auf Einen aber man ist nicht der ‚Eine'. Man bleibt eben doch: ‚Zweiter Zweiter!!'.'"

Im Herbst 1901 findet das oben erwähnte verhängnisvolle Schülerkonzert statt: „Der unglückselige Gikser entscheidend für jede weitere Entwicklung. Die *Furcht* vor dem Gikser. Darüber könnte man ein Buch schreiben. Ist nur ein Wasserbläschen (Luft-) aber das Publikum lacht sich zu Tod und der Musiker? der wird verdammt und bleibt: ,Zweiter' sein Leben lang! So blieb es beim Militär, im Beruf und als Lehrer, ich konnte nicht Leiter bleiben ich war: nur ein *Sekundgeiger!!*"

Aufgrund seiner Militärdienstzeit bei den Deutschmeistern (so jedenfalls die Erklärung Dörflers) wurde die ihm versprochene Klarinettenstelle in der Oper anderweitig besetzt: „Kollege Prehm kam (statt mir da ich eingerückt war) in die Oper, wurde aber nach neun Jahren entlassen (man braucht bei den Philh. zum definitivwerden zehn Dienstjahre) und kam dann auch in die Volksoper, nach der Auflösung (45) spielte er als ambulanter Musiker auch bei der Blasmusikkapelle die Platzkonzerte wo die Frauen der Musiker mit Bons auf der Straße um Beiträge bettelten. (ich kann es nicht anders sagen) und so sah ich ihn just *vor* der Oper (in der *er* einst als Philharmoniker an *meiner* Stelle saß) als Bettelmusikant blasen. Nur mit Erschütterung ging ich damals von dannen in dem Bewußtsein, *das* hätte auch *mein* Weg sein können — Von Spitz kommend sah ich ihn zuletzt (ca. 52) vor dem Franz Josephs Bahnhof aufspielend. Wie glatt war dagegen mein Lebensweg trotz aller Widerwärtigkeiten."

Nach Substitutentätigkeit im Konzertverein wird Dörfler 1907 zum neugegründeten Tonkünstlerorchester engagiert, wo er ab 1910 als zweiter Geiger tätig ist, und gelangt — nach Fusionierung beider Orchester im Krieg — ins Orchester der Wiener Symphoniker. Anläßlich der Konstituierung als „Stadtorchester" 1939 mußten auch die alten Mitglieder zwecks künstlerischer Einstufung nochmals ein Probespiel absolvieren: „Ich sitze als Letzter am Pult (das das Ergebnis des Probespiels!!) na hab' ich recht mit dem Untertitel: ,nur ein zweiter Geiger' — sogar ein letzter ...) und ich war vor drei Jahren: Orchestervorstand. Das ist Demütigung genug! Da Tischer neben mir sitzt und Diakow vor mir, so ist daraus zu sehen, daß sie uns Alten heraußen haben wollen! Gemeinsames Schicksal erprobter Mitglieder — man fragt da: ,zu was lebt man noch? was erwartet man noch??'"

Das Ende der glücklosen Swarowsky-Ära kommentiert Dörfler: „Es scheint, Swarowsky hat ausgesungen (oh nein! er wurde sogar in der Kapellmeisterschule a.o.Prof.!! Ja der Mann versteht es der war nie ,ein zweiter Geiger') ... Nun aber kommt noch das Gerücht: *das Orchester wird stillgelegt* ... also nicht einmal den Beruf des zweiten Geigers ausüben können ...!! Wir haben Konzerte mit Zecchi, Moralt, Weissensteiner und in der Kritik zu Großmanns ,Matthäus-Passion' heißt es am Schluß: ,Die Wiener Symphoniker, die gegenwärtig *Übermenschliches* leisten, waren mit ganzer Hingabe (also auch der zweiten Geiger) am Werk ...'"

Ende 1948 geht Dörfler in Pension und fungiert — nichts verdeutlicht den extremen Mangel an qualifizierten Musikern nach dem Krieg deutlicher — noch einige Zeit als Klarinettenlehrer und Leiter der Musikschule Margareten.

Die zitierten Passagen können als exemplarisch für die Problemlage eines anonymen Orchestermusikers und den Versuch einer Aufarbeitung tiefsitzender künstlerischer Enttäuschung gelten: der ausdrückliche Verweis am Beginn, keine Minderwertigkeitsgefühle zu haben, gesteht sie ebenso ein wie die dürftige Rationalisierung, Mittelstimmenspieler seien die eigentlichen künstlerischen Nutznießer im Orchester, in der Folge Lügen gestraft wird. Der Topos „zweiter Geiger" wird zum Symbol des Versagens, das aber weniger in künstlerischer Insuffizienz als im Mangel an Eigenschaften, die im Konkurrenzkampf Durchschlagskraft verleihen, begründet liegt — „der Mann versteht es — der war nie ‚ein zweiter Geiger'". Trost bietet die Vorstellung, all dies sei eben vorherbestimmt gewesen, die an einigen Tagebuchstellen durchklingt. Außerdem bedeuteten die Funktion des Bruckner-Fonds-Präsidenten, sein kurzzeitiger Posten als Orchestervorstand und der Titel des Ehrenvorstandes der Wiener Symphoniker soziale Anerkennung, die die mangelnde musikalische teilweise kompensierte. Fatalismus ist keine individuelle Disposition zu Renitenz — Dörfler war nach den Zeugnissen seiner Kollegen ein äußerst disziplinierter Musiker.[55] Die nach innen gewendete Enttäuschung ist stumm — kaum hätte er, als Ehrenvorstand von Soziologen direkt befragt, angegeben, den Beruf nicht nochmals ergreifen zu wollen. Umgekehrt sind es oft gerade die unerbittlichsten Kritiker des vertrackten Berufes eines Orchestermusikers, die beim letzten Dienst vor der Pensionierung weinend beim Pult sitzen und auch in der Pension noch musizieren — der Wahrheit am nächsten kommt man wohl, wenn man die Beziehung des Orchestermusikers zu seinem Beruf als ambivalente zu beschreiben versucht: schwankend zwischen dem Haß gegenüber erzwungener Reglementierung und der Lust, sich musikalisch auszudrücken. Disziplinierte Lust und undisziplinierte Unlust sind die beiden Pole der Empfindungsskala beim Musizieren im Orchester — ihr Wechsel ist oft Sache von Augenblicken.

---

55 Äußerliche Anpassung bei innerer Entfremdung kennzeichnet bekanntlich nicht nur die existentielle Befindlichkeit von Orchestermusikern.

Ergänzung

Während der letzten Phase der Drucklegung dieses Buches war es mir durch Zufall noch möglich, eine wertvolle Zeitzeugin kennenzulernen und zu einigen Punkten der Symphonikergeschichte zu befragen: die heute 81jährige Frau Hilde Hlawatsch ist die Tochter des geschäftsführenden Direktors des Wiener Sinfonieorchesters, verfügt über ein ausgezeichnetes Gedächtnis und konnte insbesonders bezüglich der Umwandlung des Wiener Sinfonieorchesters in die „Wiener Symphoniker" einige wichtige Hinweise geben, die den Verdacht erhärten, daß die Neuorganisation sehr wohl auch in Zusammenhang mit einer politischen „Säuberung" des Orchesters im Sinne des erst einige Monate zuvor installierten austrofaschistischen Systems stand. Laut Frau Hlawatsch sei der christlich-soziale Abgeordnete Dr. Hryntschak mit einem unterschriftsreifen Ravag-Vertrag vor das Wiener Sinfonieorchester getreten, der unter der Bedingung, daß die Musiker auf ihre lebenslangen Verträge freiwillig verzichteten, eine Übernahme des Orchesters durch die Ravag und damit die weitere Existenzsicherung garantierte.[1] Angeschlossen war allerdings eine zweite Auflage: die Entfernung des bisherigen Konzertmeisters Gottesmann von seiner Position. Dieser war in zweierlei Hinsicht als Repräsentant des Orchesters nicht mehr tragbar: rassisch und aufgrund eines Naheverhältnisses zum sozialistischen Stadtrat Breitner (Frau Hlawatsch betonte allerdings, Gottesmann sei von der ersten Frau Breitners gefördert worden und nie Parteimitglied gewesen; Breitner selbst, dessen Integrität unanfechtbar gewesen sei, habe streng darauf geachtet, persönliche Bekanntschaft und musikalische Karriere Gottesmanns zu trennen). Hryntschak habe mit Kabasta sozusagen einen Vertrag abgeschlossen, ohne noch ein Orchester zur Verfügung zu haben: kurz darauf hätten allerdings die Musiker offiziell aus freiem Entschluß, in Wirklichkeit jedoch unter dem Druck der Tatsachen ihre Verträge mit dem Wiener Sinfonieorchester mit Ausnahme Gottesmanns gekündigt. Für Kommerzialrat Hlawatsch seien die Vorgänge rund um die Konstituierung der Wiener Symphoniker bestimmend gewesen, die Emigrationspläne seiner Tochter als berechtigt anzuerkennen, die er zuvor als hysterisch eingeschätzt hatte („Erst als das Wiener Sinfonieorchester noch vor dem Anschluß quasi arisiert und in ‚Wiener Symphoniker' umbenannt und er selbst als Präsident beseitigt wird, lenkt er ein, und schließlich geht man auf die Reise").[2]

---

1 „Hryntschak ist dann vor die Musiker gekommen und hat gesagt: ‚Ich habe einen Radio-Vertrag — Ihr habt's keinen. Ihr habt's einen lebenslänglichen Vertrag dort, aber Ihr könnt's dort kündigen, und wir nehmen Euch hier auf' — und da sind außer dem Gottesmann alle Symphoniker geworden. Gottesmann hat dann geklagt und einen finanziellen Ausgleich bekommen ..." (Transkription eines Interviews des Autors mit Hilde Hlawatsch vom 28. 6. 1991)

2 „Presse"-Artikel vom 29./30. 6. 1991: „Die Reisen der Hilde Hlawatsch" von Ernst Molden.

Die hier gemachten Aussagen deckten sich im wesentlichen mit jenen, die der pensionierte Bratschist Karl Schreier in einem Interview vom 6. 3. 1986 machte. Schreier kannte diese Details allerdings nicht aus eigener Erfahrung, sondern aus Erzählungen älterer Kollegen. Folgt man dieser Interpretation der Ereignisse, so ist die Geburtsstunde des Vereins „Wiener Symphoniker" mit wenig ehrenhaften Begleitumständen verknüpft; daß sie bisher dem Vergessen anheimgefallen waren, mag symptomatisch sein für jenes österreichische Geschichtsverständnis, das sich nur mühsam zur Aufarbeitung historischer Fakten jener Epoche entschließen kann. Umso mehr ist es an der Zeit, der Wahrheit die Ehre zu geben.

Quellenverzeichnis

Bruckner-Fonds (Wohlfahrts- und Unterstützungsverein für die Orchestermitglieder der Wiener Symphoniker):
  Statuten Wien 1931
Wiener Concert-Verein: Statuten des Pensionsinstituts, Wien 1903
Ernst Dörfler, Autobiographie (Maschinschriftmanuskript, Archiv Wiener Symphoniker)
Frommes Kalender für die musikalische Welt 1876 — 1900
Jahresberichte des Wiener Concert-Vereins 1900 — 1918
Wiener Musikerbund: Statuten, Ausschußberichte, Eingaben, Aussendungen 1872 — 1896
Gesellschaft der Musikfreunde: Protokolle der Direktionssitzungen und Generalversammlungen 1945 — 1955
Stadtorchester Wiener Symphoniker: Korrespondenz mit der Gemeindeverwaltung des Reichsgaues Wien
  1938 — 1945
Wiener Sinfonie-Orchester: Dienstverträge der Musiker 1922 — 1933
Symphonia — Wiener Symphoniker Tonaufnahme Ges.m.b.H.: Gesellschaftsvertrag 1948
  Korrespondenz mit diversen Plattenfirmen, Verlagen, Verwertungsgesellschaften etc. 1952 — 1955
  Protokolle der Generalversammlungen 1950 — 1960
Verein Wiener Symphoniker: Dienstverträge mit Musikern 1933 — 1938
  Satzungen 1948
  Kollektivvertrag 1950
  Direktionsratssitzungs-Protokolle 1949 — 1955
  Korrespondenz mit der Gemeinde Wien (Kulturamt, Finanzressort, Kontrollamt) 1945 — 1955
  Korrespondenz mit der Gesellschaft der Musikfreunde, der Konzerthausgesellschaft, der Ravag, dem
  Sender Rot-Weiß-Rot, mit div. Mietern Korrespondenz mit Finanzämtern, Krankenkassa, Gewerkschaft etc.
  Memoranden, Anträge, Statistiken, Jahresberichte, Verträge Verlautbarungen des Direktors bzw. Orche-
  stervorstands an die Orchestermitglieder Orchesterzeitung 1953
Gemeinde Wien: stenographische Protokolle und Beschlußprotokolle der Gemeinderatssitzungen 1946 — 1955
  Amtsblätter der Stadt Wien Kontrollamtsberichte (Gebarungskontrolle Wiener Symphoniker) 1945 — 1955
  Statistische Jahrbücher

Zeitungen und Zeitschriften:

Der Abend
Arbeiter-Zeitung
Fremdenblatt
Österreichisches Kapellmeister-Journal
Neues Wiener Journal
Der Kampf
Der österreichische Musiker
Österreichisch-Ungarische Musiker-Zeitung
Neue Freie Presse
Radio Wien
Musikalische Rundschau
Die Stunde
Neues Wiener Tagblatt
Wiener Zeitung

Literaturverzeichnis

H. ABELE/BAUER: Die Bundestheater in der österreichischen Wirtschaft

Th. W. ADORNO: Einleitung in die Musiksoziologie, Hamburg 1968 Dissonanzen (Musik in der verwalteten Welt), Göttingen 1982
Die musikalischen Monographien (Wagner — Mahler — Berg), Frankfurt 1977

R. BARAZON: Die Wiener Symphoniker Die Symphoniker — Spiegelbild der Sozialgeschichte (undatiert, Archiv Wiener Symphoniker), Wien 1979

K. BLAUKOPF: Musik im Wandel der Gesellschaft, München 1984
Die Wiener Philharmoniker, Wien 1986

P. BOURDIEU: Die feinen Unterschiede (Kritik der gesellschaftlichen Urteilskraft), Frankfurt 1984
Bürgertum im 19.Jahrhundert (Hrsg. Jürgen KOCKA), München 1988

E. BRUCKMÜLLER: Sozialgeschichte Österreichs, Wien 1985

V. ERGERT: 50 Jahre Rundfunk in Österreich, Salzburg 1974

FLOTZINGER/GRUBER: Musikgeschichte Österreichs, Graz 1979

J. HABERMAS: Strukturwandel der Öffentlichkeit, Darmstadt 1962

E. HANSLICK: Geschichte des Concertwesens in Wien, Hildesheim 1979

D. HÄRTWIG: Die Dresdner Philharmonie, Leipzig 1985

H. HEISTER: Das Konzert (Theorie einer Kulturform), Wilhelmshaven 1983

F. C. HELLER/REVERS: Das Wiener Konzerthaus, Wien 1983

F. HENNENBERG: Das Leipziger Gewandhaus-Orchester, Leipzig 1984

S. HUGOT: Historische Betriebsanalyse der Wiener Konzerthaus-Gesellschaft, Diss. Wien 1989

Hundert Jahre Goldener Saal (GRASBERGER/KNESSL), Wien 1970

W. JANK: Arbeitermusik zwischen Kunst, Kampf und Geselligkeit in der 1. Republik, Diss. Wien 1982

R. KANNONIER: Zwischen Beethoven und Eisler (Arbeitermusikbewegung in Österreich), Wien 1981

P. KEMP: Die Familie Strauß, Stuttgart 1987

H. KLAUSMEIER: Die Lust, sich musikalisch auszudrücken. Hamburg 1978

H. KOTLAN-WERNER: Kunst und Volk (D. J. BACH), Wien 1977

E. KRENEK: Fortschritt und Reaktion (Musikkonzepte 39/40), München

K. LÖBL: Das Wunder Karajan, Bayreuth 1965

V. MATEJKA: Widerstand ist alles, Wien 1984

H. MOLDENHAUER: Anton Webern, Zürich 1980

Die Münchner Philharmoniker, München 1985

B. OTT: Die Kulturpolitik der Gemeinde Wien 1919 — 1934, Diss. Wien 1968

PERGER/HIRSCHFELD: Geschichte der K.K. Gesellschaft der Musikfreunde in Wien, Wien 1912

E. PREUSSNER: Die bürgerliche Musikkultur, Hamburg 1935

F. K. PRIEBERG: Musik im NS-Staat, Wien 1978

C. RIESS: Knaurs Weltgeschichte der Schallplatte, Zürich 1966

P. ROBINSON: Karajan, Zürich 1981

P. SCHLEUNING: Das 18. Jahrhundert: Der Bürger erhebt sich, Hamburg 1984

R. SENNET: Verfall und Ende des öffentlichen Lebens (Die Tyrannei der Intimität), Frankfurt 1986

Streß und Kunst (M. PIPEREK), Wien 1971

D. SCHUSCHITZ: 1900 — 1980 (80 Jahre Wiener Symphoniker), Wien 1980

F. WEDL: Die Krise der Wiener Konzert-Orchester, Wien 1919

Wien um 1900 — Aufbruch in die Moderne (BERNER/BRIX/MANTL), Wien 1986

Glücklich ist, wer vergißt ...? — Das andere Wien um 1900 (EHALT/HEISS/STEKL), Wien 1986

Wien 1945 davor/danach (L. WAECHTER-BÖHM), Wien 1985

Namenregister

Abkürzungsverzeichnis

Akad. Ges. Ver.	= Akademischer Gesangsverein
BMfU	= Bundesministerium für Unterricht
GdM	= Gesellschaft der Musikfreunde
Ges.-Kzt.	= Gesellschafts-Konzerte
IGNM	= Internationale Gesellschaft für Neue Musik
KH-Ges.	= Konzerthaus-Gesellschaft
MV	= Musikverein
SBZ	= Sozialistische Bildungszentrale
VG	= Volksgarten
Wr. Männer Ges. Ver.	= Wiener Männergesangs-Verein
WS	= Wiener Symphoniker

WIENER MUSIKWISSENSCHAFTLICHE BEITRÄGE

Herausgegeben vom Institut für Musikwissenschaft der
Universität Wien und der Gesellschaft zur Herausgabe
von Denkmälern der Tonkunst in Österreich

Dezsö Legány (Hg.)

Franz Liszt

Unbekannte Presse und Briefe aus Wien 1822-1886. 1984.
Bd. 13. 205 Seiten, 29 SW-Abb., Notenbeispiele im Text. Pp.
ISBN 3-205-00543-0

Ignaz F. von Schönholz (Hg.)

Wiener allgemeine musikalische Zeitung 2.1. - 29.12.1813

Mit einem Vorwort von Othmar Wessely, bearb. von
Peter Krause, Ute Schippel. 1986. Bd. 14. 420 Seiten. Ln.
ISBN 3-205-00562-7

Alice M. Hanson

Die zensurierte Muse

Musikleben im Wiener Biedermeier. Aus dem Amerikanischen von
Lynne L. Heller. 1987. Bd. 15. 263 Seiten, zahlr. Abb. Pp.
ISBN 3-205-08242-7

Elisabeth Haselauer

Berieselungsmusik

Droge und Terror. 1986. Bd. 16. 164 Seiten. Br.
ISBN 3-205-05061-4

BÖHLAU

WIENER MUSIKWISSENSCHAFTLICHE BEITRÄGE

Herausgegeben vom Institut für Musikwissenschaft der
Universität Wien und der Gesellschaft zur Herausgabe
von Demkmälern der Tonkunst in Österreich

Johann W. Seidl

Musik und Austromarxismus

Zur Musikrezeption der Österreichischen Arbeiterbewegung im
späten Kaiserreich und in der Ersten Republik.
1989. Bd. 17. 232 Seiten.Br.
ISBN 3-205-05148-3

Manfred Angerer

Die Rationalität des Populären

Große symphonische Form und Liedtechnik bei Joseph Haydn.
1991. Bd 18. Ca. 256 Seiten, einige Notenbeispiele. Br.
ISBN 3-205-05437-7

Josef-Horst Lederer

Verismo auf der deutschsprachigen Opernbühne 1891-1926

Eine Untersuchung seiner Rezeption durch die zeitgenössische
musikalische Fachpresse. Bd. 19. Ca. 304 Seiten. Br.
In Vorbereitung

BÖHLAU

KULTURSTUDIEN BEI BÖHLAU

Herausgegeben von Hubert Ch. Ehalt und Helmut Konrad

Reinhard Kannonier
Zeitwenden und Stilwenden
Entwicklung der europäischen Kunstmusik. 1984. Bd. 2. 293 Seiten,
30 SW-Abb., Notenbeispiele und Grafiken. Br.
ISBN 3-205-08852-2

Reinhard Kannonier
Bruchlinien in der Geschichte
der modernen Kunstmusik
1987. Bd 8. 274 Seiten, SW-Abb. Br.
ISBN 3-205-08859-X

MONOGRAPHIEN

Christoph Khittl
„Nervencontrapunkt"
Einflüsse psychologischer Theorien auf kompositorisches Gestalten.
1991. Ca. 232 Seiten, 16 Seiten Notenbeispiele. Br.
ISBN 3-205-05417-2

Reinhard Farkas (Hg.)
Das Musiktheater um die Jahrhundertwende
Wien-Budapest um 1900. Mit einem Vorwort von
Moritz Csáky. 1990. 73 Seiten. Br.
ISBN 3-205-05338-9

BÖHLAU

MONOGRAPHIEN

Martin Lichtfuss
Operette im Ausverkauf
Studien zum Libretto des musikalischen Unterhaltungstheaters
im Österreich der Zwischenkriegszeit. 1989. 352 Seiten,
33 SW-Abb. auf 16 Tafeln, Abb. und Tabellen im Text. Br.
ISBN 3-205-05207-2

Claudia Maurer Zenck
Der hoffnungslose Radikalismus der Mitte
Der Briefwechsel Ernst Krenek - Friedrich T. Gubler.
1928-1939. 1989. 315 Seiten. Br.
ISBN 3-205-05248-X

Claudia Maurer Zenck
Ernst Krenek
Die amerikanischen Tagebücher 1937-1942.
Dokumente aus dem Exil. Ca. 320 Seiten. Br.
In Vorbereitung

Friedrich Saathen
Einem-Chronik
Dokumentation und Deutung. 1982. 388,XVI Seiten,
48 Tafeln mit 139 Abb, 8 Abb. im Text. Ln.
ISBN 3-205-07179-4

Friedrich Saathen
Von Kündern, Käuzen und Ketzern
Biographische Studien zur Musik des 20. Jahrhunderts.
1986. 400 Seiten, 8 Tafeln mit SW-Abb. Pp.
ISBN 3-205-05014-2

BÖHLAU